KB187989

한국형 복지국가

자유주의자의 시각

이근식 외 지음

한국형 복지국가

자유주의자의 시각

이근식 외 지음

철학과현실사

[책을 내며]

한때 '민주주의'는 좋은 것의 표상이었다. 종합세트와 같다고나 할까, 모든 것은 민주주의로 통해야 한다고 생각하는 사람도 있었다. 지금은 '복지'가 그 자리를 차지하고 있는 듯하다. 복지의 '절대존엄'에 대해 감히 시비를 걸 사람은 없을 것 같다. 작금의 한국사회가 특히 그렇다. 과연 그럴까? 아니, 그래야만 할까? 이 책은 복지를 둘러싼 일련의 물음과 회의, 또는 반론 위에 서 있다. 자유주의와 한국사회가 그 논의의 출발점이고 준거가 된다.

자본주의가 한창 용트림하던 19세기 중반, 일군(一群)의 영국 지식인들이 "우리는 이제 모두 사회주의자"를 표방하고 나섰다. 시대를 고민하는 지식인치고 사회주의자가 아닌 사람이 없다는 말도 했다. 무슨 말일까? 이른바 '고전적 자유주의'로는 시대가 당면한 문제를 해결할 수 없다는 자각이 그런 선언을 이끌어낸 것이다. 이제까지 각 개인의 삶에 대해서는 고스란히 각자가 책임져야 한다는 인식이 팽배했었다. 그 결과 자본주의의 명암이 크게 엇갈렸다. 가진 자와 힘센 자가 융성의 쾌감을 누리는 한편, 사회경제적으로 뒤진 자들은 그 그늘

아래에서 신음해야 했었다. 마르크스와 엥겔스의 「공산당 선언」이 배태되는 단초가 거기 있었다. 사회주의를 표방하는 영국의 지식인들은 이런 구조적 위기와 모순을 직시했다. 사실 그들은 자유주의자들이었다. 그러나 전통적 자유주의로는 빈익빈부익부의 양극화 현상을 극복할 수 없다는 사실을 깨닫고 있었다. 이들 '사회적 자유주의자' 또는 '신자유주의자'들은 자본주의에 사회주의적 요소를 가미할 것을 주장했다. 개인의 빈곤과 불행에는 사회적, 구조적 변수가 작용하고 있기 때문에 개인 탓으로만 치부해서는 안 된다는 것이다. 따라서 사회, 나아가 국가의 개입이 필요하다고 생각했다. 자본주의의 태생적 한계를 극복할 대안으로 복지가 인식의 지평 위에 태동하게 된 것이다.

초기 복지주의자들은 국가의 과도한 개입을 경계했다. 국가는 개인의 자조(自助)를 돕는 데 그쳐야 한다고 생각했다. 사회경제적 약자의 자립 기반을 구축하는 데 주력했다. 자유와 국가 개입의 균형을 추구했다. 세월이 흘러 복지국가론이 진전과 반전을 거듭하고 있지만, 자유주의 국가 복지정책의 근본 문제의식은 이 틀을 벗어나지 않고 있다.

국가는 사회경제적 약자를 도와주어야 한다. 그러나 역사의 경험은 우리에게 현명한 복지국가를 주문한다. 국가가 나서는 것이 좋은 일이기는 하나, 금도(襟度)를 지켜야 하기 때문이다. 복지정책의 확대가 언제 어디서나 지선(至善)의 결과를 낳는 것은 아니다. 따라서 상황에 대한 엄밀한 판단이 요구된다. 정치적 필요에 따라 복지정책이 형성, 왜곡되면 야합이라는 평가를 피할 수 없다. 나아가 복지의 진정한 의미에 대해서도 고민해 보아야 한다. 초기 복지주의자들은 사회경제적 자립을 염두에 두고 있었다. 그러나 시대의 변화는 우리로 하여금 '진정한 행복'을 고민하게 만든다. 복지에 관한 전통적 사고만으로는 시대의 도전을 맞상대하기 어렵다.

이 책은 자유주의적 관점에서 한국 복지의 성격과 그 방향을 고민하는 공동 노력의 결과물이다. 여러 필자들의 생각을 한 곳으로 정렬시키기가 쉽지 않지만, 이 책은 기본적으로 자유주의의 틀 속에서 복지문제를 고민하고 있다. 자유주의도 그 색깔이 천차만별이다. 이 책의 필자들은 넓은 의미에서 진보적 자유주의자들이다. 따라서 필자들은 소극적 자유 못지않게 적극적 자유에 대해서도 열린 자세를 취한다. 그 바탕 위에서 삶의 올바른 가치에 대해 숙고하고 있다. 토크빌과 마찬가지로, '물질주의적 개인주의'를 엄중 경계한다. 이런 정신사적 맥락 속에서 이 시대에 부합하는 복지를 논의하고 있다.

이 책을 쓴 12명의 학자들은 모두 한국자유주의연구학회 회원들이다. 한국자유주의연구학회는 인문사회 각 분야의 학제간 연구를 겨냥해서 결성된 모임이다. 회원들은 매월 한 차례씩 모여 수준 높은 토론을 펼치고 있는데, 이 책은 그 토론을 모아 정리한 것이다.

이 책은 1999년 한국자유주의연구학회를 만들고 주도적으로 모임을 이끌어 온 이근식 선생님의 정년을 기념해서 만든 것이다. 이근식 선생님은 한국 자유주의 연구의 아이콘이라 해도 과언이 아니다. 선생님은 1999년『자유주의 사회경제사상』(한길사)을 펴내면서 한국 자유주의 연구의 지평을 넓혔다. 900여 쪽에 달하는 이 책은 애덤 스미스, J. S. 밀, 오위켄, 뢰프케, 하이에크, 프리드먼, 뷰캐넌 등 자유주의 이론가들에 대한 훌륭한 해설서로서의 의미가 크다. 그것만이 아니다. 저작의 후반부에 무려 100여 쪽에 걸쳐 한국의 자유주의적 개혁과제들을 제시하고 있으며, 그 내용은 2014년 현재 읽어도 전혀 손색이 없다. 인간의 불완전성, 인간 진보에 대한 확신, 비판의 자유와 관용, 경쟁과 자기책임, 사익과 공익의 조화, 공정성과 투명성의 원칙 등은 이근식 판 개혁의 기조이며, 자유주의의 과거 대가들로부터 이어받은 유산이기도 하다.

이후 이근식 선생님의 주된 연구 관심은 '자유'라는 테마 속에 '상생'의 논리를 어떻게 조화시킬 것인가에 대한 논제로 집중된다. 자유주의의 내면에 흐르는 개인주의와 인간 삶의 근거로서의 공동체의 유지를 어떻게 결합할 것인가? 현실의 불평등하고 방종하는 자본주의를 자유주의와 동일시해도 좋을 것인가? 그 해법은 자유주의를 경제적 자유주의와 정치적 자유주의로 구분하는 것이었다. 즉 자유주의의 기본원칙은 정치적 자유주의에 있으며, 경제적 자유주의는 복지와 연계된 사회적 자유주의, 혹은 진보적 자유주의로 변화해야 하는 것이다. 이를 위해 선생님은 단순히 자유주의 경제학자들의 범주를 벗어나 롤즈, 드워킨 등 다양한 학자들의 담론을 정리하기 시작했으며, 이것이 바로 2005년 『자유와 상생』(기파랑, 학술원 우수학술도서)으로 출판된다. 이후 발표된 『자유주의와 한국사회』(공저, 철학과현실사, 2007), 『상생적 자유주의』(돌베개, 2009), 『신자유주의』(에크리, 2009), 『자유주의는 진보적일 수 있는가』(공저, 폴리테이아, 2011), 『애덤 스미스의 국부론 읽기』(세창출판사, 2013) 등의 일련의 저작들은 바로 이러한 문제의식을 더욱 심화시킨 것이었다.

　하나 강조해야 할 것은 이상과 같은 작업들이 단순히 폐쇄된 연구실 속에서 만들어진 것만은 아니라는 점이다. 경제정의실천시민연합의 초대 정책위원장, 경제정의연구소 이사장, 경실련 공동대표, 시민의 신문 편집위원장, 사회적기업활성화 민관네트워크 이사장 등 한국사회의 중요한 아젠다에 대한 적극적 관여와 반추 과정이 연구실의 고독한 작업들과 결합되었으며, 이로 인해 그 내용이 더욱 단단해지고 구체화되어 갔던 것이다. 그래서 이근식 선생님의 책은 편하게 읽힌다. 고담준론과 일상의 삶의 고민들 사이의 간격이 작기 때문일 것이다.

　이근식 선생님은 2012년 서울시립대학교에서 정년을 맞으셨다. 다

사다난한 세태라 건강하게 정년을 맞는 것도 작지 않은 축복이라고 생각한다. 새로운 자유의 시간 속에서 선생님이 더욱 굵고 분명하게 자유주의 연구의 한 획을 그어나가시길 기대한다.

2014년 1월
집필자들을 대신하여
서병훈, 김종걸 쓰다

[차 례]

[서론]
'현명한 복지국가'를 제안하며

이근식(서울시립대)

이 글에서 보이고자 하는 것은 두 가지이다. 하나는 보수적 자유주의가 아니라 진보적 자유주의 입장에 서면 자유주의의 입장에서도 복지국가의 당위성이 도출된다는 것이고, 둘은 복지국가 중에서도 정부의 실패(의회와 행정부의 무능, 비효율과 부패 등)를 경시하였던 과거의 '순진한 복지국가(naive welfare state)'가 아니라, 정부의 실패를 방지하기 위한 충분한 장치를 갖추고 아울러 재벌의 비대화와 세계경제의 투기화라는 경제여건의 변화에 대처하는 '현명한 복지국가(smart welfare state)'의 건설이 우리의 목표가 되어야 한다는 것이다.

1. 서론

복지국가는 현 우리 사회의 시대정신인 것 같다. 2012년 12월 대통령 선거에서 모든 대선 후보들이, 비록 그 구체적 내용에는 차이가 있었지만, 공공복지의 대폭 확대를 주요 공약으로 내걸었고, 국민 대다수도 이에 동의하였다. 복지국가란, 시장경제의 기본 틀 안에서 국민들의 경제생활의 안정과 향상을 위하여 경제에서 정부가 적극적인 역할을 담당하는 국가라고 말할 수 있다. 저소득층의 절대빈곤의 퇴치, 일반국민들의 소득과 고용의 안정, 국민들의 전반적인 경제생활수준의 향상을 위해 정부가 적극적 역할을 담당하여 성공적인 성과를 나타내는 국가를 복지국가라고 할 것이다. 현재 우리나라에서도 이미 기초생활보조, 건강보험, 고용보험, 국민연금, 사회복지 서비스 등의 여러 공공복지제도가 시행되고 있어서 복지국가로 분류될 수 있으나 아직 진정한 복지국가라고 부르기에는 많이 부족하므로, 그냥 복지국가가 아니라 진정한 복지국가의 건설이 우리 시대의 과제라고 하겠다.

현재 우리나라에서 복지국가에 대한 요구가 거세게 등장하고 있는 것은, 소수의 부유층을 제외하고 대다수 국민들의 생활이 상당히 어렵기 때문이다. 절대빈곤율[1]이 11.2%(2003)에서 14.4%(2009)로 크게 증대하였으며, 1990년대 중반에 10% 정도에 불과하던 취업자 중 비정규직 비율이 2012년에는 47.8%로 무려 다섯 배 증가하였다. 현재 비정규직 임금은 정규직의 반 정도밖에 되지 않는다. 우리나라 실업률의 공식통계(2012년 7월 기준 실업률 3.1%, 청년실업률 7.3%)는 선진국에 비해 매우 양호한 수준이지만, 수백 대 1에 달하는 공무원 시험에서 알 수 있는 것처럼, 우리나라 청년 취업난은 매우 심각하다. 2011년 기준으로 우리나라 근로자 연간 노동시간은 2,090시간으로 OECD 국가 중 멕시코 다음으로 2위인데, 이는 1,500시간 정도인 서구의 1.4배에 달한다. 혼자 사는 가구의 비율이 1980년의 4.8%에서 2011년에는 다섯 배인 25.3%로 급증하였으며, 노령화지수[2]는 1990년의 20.0%에서 2010년의 68.4%로 20년 동안 무려 세 배 이상으로 늘었다. 우리 국민들이 현재 매우 불행한 삶을 살아가고 있다는 것은

---

1) 소득이 최저생계비에 못 미치는 인구의 비율. 통계청.
2) 65세 이상 인구를 14세 이하 인구로 나눈 비율.

세계 최고의 자살률인 10만 명당 33.5명(2010)에서 단적으로 나타난다. 이는 OECD 평균인 12.8명의 세 배에 달하며, 특히 노인의 자살률은 무려 81.9명이고, 충청남도의 노인 자살률은 123.2명에 달한다.

우리 국민을 이처럼 불행하게 만든 주원인은 1997년 말 환란 이후 우리나라에서 시행된 신자유주의 정책이 초래한 천민자본주의로 인해 우리 경제와 사회가 많이 망가진 때문이라고 생각된다. 1980년대 이후 세계를 휩쓴 신자유주의3)가 IMF 환란이 발생한 1997년 말 이후 우리나라에도 본격 상륙하였다. 신자유주의의 경제자유화 정책(규제철폐, 노동시장 유연화, 공기업 민영화 등)은 시장의 실패(빈부 양극화, 불황과 실업, 독과점화, 공해 등)를 그간 어느 정도 억제하여 오던 정부 기능을 대폭 축소시켜 시장의 실패가 고삐 풀린 말처럼 그대로 노정되었기 때문이다. 환란을 맞은 우리나라에게 IMF는 구제금융의 제공 조건으로 신자유주의 정책을 강요하였으며, 당시 우리 정책당국자들도 신자유주의를 맹신하여 IMF의 기대 이상으로 과격한 신자유주의 정책을 실시하였다. 구조조정이란 이름의 대량해고와 비정규직 고용이 노동시장 유연화란 이름으로 정부에 의해 적극 장려되었다. 당시 김대중 정부는 평생직장은 없고 평생직업만 있다는 구호를 널리 선전하였고 이에 편승하여 많은 기업들이 평생직장이기를 중단하고 대량해고를 당연시하게 되었다.

신자유주의의 득세로, 오직 이윤극대화만을 추구하고 윤리와 염치

---

3) 신자유주의(neoliberalism)란 제2차 세계대전 이후의 복지국가를 비판하고 고전적 자유주의의 자유방임정책으로 되돌아갈 것을 주장하는 경제사상을 말한다. 하이에크(Friedrich Hayek), 프리드먼(Milton Friedman), 뷰캐넌(James Buchanan)으로 대표되는 이 사상의 이론은 1950년대에 등장하였으나, 현실 정책의 주류가 된 것은 1979년에 영국의 대처(Margaret Thatcher) 총리가 취임하고 1980년에 미국의 레이건(Ronald Reagan) 대통령이 취임하면서부터이다. 이근식(2009b) 참조.

를 망각하는 천민자본주의가 전 세계에 글로벌 스탠더드인 양 자리 잡았다. 우리나라도 마찬가지다. 막스 베버(Max Weber)는 청교도 정신에 입각한 모범적인 자본주의와 구별하여, 수단방법을 가리지 않고 돈만 추구한다는 의미로 유대인 자본주의를 천민자본주의라고 불렀으나,[4] 자본주의의 원래 속성이 천민자본주의에 가깝다고 생각된다. 돈으로 거의 모든 것을 얻을 수 있는 자본주의 사회에서 사람들은 자신도 모르게 윤리도 체면도 잊어버리고 돈의 노예가 되기 쉽다. 구미에서 18-19세기에 자본주의가 발달하자 이런 천민자본주의 경향이 점차 심하게 나타났고 이에 따른 반성으로 등장한 것이 현대의 복지국가라고 생각된다. 19세기 말에 등장하여 제2차 세계대전 이후 본격적으로 정착된 구미의 복지국가는 강력한 재분배정책을 실시하고 노동조합을 육성하여 빈부격차 문제를 크게 개선함으로써 천민자본주의를 벗어나서 1970년대까지 유례없는 장기 번영의 시대를 누렸다.

구미 선진국의 이런 복지국가를 몰락시키고 천민자본주의를 다시 부활시킨 것이 1980년대부터 세계를 지배하고 있는 신자유주의이다. 신자유주의가 풍미한 이후 사람들은 돈과 자기밖에 모르는 경제동물로 전락하여 윤리와 염치를 망각하였고, 과거에는 창피하게 여겼던 대량해고와 경영진의 초고액 연봉이 이제는 자랑과 선망의 대상이 되었으며, 정부는 경제자유화를 만병통치의 묘약인 양 남발하게 되었다.

우리나라는 천민자본주의적 성격이 세계에서 강한 편에 속하는 것

---

4) 천민자본주의(Pariah Kapitalismus)란 막스 베버가 처음 사용한 용어이다. '파리아(pariah)'란 인도의 최하층 천민계층을 뜻하는 말인데, 베버는 청교도주의적 자본주의는 검약과 근면을 통해 자본주의 경제를 발전시켰지만, 유대인 자본주의는 "전쟁, 국가조달, 국가독점, 투기적 기업 창립, 군주의 건축투기와 금융투기"와 같은 비생산적인 투기를 통해 돈을 번다는 이유로 천민자본주의라고 부르고 자본주의 정신과 상관없다고 보았다(Weber, 김덕영 옮김, 2010: 345, 394). 이 글에서는 돈밖에 모르고 윤리의식이 없는 자본주의라는 의미로 천민자본주의를 사용하고자 한다.

같다. 공공복지제도가 빈약하고 가족공동체도 약해져서 생활의 불안감이 매우 심하여 자기중심적으로 되었기 때문이 아닌가 한다. 현재의 천민자본주의 하에서는 모두가 다른 사람들을 단지 돈을 벌기 위한 수단으로만 보고 있다. 인간관계가 약육강식의 수탈의 관계인 소위 갑을관계로 되었다. 이런 사회에서는 공동체가 파괴되고 인간성이 황폐해져서 돈이 아무리 많더라도 인간다운 심성을 갖고 인간다운 생활을 하기 힘들다. 이런 천민자본주의 사회 분위기의 만연이 현 우리 사회경제의 가장 큰 기본문제인 것 같다. 사회 분위기는 사람의 사회적 행동에 가장 큰 영향을 주는 요인이기 때문이다. 대개 남들이 하면 무조건 따라하고 남들이 안 하면 안 하는 것이 사람이다.

인간성을 파괴하는 천민자본주의의 병폐를 치유하기 위해서는 정부가 경제에서 적극적 역할을 담당하는 복지국가의 부활이 불가피하다. 그러나 정부의 실패를 초래하였던 과거의 '순진한 복지국가'의 전철을 되풀이해서는 안 되고 정부의 실패에 충분히 대비하며 또한 재벌의 비대화와 투기자본주의의 심화라는 세계경제 여건의 변화에 효과적으로 대처하는 '현명한 복지국가'의 건설이 우리의 목표가 되어야 할 것이다.

2. 보수적 자유주의와 진보적 자유주의

현대의 자유주의는 보수적 자유주의와 진보적 자유주의로 나눌 수 있다. 보수적 자유주의는 복지국가의 필요성을 부인하지만 진보적 자유주의는 복지국가의 필요성을 적극 인정한다. 보수적 자유주의와 진보적 자유주의를 구분하기 위해서 먼저 정치적 자유주의와 경제적 자유주의를 구분해 보자.

1) 정치적 자유주의와 경제적 자유주의

자유주의에 관한 가장 큰 혼란은 자유주의가 진보적인가 아니면 반동적인가에 관한 것이다. 이 혼란은 정치적 자유주의와 경제적 자유주의를 구분함으로써 해결될 수 있다.

원래 고전적 자유주의는 근대 유럽에서 르네상스, 종교전쟁 및 시민혁명의 주도세력이었던 부르주아들에 의하여 생성되고 발전되었다. 이들은 만인의 사회적 평등, 개인주의, 종교와 사상의 자유와 관용, 언론의 자유, 집회와 결사의 자유, 기본인권의 보장을 주장하였고, 이를 보장하는 제도로서 민주주의와 법치주의를 건설하였다. 이런 내용은 모두 정치적 자유로 포괄할 수 있으므로 이런 주장을 정치적 자유주의(political liberalism)[5]라고 부를 수 있다.

시민혁명의 성공으로 민주주의를 실현하여 정치적 자유를 쟁취한 부르주아들은 한 걸음 나아가서 경제활동에서의 자유도 주장하게 되었다. 시민혁명이 성공하기 이전 대략 16세기에서 18세기까지 서구의 지배적 정책이었던 중상주의는 부국강병을 위하여 보호무역정책과 인허가제도, 가격규제 등 각종의 경제규제정책을 실시하였다. 이런 규제정책은 정부와 유착한 대상공인들에게는 유리하였으나 그렇지 못한 중소 상공인들에게는 불리하였다. 그리하여 중소 상공인들은 정부의 경제규제를 철폐하여 누구나 자유롭게 장사할 수 있는 자유방임의 경제를 원하게 되었다. 경제활동의 자유를 주장하는 이런 주장을 경제적 자유주의(economic liberalism)라고 부를 수 있다. 정부는 법질서만 확립하고 경제는 기본적으로 민간의 자유에 맡기라는 '자유방임주의'

---

5) 롤즈도 정치적 자유주의란 말을 사용하였는데 롤즈는 다양한 가치관을 인정하는 관용을 핵심적 주장으로 삼는 것을 정치적 자유주의라고 불렀으므로 여기서 말하는 정치적 자유주의와 다른 의미이다. Rawls, 장동진 옮김(1997).

의 경제정책을 주장하는 것이 경제적 자유주의이다. 여기서 기본적이라는 말을 붙인 이유는 자유방임주의자들도 필수적인 공공복지제도와 공공시설의 건설, 의무교육과 같은 경제에서의 최소한의 정부역할은 인정하기 때문이다. 시민혁명이 성공한 이후 중소 상공인들이 의회를 장악하여 정치 주도권을 잡음에 따라 중상주의가 몰락하고 경제적 자유주의가 확대되었다. 서양에서 19세기는 경제적 자유주의의 전성시대였다.6)

16세기에서 19세기 전반까지의 '고전적 자유주의'는 정치적 자유주의와 경제적 자유주의를 모두 포함하였다. 그러나 19세기 후반부터 빈부격차에 따른 대중의 빈곤과 불황과 같은 시장의 실패가 분명히 인식되면서 경제적 자유주의에 대한 지지는 약화되었으며, 사회적 자유주의, 질서 자유주의, 이타적 자유주의처럼 경제적 자유주의를 비판하는 여러 자유주의가 등장하였다.7)

정치적 자유주의는 만인평등을 주장하고 민주주의를 주장하므로 진보성과 보편타당성을 모두 갖고 있으며 모든 자유주의자들의 지지를 받고 있다. 자유주의의 만인평등의 사상은 보편적 진보성을 갖고 있

---

6) 완전한 자유방임주의 경제가 실제로 실시된 것은 19세기 중반 약 한 세대의 영국뿐이었고, 그 외는 19세기에도 완전한 자유방임의 경제정책이 실시된 나라가 없다. 그러나 19세기 서양에서는 자유방임의 경제정책이 옳다는 생각이 전반적인 지지를 받고 있었다.

7) 사회적 자유주의(social liberalism)란 19세기 말 영국에서 등장한 자유주의로서 빈곤을 자유의 주된 적이라고 보고 국가의 적극적 재분배정책을 통한 빈곤의 퇴치를 주장하였다. 질서자유주의(order liberalism)는 제2차 세계대전 이후 서독에서 등장한 자유주의로서 정부는 독과점규제와 인플레의 예방만 책임지고 민간의 자유로운 경제행위는 보장하라는 주장이다. 이타적 자유주의(egalitarian liberalism)는 롤즈(John Rawls), 드워킨(Ronald Dworkin)과 같이 강력한 공공복지국가를 주장하는 현대 자유주의자들의 이론이다. 고전적 자유주의에 대해서는 이근식(2006a), 사회적 자유주의에 대해서는 이근식(2006b), 서독의 질서자유주의에 대해서는 이근식(2007), 그리고 신자유주의에 대해서는 이근식(2009a)을 참조하라.

다. 왜냐하면 계층, 신분, 성, 인종, 재산 등 그 어떤 이유에 의한 차별도 철폐하여 궁극적으로는 완전한 평등을 실현할 것을 주장하기 때문이다. 민주주의도 현실적으로 다수의 횡포나 의회와 정부의 타락과 같은 심각한 문제점을 보이고 있다. 그러나 민주주의가 현실적으로 상대적으로 최선의 정치제도라는 데에는 별로 이견이 없다.

반면에 경제적 자유주의는 19세기 후반 이래 끊임없이 논란의 대상이 되어 왔다. 자유방임의 자본주의 경제가 자본주의의 실패8)라는 구조적 문제를 갖고 있기 때문이다. 자유주의의 반동성에 대한 비판도 정치적 자유주의가 아니라 경제적 자유주의에 대한 비판이다. 정부에 의한 부와 소득의 재분배정책은 재산처분권을 제약한다는 이유로 현대의 경제적 자유주의자들은 재분배정책에 반대한다. 자유주의의 반동성은 경제적 자유주의자들의 이런 입장을 지적하는 것이다. 경제적 자유주의의 이러한 한계 때문에 정치적 자유주의를 지지하는 사람들도 경제적 자유주의에 대해서는 찬성과 반대의 두 가지 입장으로 나누어진다.

2) 보수적 자유주의와 진보적 자유주의

현대의 자유주의는 경제적 자유주의를 지지하여 정부의 경제개입을 반대하는 보수적 자유주의와, 이와 달리 정부의 적극적 경제개입을 지지하는 진보적 자유주의의 둘로 나눌 수 있다. 둘 모두 정치적 자유주의를 지지하는 점에서는 같다.

---

8) 불공정분배, 불황, 독과점, 공해 등과 같은 경제부문에서 나타나는 자본주의의 병폐를 시장의 실패라 하는데, 여기에 비경제부문에서 나타나는 자본주의의 폐해(윤리의 타락, 공동체의 파괴, 인간소외 등)를 합한 것을 자본주의의 실패라고 부를 수 있다.

19세기 말에 영국에서 사회적 자유주의(social liberalism)가 등장하면서부터 경제적 자유주의에 대한 자유주의자들의 입장이 찬반의 둘로 나누어지게 되었다. 이 시기에 자유의 주된 적(敵)이 이제는 정치권력이 아니라 빈곤이라는 생각이 공감을 얻으면서 정부가 적극적인 재분배정책을 통해 빈곤을 해결하여야 한다고 주장하는 사회적 자유주의가 영국에서 등장하였다.9) 이는 민주주의가 확립된 덕에 과거 전제군주 시절과 달리 정부를 국민을 위해 활용할 수 있다는 생각이 등장하게 된 것을 반영한다.

사회적 자유주의는 19세기 말과 20세기 초에 영미에서 널리 공감을 얻었으며 그 결과로 오늘날 영어에서 'liberalism'이란 말이 자유주의와 진보주의라는 두 가지 의미로 혼용되고 있다. 이러한 사회적 자유주의의 관점을 더욱 확대하여 빈곤만이 아니라 불황과 실업, 독과점과 환경파괴와 같은 시장의 실패 전반을 해결하기 위해 정부의 경제개입을 대폭 확대한 것이 제2차 세계대전 이후의 구미 복지국가이다. 이처럼 경제적 자유주의를 반대하고 국민들의 경제복지 증대를 위한 정부의 적극적 경제개입을 지지하는 자유주의를 진보적 자유주의(progressive liberalism)라 부를 수 있다. 진보적 자유주의에 입각한 복지국가를 수정자본주의(modified capitalism)라고도 부른다. 진보적 자유주의는 현대 구미 복지국가의 기초가 되는 생각이다. 제2차 세계대전 이후 구미 선진국들은 이런 복지국가를 건설하고 1970년대까지 전례 없는 장기번영을 누렸다.

한편으로는 진보적 자유주의에 반대하고 고전적 자유주의로 되돌아갈 것을 주장하는 자유지상주의(libertarianism)가 제2차 세계대전 이후 영미를 중심으로 구미에 등장하였다. 이 사상은 개인의 자유를 최

---

9) 당시 영국에서 사회적 자유주의는 신자유주의(new liberalism)라고도 불렀다. 사회적 자유주의에 대해서는 박우룡(2003)을 참조하라.

우선시하여 정부의 적극적 경제개입을 반대하고 고전적 자유주의의 작은 정부와 자유방임주의 경제정책으로 복귀할 것을 주장한다. 그 결과 이들은 경제적 자유주의의 부활을 주장하였다. 이런 자유지상주의는 보수적 자유주의(conservative liberalism)라고 부를 수 있다. 자유지상주의는 현대에 부활한 고전적 자유주의이며 신자유주의도 여기에 속한다.

보수적 자유주의자들도 필수적인 공공복지제도와 최소한의 정부규제는 인정하므로, 정부의 경제개입을 전면 반대하는 것이 아니고 정부의 적극적 경제개입을 반대한다고 말할 수 있다. 하이에크, 프리드먼, 뷰캐넌 등 현대의 신자유주의자들이 자유지상주의자들이다. 반면에 제2차 세계대전 이후 주류 경제학자인 케인지안들은 개입주의자, 진보적 자유주의자, 복지국가론자라고 부를 수 있다.

이처럼 현대의 자유주의는 시장경제에의 정부의 적극적 개입을 지지하느냐를 기준으로 진보적 자유주의와 보수적 자유주의의 둘로 나뉘어 있다.

3) 신자유주의의 퇴조와 진보적 자유주의의 부활

1980년대 이후 정부의 실패를 비판하는 신자유주의가 세계를 풍미하면서 진보적 자유주의가 퇴조하고 보수적 자유주의가 부활하여 약한 세대 동안 전 세계를 지배하여 왔다. 그러나 신자유주의로 인하여 중산층의 몰락과 빈부 양극화와 빈곤의 확대, 금융위기와 이에 따른 불황의 빈번한 발생, 실업과 비정규직의 증대와 같은 시장의 실패의 폐해가 심해지면서 근래 신자유주의에 대한 비판과 불만이 증가하고 있다. 이에 따라서 진보적 자유주의가 다시 세계적 대세로 등장하고 있으며, 이는 자유방임주의(신자유주의)가 개입주의(진보적 자유주의)

로 다시 전환됨을 의미한다.

이러한 정책기조의 전환은 역사상 처음이 아니다. 자본주의가 정착한 이후 역사적으로 자본주의의 기본 경제정책은 개입주의와 자유방임주의를 교대하여 왔다. 대략 16세기에서 18세기까지는 전형적인 개입주의인 중상주의가, 19세기에는 자유방임주의가, 20세기 전반의 과도기를 거쳐서 제2차 세계대전 이후 1970년대까지는 다시 복지국가의 개입주의가, 1980년대부터는 또다시 자유방임주의인 신자유주의가 지배적 조류가 되었다.

자유방임주의는 시장의 효율성을 살리고 정부의 실패를 줄인다는 장점을, 반대로 개입주의는 정부의 성공을 살리면서 시장의 실패를 치유한다는 장점을 갖고 있다. 그러나 자유방임주의는 자본주의의 실패라는 폐해를, 개입주의는 국가의 실패10)라는 폐단을 각기 갖고 있으므로 개입주의와 자유방임주의 모두 중대한 결함이 있다. 이 때문에 하나의 정책기조가 상당 기간 지속되면 그로 인한 폐해와 불만이 누적되어 이를 해소하기 위해 그 반대의 정책기조가 등장하는 역사가 되풀이되어 온 셈이다.

이러한 관점에서 보면, 신자유주의도 조만간 퇴조할 것임을 예상할 수 있다. 신자유주의의 자유방임주의에서는 빈부격차의 확대, 고용불안의 증대, 중산층의 몰락, 빈번한 금융공황과 불황 발생, 독과점 증대, 환경파괴 등과 같은 자본주의의 실패가 확대되고, 이에 대한 대중의 불만이 누적되어 다시 개입주의가 널리 공감을 얻기 시작하고 있

---

10) 시장의 실패와 자본주의의 실패에 대응하여 정부의 실패(government failure)와 국가의 실패(state failure)라는 말을 쓸 수 있다. 정부의 실패란 정부(의회, 행정부 및 사법부)의 비효율, 무능과 비리와 같은 경제적인 면에서 나타나는 정부의 잘못을 말하며, 이에 비경제부문에서 저지르는 국가의 잘못(예컨대 인권유린, 개인 자유 억압, 전쟁도발 등)을 더한 것을 국가의 실패라 부를 수 있다.

다. 21세기 들어와서 중남미와 서구에서 중도좌파들이 대거 집권하고 2008년의 미국 오바마 대통령의 당선과 일본 민주당의 승리, 2012년 프랑스의 사회당의 집권은 이미 이러한 전환이 시작되었음을 보여주었다. 자본주의에서 경제와 정치 모든 부분에서 대자본의 힘이 막강하지만 민주주의가 확립되면 정치에서는 사람의 머릿수가 목소리를 낼 수 있다. 자본주의의 실패가 한계를 넘으면 고통을 겪는 다수 민중들이 선거라는 평화적 과정이나 아니면 민중봉기와 같은 폭력적 방법을 통해 신자유주의를 몰아내고 다시 개입주의인 진보적 자유주의를 불러오게 될 것 같다. 보수적인 박근혜 후보조차 지난 대통령 선거에서 공공복지제도의 확대를 공약으로 내걸었던 것은 우리나라도 신자유주의의 자유방임주의에서 개입주의로 전환되어 가고 있음을 보여준다고 생각된다.

3. 경제환경의 변화

그간의 신자유주의의 시대에 누적된 자본주의의 실패를 치유하기 위하여 앞으로 정부가 적극 경제에 개입하는 새로운 복지국가의 시대가 다시 세계적으로 올 것 같다. 그러나 앞으로의 복지국가는 신자유주의가 등장하기 전의 과거의 순진한 복지국가와는 달리 국가의 실패를 예방하기 위한 방안들이 마련되어야 할 것이다. 그뿐만 아니라 다음과 같은 국내외 경제환경의 변화도 고려하여야 할 것이다.

1) 사회적 권력으로서의 재벌의 비대화

금융시장의 투기화와 함께 대자본(재벌)[11]의 지배 확대가 현재 세계와 한국의 자본주의의 가장 중요한 특성이라고 생각된다. 고전적 자유주의는 국가권력을 자유의 최대의 적(敵)이라고 보았으나 현대국가에서는 국가권력보다 오히려 대자본이 자유에 대하여 더 큰 위협인 것 같다. 민주주의가 어느 정도 확립되면 국가권력의 횡포가 제도적으로 견제받기 때문에 국가권력보다도 재벌이라는 사(私)권력이 법치주의와 민주주의를 위협하는 더 큰 위험으로 등장하였다. 일찍이 오위켄(Walter Eucken)이 지적한 것처럼, 독점은 독점이윤을 창출하므로 자유방임의 자본주의 경제에서 기업들은 경쟁을 회피하여 독점을 형성하려는 뿌리 깊은 충동을 갖고 있고 그 결과 독과점이 형성된다(Eucken, 안병직·황신준 옮김, 1996:82). 독점화 경향은 19세기 말부터 구미에서 광범하게 나타나서 현대 자본주의는 대자본이 지배하는 독점자본주의가 되었다.

1930년대의 대공황 이후 선진국에서 독점규제가 강화되었으나, 1980년대부터 신자유주의가 풍미하면서 독점규제가 완화되면서 세계적으로 독점화의 추세는 다시 확대되었다. 신자유주의자들은 국가권력에 대해서는 매우 예민하게 경고하지만 대자본에 대해서는 매우 우호적이어서 대자본의 위협에 대해서는 별로 경고하지 않고 있다.

대자본은, 국민들의 시민의식이 높고 민주주의가 발달한 소수의 선진국들을 제외하고, 미국, 일본, 우리나라를 비롯하여 대다수 현대국가에서 막강한 영향력을 행사하고 있다. 이들은 경제만이 아니라 의회, 행정부, 법조계, 학계, 언론계, 문화계 등 사회 전반에 막강한 영향력을 행사하고 있다. 특히 자유와 인권의 보호에 중심 역할을 해야 하는 언론과 사법기관이 재벌 앞에서 약하다. 사회 각 부문에 대한 영향력을 이용하여 재벌은 정부정책을 자신들에게 유리하도록 조작하고, 민주주의를 형해화하고 법 위에 군림하여 법 앞의 평등이란 법치국가

---

11) 재벌, 대기업그룹, 대자본을 구분하기도 하지만 여기서는 혼용하기로 한다.

의 원칙을 유린하고 있다. 재벌들은 탈세와 불법 금융거래와 같은 범죄행위를 하여도 경미한 처벌만 받고 넘어간다. 과거 군사정권 시절에 우리나라에서는 정치권력이 재벌들을 제압하였으나 문민화된 이후 이제는 오히려 정치권력이 재벌들의 관리대상이 되고 있다. 우리나라는 과거 30여 년의 군사독재 시절 관치경제 하에서 정경유착이 심하였던 탓에 재벌로의 경제력 집중이 다른 선진국들보다 더 심하고 그 사회적 영향력도 더 큰 것 같다.

2) 투기자본주의의 심화

세계자본주의 경제는 끊임없이 변하여 왔다. 대략 16세기에 시작된 세계자본주의 경제는 18세기까지의 상업자본주의와 19세기의 산업자본주의를 거쳐 20세기는 금융자본주의 시대로 접어들었다. 이렇게 부르는 것은 이윤창출과 자본축적을 담당하는 주된 산업이 상업에서 산업(제조업)으로 그리고 금융업으로 이전하여 왔기 때문이다.

금융업은 순기능과 역기능의 두 가지의 기능을 한다. 순기능이란 경제에 도움이 되는 기능을 말하는데 저축된 자금을 산업의 투자자금으로 연결하여 주는 기능이다. 금융은 투자자금을 융통하여 줌으로써 성장과 발전에 기여한다. 이 과정은 또한 금융이 저축으로 인하여 감소된 상품수요를 보충하여 불황을 방지하는 것이기도 하다. 예를 들어 10억 원이 소비되지 않고 저축되었다면 상품수요가 10억 원 감소되는데, 저축된 이 돈이 산업의 투자자금으로 대출되어 투자에 쓰였다면 이로 인해 10억 원의 투자라는 상품수요로 다시 창출되어 저축으로 인한 상품수요를 상쇄하여 저축으로 인해 발행하였던 수요 감소를 해소한다. 케인스가 『일반이론』에서 지적한 것이 이러한 투자의 수요로서의 기능이다. 케인스는 이 책에서 총수요는 소비와 투자로 구성됨을 지적하였다. 이처럼 금융은 투자를 촉진시킴으로써 장기적으로는 경제의 성장과 발전을 촉진시키고 동시에 단기적으로는 저축으로 인한 총수요 감소를 상쇄시켜 줌으로써 총수요 부족으로 인한 불황을 예방하는 중요한 기능을 수행한다. 이 때문에 금융은 자본주의 경제의 성장과 안정에 결정적으로 중요하다.

그러나 세상만사가 대개 양날의 칼이듯이 금융은 투기조장이라는, 경제에 파괴적인 피해를 미치기도 한다. 금융의 역기능이란 바로 이를 말한다. 원래 금융시장은 여유의 저축자금을 투자자금으로 연결시켜 주기 위하여 등장하였다. 그러나 현대에 올수록 금융시장은 이런 자금융통시장이 아니라 투기시장으로 변질되었다. 이는 주식시장의 발전과 함께 진행되었다. 원래 주식도 기업의 장기투자자금 조달을 위해 고안된 것이었으나 점차 투기를 위한 수단으로 변질되었다. 주식을 과거에는 이윤배당이라는 장기보유에 따른 수익을 목표로 구매하였으나 점차 매매차익이라는 단기목표를 위해 구매하게 되었기 때문이다. 케인스는 그의 『일반이론』에서 뉴욕의 주식시장인 월스트리트를 도박장(casino)이라 부르고 국가경제가 이런 도박장의 활동의 부산물이 된 탓으로 불안정하게 되었으니 정부가 재정지출을 조절하여 총수요를 안정화시켜서 경제를 안정시켜야 한다고 주장하였다(Keynes, 조순 옮김, 1985:157). 이 책이 1936년에 출판되었으니 이미 1930년대에 주식시장은 투기시장이 되었음을 알 수 있다.

은행과 증권회사를 분리하여 은행의 주식투자를 제한하는 '글래스-스티걸 법'이 1933년에 미국에서 제정되는 등 1930년대에 금융시장의 투기를 억제하는 법들이 각국에 제정되어 금융시장의 투기화는 1970년대까지 어느 정도 억제되어 왔다. 그러나 1980년대부터 경제의 자유화를 주장하는 신자유주의가 세계를 지배함에 따라서 금융에 대한 규제가 대폭 철폐되었고 이로 인해 주식시장을 비롯한 증권시장,

외환시장, 1차상품시장 등 모든 세계시장이 투기시장이 되었다. 더욱이 투기수단인 다수의 파생 금융상품이 계속 등장하여 세계 투기금융시장은 과거보다 훨씬 확대되었다. 또한 세계화로 인하여 전 세계의 투기시장은 하나로 통합되었으며, 인터넷을 비롯한 정보기술의 발달로 인하여 투기자금은 순간적으로 전 세계를 넘나들 수 있게 되었다. 투기시장이 이처럼 확대되고 투기거래가 순식간에 성립되게 됨으로써 투기시장은 과거와 비교가 안 되게 거대한 규모로 확대되고 세계경제의 불안정은 증폭되었다.

요즘 세계 외환시장의 하루 거래량은 약 4조 달러가 넘는데 이 중 무역과 송금과 같은 실수요에 따른 외환거래의 비중은 1% 미만이고 99% 이상이 투기자금(hot money)의 이동이라고 한다. 이는 전 세계 금융시장이 투기시장으로 되었음을 보여준다. 1980년대 이후의 세계경제는 투기자본주의 시대로 전환하였다고 생각된다.

소득과 부의 집중이 투기의 속성이다. 투기는 도박인데 도박판에서는 대부분이 돈을 잃고 한두 명만이 돈을 따기 때문이다. 조지 소로스나 폴 존슨 같은 금융투기의 귀재들이 수십 억 달러의 수익을 올리는 것은 그만큼 다른 사람들의 재산이 감소하였음을 의미한다. 투기소득은 이전소득이기 때문이다.

투기의 또 하나의 속성은 경제를 불안정하게 만든다는 것이다. 투기는 거품을 낳고 거품은 꺼지기 마련이므로 투기는 현대 세계경제에서 경제불안을 초래하는 가장 큰 요인이다. 가격의 상승세가 한번 시작되면 사람들은 너도나도 가격이 더 오르기 전에 사두려고 하므로 가격폭등이 시작되고, 가격상승이 무한정 지속될 수 없으므로 어느 시점에서 가격이 하락국면으로 전환되면 너도나도 가격이 더 떨어지기 전에 팔려고 하므로 가격폭락이 발생하게 된다. 이처럼 투기는 가격의 폭등과 폭락을 초래하기 마련이다. 1987년 미국의 주식거품과 주가폭락, 1991년 일본의 부동산 거품과 폭락, 1997년 아시아 금융위기, 2000년 세계 IT산업 거품과 폭락, 2001년 아르헨티나의 금융위기, 2006년 말 미국 서브 프라임 위기, 2008년 리먼 브라더스 파산으로 촉발된 세계 금융위기 등, 1980년대 이후 세계경제의 불안이 과거보다 훨씬 빈번하게 그리고 대규모로 발행하고 있는 가장 큰 이유는 바로 투기자본주의의 이러한 속성 때문이라고 생각된다.

4. 현명한 복지국가

신자유주의 하에서 악화된 자본주의의 실패를 치유하기 위하여 복지국가를 부활시키는 것이 필요하다. 그러나 과거 순진한 복지국가들이 국가의 실패에 대한 대비를 소홀히 한 탓에 심각한 국가의 실패를 초래하였던 것을 되풀이하지 않기 위해 앞으로는 현명한 복지국가를 지향하여야 할 것이다. 현명한 복지국가는 또한 재벌의 비대화와 세계경제의 투기화라는 국내외의 경제여건의 변화에도 대처하여야 할 것이다.

1) 순진한 복지국가와 현명한 복지국가

신자유주의가 등장하기 전의 구미 복지국가는 정부를 과신하여 국가의 실패의 방지에 소홀하였다. 이런 복지국가를 순진한 복지국가라고 부를 수 있을 것이다. 제2차 세계대전 이후 선진국들은 빈부격차 확대, 불황과 실업, 독과점, 외부효과 및 공공재의 부족과 같은 시장의 실패를 정부가 성공적으로 치유할 수 있다는 생각으로 경제에서의 정부의 기능을 크게 확대하였다. 그로 인해 등장한 것이 복지국가였다. 선진 복지국들은 공공복지제도를 통하여 빈곤을 크게 축소하고

총수요 조절을 통하여 불황과 실업을 줄여 제2차 세계대전 이후 1970
년대까지 유례없는 장기 번영기를 누렸다. 이를 정부의 성공이라고
부를 수 있을 것이다. 그러나 비대해진 정부는 한편으로는 국가의 실
패라는 병폐를 누적시켜 왔다.

　신자유주의의 가장 큰 공헌은 정부의 실패를 포함한 국가의 실패를
지적한 것이다. 정부의 실패가 발생하는 기본원인은 뷰캐넌이 지적한
대로 정부의 막강한 힘을 행사하는 관료와 정치인들도 이기적인 개인
이기 때문에 자신에게 주어진 권한을 이용하여 국가와 국민을 위한다
면서 뒤로는 자신의 사익을 추구하기 때문일 것이다(이근식, 2009b:4
부 5장 참조). 순진한 복지국가를 주도하였던 케인지안들은 정부를 전
지전능하고 공평무사하다고 가정하고 정부에게 큰 권한을 부여하여
왔다. 그러나 뷰캐넌이 지적한 바와 같이 그런 하나님 같은 정부는 현
실에 존재하지 않는다. 현실에 존재하는 것은 정보도 부족하고 무능
하며, 공익보다는 사익을 추구하는 이기적이고 탐욕스러운 정치인과
관료들이다. 이들이 막강한 정부권한을 갖고 공익을 위한다는 명분으
로 뒤로는 자신의 사익을 도모하니 국가의 실패가 필연적으로 발생할
수밖에 없다.

　이런 신자유주의의 비판을 수용하여 자본주의의 실패만이 아니라
국가의 실패도 충분히 대처하면서 동시에 재벌의 비대화와 금융시장
의 투기화라는 새로운 세계경제 변화에 대처하는 복지국가를 현명한
복지국가라고 부를 수 있을 것이다.

2) 현명한 복지국가의 원칙

현명한 복지국가의 원칙으로 다음을 들 수 있을 것이다.

- 인식과 도덕에서의 인간의 불완전성을 인정하고, 만인평등, 자유와 인권, 개인주의, 독립심과 자기책임, 사상과 표현의 자유, 집회와 결사의 자유, 관용을 기본원리로 하는 정치적 자유주의를 그대로 수용한다.
- 정치적 자유주의의 원리를 실현하는 진정한 민주주의와 법치주의를 확립한다.
- 사회적, 경제적 불평등의 축소를 지향한다.
- 생산의 효율성과 개인의 자유를 보장하기 위하여 자본주의 경제를 기본으로 삼지만 시장의 실패를 치유하기 위한 적절한 정부의 역할을 인정한다.
- 자본주의의 실패만이 아니라 정부의 실패를 포함한 국가의 실패를 방지하기 위한 장치를 마련한다.
- 민주주의와 법치주의 그리고 개인의 자유와 권리를 위협하는 재벌의 횡포를 방지한다.
- 세계화와 금융투기로 인한 경제불안정을 예방하기 위하여 단기투기자본의 이동을 제한하는 국제적 협력을 도모한다.
- 경제불안정에 대처하는 재정/통화정책을 통한 경제안정화 정책을 도모한다.
- 불공정분배와 빈곤, 인간소외, 윤리타락, 노사갈등, 환경파괴와 같은, 개인주의로는 해결할 수 없는 사회갈등 문제를 상생과 협동의 원리로 해결한다.
- 천민자본주의를 극복하는 건강한 윤리와 공동체를 지향한다.
- 민간의 자발적인 참여(자발적 나눔 운동, 자발적인 동반성장 참여, 자발적인 근로자 처우 개선 등)를 장려한다. 이는 복지전달비용의 낭비를 막으며 인간성과 윤리의 회복에 직접적인 도움이 된다.

3) 국가의 실패를 막기 위해 필요한 것

정부의 실패를 포함한 국가의 실패를 막기 위한 사회적 장치의 모색은 앞으로 연구와 시행착오를 거쳐 찾아가야 할 과제이지만 아마도 다음의 것들을 포함해야 될 것 같다.

- 시민의식의 제고 : 정부의 실패가 광범하게 존재함을 인식하고 이를 감시하는 사회적 분위기를 조성하여야 한다. 남들이 하면 무비판적으로 따라 하는 것이 사람이므로, 사회 분위기는 모든 경우에 사람의 사회적 행동에 영향을 미치는 가장 강력한 요인이다.
- 정부의 투명성 강화 : 투명성 확보는 비리를 예방하는 가장 강력한 수단일 것이다.
- 비판적이고 공정한 언론과 시민단체의 감시활동 강화.
- 정부의 권한과 책임을 명확하게 법으로 명시.
- 국가의 실패에 대한 책임과 처벌 강화.
- 복지전달체계의 정비.

4) '현명한 복지국가'의 정부정책(광의의 복지정책)

국민들의 복지향상을 위해서는 협의의 복지제도를 포함하여 다음과 같은 광의의 복지정책이 필요할 것이다.

(1) 통상적인 공공복지제도(협의의 복지제도)의 확충
- 사후적 재분배를 통한 절대적, 상대적 빈곤 축소 : 공공부조와 사회복지 서비스 등.
- 사회보험을 통한 사회안전망 확충 : 건강보험, 고용보험, 국민연

금 등.

협의의 공공복지제도 중 현재 우리나라에서 가장 시급한 것은, 자살로 내몰리고 있는 빈곤층, 특히 노인 빈곤층에 대한 정부지원을 확충하여 절대빈곤을 해소하는 것일 것이다. 비효율적인 현재의 복지전달체계만 개선하여도 예산 증가 없이 상당한 확충이 가능할 것이다.

(2) 출발선에서의 기회균등 제공
- 교육에서의 기회균등 확대 : 무상교육과 장학제도의 확충.
- 상속에서의 기회균등 확대 : 상속세의 확충과 엄격한 집행.

(3) 소득창출과정의 개선
- 고용증대(일자리 창출).
- 불공정한 차별 시정 : 비정규직 차별, 여성차별, 학력차별 등.

(4) 재벌의 횡포 금지
- 의회, 행정부, 사법부, 언론계, 학계에 대한 재벌의 영향력 차단.
- 불공정거래행위 금지.
- 기타 독점횡포 규제 : 독점가격 등.

(5) 세계경제의 투기화에 대처한 거시 안정정책
- 재정정책과 통화정책을 이용하여 물가불안과 금융공황 대처.

(6) 사회적경제(social economy)의 육성
- 시장과 정부가 포괄하지 못하는 제3의 부문인 사회적경제의 발전 토대 마련.
- 사회적기업, 협동조합, 시민(비영리)단체의 발전을 위한 여건

조성.
  ▪ 경쟁이 아니라 상생과 협동의 원리 작동 가능.

  (7) 민간의 자발적 참여 촉진
  ▪ 자발적 나눔 운동, 자발적인 동반성장 참여, 자발적인 근로자 처우 개선 등에 민간기업 및 개인의 자발적 참여 장려.
  ▪ 이는 정부를 통할 때보다 비용을 절약할 뿐만 아니라 인간성과 윤리의 회복에 직접적인 도움이 됨.

5. 요약과 결론

우리나라에서 지난 20년 가까이 신자유주의의 열풍이 불어서 많은 관료, 정치인, 기업인, 학자들이 자유방임주의를 맹신하였다. 그 결과로 자본주의의 실패가 고삐 풀린 망아지처럼 세상을 휘저어서 국민생활이 전반적으로 크게 어려워졌다. 무엇보다도 사람을 돈 버는 수단으로만 보는 천민자본주의가 만연하여 윤리와 염치가 상실되고 공동체가 와해되고 사람 간의 진정한 유대가 크게 훼손되었다. 현재 우리나라에는 사치와 낭비를 즐기는 행복한 부유층도 소수 존재하지만, OECD 평균의 거의 세 배에 이르는 높은 자살률에서 알 수 있는 바와 같이 많은 사람들이 희망을 잃고 불행한 삶을 살아가고 있다. 특히 우리나라는 고령화, 결혼율과 출산율의 저하, 가족공동체의 와해가 급속히 진행되어 다른 나라보다 더 빨리 살기 힘든 사회로 되어 가고 있다. 이런 불행한 현실을 반영하여 현재 복지국가의 건설이 우리의 시대정신으로 부상하고 있으며 이는 올바른 방향이라 하겠다.
  자유주의는 정치적 자유주의와 경제적 자유주의의 둘로 나눌 수 있다. 정치적 자유주의는 개인의 정치적 자유와 이를 보장하는 제도인

민주주의와 법치주의를 지지하는 반면에, 경제적 자유주의는 개인 경제활동의 자유, 특히 재산권의 절대 보장과 자유방임의 시장을 지지하는 주장을 말한다.

정치적 자유주의는 17세기에 고전적 자유주의가 등장한 이래 지금까지 보편적 지지를 받고 있다. 이에 반해 경제적 자유주의는 19세기 말부터 자유주의 내에서도 심각한 비판을 받아 왔다. 자유방임의 시장경제가 시장의 실패를 포함한 자본주의의 실패라는 심각한 병폐를 갖고 있음이 분명해졌기 때문이다.

현대의 자유주의는 경제적 자유주의에 대한 입장에 따라서 보수적 자유주의와 진보적 자유주의의 둘로 나눌 수 있다. 보수적 자유주의(자유지상주의, 신자유주의 등)는 시장의 실패가 존재함을 인정하지만, 정부의 실패가 시장의 실패보다 더 심각하다고 보고 작은 정부를 주장한다. 이에 비해 진보적 자유주의는 정치적 자유주의는 지지하나, 경제적 자유주의는 반대하여 시장의 실패를 치유하기 위한 정부의 적극적 경제개입을 지지한다.

제2차 세계대전 이후 1970년대까지 진보적 자유주의와 이에 기초한 수정자본주의의 복지국가가 현대 구미국가의 대세였으나, 복지국가 하에서 국가의 실패가 누적되고 이에 대한 중산층의 불만이 고조됨에 따라서 1980년대 이후 국가의 실패를 비판하는 신자유주의가 득세하면서 진보적 자유주의가 퇴조하고 보수적 자유주의가 부활하여 약 한 세대 간 세계를 지배하였다.

그러나 신자유주의로 인하여 중산층의 몰락과 빈부 양극화, 금융위기와 이에 따른 불황의 빈번한 발생, 인간성과 공동체의 와해와 같은 자본주의의 실패라는 폐해가 심해지면서 근래 신자유주의를 비판하고 자본주의의 실패를 치유하기 위한 정부의 역할을 강조하는 진보적 자유주의의 개입주의가 다시 세계적 대세로 부상하고 있다.

신자유주의 하에서 악화된 자본주의의 실패를 치유하기 위하여 복지국가를 부활시키는 것이 필요하지만, 과거 국가의 실패 방지를 소홀히 하였던 '순진한 복지국가'의 전철을 되풀이하지 않으며, 또한 재벌의 비대화, 세계화 및 투기자본주의의 강화라는 세계경제의 새로운 환경변화에 부응할 수 있는 '현명한 복지국가'를 지향하여야 할 것이다. 즉 순진한 복지국가란 정부를 과신하여 국가의 실패에 대한 대비가 소홀하였던, 신자유주의 등장 이전 과거의 복지국가를 말하며, 현명한 복지국가는 신자유주의의 비판을 수용하여 자본주의의 실패만이 아니라 국가의 실패도 충분히 대처하면서 동시에 새로운 세계경제 변화에 충분히 대처할 수 있는 새로운 복지국가를 말한다.

'현명한 복지국가'는 정치적 자유주의를 그대로 수용하고, 생산의 효율성과 개인의 자유를 보장하는 자본주의 경제를 기본으로 삼지만, 자유방임의 자본주의의 실패를 치유하기 위한 정부의 적극적 역할을 인정하면서도 자본주의의 실패만이 아니라 국가의 실패도 방지하는 사회적 장치를 마련한다. 또한 민주주의와 법치주의를 위협하는 재벌의 횡포를 방지하며, 세계화 및 투기자본주의의 강화라는 세계경제의 새로운 환경에 대처하며 천민자본주의를 극복하는 건강한 윤리와 공동체를 지향하며, 가능한 한 민간의 자발적인 참여를 장려한다.

국가의 실패를 막기 위해서는 무엇보다 시민의식을 높여서 모든 시민들로 하여금 국가의 실패가 광범히 존재함을 인식하도록 하고 이를 감시하는 사회적 분위기를 형성하는 것이 필요할 것이다. 이 밖에 정부의 투명성 강화, 독립적이고 공정한 언론과 시민단체의 감시활동 강화, 정부의 권한과 책임의 명확한 법제화, 국가의 실패에 대한 책임과 처벌 강화, 복지전달체계의 정비 등이 필요할 것이다.

'현명한 복지국가'는 협의의 공공복지제도(공공부조와 사회보험 등)를 정비하고 확충하는 것이 필요할 것이다. 특히 자살로 내몰리고 있는 빈곤층에 대한 정부지원을 정비하고 확대하여야 할 것이다. 현재의 비효율적인 복지전달체계를 개선하는 것만으로도 비용의 증가 없이 상당한 개선이 가능할 것이다. 또한 출발선에서의 기회균등(교육과 상속에서의 기회균등)의 개선과 소득창출과정에서의 개선이 필요할 것이다. 여기에는 일자리 창출, 임금과 처우에서의 불공정한 차별 시정, 독점기업과 재벌의 횡포 금지가 포함되어야 할 것이다. 세계경제의 세계화와 투기화에 대처하는 거시 안정정책도 강구되어야 할 것이다. 끝으로 사회적경제(사회적기업, 협동조합, 시민단체)라는, 시장과 정부가 포괄하지 못하는 제3의 부문을 육성하고 경쟁이 아니라 상생과 협동의 원리가 작동하도록 해야 할 것이다.

현명한 복지국가에 관한 이 글에서의 논의는 시론에 불과하고, 구체적인 모습과 정책, 제도 등은 앞으로 연구와 시행착오를 통하여 계속 모색하여야 할 것이다.

[참고문헌]

박우룡(2003), 『전환시대의 자유주의: 영국의 신자유주의와 지식인의 사회개혁』, 신서원.
이근식(2009a), 『상생적 자유주의: 자유, 평등, 상생과 사회발전』, 돌베개.
____(2009b), 『신자유주의: 하이에크, 프리드먼, 뷰캐넌』, 기파랑.
____(2007), 『서독의 질서자유주의: 오위켄과 뢰프케』, 기파랑.
____(2006a), 『애덤 스미스의 고전적 자유주의』, 기파랑.
____(2006b), 『존 스튜어트 밀의 진보적 자유주의』, 기파랑.
____(2005), 『자유와 상생』, 기파랑.
Eucken, Walter(1952), *Grundsätze der Wirtschaftspolitik*, Herausgegeben von Edith Eucken und K. Paul Hensel, Bern: A. Francke A. G.

Verlag; Tübingen: J. C. B. Mohr(Paul Siebeck), 안병직·황신준 옮김 (1996), 『경제정책의 원리』, 민음사.

Keynes, John Maynard(1936), *The General Theory of Employment, Interest and Money*, 조순 옮김(1985), 『고용, 이자 및 화폐의 일반이론』, 비봉출판사.

Rawls, J.(1993), *Political Liberalism*, Columbia University Press, 장동진 옮김(1999), 『정치적 자유주의』, 동명사.

Weber, Max(1920), *Die Protestantische Sekten und der Geist des Kapitalismus*, 김덕영 옮김(2010), 『프로테스탄티즘의 윤리와 자본주의 정신』, 도서출판 길.

1부

이론과 역사

행복경제학과 복지 [1)

김균(고려대)

1. 시장과 복지

우리는 시장 속에서 살고 있다. 세상만사가 그러하듯이, 시장 역시 빛과 그림자가 있다. 우선 자원배분의 관점에서 시장은 효율적이다. 근대 이후 서양 경제사가 보여주는 비약적인 물적 성장은 시장(자본주의) 우월성의 결정적 증거이다. 아울러 시장은 개인주의 및 자유주의 사회와 잘 맞아떨어지는 경제형태이다. 서구 자유주의의 역사를 시장(자본주의) 발전과 떼어서 생각할 수 없다. 그러나 시장의 한계 역시 분명하다. 실업과 불황, 그리고 경제적 불평등이 없는 시장은 상상할 수 없다. 이런 한계들은 효율성을 이끌어내는 시장 작동원리, 즉 경쟁원리 속에 이미 내장되어 있다는 점에서 근원적이고도 구조적이다. 하지만 이 시장 한계에도 불구하고 우리가 어쨌거나 시장을 받아들이는 까닭은 무엇보다도 시장효율성 내지는 물적 생산력이 궁극적

---

1) 이 글은 김균, 「이스털린 패러독스와 관계재」, 『사회경제평론』, 42(2013), pp.19-48을 부분적으로 수정, 보완한 글이다.

으로 인간과 인간사회를 더욱 행복하게 만들 것이라고 믿고 기대하기 때문이다. 즉, 시장의 물적 생산력이 크며 물적 재화는 인간복지를 향상시킨다는 생각이 시장 긍정의 사고 밑바탕에 깔려 있는 것이다. 이는 근대문명의 물질주의 이데올로기이기도 하다. 물론 고전파 이래 모든 경제이론 역시 이를 명시적 또는 암묵적으로 전제하고 있다고 해야 옳을 것이다.

그런데 행복경제학2)은 지금까지 너무도 당연히 여겨왔던 이런 생각을 비판한다. 그 핵심은 상품 또는 소득이 곧 행복3)이지는 않다는 주장이다. 기존의 경제학 전제에 의하면 소득이 늘어 소비할 수 있는 재화의 크기가 커지면 인간은 더 행복해진다. 그러나 이른바 이스털린 역설(Easterlin Paradox)은 이 전제의 타당성에 심각한 의문을 제기한다. 상품과 소득의 증대가 반드시 행복의 확장으로 연결되지 않을 수도 있다는 것이다. 이 역설을 그대로 받아들인다면, 신고전파의 생각, 즉 시장을 통해 상품과 소득을 증대시키는 것이 개인 및 사회의 행복을 증진시키는 최선의 전략이라는 관점은 일정 정도 수정될 수밖에 없다.

이스털린 역설 이후 이 역설을 경험적 차원에서 재검토하거나 이론적으로 설명하려는 다양한 시도들이 나타났으며 그런 과정 속에서 자연스럽게 소득 이외에 인간의 행복에 영향을 끼치는 요인들이 무엇인가를 따지는 행복경제학 분야가 새롭게 형성되기도 하였다. 이스털린

---

2) 행복경제학에 대한 소개 문헌은 많다. 그중 몇몇을 보면, Bruni and Porta (2005), Frey and Stutzer(2002), Easterlin(2004; 2005), Frey(2008) 등이 유용하다.

3) 복지(후생)(welfare, well-being), 효용(utility), 행복(happiness), 주관적 웰빙 (subjective well-being), 주관적 만족(subjective satisfaction) 등은 엄격히는 그 개념이 서로 다르다. 이 글에서는 필요에 따라 구별을 하겠지만 일단은 모두 같은 의미로 간주한다.

역설을 설명함에 있어서, 설정값(set-point) 이론이 심리학적 논의의 중심이었고, 경제학적으로는 듀젠베리의 상대소득 가설을 원용하는 이론들이 주를 이루었다. 후자는 사회학적 논의에서 상대적 지위(relative position)론으로 연결된다. 비교적 최근에는 고대철학의 오이다이모니아(eudaimonia)론 전통과 철학적으로 연결되는 관계재(relational good)론이 등장하고 있는데, 이 글에서는 관계재 개념에 기초한 이스털린 역설 설명방식에 특별히 주목한다. 관계재란 다른 사람들과의 상호 교류에서 획득(생산)되고 또 다른 사람과 함께일 때만 즐길(소비될) 수 있는, 그렇기 때문에 개인 혼자서는 그 생산과 소비가 불가능한 재화이다. 따라서 관계재는 시장 테두리에서 벗어나 다른 사람들과 더불어 활동하는 가운데 생산/소비된다. 이 이론에 따르면 소득이 늘어나고 물질적 삶이 윤택해짐에도 불구하고 그만큼 인간 행복이 비례적으로 증가하지 않는 것은 과도한 시장 참여로 말미암아 부득불 포기할 수밖에 없는 관계재 생산 및 소비 때문이다. 즉, 상품재와 관계재는 일정 정도 서로 대체재이다.

그러므로 관계재론은 상품 생산에 비해 상대적으로 관계재 생산/소비를 늘린다면 인간의 삶이 행복의 차원에서 더 나아질 수 있음을 시사한다. 사회 전체 차원에서 볼 때, 지나치게 팽창된 시장 영역을 축소, 대체할 수 있는 비시장 영역이 요청된다는 것이다. 이런 맥락에서 보자면, 관계재 생산 메커니즘에 속한다고 할 사회적경제는 시장의 대안이다. 아울러 관계재론은 좀 더 근원적 차원에서 시장과 공동체의 관계, 인간 삶에 있어서 공동체의 역할 등을 다시 한 번 숙고해 볼 기회를 제공한다.

이는 또한 자본주의 시장경제를 넘어서는 복지정책이라는 차원에서도 의미 있다고 하겠다. 복지정책은 시장의 한계를 치유하는 적극적 수단이다. 시장제도의 존속을 위한 최소한의 안전장치인 사회안전망과는 달리 복지정책은 사회구성원의 물질적, 경제적 안정을 적극적으로 추구한다. 그러나 복지정책도 역시 부분적으로 소득과 상품의 증대가 곧 행복(복지)의 확장이라고 전제한다. 여기에 행복경제학의 성과를 고려하고 또 관계재론이 함의하는 사회적경제의 관점을 가져오면, 복지정책의 의의가 더욱 강화될 뿐만 아니라, 그 정책 지평 또한 상당 정도 넓어질 것이다. 소득과 상품의 확대를 보완하는 시장의 대체인 관계재 생산 및 소비로 복지정책의 방향을 일정 정도 확장할 필요도 있는 것이다. 앞으로 이 글에서는 이스털린 역설과 행복경제학을 소개하고, 나아가 행복 연구와 관계재론이 주는 복지정책 및 사회적경제의 큰 방향에 대한 함의를 살펴보고자 한다.

2. 시장효율성과 선호

일반적으로 애덤 스미스의 '보이지 않는 손' 명제는 사적 이익만을 추구하는 개인들 간의 자유로운 경쟁이 결과적으로 아무도 의도하지 않았던 사회 전체의 이익을 초래한다는 시장효율성 논변으로 해석된다.[4] 즉, 개인들 간의 자유경쟁이 시장효율성을 낳는다는 것이다. 이 시장효율성 명제는 스미스 이래 고전파 및 신고전파 시장이론의 핵심 주장이었으며, 일반균형이론에 이르면 시장효율성은 파레토 최적 개념으로 정치화된다. 그러나 정태적 체계인 신고전파 이론이 경쟁이 어떻게 시장효율성을 가져다주는지에 대한 구체적 메커니즘을 밝혀내지 못한 반면, 마르크스, 슘페터, 오스트리아 학파 등은 각기 흥미로운 동태적 경쟁이론을 제시한다. 마르크스의 개별자본 간의 특별 잉

---

4) 스미스 연구에서 보이지 않는 손 명제는 제도의 기원, 낙관적 조화론 등 여러 차원에서 해석되지만 일차적으로는 시장효율성 논변으로 이해된다. 예를 들면 Haakonssen and Winch(2006) 및 Raphael(1985) 참조.

여가치 획득을 위한 경쟁은 노동생산성의 향상(기술혁신)과 자본축적을 낳으며, 슘페터가 말하는 기업가 간의 경쟁은 낡은 것을 깨트리고 새로운 것을 만드는 '창조적 파괴(creative destruction)'의 과정, 즉 혁신의 과정이다. 이 혁신을 통해서 슘페터의 기업가는 지속적 경제성장을 이끌어낸다. 하이에크의 시장이론에 있어서도 시장경쟁은 아직 시장에 드러나지 않고 숨어 있는 지식을 발견하는 과정이다. 예컨대 생산자는 다른 경쟁자보다 빨리 새로운 생산방식 등을 찾아내서 생산에 활용하여 초과이윤을 얻고자 한다. 이 모두는 이기적 시장 참여자들 간의 경쟁이 결과적으로 시장을 효율적으로 만든다는 것을 보여준다.5)

이처럼 경쟁기제는 시장의 효율성을 보장한다. 시장에 참여하는 각 개인들은 경쟁에서 이기기 위해 마땅히 자신의 능력, 창의성과 노력을 모두 동원한다. 경쟁과정은 이런 개인들의 역량을 최대한으로 끄집어내는 기제로 작동하고 이것이 시장효율성을 보장한다. 또 시장사회는 그 사회 전체의 발전 동력이 자유로운 개인들이 지닌 역량의 발휘에 의존한다는 점에서 개인주의 사회이기도 하다. 스미스는 이 사회를 거대사회(great society)라고 부르면서, 이 사회는 각 개인이 가진 자연적 자유(natural liberty)가 십분 발휘되는 자연적 질서(natural order)라고 보았다(Raphael, 1985 참조). 그러나 동시에, 모든 경쟁은 승리자와 패배자를 가르는 절차이다. 패배자가 생기지 않는다면 경쟁절차는 성립되지 않는다. 이런 의미에서 시장은 경쟁 탈락자를 체계적으로 생산해 내는 기제이며 그 결과 시장사회는 본질적으로 불평등할 수밖에 없다. 따라서 시장경쟁이 강화되고 격렬해질수록 시장은

---

5) Vickers(1995)는 슘페터와 하이에크의 경쟁이론을 생산적 효율성의 관점에서 해석하면서 이를 자원배분의 효율성과 구분한다. 그에 의하면 후자는 신고전파와 관련된 효율성 개념이다.

더욱더 효율적으로 되고 그와 동시에 불평등성의 확대재생산도 그에 비례해서 심화된다.

일반균형이론으로 이어지는 신고전파 전통에서는 고전파의 이러한 동태적 경쟁 개념이 정태적 경쟁 개념으로 대체된다.[6] 즉, 완전경쟁 가정이 그것인데, 이 가정하에서 시장은 균형상태에 있게 된다. 그러나 동태적 경쟁은 균형이 아니라 불균형의 과정이고 그 속에서 시장효율성이 담보된다. 그러므로 주어진 초기조건 하에서의 동태적 경쟁의 이득이 소진된 후 시장균형에 도달한 정지상태, 그래서 역설적으로 경쟁이 소멸된 바로 그 균형상태가 곧 완전경쟁 상태에 해당된다. 이 완전경쟁 상태는 비현실적이다. 예컨대 완전경쟁시장의 기업은 이윤도 손실도 내지 않으며 생산물 가격에도 영향을 전혀 끼칠 수 없는 가격 수용자이다. 더 현실적으로 본다면 시장의 외적 조건들은 끊임없이 변하기 마련이고 그에 따라 균형점도 연속적으로 변할 것이고 시장은 끊임없이 변하는 타깃인 균형점을 향해 나아갈 것이다. 하지만 균형에는 결코 도달하지 못할 것이다. 이것은 왈라스의 탐색(tâtonnement) 과정이라 해도 좋고 오스트리아 학파의 균형화(equilibrating) 과정이라고 해석해도 무방하다. 어쨌거나 이러한 동태적 과정을 수리적으로 모형화하는 것은 사실상 불가능하고, 그래서 왈라스는 경매인 가정을 도입하여 이 기술적 어려움을 넘어가는데 그의 경매인 가정은 완전경쟁 가정과 결과적으로 동일하다. 외적 조건이 불변이라면 동태적 경쟁과정이 도달하게 될 균형상태를 상정하여 균형

---

6) 흔히 지적되는 바와 같이 고전파의 장기동학은 한계효용학파의 등장과 함께 정태적 시장이론으로 전환된다. 동태적 경쟁 개념의 정태적 개념으로의 대체 역시 마찬가지다. 이는 특히 한계효용학파에 의한 경제이론의 수리화 과정과 밀접히 관련되어 있을 것이다. 수학이라는 형식이 경제학의 동태적 내용을 정태적 차원으로 축약하고 제약했다는 방법론적 측면도 무시할 수 없다. Hausman(1992) 참조.

가격, 효율성, 후생 등의 시장 특성을 분석하는 것이 왈라스 이후 신고전파 일반균형이론의 발전과정인 것이다. 그러니까 신고전파 시장이론에서는 시장효율성의 원천인 동태적 경쟁과정이 아니라 그 도달점인 완전경쟁 균형상태를 탐구대상으로 삼음으로써 시장의 효율성 문제를 분석하게 되는 것이다.7)

이제 신고전파의 정태적 체계를 상정하고 시장과 선호(preference)의 문제를 생각해 보자. 공리주의 전통을 따르는 신고전파 입장에서 복지(후생)는 선호의 충족이고,8) 효용은 선호충족의 정도를 말해 주는 일종의 지표이다. 그러므로 복지는 곧 효용이라고 해도 좋다. 또 후생경제학 제1공리에 의하면, 완벽하게 작동하는 완전경쟁시장, 그리고 외부성 등에 대한 가정이 일정하게 주어질 때, 모든 왈라스 균형은 파레토 최적이 된다. 즉, 왈라스 균형이 표상하는 시장 공간과 파레토 최적이 표상하는 사회 전체 차원의 복지/선호 공간이 서로 연결된다. 경쟁시장에서는 각 개인들에게 주어진 조건하에서 각자의 선호가 최대한 충족되고, 사회 전체 차원의 복지도 훌륭하게 달성된다. 그런데 잘 알려진 바와 같이 이런 완전경쟁시장 균형이 달성되기 위해서는 일련의 가정이 필요하다. 개인의 합리적 선호는 이행적(transitive), 완결적(complete) 및 연속적(continuous)이어야 하고, 또 합리적 선택이란 선호가 합리적이고 가장 선호하는 것을 선택한다는 두 조건을 충족시키는 선택이다(Hausman, 1992:18-19 참조). 이런 합리성 가정에

---

7) 클라크(J. B. Clack)는 균형가격을 분석하는 것은 폭풍에 의해 수면이 교란된 호수의 평상시 수위를 설명하는 것과 마찬가지라고 비유한다. Backhouse (1990:63) 참조.
8) 공리주의 전통을 이어받은 신고전파 입장은 선호충족이 곧 복지라고 간주한다. 하지만 이에 대한 문제점이 없는 것은 아니다. 예컨대 무지로 인한 선호, 반사회적 선호 등의 경우는 개인의 복지에 기여한다고 보기 어렵다. Hausman (1992:57-60) 참조.

더해서 이기성 가정이 주어질 때 합리적 시장행위가 성립된다. 이기심 가정은 다음과 같다. 첫째, 개인 A의 선호의 대상은 그가 소비하는 상품 다발이고, 둘째, 그는 큰 상품 다발을 작은 상품 다발보다 선호하며, 셋째, 다른 개인들의 선호 사이에는 상호 의존성이 없다 (Hausman, 1992:30-31 참조). 이 세 가지 가정이 이기적 인간을 의미하는 것은 개인의 선호가 자신이 소비하는 상품량에 의해 좌우되고 또 타인의 선호가 자신의 선호에 영향을 끼치지 않는다는 데에서 알 수 있다. 달리 말해 이기적 인간은 타인에 대해 중립적이며 그의 유일한 관심사는 자신의 상품 다발이 얼마나 클 것인가라는 문제뿐이다. 이처럼 경제적 인간은 합리적이면서 이기적인 반면, 합리적 인간은 이타성을 반드시 배제하지는 않는다. 예컨대 타인의 선호충족이 자신의 효용함수에 포함되는 경우, 즉 이타적 선호를 가진 경우에도 합리적 선호 및 선택은 가능하다.

다른 한편 각 개인이 가질 수 있는 소비 다발의 크기를 말해 주는 대리변수는 소득이다. 예컨대 소비자 선택 문제를 생각해 보면 주어진 가격하의 소비자의 의사결정은 소득제약에 의해 좌우된다. 따라서 이상의 논의를 단순화시키면 복지(후생) – 선호충족 – 상품 다발 – 소득으로 이어지는 인과연쇄가 성립된다. 바로 이 단순한 인과연쇄가 물질주의, 성장주의, 시장주의 등의 다양한 이름으로 불리는 근대성 이데올로기의 배후에 깔려 있는 기본논리인 것이다.

여기서 신고전파의 이기심 가정이 가진 문제를 간략히 짚어보면, 첫째, 선호충족(효용)이 곧 복지(후생)라는 공리주의적 전제는 행복(복지)에 대한 또 다른 전통인 오이다이모니아론과 양립하기 어렵다. 이 전통은 행복을 욕구의 충족이라는 단순한 차원으로 환원시키지 않고 인간다운 삶의 총체적 완성을 궁극적 행복으로 간주한다. 둘째, 상호 독립적 선호의 가정은 사회성을 배제하는데 이는 인간간의 교류 등이 인간의 후생에 끼치는 영향을 무시한다는 점에서 비현실적이다. 그러므로 이처럼 '행복 = 효용' 등식이 제한적으로 성립되고 또 상호 독립적 선호 가정이 훼손되면서 이기성 가정이 흔들린다면, '행복 = 상품/소득'이라는 경제학 고유의 오래된 관념은 과도한 일반화일 것이다. 아래 이스털린 역설은 그 반증이다.

3. 이스털린 역설

경제학자의 행복 연구는 이른바 이스털린 역설(또는 행복 역설)에서부터 시작된다. 이스털린은 그동안 심리학 등의 분야에서 축적되어온 사회 서베이 성과를 활용하여 주관적 만족도와 소득 간의 관계를 실증 분석하였다(Easterlin, 1974). 그는 갤럽(Gallop Survey) 방식과 WVS(World Value Survey) 방식의 두 가지 서베이 데이터를 함께 사용했는데, 전자의 문항은 '모든 상황을 고려할 때, 요즘 당신은 어떻습니까? / 아주 행복하다, 그저 그렇다, 그다지 행복하지 않다'이고 후자는 '당신의 생활에 전반적으로 만족합니까? 만족 정도에 따라 10점-1점을 부여하시오'로 되어 있다. 이 방식들은 응답자들에게 행복 또는 삶의 만족도에 대해서 정량적으로 답하도록 직접 요구하는 주관적 자기평가 방식이다. 그런 점에서 이를 흔히 주관적 웰빙(Subjective Well-Being: SWB)이라 부른다.[9]

이스털린의 분석 결과를 요약하면, (1) 일국의 특정 시점에서 보면, 소득과 행복 사이에는 높고 강력한 상관관계가 나타나는데, 평균적으

---

9) SWB와 행복은 상이한 개념일 수 있다. SWB는 공리주의적 전통에 속한다고 하겠다. 따라서 앞서 지적한 바와 같이 오이다이모니아 전통의 행복 개념과는 다르다. 그러나 사회 서베이 연구자들은 개념상의 엄밀한 차이를 무시하면서 SWB를 행복, 효용, 선호, 오이다이모니아 등을 나타내는 대략적인 지표로 간주하는 경향을 보인다. Easterlin(2004) 참조.

로 소득상위집단이 소득하위집단보다 더 행복하다. (2) 국제 횡단면 자료에서는 부(wealth)와 행복 간 상관관계는 아주 약하게 나타났고, 그래서 못사는 나라가 잘사는 나라보다 행복하지 않다고 단정할 수 없다. (3) 반면에 일국 차원의 시계열 자료를 보면, 25년간에 걸친 30 개국의 서베이 데이터에서 1인당 실질임금이 그 기간 중 60% 이상 증가했는데 서베이 응답자 중 '아주 행복하다', '그저 그렇다', '그다지 행복하지 않다'를 택한 비율은 같은 기간 중 거의 변하지 않았다.

이스털린의 연구와 그 이후 다른 연구자들의 후속 연구에 의하면 일국 차원 특정 시점의 횡단면 자료로 볼 경우 소득과 행복 간에는 분명한 상관관계가 존재한다. 이는 소득이 행복을 결정하는 주요요인 이라는 경제학의 일반적 통념과도 일치한다. 그러나 각국의 집계적 차원의 시계열 자료는 평균소득의 증가가 행복 증대로 연결되지 않았다.[10] 제2차 세계대전 이후 수십 년간 미국, 일본, 유럽 국가들의 경우 평균소득의 현저한 증가에도 불구하고 서베이 데이터 상 행복수준의 증대는 없었다는 것이다.[11] 이러한 이스털린 역설은 상식 차원에

---

[10] 이스털린의 분석 결과만 놓고 본다면, 횡단면 자료의 결과를 상대소득만이 행복에 영향을 끼치는 것으로, 반면 시계열 자료는 절대소득이 행복에 영향을 끼치지 않는 것으로도 해석할 수 있다. 하지만 절대소득이 소득에 전혀 영향을 끼치지 않는다는 해석은 과도하다는 지적도 있다. Frank(2012) 참조. 예컨대 Layard(2005)는 절대소득수준이 일정 수준(1인당 1만 5천 달러 수준)에 이를 때까지는 행복에 영향을 주지만 그 수준을 넘어서면 이스털린의 분석에서처럼 소득과 행복수준은 거의 무관하게 된다고 본다.

[11] Stevenson and Wolfers(2008; 2013), Sacks, Stevenson, and Wolfers(2012) 등은 이스털린 역설이 실증적으로 확인되지 않는다고 비판한다. 이들은 131개국 풀링 데이터를 분석하여 SWB와 소득 간의 강력한 인과관계가 존재함을 보였다. 그러나 이들의 분석은 소득변수의 선택, 모형설정 등에서 문제가 없지 않았다. 이들의 작업에 대한 비판으로는 Frank(2012) 참조. 또 Veenhoven (1994) 등도 국제 횡단면 자료를 이용해서 평균소득수준과 평균 SWB 수준 사이에 높은 상관관계가 있음을 실증 분석하였다. 이들 이스털린 역설 비판에는 여러 계량경제학적 문제가 있긴 하지만, 적어도 이스털린 역설이 행복 연

서도 설득력이 없지 않다. 부자가 반드시 행복한 것은 아니며 오히려 돈이 너무 많으면 불행하다는 등의 통속적 행복론이나, 방글라데시나 부탄 왕국의 삶의 만족도가 다른 부자나라에 비해 오히려 높다는 사실들은 이스털린 역설의 타당성을 상식적 차원에서 지지하고 있는 셈이다.

그런데 이 이스털린 역설은 어떻게 설명되는가? 대략 세 가지 설명 방식을 들 수 있는데, 먼저 심리학에서는 쾌락적응(hedonic adaptation) 또는 설정값(set-point) 이론으로 역설을 설명한다(김균, 2012: 197-198). 설정값 이론에 의하면 모든 사람은 유전적 요인이나 선천적으로 주어진 개성이나 성향 등의 요인에 의해서 행복을 느끼는 정도가 태어날 때부터 이미 설정되어 있기 때문에 그 사람이 살아가면서 누리는 행복수준은 거의 변하지 않으며 환경조건의 영향도 그다지 받지 않는다. 행복 설정값이 불행(행복) 쪽으로 치우친 채 태어난 사람은 자기 삶의 객관적 조건이 좋아져도(나빠져도) 자신은 불행(행복)하다고 느낀다. 누구나 살아가면서 겪기 마련인 삶의 사건들, 예컨대 연애, 결혼, 실직, 부상, 질병 등을 겪으면 그의 행복수준은 선천적으로 주어진 행복 설정값에서 일시적으로 이탈하게 되겠지만 쾌락적응 메커니즘이 작동하여 조만간 원래 설정값으로 되돌아가게 된다. 이 현상을 쾌락 쳇바퀴(hedonic treadmill)라고 부른다. 이는 트레드밀 위에서 계속 뛰고 있지만 트레드밀이 같은 속도로 반대 방향으로 돌고 있기 때문에 뛰는 사람은 그 자리에서 제자리 뛰기를 하고 있다는 점을 비유한 개념이다.

설정값 이론에 따르면 건강이나 소득 등과 같은 삶의 객관적 조건들은 행복 결정에 거의 영향을 끼치지 않는다. 일부 실증연구는 SWB

구자들의 평가와 달리, 아직 경험적 차원에서 이론의 여지없이 확증되고 있는 것이 아님은 분명하다.

변동의 80% 이상이 태생적 요인에 기인한다고 본다(Lykken and Telldgen, 1996).[12] 그런데 설정값 이론이 소득 등 삶의 객관적 조건이 행복과 무관하다는 것을 주장하는 반면, 이스털린 역설은 소득이 주요한 행복 결정요인 중 하나임을 부정하지 않는다. 다만 소득과 행복의 관계가 항상 비례적이지는 않다는 점에서 역설로 보는 것이다. 그러므로 설정값 이론만으로 이스털린 역설을 충분히 해명한다고 보기는 어렵다. 그러나 소득이 곧 행복이라는 경제학의 완고한 명제를 뒤흔든다는 점에서 적지 않은 의의가 있다.

다른 한편 심리학자들은 쾌락 쳇바퀴 개념과 함께 만족 쳇바퀴(satisfaction treadmill)를 제시한다.[13] 지속적/반복적 자극이 쾌락에 미치는 효과가 점차적으로 감소되는 메커니즘이 쾌락적응이라면, 기대(aspiration)수준은 만족스러운 결과와 불만족스러운 결과의 경계를 설정한다. 예를 들어 소득이 늘어 새 차를 구입한 경우를 보자. 객관적으로 볼 때 예전의 내 차에 비해 새 차는 내게 훨씬 더 많은 안락함과 편리함을 준다. 그러므로 이 새 차가 나의 주관적 만족도를 높여야 할 것이다. 그러나 소득증대는 차에 대한 나의 기대수준도 동시에 높이기 때문에 나의 주관적 만족도는 이전과 마찬가지다. 즉 객관적 조건의 향상에도 불구하고 그 향상의 정도만큼 기대수준도 함께 상승하여 주관적 만족도는 불변인 것이다. 이를 만족 쳇바퀴라고 부른다. 쾌락과 기대의 두 쳇바퀴는 동시에 작동한다. 위의 새 차 구입 예에서 쾌락 쳇바퀴 효과는 새 차에 금방 익숙해지고 적응해서 새 차의 즐거움이 빠르게 소멸되고 마는 우리의 성향을 말하며, 만족 쳇바퀴 효과

---

12) 반면 De Neve et al.(2012)는 SWB 변동의 33% 정도가 유전적 요인에 의해 설명된다는 추정결과를 내놓고 있다.

13) 쾌락 쳇바퀴 및 만족 쳇바퀴에 대해서는 Kahneman(1999), Bruni(2010), Easterlin(2005) 등을 참조하라.

는 새 차 구입 얼마 후 TV에서 새 모델 출시 광고를 보고는 차에 대한 기대수준이 높아져버려서 새 차의 주관적 만족도가 이전 수준으로 되돌아감을 의미한다(김균, 2012:198).

설정값 이론 또는 쾌락 쳇바퀴 효과가 유전적 요인이나 성격 같은 개인의 타고난 특성에 의한 것이라면, 만족 쳇바퀴 효과는 다분히 사회적이다. 즉, 개인의 고유한 요인에 의한 것이 아니라 다른 사람들과의 비교에 의해서 기대수준이 변동하는 것이다. 또 이스털린은 효용함수 차원의 습관형성(habit formation)과 상호 의존적 선호(interdependent preferences)가 각각 심리학의 쾌락적응과 만족 쳇바퀴 효과에 해당된다고 해석한다. 습관형성 가설에 의하면 어떤 주어진 재화(소득)가 주는 나의 효용은 과거 경험과의 비교에 의해 영향을 받는다. 예를 들어 t 기의 소득(재화)이 과거 t-1기보다 크게 증가했다면 일시적으로는 그 차이만큼 나의 효용이 증가하겠지만, 시간이 지날수록 효용증가분은 점차 감소하여 결국에는 원래 수준인 t-1기의 효용수준으로 되돌아가게 된다. 높아진 소득(재화)수준에 익숙해져서 소득(재화)의 한계효용이 점점 줄어들어 영(0)으로 수렴하게 된다는 것이다. 또 상호 의존적 선호 개념은 특정 재화에 대한 나의 효용은 다른 사람들이 그 재화를 얼마나 가지고 있는가에 일정 정도 의존한다는 것을 말한다. 즉, 나의 효용은 부분적으로 사회적 비교에 의존한다는 것이다(Easterlin, 2005:52-54). 여기서 선호가 상호 의존적이라는 외부성을 갖는다는 점, 그리고 효용이 현재 재화뿐만 아니라 과거 경험에 의해서도 영향을 받는다는 점은 합리적 시장행위를 위한 합리성 및 이기심 가정에 위배된다는 점은 주목할 만하다. 이런 의미에서 이스털린 역설은 합리적 선호이론의 한계에 대한 반증인 것이다.

다음으로 경제학자들의 설명을 살펴보자. 이스털린 역설에 대한 최초의 설명은 이스털린 스스로가 제공한다. 그는 듀젠베리 상대소득

가설을 빌려와 소득-행복 역설을 설명한다(Easterlin, 1974; 1995; 2003). 듀젠베리 가설에 의하면 우리는 끊임없이 자신을 다른 사람들과 비교하는데, 소비에 있어서도 다른 사람이 무엇을 구매하는가가 나의 선택에 영향을 끼친다. 그래서 듀젠베리의 소비함수에서는 소득의 절대적 수준뿐만이 아니라 다른 사람과 비교한 나의 상대적 소득 수준에 의해서도 소비가 영향을 받는다. 같은 논리에 의해 나의 소비가 주는 효용 역시 소비의 절대적 크기뿐만 아니라 상대적 수준에 의해서도 좌우된다(Bruni and Porta, 2007a:xxiii). 이 가설을 행복 역설에 대입해 보면 특정 시점의 횡단면 자료에서는 소득과 행복 사이에는 양의 상관관계를 가지겠지만, 시계열 자료로 보아 다른 모든 사람의 소득이 함께 개선된다면 설사 나의 소득이 증가했을지라도 소득분포상의 나의 상대적 지위가 그대로이기 때문에 나의 행복수준은 변하지 않을 것이다. 이럴 경우 이스털린 역설에서처럼 절대소득의 증대가 행복의 증대로 연결되지 못한다.

그런데 이런 설명방식은 소비의 사회적 차원에 주목하는 전통과 맞닿는다. 소비를 사회적 관점에서 접근한 잘 알려진 예로는 베블렌의 과시소비론이 있고, 더 최근 연구동향으로는 허쉬(Hirsch, 1977), 프랭크(Frank, 1997) 등의 상대적 지위(relative position) 이론을 들 수 있다. 허쉬는 재화를 재료재(material goods)와 지위재(positional goods)로 구분한다.14) 재료재는 일반적인 재화를 의미하며 지위재는 그 효

---

14) 허쉬의 재료재 정의는 명확하지 않다. 그는 대략 재료(raw material) 투입에 따라 산출이 달라지는 경제를 재료경제(material economy)라고 부른다. 재료경제는 유형재(physical good) 및 서비스 생산을 포괄하며 이 경제에서는 기술진보로 인한 생산성 증대가 지속적 산출증대를 가능케 한다. 이런 재료경제의 산출물이 재료재에 해당된다. Hirsch(1977:ch.3) 참조. 지위재가 공급이 고정된 반면 재료재란 언제나 공급증대가 가능한 일반적 재화를 일컫는 듯하다. 그래서 프랭크는 재화를 단순히 비지위재(non-positional good)와 지위재로 구분한다. Frank(1997) 참조.

용이 다른 것과의 상대적 비교에 의존하는 재화를 뜻한다. 따라서 그 생산과 공급은 제한되어 있다. 사치재 등이 지위재의 성격이 강하다. 예를 들어 자동차를 구매하는 경우 나는 자동차 자체가 주는 효용뿐만 아니라 내 이웃이 가진 차와 비교해서 구매를 결정한다.[15] 만약 이웃이 고급차를 가지고 있다면 나도 내게 꼭 필요하지 않더라도 그만큼 또는 그보다 더 비싼 고급차를 사게 된다. 또 다른 예로는 군중이 모여 있을 때 누군가가 앞을 잘 보기 위해서 발끝으로 서기 시작하면 나도 덩달아 발끝으로 서야 이전처럼 시야가 확보될 것이고, 결국에는 군중 모두가 발끝으로 서게 될 것이다. 이처럼 사치재, 사회적 지위(social status) 등과 같은 한정된 지위재를 얻기 위한 경쟁, 즉 지위경쟁(competition for position)이 발행한다. 그러나 지위재는 공급이 한정되어 있고 게임이론의 영합(zero sum)게임의 속성을 갖는다. 앞의 예에서 본 바와 같이 나의 상대적 지위를 그대로 유지하기 위해서 사치재 지출을 늘리는 것은 결국 부의 외부성(negative externality)을 가짐을 의미한다. 이런 맥락에서 브루니는 지위재 소비를 늘려봐야 결국 원래의 상대적 지위를 벗어나지 못한다는 점을 강조하면서 이를 사회적 쳇바퀴(social treadmill)라고 부르기도 한다(Bruni, 2010).

---

15) 케인스의 다음과 같은 지적은 대단히 흥미롭다. 그는 절대적 필요(absolute needs)와, 그 충족이 우리로 하여금 동료들보다 더 우월하다고 느끼게 만드는 상대적 필요를 구분하면서 후자의 상대적 필요는 우월성에 대한 욕구이기 때문에 결코 충족되지 않으며 오히려 생활수준이 높아짐에 따라 더 커진다고 보았다. 하지만 절대적 필요의 충족은 불가능하지 않으며, 따라서 '경제문제'는 향후 100년 내에 해결 가능하다고 예측했다. 여기서 케인스는 상대적 필요의 충족을 경제문제에 포함시키지 않고 있는데 이는 의외이다. Keynes(1963: 365-366) 참조. 케인스의 절대적/상대적 필요 구분은 허쉬의 재료재/지위재 구분과 개념적으로 매우 유사하다.

4. 오이다이모니아과 관계재

이스털린 역설에 대한 세 번째 설명방식은 관계재(relational good) 개념에서 출발한다. 이 절에서는 관계재론에 대해 논의할 것인데, 그 전에 이 개념이 기대고 있는 철학적 관점 내지는 전통인 오이다이모니아(eudaimonia)론을 먼저 살펴보자. 서양의 고대철학 이래 행복에 대한 접근은 기본적으로 아리스토텔레스 등의 오이다이모니아 전통과 공리주의(utilitarianism)로 이어지는 쾌락주의(hedonism) 전통으로 나뉜다.16) "쾌락주의는 행복을 '나'라는 개체가 느끼는, 좁게는 육체적 쾌락, 넓게는 감각/감정적 즐거움이라는 심리적 상태로 정의한다."(김균, 2012:190) 잘 알다시피 주류 경제학은 쾌락주의/공리주의의 전통을 이어받아 행복을 선호충족 내지는 효용과 동일시한다. 지금까지 이 글에서 다룬 행복 개념은 이 전통에 서 있다고 하겠다. 이에 비해 전자의 오이다이모니아 전통은 행복을 감정이나 쾌락적인 것과 같은 심리적 상태로 보지 않는다.

서양 고대철학자들이 오이다이모니아론에서 다루고자 했던 근본적 물음은 무엇이 좋은 삶(good life)이며, 어떻게 하면 좋은 삶을 사는 좋은 인간(good person)이 될 수 있느냐는 문제였다. 오이다이모니아17)는 영어권에서는 행복(happiness)으로 흔히 번역되지만, 그 의미는 대략 잘 사는 것(living well) 내지는 인간적 번창함(human flour-ishing) 정도이다. 오이다이모니아론이 함의하는 행복 또는 좋은 삶이란 "인간적 삶의 번창함, 즉 내재가치 모두를 포괄하는 적극적인

---

16) 행복에 대한 두 전통을 간략히 소개하는 문헌으로는 Nussbaum(2005); Ryan and Deci(2001); Bruni(2010) 등 참조.

17) 오이다이모니아(eudaimonia)의 어근인 'eu'와 'daimon'은 각각 '좋은'과, '인간의 진짜 본성' 또는 '인간 속의 신성' 정도로 해석 가능하다. Bruni(2010: 392-393) 참조.

(active) 삶 그리고 더 풍부해지거나 좋아지게 만들 그 어떤 것도 없다는 의미에서 완결적인(complete) 삶"(Nussbaum, 2005:171) 같은 것이다. 그러므로 오이다이모니아는 인간의 잠재적 가능성이 전부 발현되는, 삶의 궁극적 목적이 완성되는 삶을 의미한다. 그런데 이런 삶은 어떻게 가능할까? 오이다이모니아는 덕성(aretê, virtue),[18] 그중에서도 특히 우정, 사랑, 정치참여 등과 같은 내재가치를 실천하며 살아갈 때 자연히 얻어진다. '좋은 삶'이란 덕성을 충실하게 실천한다는 점에서 '올바른 삶'인 것이다. 만약 덕성을 어기는 비윤리적 삶을 산다면 그 삶은 좋은 삶이 될 수 없다. 그러나 쾌락주의적 행복 개념은 윤리적 판단이나 가치와 무관하며, 이 점에서 오이다이모니아 전통과 명쾌하게 구별된다. 브루니의 해석에 따르면 오이다이모니아는 아레테(덕성)를 추구하는 삶의 부산물이다. 즉, 오이다이모니아 내지 행복은 인간 속에 내재하는 아레테(덕성)를 실현하는 삶을 살아갈 때 저절로 따라오는 부산물이다. 그러니까 아레테 추구는 그 자체가 궁극적 목적이므로 비도구적이지만, 결과적으로는 행복을 가져다주는 도구의 역할을 하게 된다. 비도구적 도구인 셈이다(Bruni, 2010).

브루니는 아리스토텔레스가 서술하는 오이다이모니아 내지는 행복한 삶 속에는 부나 건강과 같은 선(goods)과 함께 우정, 사랑, 정치참여 등의 아레테가 포함되며, 특히 이들 세 아레테는 사회성(sociality) 내지는 관계적 선(관계재, relational goods)에 해당된다고 해석한다.[19]

---

18) 아레테는 "가장 일반적 의미에서 '좋은'을 의미하는 그리스어 형용사 '아가토스(agathos)'에 대응하는 추상명사이다." 아레테는 일반적으로 사람이나 사물이 가지고 있는 탁월성(excellence), 유능함, 기량, 뛰어남 등을 뜻하지만, '좋은' 인간을 실현하게 만든다는 성격상의 특성을 의미하기도 한다는 점에서 덕성(virtue) 또는 덕목으로도 번역된다. Kenny(2004:415) 참조.

19) 브루니에 의하면 관계재(relational goods)라는 말은 너스봄(M. C. Nussbaum)이 처음 사용하였고, 너스봄은 아리스토텔레스의 관계재로 본문의 우정, 사랑, 정치참여 등의 세 가지 아레테를 들었다. 관계재를 경제학적 개념으로 확장해

그는 너스봄의 아리스토텔레스 해석을 받아들여, 아리스토텔레스의 좋은 삶은 호혜성(reciprocity)이 그 속성인 관계적 선을 전제하고 있음을 특히 강조한다. 즉, 공동체적 관계 내지는 친구, 연인, 가족, 친지 등과의 좋은(호혜적) 교류가 없이는 좋은 삶의 완성이나 행복이 불가능하다는 것이다.

이처럼 관계재 개념은 일차적으로 아리스토텔레스 해석에서부터 비롯된 것이지만 경제학 논의 속으로 들어올 때 이것은 경제재의 하나로 정의된다. 브루니 등은 관계재를 사회적 교류의 필요(needs)를 충족시키는 재화로 정의한다. 일반적 시장교환에서 인간간의 관계는 재화와 서비스를 획득하는 과정에서 발생하지만, 관계재의 경우 관계 그 자체가 재화(good)이다. 이 관계재의 기본특성은 호혜성(reciprocity)과 무상성(gratuitiousness)이다. 관계재는 관계를 구성하는 사람들 상호간에 공동으로 그 관계를 만들고 향유한다. 예컨대 우정이나 사랑은 두 사람이 공동으로 생산하고 향유(소비)한다. 이런 점에서 호혜적인 것이다. 또 이 관계가 다른 어떤 외재적 이유가 아니라 내재적 이유에서 기원한다면 이는 무상적이다. 달리 말해 이 관계가 경제적 동기, 이해관계 등과 같은 다른 외재적 이유 때문이 아니라 그 관계 자체라는 내재적 이유 때문에 성립한다면 그것은 무상적인 것이다. 예컨대 두 사람 간의 사랑이라는 관계재는 사랑 그 자체 때문에 성립하지 돈이나 출세 등의 이유 때문이라면 그것은 이미 사랑이 아닐 것이다. 사랑에는 이유가 없다는 점에서 사랑은 무상인 것이다(Bruni and Zamagni, 2007:239-244).

그런데 관계재가 무상이라고 해서, 즉 시장가격이 없다고 해서 또는 시장에서 거래되는 상품이 아니기 때문에 경제재가 아니라고 말할

서 사용한 것은 Uhlancer(1989)가 처음이다. Bruni(2010:394) 참조.

수는 없다.[20) 관계재 생산 및 소비에는 시간이 필요하고 이 시간은 여타의 상품 생산 및 소비, 또는 그만큼의 개인소득을 포기해야만 확보 가능하다. 즉, 관계재 획득에는 소득 포기라는 기회비용이 발생하는 것이다. 바로 이런 점에서 관계재는 희소하고 그래서 경제재이다.[21) 달리 말해 재화(good)의 정의가 인간의 필요를 충족시키는 유용한(useful) 것(또는 사물, thing)이고 또 그러한 재화 중에서도 희소한 재화가 경제재임을 상기한다면, 관계재는 사회적 교류라는 인간의 필요를 충족시킨다는 점에서 유용한 재화이고 또 희소하다는 점에서 경제재이다.

이런 관계재 개념을 놓고 볼 때 이제 이 개념이 이스털린 역설에 대한 설명을 제공한다는 점은 금방 알 수 있다. 거시적 관점에서 보면, 관계재는 시장 바깥 영역에서 생산, 향유되는 재화이며, 일반 상품은 시장 영역에서 등가교환의 원리에 따라 생산, 교환된다. 시장 영

---

20) 다 알다시피 경제학은 희소자원의 효율적 배분 문제를 다루는 학문이라는 로빈스의 이른바 희소성의 정의는 오스트리아 학파에게서 직접적인 영향을 받은 것이다. 마찬가지로 주류 경제학의 재화, 경제재 및 상품에 대한 정의도 오스트리아 학파의 것이다. 그런데 멩거나 뱀바베르크 같은 오스트리아 학파도 20세기 초에 이미 관계(relationship)를 경제재에 포함시키고 있다. Magliulo (2010) 참조.

21) 기(Gui) 등은 관계재를 '관계 그 자체'로 보지 않는다. 그는 '만남(encounter)' 개념을 도입하여 만남이 생산해 내고 소비하는 것이 관계재라고 본다. 마치 소비행위와 소비의 대상인 소비재를 구분하는 것처럼, 만남이라는 행위가 관계재를 생산, 소비하는 것으로 개념화하고 있다. 사실 만남 개념은 관계재뿐만이 아니라 일반적인 재화에도 적용된다. 예컨대 상품교환에도 두 당사자 간의 만남이 있다. 그러나 이 경우의 만남은 생산하는 등가교환 원칙 내지는 이윤 등의 도구적 동기에 의한 것이지 관계재의 경우처럼 비도구적 동기에 의한 것은 아니다. 이처럼 만남 개념을 추가로 도입하면 경제학적 논의가 좀 더 무성해질 수 있겠지만, 아리스토텔레스 등의 오이다이모니아론에서 말하는 관계재의 무상성과 호혜성이라는 특성은 불명확하게 된다. Gui(2005); Gui and Stanca(2010) 등 참조.

역에서 각 개인은 경제활동을 통해 소득을 획득하고 경제 전체로는 경제성장과 부의 축적을 낳는다. 또 소득과 부의 증대에 따라 각 개인은 이전보다 더 행복해진다. 그러나 다른 한편 시장에서의 경제활동의 확대는 비시장 영역의 관계재 생산/소비에 쏟을 시간을 축소시킨다. 일종의 구축효과(crowding-out effect)이다. 그러므로 이스털린 역설의 맥락에서 보자면 경제성장의 소득증대가 한편으로는 행복의 증대로 이어지지만, 다른 한편으로는 관계재 생산에 필요한 시간을 축소시켜 행복을 감소시키는 효과를 낳는다. 소득증가는 이전보다 더 많은 재화를 소비할 수 있게끔 하지만 이는 동시에 시간집약적인 관계재 생산을 위축시키는 것이다. 오히려 소득소준이 아주 높아지면 관계재에 지출되는 시간의 기회비용이 그만큼 더 높아지게 되어 관계재 생산/소비가 더 크게 위축될 가능성도 없지 않다.22)

이상의 논의를 정리해 보자. 높은 소득은 시장경제에서 생산되고 구매되는 물질적 재화는 과잉소비하게 하지만 그 대신 관계재를 과소소비하게 만드는 삶을 초래한다. 관계재란 다른 사람들과의 상호 교류에서 획득되고 또 다른 사람과 함께일 때만 즐길 수 있는, 그렇기 때문에 개인 혼자서는 그 생산과 소비가 불가능한 재화이다. 예컨대 휴일 저녁 혼자만의 식사가 아니라 가족과 함께하는 저녁식사가 주는 즐거움이 관계재이다. 시장 참여를 통해 높은 소득을 올리기 위해서는 부득불 가족이나 친구 또는 이웃과의 교류에 들여야 할 시간과 여

---

22) 마찬가지로 고연봉자들의 노동시간이 평균적 노동자와 비교할 수 없을 정도로 훨씬 긴 현상도 부분적으로는 고연봉자의 여가에 대한 기회비용(즉, 연봉)이 극단적으로 크기 때문이라고 설명할 수 있다. 참고로 이는 보몰 병(Baumol disease)의 한 종류로 볼 수 있다. 노동의 생산성과 여가의 생산성을 비교하여 여가의 기회비용을 고려한다면 고연봉자와 저연봉자 간의 생산성 격차가 확대됨에 비례하여 여가의 기회비용도 확대된다. 고연봉자의 여가의 기회비용이 저연봉자에 비해 훨씬 크기 때문에 고연봉자의 노동시간도 그만큼 길어지는 것이다. Becchetti and Santoro(2007) 참조.

유를 줄일 수밖에 없고, 이 후자의 희생 즉 관계재의 과소소비가 전자의 소득과 물질재화의 증대가 주는 즐거움을 상쇄시킨다는 것이다. 그런데 이스털린 역설을 이런 식으로 설명하는 것은 시장경제의 확대가 인간 행복의 중요요소인 인간 간 상호 교류(공동체적 교류)를 위한 필요시간을 감소시키고 구축한다는 것을 의미하므로 이 설명은 시장경제 또는 자본주의 경제에 대한 근본적 차원의 비판을 내포한다. 또 이는 시장이 물적 성장을 견인하지만 동시에 인간사회의 공동체성을 파괴한다는 상식적 차원의 시장 비판과도 맞닿는 이론이라 하겠다.

호혜성과 무상성을 특징으로 하는 관계재는 당연히 비시장적 영역에서 생산, 향유되는 재화이다. 그러나 그렇다고 해서 시장의 상품교환관계와 관계재가 상호 배타적인 것은 아니다. 상품교환에도 관계재의 요소가 있을 수 있으며, 관계재 생산/소비에도 상품관계가 개입될 수 있다. 앞서 지적한 바와 같이 관계재의 특성이 호혜성이라면 상품교환의 한 특성은 등가교환원리이다. 예를 들어 이발사의 경우를 보면, 이는 이발 서비스를 등가교환에 의해 구매한 것이다. 이때 내가 그 이발사의 단골이라면 이발 서비스라는 등가교환과정에서 나와 이발사 사이에는 관계재가 동시에 생산/소비된다. 그리고 이 두 사람 사이의 관계재 생산은 이후의 이발 서비스라는 교환관계를 더 강화하게 될 것이다. 이른바 '단골' 관계라는 호혜적 관계재가 이발 서비스라는 등가적 교환관계를 더 두텁게 만드는 일종의 신뢰자본과 같은 역할을 하는 것이다. 또 다른 예로 헌혈의 경우를 보자. 기본적으로 헌혈은 호혜의 원리에 따른 것이지만, 즉 헌혈행위는 비도구적이지만 여기에 약간의 물질적 인센티브를 부여한다면 헌혈의 호혜성 성격은 이전과 달라져 왜곡될 수도 있을 것이다. 이처럼 상품교환이라는 시장 영역과 관계재라는 비시장 영역이 완전히 상호 배타적인 것은 아니다. 상품교환이 인간간의 관계인 한 그 과정에서도 관계재 생산/소비가 수반되고, 관계재 생산/소비에서도 상품교환의 원리인 등가원리가 부수적으로 동반될 수도 있다. 그러므로 거시적 관점에서 일국 경제를 보자면 그 경제가 등가원리가 주가 되는 시장경제 일변도인지, 아니면 호혜성 원리가 주가 되는 사회적경제 등이 함께 작동하는 시장경제인지를 구분할 수 있고, 또 그것이 사회 전체의 웰빙과 행복에 미치는 영향도 파악할 수 있을 것이다.

관계재 개념이 갖는 또 다른 의의는 이 개념이 경제학과 다른 사회과학 분야들과 연결하게 하는 개념이라는 점이다. 행복 연구에서도 드러난 것처럼 경제적 접근은 사회적 현상을 경제적 또는 수량적 요소로 환원하여 사회적 또는 질적 요소를 방법론적 차원에서부터 아예 배제한다. 행복 연구도 부분적으로는 경제학의 이러한 폐쇄적이고 환원론적인 연구경향을 벗어나 심리학이나 사회학 연구와 결합하는 연구공간을 열었다는 의의가 있지만, 관계재 개념은 한 걸음 더 나아가 도덕철학, 사회학, 정치학 등과 경제학이 연결되는 개념도구 및 이론적 계기를 제공하고 있다는 점에서 주목할 만하다.

5. 행복 연구과 복지정책

복지정책과 관련해서 행복 연구는 어떤 함의를 가질까? 우선 행복경제학은 시장경제를 넘어서는 복지정책의 중요성을 재확인시켜 준다. 시장만으로 사회 전체의 복지문제는 해결할 수 없으며 시장 한계를 넘어서는 복지 차원의 정책 개입이 불가피하다는 것이다. 이와 관련해서 세 가지 함의를 지적할 수 있다.

첫째, 이스털린 역설은 현대자본주의의 성장주의를 다시 성찰할 기회를 제공한다. 행복경제학의 관점에서 보면 경제성장은 지금까지 최고의 복지정책으로 과대평가되어 왔는데 이는 이스털린 역설이 말해 주듯이 더 이상 정당화되기 어렵다. 달리 말해 '성장 = 복지'이지는 않다는 인식은 성장정책을 통해서 복지를 일구겠다는 사고의 한계를 보여준다. 물질적 성장이 곧장 인간의 삶을 행복하게 만드는 게 아니라면, 성장을 맹목적으로 추구하거나 환경적, 사회적 가치 등을 희생하면서 최우선적으로 성장만을 추구하는 정책기조는 다시 생각할 필요가 있다. 즉, 정책 우선순위 설정에 있어서 기존의 경제정책 일변도에서 복지, 환경, 노동 등의 사회정책으로 정책적 관심이 이동, 확산되어야 한다는 것이다. 또 물적 성장 중심의 **GNP** 지표에서 벗어나 환경, 삶의 질 등을 고려해서 한 나라의 복지수준을 계측할 수 있는 **GNH(gross national happiness)** 등과 같은 새로운 거시지표를 개발하는 것도 경제정책의 목표를 단순한 물질적 성장에서 전환한다는 점에서 의미가 있다.

둘째, 행복경제학은 소득 이외에 행복에 영향을 끼치는 다양한 요인을 밝히고 있다. 가령, 건강, 결혼 및 가족, 연령 등이 행복과 비록 엄밀한 인과관계는 아닐지라도 밀접한 상관관계를 가짐을 보여주고 있다. 이는 시장경제나 경제정책만으로는 달성될 수 없는 복지 고유의 정책 영역이 존재함을 말해 준다. 직접적인 행복 결정요인인 건강과 보건, 육아, 부부와 가족 등을 구체적 정책목표로 삼는 광범한 복지서비스 정책 개발이 필요하다는 것이다. 이와 함께 이스털린 역설을 설명하는 두 번째 방식으로 제시된 상대적 지위이론에 따르면 사치재 수요 및 소비는 영합게임에 불과한 지위경쟁이기 때문에 그 수요는 대체로 가격과 무관하다. 비탄력적이기에 사치품 가격이 아무리 올라도 그 수요는 거의 변하지 않는다. 이는 사회적 지위를 향한 지위경쟁이 기본적으로 사치재 소비를 통해 나타나기 때문이다. 이렇게 볼 때 설사 사치재에 고율의 소비세를 부과하더라도 사치재 수요는 그대로일 것이고 경제적 관점에서 지극히 비효율적인 지위경쟁도 완화되지 않을 것이며 고율 소비세가 경제에 미칠 것으로 예상되는 부정적 영향도 없어 보인다. 하지만 고율 소비세로 걷어 들이는 조세수입은 복지 등의 다양한 목적으로 사용할 수 있다. 이런 점에서 고율 소비세를 주창하는 프랭크의 제안은 경청할 만하다(Frank, 1999 참조). 다른 한편 설정값 이론과 쾌락 쳇바퀴 이론은 복지정책에도 한계가 있음을 시사한다. 이들 이론에 의하면 개인의 행복수준을 결정하는 주요한 요인 중의 하나가 태생적 내지는 유전적 요인이다. 그러므로 복지정책이나 소득증대 등의 외부적 환경요인에 의한 개인 행복수준의 향상이 있을지라도 시간이 흐르면 원래 행복수준으로 되돌아가는 경향을 보이게 된다. 복지서비스 수혜에 따라 개인행복이 증가될지라도 조만간 행복수준이 원래 수준으로 되돌아가려는 경향을 띠게 되는 것이다. 즉, 복지정책의 행복 증대 효과가 기대보다 약화된다는 것이다. 이는 맹목적인 복지만능주의의 한계를 환기시키는 합리적 신중함으로 해석해야 하며, 복지정책 무용론으로 일반화시키면 곤란할 것이다.

셋째, 이스털린 역설에 대한 세 번째 설명방식인 관계재론이 갖는 복지정책 차원의 함의 역시 무시할 수 없다. 관계재론은 일차적으로는 시장경제에 대한 도덕철학적 관점의 비판이다. 그러나 이 논의를 보다 적극적으로 해석한다면 관계재론은 시장경제를 넘어서는 모종의 대안적 논의를 내포하고 있다. 시장을 통한 부의 확대가 개인과 그 사회를 좋고 행복하게 만들지만 시장이 일정 수준을 넘어서면 오히려 개인과 사회를 불편하게 만든다. 논리적으로 그 이유는 시장이 관계재 생산 및 소비를 제약하여 오이다이모니아적 삶을 위축시키기 때문이다. 그러므로 또 논리적으로 볼 때 시장 영역을 상대적으로 축소하고 그 대신 관계재 생산과 소비 영역을 확장시킨다면 개인과 사회 전체의 행복 및 복지수준은 당연히 향상될 것이다. 그러면 어떻게 하면 시장 축소와 관계재 생산/소비 확대가 가능할까? 우선은 노동시간 단축이다. 관계재 생산/소비는 시장 참여에서 벗어날 때, 즉 시장에서의 노동에서 자유로워질 때인 여가 상태에서 이루어진다. 주어진 시간(예컨대 24시간) 중 노동시간(10시간)을 뺀 나머지 시간이 여가(14시간)이고 이 여가시간 중에서 일부는 수면, 휴식 등에 소요될 것이고 또 다른 일부는 가족, 친구, 직장동료 등과 같은 다른 사람과의 교류, 즉 관계재 생산/소비에 쓰일 것이다. 그러므로 노동시간의 축소가 관계재 생산/소비의 확장을 가져다준다고 해도 무방할 것이다. 이런 맥락에서 노동시간 단축 정책은 중요한 복지정책의 하나로 간주되어야 마땅하다.

그런데 앞에서 지적한 바와 같이 관계재와 상품교환관계가 반드시 상호 배타적이지는 않다. 예컨대 서비스 상품교환에서 단골관계는 등가관계에 결합된 호혜적 관계인 셈이다. 전체 경제 차원에서 보면 기본적으로 등가원리에 의해 작동하는 시장경제 영역과 호혜성이 기본 특성인 자선 등의 순수한 비시장 영역이 있으며 등가원리와 호혜성이 공존하는 사회적경제 영역이 있다. 여기서 주목할 바는 사회적경제 영역이다.[23] 사회적경제 영역은 부의 창출이라는 시장적 기능을 하는 동시에 호혜성 내지는 관계재 생산/소비를 수행한다. 협동조합, 사회적기업 등으로 구성된 사회적경제는 참여 개인의 부와 관계재 생산을 동시에 확대함으로써 사회 전체의 후생을 증대시킨다는 점에서 복지정책의 한 축으로 이해되어야 옳다. 복지정책을 단순히 복지 부분에 대한 재정 지출로만 여기는 소극적 입장에서 나아가 시장경제와 사회적경제 영역 간의 적절한 균형을 만들어 나가는 제도 구축의 차원에서 이해할 필요가 있는 것이다. 다시 말해 복지정책을 협의의 관점에

---

23) 사회적경제에 대한 포괄적 소개로는 Bern and Zamagni(2007) 참조.

서 접근하지 말고 포괄적인 사회경제정책의 차원에서 접근해야 한다
는 것이다.

[참고문헌]

김균(2012), 「행복경제학의 성과와 정책적 함의」, 『고령화시대 삶의 패러
다임』, 고려대학교 출판부, pp.188-211.

Backhouse, R. E.(1990), "Competition", in Creedy, J.(1990), *Foundations
of Economic Thought*, Oxford: Blackwell, pp.58-86.

Barrotta, P.(2008), "Why Economists Should Be Unhappy With the
Economics of Happiness", *Economics and Philosophy* 24, pp.145-165.

Becchetti, L. and Santoro, M.(2007), "The Wealth-Unhappiness Paradox:
A Relational Goods/Baumol Disease Explanation", in Bruni and
Porta(2007), pp.239-262.

Brülde, B. and Bykvist, K.(2010), "Happiness, Ethics, and Politics:
Introduction, History and Conceptual Framework", *Journal of Happi-
ness Studies* 11, pp.541-551.

Bruni, L.(2007), "The 'Technology of Happiness' and the Tradition of
Economic Science", in Bruni and Porta(2007), pp.24-52.

____(2010), "The Happiness of Sociality. Economics and Eudaimonia:
A Necessary Encounter", *Rationality and Society*, vol. 22, pp.383-406.

Bruni, L. and Porta, P. L.(eds.)(2005), *Economics and Happiness*,
Oxford University Press.

____(eds.)(2007), *Handbook on the Economics of Happiness*, Chelten-
ham, UK: Edward Elgar.

____(2007a), "Introduction", in Bruni and Porta(2007), pp.xi-xxxvii.

____(2011), "Happiness and Experienced Utility", in Davies, J. B. and
D. W. Hands(eds.)(2011), *The Elgar Companion to Recent Economic*

Methodology, Cheltenham, UK: Edward Elgar.

Bruni, L. and Sugden, R.(2007), "The Road Not Taken: How Psychology Was Removed From Economics, and How It Might be Brought Back", *Economic Journal* 117, pp.146-173.

Bruni, L. and Zamagni, S.(2007), *Civil Economy: Efficiency, Equity, Public Happiness*, Bern: Peter Lang.

De Neve, J. -E., Christakis, N. A., Fowler, J. H. and Fray, B. S. (2012), "Genes, Economics, and Happiness", *Journal of Neuroscience, Psychology, and Economics*, vol. 5, no. 4, pp.193-211.

Easterlin, R. E.(1974), "Does Economic Growth Improve the Human Lot? Some Empirical Evidence", in David, P. A. and Reder, M. W.(eds.), *Nations and Households in Economic Growth: Essays in Honer of Moses Abramovitz*, New York/London: Academic Press, pp.89-125.

____(2003), "Explaining Happiness", *Proceeding of the National Academy of Science*, vol. 100, no. 19, pp.11176-11183.

____(2004), "The Economics of Happiness", *Daedalus*, Spring, pp.26-33.

____(2005), "Building a Better Theory of Well-Being", in Bruni and Porta(2005), pp.29-64.

Frank, R.(1997), "The Frame of Reference as a Public Good", *Economic Journal*, vol. 110, pp.1832-1847.

____(1999), *Luxury Fever*, New York: Oxford University Press.

____(2012), "The Easterlin Paradox Revisited", *Emotion*, vol. 12, no. 6, pp.1188-1191.

Frey, B. S. and Stutzer, A.(2002), *Happiness and Economics*, 김민주·김나영 옮김, 『경제학, 행복을 말하다』, 예문.

Graafland, J. J.(2007), *Economics, Ethics and the Market: Introduction and Applications*, New York: Routledge.

Gui, B.(2005), "From Transactions to Encounters: the Joint Generation of Relational Goods and Conventional Values", in Gui and Sugden (2005), pp.23-51.

Gui, B. and Stanca, L.(2010), "Happiness and Relational Good: Well-Being and Interpersonal Relations in the Economic Sphere", *International Review of Economics*, vol. 57, pp.108-118.

Gui, B. and Sugden, R.(eds.)(2005), *Economics and Social Interaction: Accounting for Interpersonal Relations*, Cambridge University Press.

Haakonssen, K. and Winch, D.(2006), "The Legacy of Adam Smith", in Haakonssen, K.(ed.)(2006), *The Cambridge Companion to Adam Smith*, Cambridge University Press, pp.366-394.

Hausman, D. M.(1992), *The Inexact and Separate Science of Economics*, Cambridge University Press.

Hausman, D. M. and McPherson, M. S.(2009), "Preference Satisfaction and Welfare Economics", *Economics and Philosophy* 25, pp.1-25.

Hirsch, F.(1977), *Social Limits to Growth*, London: Routledge.

Kahneman, D.(1999), "Objective Happiness", in Kahneman, D., Diener, E. and Schwarz, N.(1999), *Well-Being: The Foundation of Hedonic Psychology*, New York: Russell Sage Foundation, pp.2-25.

Kimball, M. and Willis, R.(2006), "Utility and Happiness", University of Minnesota, mimeo.

Kenny, A.(2004), *Ancient Philosophy*, 김성호 옮김, 『고대철학』, 서광사.

Keynes, J. M.(1963), "Economic Possibilities for Our Grandchildren", in his *Essays in Persuasions*, Norton Library, pp.358-373.

Layard, R.(2005), *Happiness*, London: Penguin Press.

Magliulo, A.(2010), "The Austrian Theory of Relational Goods", *International Review of Economics* 57, pp.143-162.

Ng, Y. -K.(2008), "Happiness Studies: Ways to Improve Comparability and Some Public Policy Implications", *The Economic Record*, vol. 84, no. 265, pp.253-266.

Nussbaum, M. C.(2005), "Mill between Aristotle and Bentham", in

Bruni and Porta(2005), pp.170-183.

Rapael, D. D.(1985), *Smith*, Oxford University Press.

Ryan, R. M. and Deci, E. L.(2001), "On Happiness and Human Potentials: A Review of Research on Hedonic and Eudaimonic Well-Being", *Annual Review of Psychology*, vol. 52, pp.141-166.

Sacks, D. W., Stevenson, B. and Wolfers, J.(2012), "New Stylized Facts About Income and Subjective Well-Being", *Emotion*, vol. 12, pp.1181-1187.

Stevenson, B. and Wolfers, J.(2008), "Economic Growth and Subjective Well-Being: Reassessing the Easterlin Paradox", *Brookings Papers on Economic Activity*, Spring, pp.1-87.

Stevenson, B. and Wolfers, J.(2013), "Subjective Well-Being and Income: Is There Any Evidence of Satiation?", *NBER Working Paper*, no. 18992.

Ulhancer, C. J.(1989), "Relational Goods and Participation: Incorporating Sociability into a Theory of Rational Action", *Public Choice*, vol. 62, no. 3, pp.253-285.

Veenhoven, R.(1994), "Is Happiness a Trait?: Tests of the Theory that a Better Society does Not Make People any Happier", *Social Indicators Research*, vol. 32, pp.101-160.

Vicks, J.(1995), "Concepts of Competition", *Oxford Economic Papers* 47, pp.1-23.

자유주의 정의론과 복지:
롤즈의 재산소유 민주주의를 중심으로

정원섭(건국대)

1. 복지국가의 연원

"모든 현대국가는 복지국가이다. 왜냐하면 국민들의 인생 전망이 자연적, 사회적 우연에 의해 좌지우지되도록 방치해 두는 국가는 이제 없기 때문이다. 모든 국가는 질병, 장애, 실업, 빈곤으로부터 남녀노소를 보호하고자 하는 다양한 정책들을 채택하고 있다."[1]

오늘날 이렇게 광범위하게 수용되고 있는 복지국가라는 발상은 독일의 'Sozialstaat'에서 비롯된다. '사회적 국가'라고 직역될 수 있는 이 용어는 19세기 후반 보수파 정치인 비스마르크가 개혁의 일환으로 추진한 일련의 정책들을 말한다. 물론 이러한 정책들을 처음 고안한 것은 독일의 초기 사회주의자들이었다.[2] 영어권의 경우 복지국가라는

---

1) Amy Gutmann(ed.), *Democracy and the Welfare State*(Princeton University Press, 1988), p.3.

2) S. B. Fay, "Bismarck's Welfare State", *Current History*, Vol. XVIII(January, 1950), pp.1-7.

용어를 처음 사용한 사람은 영국 성공회 대주교인 템플(William Temple)로 알려져 있다. 그는 당시 영국 정부를 복지국가(welfare state)로 묘사하였는데, 이것은 나치 독일을 전쟁국가(warfare state)로 규정하면서 이 양자를 절묘하게 대비시키기 위한 것이었다.3) 물론 템플이 이렇게 복지국가라는 표현을 사용할 수 있었던 것은 이미 1845년 보수파인 토리당의 디즈레일리(Benjamin Disraeli)가 "권력의 유일한 의무는 인민의 사회복지"라고 갈파한 것과 그 맥을 같이한다.4)

역사학자 팩스턴(R. Paxton)에 따르면, 복지국가는 대체로 보수파들을 통해 등장하였으며 사회주의자들과 노동조합원들의 경우 초기에는 이러한 복지정책에 대해 오히려 반대하였다. 1880년대 독일 복지국가를 주도한 비스마르크, 그리고 불과 몇 년 후에 이와 유사한 형태인 헝가리의 복지국가를 고안한 타프(Eduard von Taaffe) 역시 보수파였다. 1910년대 영국 복지국가를 주도한 자유당의 로이드 조지(David Lloyd George) 역시 보수파이며, 1940년대 프랑스 복지국가 역시 보수파인 비시 체제(the Vichy regime)였던 것이다. 팩스턴은 한 발 더 나아가 다음과 같은 주장까지 편다. "20세기 유럽의 모든 우파 독재 정권은, 심지어 파쇼 정권까지도, 복지국가를 주창하였다. … 이 국가들은 모두 생산성 증진, 국가의 통합, 그리고 사회적 평화를 유지하기 위해 보건의료, 각종 연금, 무상주택, 혹은 대중교통을 제공하면서 스스로 복지국가라고 주장하였다."5)

---

3) William L. Megginson and Jeffry M. Netter, "From State to Market: A Survey of Empirical Studies on Privatization", *Journal of Economic Literature* 39(2)(June, 2001): 321-389.

4) 디즈레일리는 후일 영국의 총리가 된다. Benjamin Disraeli, *Sybil*(1845), p.273. 원본을 확인하지 못하여 다음 글에서 재인용함. Michael Alexander, *Medievalism: The Middle Ages in Modern England*(New Haven: Yale University Press), p.93.

5) Robert O. Paxton, "Vichy Lives! — In a way", *The New York Review of*

주지하다시피 비스마르크는 노령연금과 의료보험정책을 통해 근대 유럽 복지국가의 기반을 조성하였다. 그러나 그의 정책의 일차적 목표는 그 당시 독일에 비해 임금은 높았지만 복지정책이 거의 없던 미국으로 독일 노동자들이 이탈하는 것을 방지하기 위한 것이었다. 그의 복지정책은 다양한 계층으로부터 광범위한 지지를 얻을 수 있었지만, 이러한 정책을 실행하는 과정에서 자유주의자들과의 논쟁은 불가피한 것이었다.6) 왜냐하면 복지국가는 그 핵심적 특징인 사회보장정책을 통해 모든 국민들에게 그들의 공과와는 관계없이 일정 수준 이상의 삶을 영위할 수 있도록 사회적 최소치를 보장하여야 하기 때문이다. 그런데 이러한 사회적 최소치를 마련하기 위해 정부가 직접 공권력, 즉 세금을 통해 재원을 확보하고자 할 경우, 그 재원을 강제로 부담하고 있다고 생각하는 부유층의 불만은 말할 것도 없거니와 실제 제공되는 복지의 수준이 기대치와 다를 경우 복지 수혜자들로부터도 불만을 사게 되는 것이다.

사회주의자들과 보수주의자들이 복지정책을 입안하거나 집행하는 과정에서 적극적이었다고 한다면, 전통적으로 개인의 자유를 강조하는 자유주의자들의 경우 선택의 결과에 대한 책임을 강조하면서 복지정책에 대해 소극적이었던 것이다. 그 이유는 대체로 사회주의자들이나 보수주의자들이 공동선과 같은 공동체적 가치를 중요하게 생각해온 반면, 자유주의자들은 개인이 타인의 도움 없이 자신의 노력을 통해 스스로의 삶을 영위할 수 있다는 가정 아래 선택의 자유와 그 결과에 대한 개인의 책임을 강조하였기 때문이다. 이들은 모두를 위한 기본적인 복지보다는 개인의 사유재산권이나 응분의 몫(desert) 혹은

Books(April 25, 2013).

6) E. P. Hennock, *The Origin of the Welfare State in England and Germany, 1850-1914: Social Policies Compared*(2007).

절차상의 공정성을 강조하였다.

　고전적 자유주의자들은 국가가 직접 나서서 세금과 같은 강제적인 방법을 통해 그 공동체의 장애인이나 빈자 등 사회적 약자들을 위한 구휼정책을 펴는 것에 대해 무관심하거나 거부하였다. 왜냐하면 고전적 자유주의자들은 대체로 개인주의에 기초하여 국가권력 등 외부로부터 간섭받지 않을 권리처럼 소극적인 권리를 중요한 가치로 간주하고 있었기 때문이다. 현재 누군가가 선천적인 장애나 사고로 인해 매우 어려운 상황에 처해 있다고 해서 내가 그 사람을 도와야 할 의무는 없는 것이다. 따라서 자신이 원하지도 않는 상황에서 다른 사람을 돕는다는 명목으로 국가가 강제로 나에게 세금을 거두고자 한다면 이 것은 자유의 침해이자 강요된 노동이 되는 것이다. 물론 자유주의자들은 기부와 같이 개인적 차원에서 자발적 방법을 통해 사회적 약자들을 보호하는 것에 대해서는 반대하는 것이 아니라 오히려 적극 권장하기도 한다.

　그러나 자본주의 경제가 진전되면서 격화된 빈부격차로 말미암아 사회적 불안정이 심각한 수준에 이르면서 사회 전체의 복지문제를 개인의 자선이나 기부에만 맡겨 둘 수 없다는 것은 명백하다. 한 사회 내에서 최소한의 기본적인 생활을 영위할 수 있는 수준의 사회적 최소치를 보장하는 것은 자유주의자들에게도 결코 외면할 수 없는 과제가 될 수밖에 없었던 것이다. 특히 유럽의 경우 사회주의의 거대한 격랑을 마주한 이래 오늘날에 이르기까지 자유주의는 홉스와 로크 당시 원자적 개인주의에 기반을 둔 고전적 자유주의와는 매우 다른 모습으로 진화를 거듭하고 있다.

　이 글에서는 롤즈의 자유주의를 중심으로 복지에 대한 현대 정치철학의 중요한 입장들을 살펴보고자 한다.

2. 자유주의 정치철학의 4유형: 정의관을 중심으로

자유주의란 정의상 자유의 가치를 신봉하는 입장이다.[7] 더욱 엄밀히 말하자면 평등이나 복지 혹은 안전과 같은 가치와 자유라는 가치가 서로 갈등하는 상황에서 자유의 가치를 우선시하는 입장이다. 따라서 자유주의는 자유, 특히 정치적 자유를 최상의 가치로 간주한다는 점에서 "원래 그리고 기본적으로 정치적 자유주의이다."[8] 그렇기 때문에 이들은 다음과 같은 로크의 주장에 대하여 대체로 동의한다. 즉, "선천적으로 인간은 … 다른 사람의 의지에 의존하지 않으면서 자신이 적절하다고 생각하는 방식으로 행동할 수 있는 완벽하게 자유로운 상태에 있다."[9] 그래서 밀은 자유에 대한 증명의 부담은 자유를 옹호하는 사람들이 아니라 자유를 제한하거나 금지하고자 하는 사람들에게 있다고 주장한다.[10] 이 점에 대해서는 현대 자유주의자들 역시 그 궤를 같이한다. 이 때문에 자유주의 정치이론에서는 언제나 정치적 권위의 정당성이 핵심문제가 될 수밖에 없었고, 그 결과 홉스, 로크, 루소, 칸트 등과 같은 근대의 대표적인 고전적 자유주의자들은 사회계약이라는 발상을 통해 이 문제에 접근하고자 하였다.

이런 맥락에서 볼 때 자유주의적 정의관에서 그 핵심주제는 당연히 자유 혹은 자유의 가치이다. 따라서 만일 복지가 자유와 독립적으로 이해된다면, 복지는 자유의 하위 문제로 간주될 수밖에 없다. 물론 복

---

7) Maurice Cranston, "Liberalism", in *The Encyclopedia of Philosophy*, Paul Edwards(ed.)(New York: Macmillan and the Free Press, 1967), p.459.
8) 이근식, 「자유주의와 한국사회」, 이근식 · 황경식 편, 『자유주의란 무엇인가?』 (삼성경제연구소), p.29.
9) J. Locke, *Two Treatises of Civil Government*.
10) J. S. Mill, *Collected Works of John Stuart Mill*, J. M. Robson(ed.)(Toronto: University of Toronto Press, 1963), vol. 21, p.262.

지가 자유와 본질적으로 맞물려 있는 것으로 이해된다면, 복지는 자유와 동일한 위상에서 다루어져야 할 것이다. 대체로 고전적 자유주의자들의 경우 정치권력 등 외부로부터 방해받지 않을 소극적 권리를 강조한 나머지 자유주의의 원칙적 차원에서 복지문제를 다루려는 시도를 거의 하지 않았다. 그러나 오늘날 많은 자유주의자들은 정치적 평등뿐만 아니라 경제적 평등 역시 중요한 가치로 간주하면서 복지문제를 자유주의의 틀 안에서 설명하고자 한다.

이 글에서는 복지문제에 대한 다양한 입장들을 크게 다음과 같이 네 가지 유형으로 구분하고자 한다.

첫째 유형은 노직(R. Nozick)처럼 개인의 자유, 특히 소유권을 절대적으로 존중하고자 하는 자유지상주의(libertarianism)이다. 이들은 타인의 복지문제에 대해 아예 무관심할 뿐만 아니라 복지 재원을 확보하기 위한 일련의 시도들을 온정적 간섭주의라고 규정하면서 강력하게 거부한다.

두 번째 유형은 롤즈(J. Rawls)의 입장으로 평등주의적 자유주의(egalitarian liberalism)이다. 현대에 들어와 정의의 문제가 학문적으로 본격 부각된 것은 1971년 롤즈의『정의론』덕분이라는 점에서 오늘날 자유주의를 대변한다고 할 수 있는 이 입장에서는 자유의 우선성을 유지하는 가운데 경제적 평등과 복지를 자유주의 틀 안으로 적극 포용하고자 한다.

셋째 유형은 마이클 왈쩌(M. Walzer)와 같은 공동체주의(communitarianism)이다. 많은 경우 찰스 테일러, 알레스데어 매킨타이어, 마이클 샌델과 같은 학자들은 롤즈의 자유주의와 대비되는 의미에서 공동체주의자로 분류되어 왔다. 이들은 원자론적 개인주의에 기초하여 개인의 자유를 공동체의 가치와 대립시켜 파악하고자 하는 고전적 자유주의에 대해서 강력히 반대해 온 것이 사실이다. 그러나 이들이 자유의 가치를 훼손하면서 공동체의 가치를 강조하는 것은 아닐 뿐만 아니라 이들 역시 개인의 자유에 대한 강력한 옹호자라는 점에서 근본적으로는 자유주의자일 수밖에 없다. 다만 노직의 자유지상주의나 롤즈의 평등주의적 자유주의와는 달리 공동체와 전통의 가치에 대해 특별히 비중을 부여하고자 한다는 점에서 이들을 공동체주의자로 부르고자 한다.

넷째 유형은 공리주의이다. 복지를 철학적으로 가장 강력하게 옹호한 것은 바로 공리주의의 원조인 벤담(J. Bentham)의 효용의 원칙(the principle of utility)이라 할 수 있다. 효용의 원칙은 한 행위의 옳고 그름을 그 행위가 쾌락을 증진시키고 고통을 감소시키는 경향에 따라 판단하고자 하는 것이다.11) 이러한 효용의 원칙은 자유를 최상의 가치로 간주하는 전통적인 자유주의의 입장과 상충할 뿐만 아니라 쾌락이나 고통의 질적인 차이를 무시하는 급진성으로 인해 벤담은 그 당시 심각한 사회적 반론을 마주하였다. 그러나 19세기 영국 자유주의를 대변하는 밀(J. S. Mill)을 통해 벤담의 공리주의가 지닌 급진성이 순화되면서 공리주의 역시 개인의 자유에 대해 결코 무관심하지 않다는 점이 분명해지게 되었다. 사실 오늘날 대부분의 공리주의자들이 개인의 자유에 대한 근본적인 신뢰 위에서 그 학문적 논의를 전개하고 있다. 그러나 역사적으로 많은 공리주의자들은 자유의 가치에 도전하는 것으로 간주되면서 자유주의자들과 경쟁하면서 공리주의와 자유주의 모두 이론적으로나 실천적으로 더욱 진일보하게 되었다.

---

11) Jeremy Bentham, *Introduction to the Principles of Morals and Legislation*, J. H. Burns and H. L. A. Hart(eds.)(London: Athlone Press, 1970[1823]), 제1장 참고.

	대표학자	주요이론	핵심주장
자유지상주의	노직	소유권적 정의	자유의 극대화
자유주의	롤즈	공정으로서 정의	자유와 평등의 조화
공리주의	벤담	효용의 원칙	복지의 극대화
공동체주의	왈쩌	다원적 평등	가치의 다양성 존중

3. 자유지상주의 정치철학

노직으로 대표되는 현대 자유지상주의 정치철학은 개인의 자유를 최대한 존중하고자 하는 입장이다. 이 입장에서는 만일 현재 상황이 개인의 자유로운 선택의 결과라고 한다면, 설령 현재의 상황이 심각하게 불평등할지라도, 그것은 정의롭다고 판단한다. 즉, 현재 상황 자체의 모습이 아니라 이에 도달한 역사적 과정을 중시하는 입장이다. 주지하다시피 로크는 이러한 최초의 취득을 "다른 사람들을 위한 양질의 것들이 충분히 남아 있을 때(good and enough for others)"라는 유보조항 하에서 정당화하였다.12) 일반적으로 대표적인 사회계약론자로 알려져 있지만, 로크는 이러한 최초의 취득의 경우 계약을 전혀 요구하지 않는다. 오히려 그는 만일 이러한 상황에서 다른 사람의 동의를 구하려고 할 경우 자연의 풍부함 속에서도 다른 모든 사람의 합의를 구하느라 인류는 굶어 죽고 말 것이라고 단언한다.

이러한 최초 취득에서 로크의 단서 조건에 대해 맥퍼슨은 충분조건과 노동조건 그리고 손상조건으로 세분하였다. 즉, 다른 사람을 위해 충분히 남아 있어야 하며, 한 사람이 점유할 수 있는 것은 자신의 노동의 범위를 벗어날 수는 없다는 것이다. 손상조건은 로크의 정치철

---

12) John Locke, *Two Treatises of Civil Government*, §27.

학이 전제하고 있는 신학적 특성에서 비롯한다. 즉, 자연은 신이 인간에게 유용하게 사용하도록 준 것인데 이를 썩혀 버려서는 안 된다는 것이다.13)

그런데 노직은 로크가 제시한 단서 조항을 "오로지 최초의 취득에서 다른 사람에게 피해를 주지 않는 것"으로 제한적으로 해석한 후, 최초의 취득이나 그 이후 양도 과정에서 자유로운 선택을 하였다면 그 결과를 받아들이는 것 역시 당연한 것으로 해석한다. 노직은 이러한 자신의 정의관을 소유권적 정의론(an entitlement theory of justice)이라 규정한 후 그 핵심을 다음과 같은 세 가지 원칙으로 제시한다.

제1원칙 : 정당한 최초 취득 원칙
제2원칙 : 정당한 양도의 원칙
제3원칙 : 시정의 원칙14)

만일 현재의 소유 상태가 이 세 가지 원칙을 어기지 않았다면 그 소유 상태는 정당하다는 것이다. 각각의 원칙에 대해 부연하면 다음과 같다. 정당한 최초 취득 원칙이란 가령 로크가 묘사한 것처럼, 인류의 역사가 시작할 무렵 모든 것이 무주공산이었던 자연 상태에서 공유물 중 일부를 누군가가 사유재산으로 차지할 때 다른 사람들에게 피해를 주지 않았다면 그 소유권은 정당하다는 것이다. 정당한 양도의 원칙이란 교환이나 증여 혹은 상속의 과정에서 속임수나 사기와 같은 비윤리적 상황이 없었다면 그 결과로 도달한 소유 상태 역시 정

---

13) C. B. MacPherson, *The Political Theory of Possessive Individualism: From Hobbes to Locke*(1962), pp.87-88.

14) R. Nozick, *Anarchy, State and Utopia*(New York: Basic Books, 1974), pp.148-151.

당하다는 것이다. 그런데 역사의 과정에는, 논리적 추론 과정과는 달리, 의도하였건 의도하지 않았건 부정의가 발생할 수 있으며, 역사적으로 무수한 부정의가 있었다. 따라서 최초의 취득 과정이나 양도의 과정에서 부정의가 발생하였다면 이를 바로잡는 것이 세 번째 시정의 원칙이다. 이러한 세 가지의 원칙을 충족한 결과 나타난 분배 상태는, 설령 일부의 사람이 모든 것을 갖고 나머지는 아무것도 없는 심각하게 불평등한 상황이라 할지라도, 이것은 자유를 행사하여 나타난 정당한 결과이며, 따라서 국가는 합리적인 개인들이 자유를 행사하는 과정 및 그 결과에 개입해서는 안 된다.

이러한 자유지상주의는 로크 이래 고전적 자유주의를 계승하면서 일체의 재분배정책에 대해 강력히 저항한다. 만일 정부가 나서서 가난한 자들을 돕거나 사회적 불평등을 해소할 목적으로 인위적인 재분배를 시도할 경우 그것은 개인의 자유를 유린하는 것일 뿐이라는 것이다. 이들이 말하는 자유란 소극적 자유, 즉 외부의 간섭이 없는 상황을 말한다. 왜냐하면 이들은 사회 내에 존재하는 개인들이 스스로 판단하고 합리적으로 행동할 수 있는 제반 여건을 갖추고 있는 것으로 가정하기 때문이다. 따라서 사회적 약자들을 위한 여하한의 복지제도에 대해 강력히 반대하는 자유지상주의 정치철학은 복지를 권리의 문제가 아니라 개인의 자선의 문제로 이해하게 된다.

4. 평등주의적 자유주의(egalitarian liberalism)

롤즈로 대변되는 현대 평등주의적 자유주의 역시 모든 개인의 자유를 소중히 여기지만, 먼저 자유의 가치를 모든 시민이 평등하게 향유할 수 있도록 사회의 기본구조가 갖추어야 할 배경적 조건에 주목한다. 이 점에서 '공정으로서 정의'라는 롤즈의 정의관 전체를 아우르는 핵심 발상은 사회를 자유롭고 평등한 시민들 간의 협력의 틀(society as a cooperative venture)로 이해한다는 점이다. 이러한 사회가 운영되기 위해서는 우선 협력의 공정한 조건에 대한 합의가 이루어져야 한다. 따라서 정의의 일차적 주제는 사회의 기본구조, 즉 사회의 주요 제도가 권리와 의무를 배분하고 사회협동체로부터 발생하는 이익을 분배하는 방식이 된다.15)

여기서 사회의 주요 제도란 정치의 기본법이나 기본적인 경제적, 사회적 체제를 말한다. 구체적으로 말하자면 사상의 자유, 양심의 자유, 경쟁시장, 생산수단의 사유에 대한 법적 보호와 일부일처제 등이다. 따라서 최초의 합의, 즉 원초적 합의의 대상은 특정 형태의 사회구조나 정부형태가 아니라 사회의 기본구조에 대한 정의의 원칙들이다. 따라서 이러한 정의의 원칙에 대한 최초의 계약은 공정한 조건하에서 진행되어야 한다.

롤즈는 최초의 상황 자체를 공정하도록 구현하기 위해 근대 사회계약론에서 흔히 볼 수 있는 '자연 상태' 개념을 원용한다. 우리 모두가 최초의 계약 상황에 있다고 상상하면서 롤즈는 '무지의 베일(veil of ignorance)'이라는 일종의 사고 실험을 제안한다. 계약을 할 때 각자가 처한 특수한 사정에 따라 유리할 수도 있고 불리할 수도 있다. 아주 절박한 상황이라면 불리한 조건을 어쩔 수 없이 받아들이게 되고 여유 있는 상황이라면 유리한 조건을 고집하게 될 것이다. 그래서 계약에 영향을 줄 수 있는 특수한 사정을 아예 모른다고 가정하자는 것이다. 이것이 바로 무지의 베일이라는 가정을 도입하는 이유이다. 즉, 계약 당사자들에게 일반적인 지식은 허용하지만 그들의 특수한 여건에 대한 정보를 차단하는 제약조건을 둠으로써 그들이 처음부터 개별

---

15) John Rawls, *A Theory of Justice*(Cambridge, Mass.: The Belknap Press of Harvard University Press, 1971), p.40. 이하 TJ로 표시.

적인 특수한 이익을 증진할 수 없는 공정한 상황에서 정의의 원칙들에 합의하도록 유도하는 것이다.16)

이렇게 볼 때 홉스처럼 최초의 계약 상황에서 모든 사람이 사소한 차이는 있지만 근본적으로는 평등하다고 가정하고 출발하는 것이 아니다. 롤즈는 자신이 근대 계약론을 원용한다고 할 때, 로크, 루소, 칸트를 언급하지만 홉스에 대해서는 일체 언급하지 않다. 홉스와는 달리 롤즈는 최초의 계약 상황에서 계약 당사자들이 가능한 한 평등한 입장에서 있을 수 있도록 배경적 상황을 조정하고자 한다는 점에서 칸트주의적 계약론 전통에 충실하다고 할 수 있다.17)

이러한 가설적 상황인 원초적 입장(original position)에서 당사자들은 차등의 원칙이나 평균 공리의 원칙 등 다양한 여러 대안적 정의관에 대한 비교 및 심의 과정을 거쳐 다음과 같은 정의의 두 원칙에 합의하게 된다.

제1원칙　평등한 자유의 원칙

각자는 평등한 기본권과 자유의 충분히 적절한 체계에 대해 동등한 권리주장을 갖는바, 이 체계는 모두를 위한 동일한 체계와 양립 가능하며, 또한 이 체계에서는 평등한 정치적 자유들, 그리고 오로지 바로 그 자유들만이 그 가치를 보장받는다.

제2원칙　차등의 원칙

사회경제적 불평등들은 다음 두 가지 조건을 만족시켜야 한다.

---

16) TJ, pp.12, 19, 136-142.
17) W. Kymlicka, "Social Contract", *Companion to Ethics*, p.192.

첫째, 기회균등의 원칙 : 이러한 제반 불평등은 기회의 공정한 평등의 조건하에서 모두에게 개방되어 있는 직위와 직책에 결부되어 있어야 한다.

둘째, 최소수혜자 우선성의 원칙 : 이러한 불평등들은 사회의 최소수혜 성원들의 최대 이익이 되어야만 한다.18)

당연히 제1원칙이 제2원칙에 우선한다. 즉, 평등한 자유의 원칙이 차등의 원칙에 우선한다. 이를 두고 자유 우선성의 원칙이라고 한다. 제2원칙 내부에서도 첫 번째 기회균등의 원칙이 두 번째 최소수혜자 우선성 원칙에 우선한다.

롤즈가 제시하고 있는 정의의 두 원칙은 어떤 경제체제와 잘 부합할 수 있을까? 이 문제는 철학자들뿐만 아니라 정치학자들, 사회학자들, 나아가 경제학자들까지 이 논쟁에 가세하면서 현재까지도 격렬한 논쟁의 대상이 되고 있다. 많은 학자들은 롤즈의 정의론을 "평등주의라는 상표를 단 복지국가 자본주의에 대한 철학적 옹호론(a philosophical apologia for an egalitarian brand of welfare state capitalism)"으로 이해했다. 그러나 다른 일군의 학자들은 롤즈의 정의론과 부합할 수 있는 정치경제체제는 고전적인 마르크스주의에서 말하는 자본주의와는 전혀 다른 체제라는 주장을 펴고 있다. 그러나 롤즈는 자신의 정의론과 부합할 수 있는 체제들의 목록에서 복지국가 자본주의를 분명히 배척한 후, 양립 가능한 체제로 재산소유 민주주의와 자유주의적 (민주주의적) 사회주의를 제시하고, 전자를 구체적으로 예시하였다.19)

---

18) John Rawls, *Political Liberalism*(New York: Columbia University Press, 1993), pp.5-6. 이하 PL로 표시.

19) John Rawls, *Justice as Fairness Restatement*, Erin Kelly(ed.)(The Belknap

그렇다면 롤즈가 자본주의에 대한 대안으로 제시하고 있는 재산소유 민주주의는 어떤 체제일까? 이 문제를 다루면서 왜 복지국가 자본주의가 롤즈의 정의론과 양립할 수 없는지에 대하여서도 자연스럽게 논의하게 될 것이다.

1) 재산소유 민주주의

재산소유 민주주의라는 개념은 원래 경제학자 미드(J. E. Meade)로부터 롤즈가 빌려온 개념이다. 미드는 자본주의에 대한 대안이 될 수 있는 체제를 다음 네 가지로 제시한다.[20]

(i) 노동조합 국가(A Trade Union State)
(ii) 복지국가(A Welfare State)
(iii) 재산소유 국가(A Property-Owning Democracy)
(iv) 사회주의 국가(A Socialist State)

그런데 미드는 (iii)과 (iv)만이 자본주의에 대한 대안이 될 수 있다고 주장하였다. 롤즈의 '재산소유 민주주의'는 미드의 것과 대동소이하다. 다만 한 가지 주목할 만한 차이점이라면, 미드가 사회적 평등을 이루기 위해 유전공학적인 사회정책까지 옹호하는 데 비하여 롤즈는 이런 정책에 대해 개인의 기본적 자유를 침해할 수 있다는 점을 들어 명백히 거부한다는 점이다.

롤즈는 자본주의의 대안으로 재산소유 민주주의를 제시하면서 그

Press of Harvard University Press, 2001), pp.135-178. 이하 JFR로 표시.

20) J. E. Meade, "Efficiency, Equality and the Ownership of Property", *Liberty, Equality and Efficiency*(The Macmillan Press Ltd., 1993), pp.21-81.

기본적인 사회적 제도들에 대해 다음과 같이 윤곽을 제시한다.

(i) 정치적 자유들의 공정한 가치를 보장하는 장치들
(ii) 교육 및 훈련에서 기회의 공정한 평등을 실현하기 위한 장치들
(iii) 모든 이들을 위한 기본적 수준의 보건의료21)

나아가 롤즈는 다음 두 가지 조건을 더 추가한다. 즉, (1) 경쟁적 시장체제, (2) 시장의 불완전성을 시정하고 나아가 분배적 정의의 관건이 되는 배경적 제도들을 보존하기 위한 적정 수준의 국가 개입.22) 요컨대 재산소유 민주주의의 기본적 제도들은 위에서 지적한 (i), (ii), (iii) 그리고 경쟁적인 시장체제 및 적정 수준의 국가 개입으로 이루어져 있다고 할 수 있을 것이다.

롤즈는 재산소유를 평등하게 하는 핵심적인 제도적 방안으로 (1) 증여 및 상속에 대한 누진과세, (2) 다양한 종류의 교육 및 훈련 기회의 평등을 진작시키는 공공정책을 제시한다.23) 일반적으로 교육기회의 평등을 실현하고자 하는 공공정책은 시민들이 소득 획득 능력을 갖추도록 하는 적극적인 정책이라 할 수 있다. 그러나 가정의 자율성이 존중되는 한, 그리고 개인의 소득 획득 능력에 결정적인 영향을 미치는 고등교육의 경우 그 비용이 엄청나다는 점을 고려한다면, 교육기회의 실질적 평등을 실현하는 것은 항상 불완전할 수밖에 없다. 이에 비해 증여 및 상속의 경우, 누가 어느 정도를 받게 되는가는 대부분 우연에 의해 결정되며 도덕적 관점에서 볼 때 임의적이다 (arbitrary). 그렇기 때문에 배경적 정의를 훼손할 정도의 불평등을 야

---

21) JFR, pp.135-138.
22) TJ, pp.270-274.
23) JFR, p.132.

기할 수 있는 증여 및 상속에 대해서는 누진과세를 할 필요가 있다. 바로 이 누진과세와 관련하여 롤즈의 정의론은 복지국가 자본주의와 완전히 결별한다.

2) 복지국가 자본주의

사실 현대의 어떤 산업국가도 자연적 우연들이나 사회적 우연들이 그 사회 성원들의 인생 전망들을 전적으로 결정하도록 허용하지는 않는다는 점에서 모두 복지국가라고 할 수 있다. 복지국가를 이처럼 넓게 해석한다면, 롤즈의 재산소유 민주주의 역시 복지국가라고 할 수 있을 것이다. 그러나 복지국가는 복지국가 자본주의와는 매우 다르다. 복지국가 자본주의는 공리주의를 근거로 한 경제체제를 말한다. 물론 롤즈의 재산소유 민주주의 체제 역시 복지국가 자본주의와 마찬가지로 생산수단에 대한 사적인 소유를 허용하고 있다는 점에서 상당히 비슷한 점도 있다.

그러나 복지국가 자본주의는 소수가 생산수단을 거의 독점하는 것을 처음부터 배제하지 않는다. 복지국가 자본주의는 최종 상태에 이르러 각자의 총소득(불로소득과 근로소득 모두)을 산정하고, 이 소득에 대한 누진과세를 통해 빈자들을 지원하는 복지기금을 마련하고자 하는 재분배정책을 사후에(ex post) 선택한다. 그러나 재산소유 민주주의에서 취하는 누진세제는 빈자들을 위한 보조금을 마련하기 위한 것이 아니다. 이것은 제반 정치적 자유의 공정한 가치와 기회의 공정한 평등에 역행할 수도 있는 부의 과도한 축적을 막고자 하는 것이다. 따라서 재산소유 민주주의 국가에서 누진세는, 그 성원들 간의 협동의 초기 조건을 공정하도록 하고자 하는 것이기 때문에, 증여 및 상속 등 협동의 공정한 조건을 위협할 수 있는 불로소득으로 엄격히 한정된다.

결국 재산소유 민주주의에서는 협동의 최초의 상황을 공정히 하고
자 상속, 증여 등의 불로소득에 대한 사전(ex ante) 누진과세가 있을
뿐, 근로소득에 대해 사후에(ex post) 과세를 하는 것은 전혀 없다. 즉,
재산소유 민주주의는 그 배경적 제도들을 통해 처음부터 재산과 자본
의 소유를 분산시키는 방향으로, 다시 말해 사회의 소수 집단이 경제
및 정치를 장악하는 것을 처음부터 막는 방식으로 작동하는 것이다.
나아가 이렇게 함으로써 재산소유 민주주의 체제에서는 복지국가 자
본주의에서와는 달리 누진세제가 노동유인(incentive)에 미치는 부정
적 영향을 최소화하고자 한다. 그 결과 롤즈가 생각하고 있는 재산소
유 민주주의 사회에서 최소수혜자들은 복지국가 자본주의에서처럼 시
혜나 연민의 대상이 아니라, 호혜성(reciprocity)의 원칙에 따라 다른
시민들과 상호 이익을 공유하는 자유롭고 평등한 시민으로 간주되면
서 사회적 자존을 훼손당하지 않을 수 있게 되는 것이다.

3) 민주적 사회주의

롤즈의 재산소유 민주주의와 민주적 사회주의 간의 가장 큰 공통점
은 양자 모두 경쟁시장체제를 수용한다는 점이다. 즉, 두 체제에서 기
업들은 시장가격을 두고 서로 경쟁한다. 그러나 민주적 사회주의에서
는 자본주의적 기업이 금지되며, 오직 노동자가 통제하는 '협동조합들
(cooperatives)'만이 서로 경쟁하게 된다. 이러한 협동조합들에 속해
있는 노동자들은 생산수단과 관련해, 이용권과 수익권을 갖지만, 생산
수단에 대한 완전한 소유권(full ownership)을 갖지는 못한다. 즉, 노
동자들은 생산수단에 대해 이용권이나 수익권을 가질 수는 있지만 이
러한 권리들을 외부인들에게 팔 수는 없다. 만일 노동자들이 이러한

권리들을 외부인들에게 팔 수 있게 된다면, 자본주의적 기업들이 출현할 것이며, 이러한 기업들이 출현할 경우, 정치적 자유들의 공정한 가치를 보장하기 위해 그 배경적 제도들에서 불평등을 제거하고자 한 사회주의적 노력들이 수포로 돌아갈 수밖에 없기 때문이다.

롤즈의 정의론이 재산소유 민주주의보다 오히려 민주적 사회주의를 더욱 지지한다는 논변 역시 적지 않았다. 이러한 주장들은 주로 다음과 같은 두 가지 사실에 근거하고 있다. 첫째, 롤즈가 기회 있을 때마다 '자존(self-respect)'이라는 가치를 매우 강조했다는 점이다.24) 둘째, 롤즈가 강조하는 자존이라는 가치는 자본주의 사회에서 제대로 실현되기 어렵다는 점이다. 왜냐하면 대부분의 자본주의체제에서 허용되고 있는 심각한 수준의 경제적 불평등은 자존의 사회적 기초를 훼손할 수밖에 없을 것이기 때문이다.

그렇다. 롤즈는 자유롭고 평등한 인격으로서 시민들이 그들의 도덕적 능력들을 계발하고 발휘하는 데 있어서 자존이 무엇보다도 가장 중요한 사회적 기본가치라는 점을 기회 있을 때마다 강조하였다. 롤즈가 중요하게 생각한 사회적 기본가치들은, 자유롭고 평등한 시민들이 도덕적 능력들을 계발하고 발휘하기 위해 필요한 제도적 조건들로서 다음과 같은 다섯 가지이다. (1) 기본권, (2) 거주이전의 자유와 직업선택의 자유, (3) 공직 선출권 및 피선거권, (4) 소득과 부, (5) 자존의 사회적 기초.

누구나 목격하고 있듯이 자본주의적 경제체제에서 노동자와 자본가 간의 현저한 불평등은 결국 자존의 사회적 기초를 붕괴시키는 결과를 초래할 수밖에 없다는 것이다. 따라서 자존의 사회적 기초들을 평등하도록 하는 해결책은, 자본가와 노동자 간의 본질적인 불평등을 없

---

24) PL, pp.82, 106, 108, 318; TJ, pp.178-183, 543-546.

애는 것, 즉 생산수단에 대한 사유재산권을 권리의 목록에서 배제하는 민주적 사회주의를 지지할 수밖에 없다는 것이다.

그러나 롤즈의 정의론이 생산수단에 대한 사적인 소유권을 부정할 수밖에 없다는 주장은 무엇보다도 롤즈 자신의 입장을 과도하게 해석한 것이라 할 수 있다. 롤즈는 다음과 같이 조심스럽게 말한다. "(재산권에 대해) 그 이상으로 진전된 어떤 입장도 두 가지 도덕적 능력들의 계발과 실현에 필요한 기본적 가치로 간주될 수 없다."[25]

이 점은 마르크스주의적 정의론과 비교해 롤즈 정의론이 갖는 한 가지 주요한 특징이다. 롤즈는 개인적 재산에 대한 권리(the right to personal property)와 생산수단에 대한 사유재산권(private ownership over means of production)을 구분한 후, 전자를 인격의 자유와 통합성(integrity)에 속하는 기본권으로 상정하지만, 후자의 권리를 정의의 원칙에 의해 요구되는 기본권으로 간주하지는 않는다.

롤즈는 정의의 두 원칙들의 내용을 예시하기 위해, 재산소유 민주주의와 민주적 사회주의 사이에서 결정을 해야 할 필요는 없다. 어느 체제에서건, 정의의 두 원칙들이 실현될 수 있다고 주장하고 있는 것이다. 즉, 롤즈는 두 체제간의 선택의 문제를 정의론 자체의 귀결에 의해서가 아니라 해당 사회의 역사적, 정치적 전통, 곧 정치사회학에 의해서 결정될 문제로 간주한다. 이 점은 경제체제의 선택 문제가 기본권들에 의해 결정되지 않는다는 주장으로, 체제 중립성을 표방하는 현대철학적 자유주의의 핵심적인 주장이라고 할 수 있다.

둘째, 자존의 사회적 기초를 평등하게 하는 일과 생산수단에 대한 사적인 소유를 금지하는 것은 상호 필요조건도 충분조건도 아니라는 점이다. 물론 생산수단에 대한 사유재산권은 이를 소유하지 못한 자

---

25) PL, p.298.

들을 생산수단으로부터 배제하며 따라서 경제적인 불평등으로 나타난다. 그러나 생산수단에 대한 사유재산권을 부정한다고 해서 곧장 자존의 사회적 기초들에서 평등이 보장되는 것은 아니다. 또한 어떤 형태의 재산이건 그것이 생산수단이건 아니건, 과도한 재산의 집중은 자존의 사회적 평등을 훼손하고 말 것이다. 따라서 롤즈의 정의론이 재산소유 민주주의보다 민주적 사회주의를 더욱 지지해야만 한다는 논변은 생산수단에 대한 모든 시민들의 평등한 접근권(access rights)이 자존의 사회적 기초를 실질적으로 평등하게 하는 결과를 낳을 수 있다는 점을 보여주어야만 하는 입증의 부담을 안고 있다. 이것은 체제를 선택하는 과정은 정치철학적인 논의뿐만 아니라 해당 사회의 역사적 전통이나 경험과학적 자료들에도 상당한 정도로 의존할 수밖에 없다는 점을 보여주는 것이라 할 수 있다.

5. 공동체주의

지금까지 논의한 자유지상주의, 자유주의, 복지주의에서는 대체로 사회 전반에 통용될 수 있는 정의에 대한 단일한 기준을 제시하고자 한다. 자유지상주의자들의 경우는 자유를, 자유주의자들의 경우는 자유의 평등한 가치를 보장하기 위한 제반 사회적 기본가치들을, 복지주의자들의 경우는 최소한의 인간다운 삶을 제공하는 것을 통해 사회적 정의와 공정성의 배경적 조건을 구축하고자 한다. 이에 비해 공동체주의자들은 해당 공동체마다 그 공동체가 소중한 것으로 간주하는 여러 가치들이 존재하며 또한 그 상이한 가치들에 대한 이해방식 역시 서로 다를 수 있다는 점에서 출발한다.

가령 공동체주의 정의관을 가장 설득력 있게 대변하고 있는 왈쩌의 경우 분배적 정의에 대한 논의의 출발점을 '무엇을 분배할 것인가?'가 아니라 '누구와 더불어 분배하고자 하는가?', 즉 분배의 대상이 아니라 분배의 주체에 관한 문제가 선행되어야 한다고 주장한다. 즉, 분배원칙에 대한 합의에 선행하여 누구와 함께 분배할 것인가의 문제, 즉 성원권(membership)에 대한 논의가 선행되어야 한다고 주장한다.26) 이런 시각에서 한국사회에서 분배적 정의를 논의하고자 한다면 일차적 과제는 '무엇이 정의인가?'에 대한 답이 될 수 있는 정의의 원칙을 찾는 것이 아니라 '누가 한국 사람인가?'에 대해 먼저 다루어야 한다. 이 점은 과거와는 비교할 수 없을 정도로 증대하고 있는 이민과 귀화, 다문화 가정, 외국인 노동자, 새터민 그리고 세계 도처에 흩어져 있는 해외 교포와 코리안 디아스포라들을 생각해 볼 때, 우리 사회의 건강한 사회적 통합을 위해서라도 깊이 생각해 볼 문제가 아닐 수 없다.

그뿐만 아니라 왈쩌는 각 사회마다 추구하고자 하는 사회적 가치들이 다양하며 그 사회적 가치들에 대한 분배의 기준 역시 다양할 수 있다고 주장한다. 가령 정치적 의사결정과정에서는 평등한 참여를 보장해야 하며, 의료나 교육의 경우 수요자의 경제적 능력이 아니라 필요에 따라 이를 제공해야 하며, 학문이나 예술 분야의 경우 전문가의 권위가 존중되어야 한다는 것이다. 나아가 각 영역마다 서로 다른 분배의 원칙이 존재할 수 있으며, 각각의 영역마다 그 고유한 자율성이 존중되어야 한다. 따라서 경제활동에서 성공한 사람이 이를 바탕으로 정치적 권력까지 장악하고자 해서는 안 된다는 것이다. 이렇게 하는 것은, 임금이라고 해서 그 나라 백성의 가정을 함부로 침범할 경우 전제 폭군이 되듯이, 전제가 되고 마는 것이다.

특히 왈쩌는 롤즈처럼 하나의 기준에 따라 그 기준을 정하고자 하

---

26) M. Walzer, *Spheres of justice: A Defense of Pluralism and Equality*(Basic Books, Inc., 1983), 정원섭 외 옮김, 『정의와 다원적 평등』(철학과현실사, 1999), 1장 참고.

는 평등을 '단순 평등(simple equality)'으로 규정한 후 이러한 평등은 달성되는 순간 바로 무너질 수밖에 없다는 점에서 '배반을 위해 숙성된 이념'으로 규정한다. 그는 '평등은 그 근원적 의미에서 소극적'이라고 규정하면서 이런 의미에서 '다원적 평등(complex equality)' 개념을 제시한다. "사회마다 서로 다른 다양한 사회적 가치들이 존재하며 그 가치들마다 분배방식 역시 사람들이 그 가치들에 대해 어떻게 이해하느냐에 따라 다르다"는 것이 왈쩌의 주장의 핵심이다. 그러나 왈쩌는 가치의 다원성은 강조하였지만 그것이 왜 평등으로 이어지는가에 대해서는 구체적인 설명을 하지 않는다. 이것은 왈쩌가 롤즈나 공리주의자들처럼 모든 인간에게 어떤 최소치를 보장하는 것에 일차적 주안점을 두지 않았기 때문이다.

왈쩌에 있어서 "정치적 평등주의란 지배가 없는 사회, 굽실거릴 필요도, 아첨할 필요도 이제 더 이상 없는 사회, 무시무시한 공포도 이제는 더 이상 없는 사회, 지고한 강자도 이제는 더 이상 없는 사회, 그리고 주인도 노예도 더 이상 존재하지 않는 사회"로서, 즉 비지배로서의 자유를 추구하는 공화주의적 발상에 바탕을 두고 있다고 할 것이다.27)

그러나 왈쩌가 강조하고자 한 것은 사회적 가치들의 영역들이 자율성을 갖도록 해야 한다는 점이다. 왈쩌는 복지, 의료, 공직 등 다양한 사회적 가치들은 이에 대한 사회적 이해방식에 따라 각각의 고유한 영역들(spheres)을 형성하고 있는데, 문제는 하나의 사회적 가치가 그 고유한 영역을 넘어서 다른 사회적 가치의 영역을 잠식하면서 다른 사회적 가치들의 자율성을 훼손하는 것을 격렬히 비판한다. 예를 들면 자본주의 사회의 경우, 사업을 통해 돈을 많이 번 사람이 이를 바

---

27) 같은 책, 서문, pp.17-19.

탕으로 정치권력까지 차지하려고 할 수도 있다. 물론 이와 반대도 가능하다. 즉, 정치권력을 가진 자가 그 권력을 이용하여 재산을 늘리려고 할 경우 이것은 하나의 가치가 그 고유한 영역을 넘어 다른 영역에 침투하는 것이며 이를 왈쩌는 전제(tyranny)라고 규정한다.

그래서 왈쩌가 생각할 때 건강한 다원주의, 즉 다원적 평등이 잘 이루어지는 사회는 각각의 영역의 가치들이 존중되는 사회인 것이다. 각 영역 안에서는 그 가치의 특성에 따라서 평등이 아니라 독점이 바람직할 수 있다고 주장한다. 가령 예술의 영역에서는 예술작품에 대한 평가를 하면서 모든 시민이 동등하게 참여하는 다수결로 평가하는 것이 아니라, 해당 분야에서 공인받은 전문가의 독점적인 권위가 존중되어야 한다는 것이다. 예술 영역의 진정한 자율성을 위해서라면 예술작품 평가과정에서 정치권력이나 경제력을 가진 사람들의 영향을 차단하는 것이 시급할 것이다. 바로 이를 위해서 왈쩌는 상이한 가치들의 각기 고유한 영역을 넘어서 교환이 이루어지는 것을 막고자 한다. 왈쩌는 이를 '영역 간 가치교환의 봉쇄'라고 한다.

6. 공정성의 구성요소와 실천전략

지금까지 네 가지 유형의 자유주의 정치철학을 중심으로 복지에 대한 이해방식을 살펴보았다. 자유지상주의자들은 국가에서 누진세제 등을 통해 구조적인 방식으로 복지를 제공하는 것에 대해 개인의 자유를 침해할 수 있다는 이유에서 적극적으로 반대한다. 반면 공리주의자들은 효용의 원칙으로 일컬어지는 복지주의에 기초하여 적극적인 복지를 옹호하지만 개인의 자유가 침해될 소지를 안고 있다. 이에 비해 왈쩌와 같은 공동체주의자는 사회적 가치의 다원성을 강조하면서 획일적인 분배원칙이 아니라 그 사회에서 어떤 가치들을 어떻게 이해하고 있는지, 즉 다양한 사회적 가치들에 대한 사회적 이해방식들을 존중할 것을 요구한다.

그러나 현재까지 논의가 허구적이거나 비현실적인 이상론으로 전락하지 않기 위해서는 먼저 주목할 바가 있다. 그것은 바로 현재 우리 사회에 부정의가 존재한다면, 즉 불공정한 관행이 존재한다면 그것을 먼저 바로잡는 것이 일차적이라는 점이다. 어떤 정의관이건 현 상황에 문제가 있다면 그 문제를 바로잡아야 한다는 점에 대해서는 이론의 여지가 없다는 것이다. 이것은 정의에 대한 논의의 출발점이 부정의한 현실에 대한 억울함을 토로하는 것이라는 점을 다시 한 번 잘 보여준다.

또한 우리 사회에서 복지에 대한 담론을 전개할 때 그 진정성을 의심받지 않기 위해서는 먼저 누구나 공감하는 부정의를 적극 시정하고자 하는 노력이 선행되어야 한다는 것을 여실히 보여준다. 지금까지 존재하였던 부정의에 대해서는 침묵한 채, 언제가 될지도 모르는 미래의 복지를 약속하는 것은 그 약속에 대한 근본적인 신뢰를 얻을 수 없기 때문이다. 어떤 정의관이건 그 정의관이 실천되었을 때 등장하는 결과를 수용하지 않는 경우는 없다. 이를 바꾸어 말하면, 어떤 결과가 수용되기 위해서는 그 결과에 도달하는 과정이 일관성을 결여해서는 안 된다는 것을 뜻한다.

그러나 '공정한 출발', '기회의 평등', 그리고 '선택의 자유'와 관련해 각각의 정의관은 서로 다른 입장을 취한다. 자유지상주의를 선호하는 사람들은 현 상황에서 나타나고 있는 선천적인 능력의 차이는 말할 것도 없거니와 사회적 빈부격차마저 있는 그대로 인정하고 시작하자고 주장한다. 그러나 평등주의적 자유주의자들이 볼 때 선천적 능력이나 부모의 재력은 우연일 뿐이다. 그 때문에 그 사람의 장래가 좌지우지된다면 어떤 사람은 과분한 행운을 누리게 되고 어떤 사람은 억울하게 되는, 참으로 불공정한 상황이다. 그러니 최초의 출발점은 그 자체로 존중되는 것이 아니라 그 차이를 완화할 수 있도록 조정되어야 한다. 현재 우리 사회에서 진행되고 있는 상속이나 증여 등의 불로소득에 대한 누진세는 최초의 출발점에서 불평등이 악화되는 것을 막는 기능을 하고 있는 것이 분명하다. 그뿐만 아니라 우리 사회의 공정성을 강화하기 위해서는 출발선상의 평등을 더욱 내실화할 수 있는 교육 등 다양한 분야에서 더욱 적극적인 노력이 경주되어야 할 것이다.

결국 정의에 대한 담론들은 정의를 집행할 주체인 정부의 기능에 주목하지 않을 수 없다. 근대 이후 대부분의 정치사상은 민족국가를 그 출발점으로 삼았다. 이때 한 국가의 국민들은 태어나서 죽을 때까지 그 국가의 구성원으로 살 것이라는 점을 전제하였다. 이러한 전제는 여전히 유효한 측면이 없지 않다. 그러나 제2차 세계대전 이후 국제질서에서 나타나고 있는 가장 큰 특징 중 하나는 근대 이후 민족국가이론에서 전제하던 '주권' 개념이 여러 모로 도전받고 있다는 점이다. 이것은 국경을 초월한 자본주의적 경제활동의 팽창과 인권과 같은 보편적인 규범의 확산이 맞물리면서 나타나는 불가피한 결과이다.

그러나 시장경제의 자율성이 증진되면서 정부의 기능은 상대적으로 약화된다. 특히 자본주의가 고도화될수록 국제화된 시장은 단위 국가의 통제력을 약화시킨다. 특히 신중세적 질서라고 일컬어질 만큼 세계가 하나의 지구촌으로 유기적으로 결합되면서 단위 정부의 역할은 과거와 비교해 더욱 약화된다. 수많은 사람들이 신자유주의를 비난하지만 신자유주의의 기세가 결코 약화되지 않는 것은 국제경제질서 속에서 시장의 기능이 날로 강화되고 있는 현실과 분리시켜 생각할 수 없기 때문이다. 물론 세계 그 어느 곳에도 완전경쟁시장은 존재하지 않으며 따라서 정부는 시장의 실패에 적극 대처할 필요가 있다. 그리고 시장의 실패에 효과적으로 대처하기 위해서는 국제화된 시장경제 체제 속에서 정부 스스로 할 수 있는 일이 무엇인지를 명료하게 하는 작업을 할 필요가 있다.

[참고문헌]

이근식(2001),「자유주의와 한국사회」, 이근식·황경식 편,『자유주의란 무엇인가』, 삼성경제연구소.

Alexander, Michael, *Medievalism: The Middle Ages in Modern England*, New Haven: Yale University Press.

Bentham, Jeremy(1823), *Introduction to the Principles of Morals and Legislation*, J. H. Burns and H. L. A. Hart(eds.), London: Athlone Press, 1970.

Cranston, Maurice(1967), "Liberalism", *The Encyclopedia of Philosophy*, Paul Edwards(ed.), New York: Macmillan and the Free Press.

Fay, S. B.(1950), "Bismarck's Welfare State", *Current History*, vol. XVIII, January, 1950.

Gutmann, Amy(ed.)(1988), *Democracy and the Welfare State*, Princeton University Press.

Hennock, E. P.(2007), *The Origin of the Welfare State in England and Germany, 1850-1914: Social Policies Compared*.

Kymlicka, W., "Social Contract", *Companion to Ethics*.

MacPherson, C. B.(1962), *The Political Theory of Possessive Individualism: From Hobbes to Locke*.

Meade, J. E.(1993), "Efficiency, Equality and the Ownership of Property", *Liberty, Equality and Efficiency*, The Macmillan Press Ltd.

Megginson William L. and Netter, Jeffry M.(2001), "From State to Market: A Survey of Empirical Studies on Privatization", *Journal of*

Economic Literature 39(2), June, 2001.

J. S. Mill(1963), *Collected Works of John Stuart Mill*, J. M. Robson (ed.), Toronto: University of Toronto Press, vol. 21.

Nozick, R.(1974), *Anarchy, State and Utopia*, New York: Basic Books.

Locke, John, *Two Treatises of Civil Government*.

Rawls, John(1971), *A Theory of Justice*, Cambridge, Mass.: The Belknap Press of Harvard University Press.

____(1993), *Political Liberalism*, New York: Columbia University Press.

____(1999), *The Law of Peoples*, Cambridge, Mass.: Harvard University Press.

____(2001), *Justice as Fairness Restatement*, Erin Kelly(ed.), The Belknap Press of Harvard University Press.

Paxton, Robert O., "Vichy Lives! — In a way", *The New York Review of Books*.

Walzer, M.(1983), *Spheres of Justice: A Defense of Pluralism and Equality*, Basic Books, Inc., 정원섭 외 옮김(1999), 『정의와 다원적 평등』, 철학과현실사.

19세기 영국 신자유주의의 복지국가 이념

박우룡(서강대)

1. 폭로된 빈곤과 사회개혁의 시대적 요구[1]

영국에서 복지국가의 필요성에 대한 인식은 만연한 빈곤의 심각상에 대한 충격적인 각성에서부터 생겨나기 시작했다. 19세기 빅토리아 시대 영국은 대영제국의 절정기를 구가하고 있었으나 1870년대에 대불황기가 도래하여 그동안 성장의 그늘에 가려 있던 빈곤의 실상이 폭로되면서 영국에 빈곤과 기아, 그리고 질병에 허덕이는 수많은 국민이 존재하고 있다는 사실이 폭넓게 알려지고 있었다. 그러한 문제를 감당하기에는 기존 영국의 이념적, 제도적 체제가 한계가 있다는 인식이 확산되면서 그 해결책을 모색하려면 사회개혁이 절실하다는 공감대가 형성되기 시작했다. "인류의 역사에서 인간을 빈곤의 굴레

---

[1] 이 절은 다음 두 글을 토대로 작성하였다. 송규범, 「신자유주의의 복지국가 이념」, 『청주사범대학 논문집』, 제11집(1982. 3), pp.325-347; 박우룡, 『전환시대의 자유주의: 영국의 신자유주의와 지식인의 사회개혁』(신서원, 2003), 제1장 자유주의 수정의 시대적 요구.

에서 벗어나게 하기 위해 여러 차원에서 수많은 노력이 기울어져 왔지만, 국가가 그 구성원 전체의 빈곤을 퇴치하고 모든 국민에게 안녕과 복지를 확보해 줄 책임을 전적으로 떠맡은 것은 극히 최근의 일에 불과하다"[2]는 관점에 따르면, 20세기 초 영국에서 이루어진 사회개혁에의 시도는 바로 그 한 시발점이었다.

오늘날 우리가 일반적으로 복지국가라고 부르는 국가의 모델이 뚜렷한 형태로 확립된 것은 제2차 세계대전 이후 영국의 노동당 정부 때였지만, 그 제도적 기원은 1906-14년 자유당 정부의 개혁정책에서 찾을 수 있다. 영국의 복지국가의 기틀이 된 주요 사회개혁이 이 시기에 집중적으로 이루어졌기 때문이다. 즉, 양로연금, 보건 및 실업 보험, 학교급식, 아동에 대한 의료 서비스, 일부 산업의 최저임금제, 기타 소득 및 부의 불평등한 분배를 시정하려는 각종 조치 등이 이 시기에 이뤄졌다.[3]

19세기의 영국은 그 대부분의 기간 동안을 대체로 자유방임의 원리가 지배한 나라였다고 할 수 있다. 이 시대의 영국인들은 될 수 있는 대로 아무것도 하지 않고 가만히 있어만 주는 정부가 가장 좋은 정부라고 생각했다. 과거 산업혁명 이전의 중상주의 시대나 빅토리아 시대 이후 오늘날에 이르기까지 경제에 대한 정부의 입장은 그에 대해 뭔가 해야 할 의무가 있다는 태도이다. 비록 산업화와 도시화에서 오는 압력 때문에 공장법 등과 같은 자유방임으로부터의 일탈은 더러 있었지만 그 원칙의 일반적 효능에 관한 믿음은 적어도 19세기의 3/4 분기가 끝날 때까지는 흔들리지 않았다.[4]

---

2) 송규범, 「신자유주의의 복지국가 이념」, p.325.
3) J. R. Hay, *The Origins of the Liberal Welfare Reforms 1906-1914*(London: Macmillan, 1975), p.12.
4) Eric Hobsbawm, *Industry and Empire: from 1750 to the present day*(New York: Penguin Books, 1968; W. W. Norton, 1999), ch.12.

이러한 사회풍조 하의 빅토리아 시대는 빈곤문제를 해결할 일차적 책임이 국가에 있다고 생각하는 경향이 없었으며 빈민구제사업을 담당했던 것은 주로 사설기관이었다. 빈곤에 대한 영국의 자유방임주의적 처방은 자조와 자립을 내세워 그 해결의 책임을 개인 혹은 자조를 위한 사설기구에 떠맡기고 빈민구제의 주된 역할을 사설 자선단체가 담당하도록 했다. 그렇다고 국가가 빈민구제에 대한 책임을 전적으로 포기했던 것은 물론 아니다. 사적인 자선과 병행하여 공적 구제정책도 아울러 시행되어 왔는데, 전통적으로 유일한 공적 구제정책이 바로 구빈법(Poor Law)이었다. 19세기의 구빈법은 1834년에 개정된 이른바 '신구빈법(New Poor Law)'으로 이것 역시 빈곤에 대한 빅토리아 시대의 사회철학을 그대로 반영한 것이었다. 이 법은 1832년의 선거법 개혁을 통해 정치적 주도권을 확보하는 데 성공한 부르주아지의 사회정책의 산물로서, 정치경제학의 교의에 그 토대를 둔 것이었다.[5]

그러나 신구빈법은 산업화가 더욱 진전됨에 따라 시대의 현안에 대처하는 방안으로서는 아주 부적절하다는 것이 드러났다. 새로운 구빈법은 그 엄격성과 냉혹성 때문에 심한 반발을 일으켰다.[6] 의회가 제정한 야심적인 사회입법이라 할 수 있는 이 신구빈법은 옛 구빈법이 부패하고 낭비적이며 무계획적으로 시행되는 여러 가지 문제점을 시정하고자 한 것이었지만, 실제적으로는 구제에 의해 빈민의 권익을 보장하기보다는 오히려 그것을 제한하는 데 치중했다.[7]

그래서 새로운 구빈제도 하에서 구제는 아주 귀찮고 불쾌한 조건 아래 제공되고, 또한 그것을 받는 데는 가혹한 사회적 낙인이 따르게

---

5) R. Pinker, *Social Theory and social Policy*(London: Heinemann Educational Books, 1971), p.59.

6) 나종일 · 송규범, 『영국의 역사(하)』(한울아카데미, 2005), p.615.

7) 이 시기 '자유주의적 개혁'에 관한 더 상세한 내용은 같은 책, pp.609-623 참조

되었다. 이제 노동 능력이 있는 사람에 대한 구제는 일체 폐지되고, 구제 대상자는 엄격한 심사를 거쳐 모두 구빈원에 수용되어야 했다. 수용된 사람들은 부부가 서로 격리되었고, 최저소득의 자립 노동자보다 못한 생활을 하도록 강요되었다. 그렇게 함으로써 노동자들은 구제에 의지하기보다는 자립하여 살아가도록 자극받을 것이며, 근면과 절약의 미덕을 배우게 되리라는 것이었다. 이 같은 구빈원은 '빈민의 바스티유'로 불리게 되어 빈민들의 증오와 공포의 대상이 되었고, 그 결과 빈민으로 등록된 자의 수가 격감하면서, 따라서 구빈 경비도 격감하게 되었다. 새로운 구빈법은 입법기관이 비선거권자에게는 해가 되더라도 선거권자의 이익을 도모하는 조치를 입법화하는 데 이용될 수 있음을 보여주는 대표적 사례로 꼽히게 되었다.8)

19세기 영국의 활기에 찬 자본주의 질서 속에서 자조는 경제적 덕성의 궁극적인 표현이요, 빈곤은 나태와 같은 비난받을 만한 악덕이 초래한 결과였다. 그러나 19세기가 끝나가는 시점에 이르면서 자유방임의 이데올로기는, 간섭이 개인의 창의력과 자발성을 저해한다는 논리 아래, 빈곤과 사회적 문제에 대한 책임 회피의 논리에 불과할 뿐이라는 인식이 높아져 갔다.9) 마침내 자유방임주의적 사고에 근본적인 변화가 일어나기 시작했던 것은 19세기의 마지막 4분기로 접어들면서부터였다. 이전의 자유방임과 개인주의 윤리를 탈피하여 더 적극적인 국가의 역할과 사회개혁을 요구하게 되는 방향으로 상황이 결정적으로 변하게 된 것은 빈곤의 심각상에 대한 인식이 확대되면서부터였다.10) 1870년대 중반부터 경기침체가 심해지면서 1880년대에 들어서

---

8) 같은 책, pp.615-616.

9) 송규범, 「신자유주의의 복지국가 이념」, p.326.

10) Derek Fraser, *The Evolution of the British Welfare State: A History of Social Policy since the Industrial Revolution*, Third Edition(New York/Houndmills, Hampshire: Palgrave Macmillan, 2003), p.323.

면서 여태까지 성장의 그늘에 가려져 왔던 빈곤의 실상이 노출되고 빈민의 생활의 참상이 폭로되기 시작했다.

헨리 메이휴(Henry Mayhew)는 선구적인 사회조사를 통해 임시고용이 비숙련 노동자에게 미치는 영향을 지적했다. 그는 "단지 때에 따라 임시로만 고용되는 노동자 계층이 일반적으로 근면하거나 절제하게 된다는 것은 도덕적으로 불가능한 일이다. 근면과 절제는 모두 안정성 있는 고용과 일정한 수입에 의하여 길러지는 습관인 것이다"[11] 라고 지적하면서, 태만, 무절제 등이 실업이나 빈곤의 원인이 아니라 오히려 그 결과임을 주장했다. 헨리 조지(Henry George)는 『진보와 빈곤(*Progress and Poverty*)』(1881)을 통해 빈곤과 불결함 등의 문제에 대중의 관심을 집중시켜 사회조사의 한 결정적 동기를 부여했다. 이후 앤드류 먼즈(Andrew Mearns)는 런던 빈민가의 생활상을 폭로하고 빈민의 도덕적 타락은 그들의 열악한 주거환경의 결과라고 주장했다.[12] 또 구세군의 창설자 윌리엄 부스(William Booth)는 잉글랜드의 부와 문명의 이면에 존재하는 어두운 부분을 폭로했다.[13]

이처럼 저술들을 통해 빈곤을 폭로하려는 노력의 결과 19세기 말의 영국사회에는 사회적, 물질적 환경이 인간의 운명에 얼마나 결정적인 역할을 하는가에 대한 깨달음이 대폭 확산되었다. 이러한 상황에서 사회조사를 통해 영국사회에 빈곤이 얼마나 만연되었는가를 결정적으로 입증해 준 두 인물이 등장했다. 찰스 부스(Charles Booth)와 시봄 라운트리(Seebohm Rowntree)가 바로 그들이었다. 리버풀의 선박을 소유한 산업자본가이면서 양심적인 기독교인이었던 부스는 1886-

---

11) J. R. Hay(ed.), *The Development of the British Welfare State 1880-1975* (New York: St. Martin's Press, 1978), p.53, 송규범, 「신자유주의의 복지국가 이념」, p.325에서 재인용.

12) A. Mearns, *The Bitter Cry of Outcast London*(1883).

13) W. Booth, *In Darkest England and the Way Out*(1890).

1903년 사이에 일련의 사회조사를 행해 그 결과를 17권의 책자로 출간했다. 그는 그 자료에서 런던 인구의 30% 이상이 심각한 빈곤에 허덕이고 있다는 사실을 밝혔다. 노인층의 빈곤이 그 정도가 더 심했는데, 런던의 노령인구의 45%가 끔찍한 빈곤상태에 살고 있었다. 그가 역시 밝혀낸 것은 경기침체기에 노동자는 그 자신의 잘못이 전혀 없이도 일자리를 구하지 못할 상황에 처하게 될 가능성이 크다는 사실과, 또 다른 노동자들은 심한 질병으로 일을 못해 빈곤하게 살아가는 현실이었다. 당시에 이러한 발견은 중요한 의미를 갖는 것이었다. 즉, 그 발견은 빅토리아 시대의 신화, 즉 '빈곤은 항상 게으름 혹은 어떤 다른 성격적 결함의 결과'라는 믿음을 파괴하는 데 크게 기여했다.14)

요크의 유명한 초콜릿과 코코아 제조 가문 출신이면서 퀘이커 교도였던 라운트리는 영국의 여타 지역 전반이 런던의 빈곤 수준과 동일한 상태일 것이라는 사실이 믿기지 않았다. 그래서 그는 요크에서 그를 확인하려는 조사를 실행했다. 1901년에 발간된 그의 조사 결과는 요크 인구의 28%가 극심한 빈곤상태에서 살고 있는 것을 확인해 주었다. 그 자료에서 그는 "우리는, 대영제국의 도시 인구의 25-30%가 빈곤 속에 살고 있는 경악할 만한 현실에 직면해 있다"고 언급했다. 그가 확인한 더 심각한 현실은 요크 노동자들의 임금이 너무 낮아 정규직 노동자들의 가족조차도 거의 아사할 수준으로 살 수밖에 없는 상황으로 내몰리고 있다는 사실이다.15)

부스와 라운트리의 조사를 시작으로 계속된 1880년대 이후의 사회조사는 빈곤이 개인의 성격적 결함 탓이라는 과거의 견해가 오류임을 입증하는 데 크게 기여했다. 이제 대중은 빈곤이 산업의 발전과 더불

---

14) Norman Lowe, *Mastering Modern British History*, Third Edition(New York: Palgrave, 1998), p.310.

15) *Ibid.*

어 점점 사라지고 있는 것이 아니라는 것과, 그것이 복합적인 사회적, 경제적 결과라는 점을 인식하게 되었다. 또한 페이비언 협회(The Fabian Society)와 구세군(The Salvation Army)도 영국 대도시에서 많은 사람들이 아주 궁핍한 환경에서 살고 있다는 것을 폭로했다. 그 외에도 정치인들은 보어 전쟁(Boer War)에 참전을 지원한 남성들 가운데 거의 절반이 전투에 부적합한 허약한 신체조건을 가지고 있으며 영양실조에 허덕이고 있는 상태라는 사실을 알고 큰 충격을 받았다.16)

경험적, 통계적 조사와 연구로 영국인들은 빈곤이 도덕적 문제가 아니라 경제적 현상이라는 사실을 폭넓게 인식하게 되었다. 그리고 빈곤이 광범위하게 퍼져 있는 심각한 현실 앞에서 사적 자선은 빙산의 일각을 녹이는 정도의 미미한 해결책밖에 될 수 없다는 것을 깨달았다.17) 부스와 라운트리의 조사 결과는 국가 개입의 적극적인 주장을 확고하게 뒷받침할 수 있는 결정적인 증거를 제공했다. 이러한 시대상황에서 20세기 초 에드워드 시대에 전개되었던 자유당의 개혁정치는 국가의 역할과 정책적 실천의 영역 확대에서 하나의 신기원을 이뤘으며, 20세기의 영국 정치가 나아갈 방향의 한 모범을 보여주었다.18)

1906년 자유당이 선거에서 대승을 거두었던 시점에 정치적 논쟁과 정부의 역할에 관한 주장의 대상이 되었던 주요 현안들은 경제적 성과, 실업률, 생활수준, 그리고 사회복지의 문제였다. 자유당의 다수 개혁주의적 성향의 의원들은, 이제는 자유방임의 장벽이 낮춰져야 하며

---

16) David Taylor, *Mastering Economic and Social History*(London/Basingstoke: Macmillan, 1988), pp.491-492.

17) 송규범, 「신자유주의 복지국가 이념」, p.328.

18) Martin Pugh, *State and Society: British Political & Social History 1870-1992* (London/New York: Edward Arnold, 1994), p.122.

국가가 국민들을 돕는 데 좀 더 적극적인 역할을 해야 할 때라는 생각을 공유하게 되었다. '신자유주의자들(New Liberals)'로 불렸던 그들은 빈곤의 문제에 적극적으로 대응하지 않으면 급속히 떠오르고 있는 노동당에게 노동계급의 표를 빼앗길 것이라는 위기감을 공유하고 있었다. 이러한 상황에서 과거 보수당원이었다가 자유당에 합류한 윈스턴 처칠 같은 정치인도 임시노동, 실업, 영양결핍과 빈곤이 자유당이 해결해야 할 가장 긴급한 문제라고 주장하게 되었다.[19]

하지만 1906년에 새롭게 임명된 자유당의 각료 가운데 다수는 구자유주의자들로서 여전히 개인의 자유와 자유방임을 신봉하는 사람들이었다. 그 때문에 사회문제에 대한 자유당 정부의 대응은 출범 초에는 적극적이지 못했다.[20] 그러나 캠벨-배너먼(Campbell-Bannerman) 총리의 서거로 두 '신'자유주의 정치인이 개혁의 전면에 나서게 되면서 사정은 달라지게 되었다. 이 두 인물은 바로 로이드 조지(David Lloyd George)와 윈스턴 처칠(Winston Churchill)이었다. 각각 재무상과 상무원(Board of Trade) 총재의 직을 맡게 된 이 두 정치인은 사회개혁을 추진하려는 강력한 의지를 가지고 있었고, 자유당이 사회문제들을 해결하기 위해 좀 더 적극적인 정책을 채택해야 할 시기가 무르익었다는 생각을 공유하고 있었다.[21] 이후 로이드 조지는 노령연금법안(1908), '인민예산'안(1909), 국민보험법(1911)을, 처칠은 1908년 임금위원회법안, 실업노동자법안, 직업소개소법안 등 중요 노동입법들을 제정하는 데 역할을 하여 20세기 복지국가의 초석을 놓았다.

20세기 초 자유당이 이러한 사회개혁을 하게 된 것은 몇 가지 중요한 요인[22]이 작용했지만, 그중에서도 신자유주의는 그 개혁정책을 이

19) Taylor, *Mastering Economic and Social History*, p.491.

20) *Ibid.*, p.492.

21) *Ibid.*

넘적으로 뒷받침하여 복지국가의 초석을 놓는 데 결정적인 역할을 했다. 19세기의 마지막 20년 동안, 자유당 좌파의 많은 자유주의자들은 특별히 실업자, 노인과 병자를 돕기 위한 더 많은 사회개혁의 필요성을 실감했다. 그들은 경제학자 홉슨(J. A. Hobson)과 사회학자 홉하우스(L. T. Hobhouse)의 신자유주의 사상의 영향을 받아 자유당이 자유방임과 결별할 시기가 도래했음을 받아들였다. 그들은 국가가 개입할 때만이 이러한 국가적인 사회문제들에 효율적으로 대처할 수 있을 것이라고 보았다.

이와 같은 시대상황에서 영국의 자유주의는 이론과 실제에서 뚜렷한 변모를 겪지 않을 수 없었으며, 그 양상은 대략 다음과 같은 방향으로 나타났다.[23] 첫째, 자유주의자들 가운데 일부에서 자유방임주의에 대한 진지한 반성을 통해서 이 이념을 포기하려는 태도가 나타났다. 둘째, 산업문제와 계급정치의 출현에 대응하여 자유주의 이론을 수정하려는 노력이 시작되었다. 자유주의 이론을 수정하는 시도들은 결국 사회 전반의 개혁과 노동자의 복지를 위해서 국가가 경제 분야에 개입해야 한다는 거의 일치된 결론을 도출했다. 셋째, 의회정치에서 자유당의 노선이 국가 개입주의로 변화했다. 이러한 새로운 자유주의는 자유당 정치가들에게 영향을 끼쳐 애스퀴스(H. H. Asquith)

---

22) 첫째, 신자유주의는 자유당이 사회개혁을 추진하도록 이념적 기반을 제공했다. 둘째, 빈민에 대한 동정심과 정의와 공정성을 추구하는 사회풍조를 들 수 있다. 셋째, 군사적, 경제적 목적에서 건강한 노동계급이 필요했다. 넷째, 노동당과 노동조합의 압력에 대한 대응이었다. 다섯째, 자유당을 보수당과 구분할 정책들을 실행해야 할 필요성이었다. 마지막으로, 자신들의 명성을 얻기를 원하는 자유당 정치인들의 야망이 그 하나의 동기가 되었을 것이라는 관점이 있다. 이에 대한 상세한 내용은 다음을 참조. Lowe, *Modern British History*, pp.312-313.

23) Michael Freeden, "The New Liberalism and its aftermath", in Richard Bellamy(ed.), *Victorian Liberalism: Nineteenth-century political thought and practice*(London/New York: Routledge, 1990), p.176.

내각 좌파의 "신자유주의의 화신"[24]으로 불렸던 로이드 조지와 처칠이 중심이 되어 마련한 개혁정책과 입법들을 통해 복지국가의 초석을 놓는 계기를 제공했다. 자유당 정부의 사회개혁정책을 통해, 림링거가 잘라 말했듯이, "구시대의 자유주의는 로이드 조지와 처칠의 신자유주의에 굴복했다."[25] 이처럼 20세기 초 자유당의 사회개혁정책에 신자유주의의 개혁 이념이 결정적인 영향을 끼쳤다는 사실은 일반적으로 인정되고 있으므로[26] 영국 복지국가의 형성을 이해하기 위해서는 신자유주의 이념에 관한 이해가 선행되어야만 할 것이다.

우선, 신자유주의에 관해 정리할 때 한 가지 반드시 지적하고 넘어가야 할 것이 있다. 그것은 '신자유주의'라는 표현이 다수에게 혼란을 주기 때문이다. 1980년대부터 신자유주의라는 표현이 하도 많이 쓰여와서 요즘은 자유시장의 신자유주의만이 유일한 것으로 인식되고 있는 실정이다. 하지만, 오늘날 쓰이는 신자유주의와 1세기 이전 영국의

---

24) Fraser, *The Evolution of the British Welfare State*, p.169.

25) Gaston V. Rimlinger, *Welfare Policy and Industrialization in Europe, America, and Russia*(New York/London/Sydney/Toronto: John Wiley & Sons, Inc., 1971), p.59.

26) 다음 문헌들은 신자유주의가 복지국가의 이념적 기반이 된 사실을 뒷받침하고 있다. Derek Fraser, *The Evolution of the British Welfare State: A History of Social Policy since the Industrial Revolution*(New York/Houndmills, Hampshire: Palgrave Macmillan, 2003), ch.7; Norman Lowe, *Mastering Modern British History*(New York: Palgrave, 1998), ch.20, 21; David Taylor, *Mastering Economic and Social History*(London/Basingstoke: Macmillan, 1988), ch.25; Martin Pugh, *State and Society: British Political & Social History 1870-1992*(London/New York: Edward Arnold, 1994), ch.7, 8; idem, *Lloyd George*(London/New York: Longman, 1988); Kenneth O. Morgan, *The Age of Lloyd George: The Liberal Party and British Politics, 1890-1929* (London/Boston/Sydney: George Allen & Unwin, 1971); Michael Freeden, *The New Liberalism: An Ideology of Social Reform*(Oxford: Clarendon Press, 1986); Peter F. Clarke, *Liberals and Social Democrats*(Cambridge University Press, 1978).

역사적 이념이었던 신자유주의는 분명히 구분해서 이해되어야 하는 표현이다.

지난 한 세기 남짓한 세월 동안 인류는 두 개의 신자유주의를 경험했다. 하나는 1880년대 영국에서 출현했던 사회개혁 이념인 신자유주의(New Liberalism)요, 다른 하나는 1970년대부터 영국과 미국에서 시도되어 온 체제 실험의 이데올로기인 신자유주의(Neo-Liberalism)이다. 이 두 자유주의는 공교롭게도 세기 말에 등장한 이념이고, 또 그 이전의 자유주의를 수정하여 새로운 시대를 지향한 이념이라는 점에서 모두 '전환시대'의 이념이라는 공통점을 가지고 있다.27)

이 글에서는 20세기 복지국가의 기초가 된 자유당의 사회개혁정책의 이념적 토대가 되는 신자유주의의 개혁 이념을 소개하기로 한다. 우선, 홉하우스와 홉슨 등 대표적 신자유주의 사상가들이 구자유주의를 비판한 내용에서 출발한다. 다음 그들이 제시한 신자유주의의 주요 이론들— 유기체적 사회관, 국가의 적극적 역할, 사회적 부와 과세 — 을 확인한다. 이 이론들은 앞에 열거한 자유당의 사회개혁정책에 논리적 기반을 제공함으로써 자유당 의원들 다수에게 호응을 받아 이들을 사회개혁의 대열에 적극 동참하는 '신자유주의자들(New Liberals)'로 만들었다.28)

---

27) 박우룡, 『전환시대의 자유주의』, p.13. 이 책이 19세기 말의 신자유주의에 관한 본격적인 소개서라면, 다음 글은 1980년대부터 맹위를 떨친 뉴 라이트의 신자유주의에 관한 비판적 성찰이다. 박우룡, 「영국 뉴 라이트(New Right)의 이념적 한계: 하이에크의 '자생적 질서'와 자유시장 이론의 현실적용의 문제점」, 『대구사학』, 제93집(2008. 11), pp.203-239.

28) Taylor, *Mastering Economic and Social History*, p.491.

2. 구자유주의 비판

1) 홉슨의 고전경제학(classical economics) 비판

19세기 후반 영국의 빈곤과 실업의 심각한 양상은 그 본질상 경제적인 문제였다. 개혁가들은 그러한 현실의 문제들을 올바로 진단하여 해결책을 모색하기 위해서는 당연히 경제적 차원에서 그 문제들에 접근했어야 할 것이다. 그러나 당시 개혁가들의 개혁론들은 대부분 문제의 핵심을 비켜난 것들이었다. 그들은 당시의 빈곤과 실업이 '산업문제'에서 발단된 것이라는 문제의 본질을 제대로 파악하지 못했고, 또 설령 그것을 알고 있다고 하더라도 고전경제학의 이론적 위세를 등에 업은 중간계급의 정치학에 맞설 만한 경제적 논리를 개발하기에는 역부족이었기 때문이다. 그러나 홉슨(John Atkins Hobson)은 경제이론 측면에서 산업사회의 문제를 진단하고 그 해결책을 줄기차게 모색함으로써 문제의 본질에 제대로 접근했다는 점에서 매우 독보적인 존재였다.

1887년 홉슨은 엑시터(Exeter)에서의 고전교사직을 그만두고 케임브리지 대학의 비정규 강좌를 맡기 위해 런던으로 왔다.29) 당시 영국 사회는 4년간의 불황에서 가까스로 벗어나자마자 6년간의 경기침체에 다시 빠져들고 있었다. 런던에 와서 빈곤과 실업의 실상을 직접 목격하면서 홉슨은 당시의 사회문제에 본격적으로 눈을 뜨게 되었다. 그

---

29) R. H. 토니는 홉슨이 런던으로 이주한 것을 "그의 인생에서 하나의 전환점"으로 보았다. J. A. Hobson, *Confessions of an Economic Heretic*(London: Allen and Unwin, 1938; repr. Brighton: Harvester Press, 1976), p.23; R. H. Tawney, "Hobson, John Atkinson(1858-1949)", *Dictionary of National Biography*(1931-1940), pp.435-436; John Allett, *New Liberalism: The Political Economy of J. A. Hobson*(Toronto University Press, 1981), pp.6-7.

는 영국의 경제발전이 영국인의 '삶의 질'을 향상시키기보다는 실업과 빈곤의 악순환을 초래하고 있는 현실에 큰 충격을 받았다. 그가 보기에 산업화가 진행될수록 노동자들은 단순노동을 반복하는 기계로 전락하면서 그들의 삶의 질은 오히려 추락했으며, 경쟁적인 인간관계는 과거 농경사회에 존재했던 사회적 유대감마저 철저히 파괴시키고 있었다.30)

　근본적으로 도덕적 개혁주의자였던 홉슨이 꿈꿨던 이상사회는 자유, 협동 그리고 평등의 추구 속에서 모든 구성원들의 완전한 발전이 이뤄질 수 있는 사회였다. 그러나 당시 영국의 현실은 경쟁과 이기적 개인주의를 우선시하는 왜곡된 경제논리로 비인간적인 삶을 강요하고 침략적 제국주의를 시대적 흐름으로 당연시하는 분위기가 지배하고 있었다. 그는 그러한 잘못된 경제 질서를 바로잡기 위해서는 그 근본적인 문제점에 대한 명확한 진단과 해결책이 우선적으로 모색되어야 한다고 인식했다.

　빈곤과 실업의 문제에 대하여 홉슨은 기존의 경제 질서의 구조적 결함을 지적하는 데서 그 해결의 단서를 찾아냈다. 그것은 바로 페이비언 사회주의자도 마르크스주의자도 아닌, 실업가 멈머리(A. F. Mummery)의 '실업은 과잉저축[과소소비]의 결과'라는 분석을 통해서였다. 그는 향후 반세기 동안 이 이론을 더 정교하게 발전시켜 나가면서 사회개혁의 필요성을 주장하는 자신의 이론적 틀로 삼았다. 홉슨과 멈머리는 공저인 『산업의 심리학(*The Physiology of Industry*)』 (1889)에서 기존 자유주의 경제이론을 공격하고, 당시에 경제적 미덕으로 떠받들던 '절약'의 미덕을 경기침체의 한 요인으로 평가절하했다.31)

---

30) J. A. Hobson, *The Evolution of Modem Capitalism*(London: Allen & Unwin, 1906), p.342.

홉슨은 또『근대 자본주의의 발전(*The Evolution of Modern Capi-talism*)』(1894),『실업자들의 문제(*The Problem of the Unemployed*)』(1896)를 통해 고전경제학의 오류를 지적하면서, '소득분배의 실패'를 산업사회의 위기의 근본원인으로 진단함으로써 '학문적 명성'[32]을 얻었다. 이러한 새로운 경제적 해석을 통해 홉슨은 빈곤의 주요 원인이 기존 자유주의자들의 주장처럼 개인의 도덕적 결함에 있는 것이 아니라 왜곡된 경제적 구조에 있음을 입증하려고 했다.

홉슨이 학문으로서의 고전경제학의 문제점을 진단했을 때, 그 가장 큰 맹점은 '인간중심적 가치'를 결여한 데 있었다. 고전경제학자들에게 있어서 인간의 '이성'은 개인의 경제적 이기주의를 추구하는 하나의 도구에 지나지 않았다. 그러나 그는 이성은 더 높은 도덕적인 이상을 추구하는 고유한 속성을 갖고 있다고 보았다.[33] 그가 보기에 이와 같은 이성적 요소를 경제학에서 배제시키는 것은 진정한 경제학의 발전을 저해하는 것이었다.[34] 그는 인간중심적 요소를 고려하지 않는 고전경제학은 그 출발부터가 잘못된 것이라고 보았다.

홉슨은 당대 사회개혁가들의 대표적 토론 모임인 '레인보우 서클 (Rainbow Circle)'의 토론에서 고전경제학을 그 실천원리로 삼는 '맨체스터 학파'의 정치경제학은 윤리적 인간보다는 '경제적 인간'을 추구한다고 비판했다. 그는 경제적 가치를 우선시하는 이기적 인간을 이상적인 모델로 강요하는 태도는 일반인들의 건전한 상식을 해치는 일이라고 주장했다. 또한 맨체스터 학파가 주장하는 것처럼 자유방임

31) 1930년대에 케인스는 이 저서가 "경제사상의 역사에서 하나의 신기원을 이룩했다"고 평가하였다. J. M. Keynes, *The General Theory of Employment, Interest and Money*(1936), p.365.

32) Hobson, *Confessions*, p.37.

33) J. A. Hobson, *Wealth and Life*(London: Macmillan, 1929), p.125.

34) *Ibid.*, pp.125-126.

체제 아래에서 부의 획득과 생산의 효율성만을 중시할 때, 노동의 질적인 측면과 소비의 중요성은 등한시될 수밖에 없다는 것이다. 더욱이 고전경제학은 재화의 생산에서 사회의 기여도를 전혀 인정하지 않는 결정적 약점을 지니고 있다. 그러므로 고전경제학은 19세기 전반의 제조업자들과 금융가들의 이해관계를 반영한 데 불과한 이론이므로 새로운 사회환경에 적용되어서는 안 되는 것이었다.35)

같은 입장에서 홉슨은 또한 경제학자들이 주장하는 '학문의 중립성'에 대해서도 비판적이었다. 그는 경제학이 가치중립적이라고 주장하는 것은 '도덕성 거세'의 태도를 옹호하는 것이나 마찬가지라고 보았다.36) 그는 경제학은 과거의 "딱딱하고 죽어 있는 조잡한 사실주의"를 개선하고, 인간이 그 영역의 주체가 되어 '사실'들을 선택하고 가치를 평가하는 인간중심의 경제학이 되어야 한다고 주장했다.37)

이와 같이 홉슨의 사고 밑바탕에는 경제적 가치를 우선시하는 비인간적인 태도에 대항해 도덕적 가치관의 우월성을 강조하려는 지적 신념이 자리 잡고 있었던 것이다.38) 그러므로 홉슨은 도덕적 이상을 향해 진화해 가는 인간의 이성에 대한 신뢰와 자기 운명을 개척하려는 끊임없는 노력 등 인간중심적 가치를 강조함으로써 고전경제학이 갖고 있는 기존의 왜곡된 통념을 깨뜨리려고 했다.

홉슨이 고전경제학의 두 번째 결함으로 지적한 것은 "생산은 수요를 창출한다"는 가정이었다. 이러한 관점은 그의 이론의 핵심적 부분

35) Michael Freeden(ed.), *Minutes of the Rainbow Circle 1894-1924*(London: Offices of the Royal Historical Society, University College, 1989), 5 December, 1894.

36) *Ibid.*, p.52.

37) J. A. Hobson, *The Crisis of Liberalism*(London: P. S. King, 1909; repr. Brighton: Harvester Press, 1974), p.275.

38) Bemard Porter, *Critics of Empire*(London/New York, 1968), p.172.

을 차지한다. 그는 이 가정이 과잉생산을 초래하게 만든 주요인이자, 현실의 과잉생산을 설명할 수 없는 이론적인 취약점을 지니고 있다고 보았다. 그는 오히려 그 반대의 논리가 타당성이 있다고 주장했다. 즉 "생산은 수요에 의해 제한된다"는 것이다.

그러한 경제관은 이미 17세기의 중상주의 경제학자들 사이에 널리 알려진 이론이었다. 그러나 스미스(A. Smith)와 리카도(D. Ricardo)의 고전경제학이 경제학의 주류로 자리 잡게 되면서 그 맥이 끊어져버렸다. 과잉생산의 가능성을 지적하던 과거의 경제적 주장들은 "생산과 소비는 함께 늘어날 수 있다"는 리카도 이론의 절대적 영향 하에서 그 학문적 힘을 잃게 되었던 것이다.[39] 따라서 과잉저축과 과잉생산은 있을 수 없다는 사고가 19세기 후반까지 경제학의 도그마가 되었다.

경제학자로서 홉슨의 중요한 업적은 "과잉생산이 있을 수 없다"는 리카도의 경제논리가 갖는 모순을 찾아냈다는 데 있다. 그는 『산업의 심리학』에서 "수요가 공급을 결정한다"는 이론을 제기하여, 리카도 이전의 경제관으로의 회귀를 주장했다. 그는 저축을 소비의 한 형태가 아니라 '재생산을 초래하는 투자'로 보았다. 그는 과다한 저축으로 말미암아 과잉생산이 되면, 수요와 공급 사이의 불균형이 초래되고, 결국 경기침체가 야기된다고 보았다.

홉슨은 '과잉생산'의 가능성을 입증함으로써 빈곤문제의 해결을 위한 일관된 접근방법을 제시해 주었다. 즉, 빈곤은 개인의 도덕적 결함보다는 잘못된 경제 질서에 기인하기 때문에 빈곤은 치유될 수 있다는 것이다. 즉, 과잉생산의 가능성을 차단해 경기침체를 막는다면 그로 말미암아 초래되는 실업과 빈곤의 악순환의 고리는 끊어질 수 있

---

39) T. W. Hutchison, *A Review of Economic Doctrines, 1870-1929*(Oxford: Clarendon Press, 1953), pp.346-348.

다는 것이다.40) 이와 같은 인식은 오늘날에는 거의 일반적인 사실로 받아들여지지만, 1890년대에는 하나의 혁명적 사고였다고 할 수 있다. 그것은 "실업에는 어떠한 경제적 원인도 있을 수 없다"는 고전경제학의 '철칙'에 정면으로 도전하는 것이었기 때문이다

홉슨은 완전경쟁이 아니라 오히려 불완전경쟁 혹은 독점이 시장경제의 주된 흐름이 되어 가고 있다고 지적했다. 불완전경쟁으로부터 혜택을 얻는 자들은 자신에게 돌아가야 할 몫보다 훨씬 더 많은 잉여소득을 얻게 된다. 결국 잉여는 모든 시장에서 사실상 강자의 경제적 힘을 반영하는 것이었다. 즉, 현실의 시장경제 하에서 분배는 힘에 의해서 결정되기 때문이다.41)

이러한 비판은 소득의 분배에 대한 홉슨의 이론에 의해서도 뒷받침되었다. 그는 고전경제학의 소득 구분 방법 대신 모든 소득을 '비용'과 '잉여'로 구분하였다. 그는 비용을 개인의 삶을 유지하는 데 필요한 최소한의 경비로 한정했다. 그리고 삶을 영위하기 위한 최소한의 경비를 국가가 보장하는 것은 도덕적으로나 경제적으로 정당하고 필수적인 것으로 보았다. 이러한 장치가 없을 때 최선의 노동을 기대할 수 없기 때문이다. 또한 잉여의 일부는 자아의 발전에도 필수적이다. 그러나 그 밖에 대부분의 잉여는 자아발전이나 경제적 동기의 어느 쪽에도 불필요한 것이다. 왜곡된 경쟁질서로 일부 사람들은 최소한의 생계조차 유지하기 어려운 반면, 일부 사람들은 노동을 하지도 않고 잉여를 얻게 된다는 것이다.42) 그러므로 기존의 시장경제는 잉여의 왜곡된 분배를 초래하며, 과잉저축도 이와 같은 그릇된 분배구조의

---

40) Peter Weiler, *The New Liberalism: liberal social theory in Great Britain, 1889-1914*(New York: Garland, 1982), p.164.

41) *Ibid.*, p.165.

42) Hutchison, *A Review of Economic Doctrines, 1870-1929*, p.126.

산물인 것이다.43)

홉슨은 특정인들에게 일반인들보다 경제적으로 유리한 위치를 항상
보장해 주는 시장경제의 질서는 비도덕적일 뿐만 아니라, 불합리적이
며 비능률적인 것이라고 주장하였다. 부의 극단적 불평등은 시장경제
자체를 약화시킨다고 믿었던 그는 『산업의 심리학』과 『실업자들의
문제』에서 이처럼 잘못된 소득의 분배가 실업의 원인이라고 보면서
부유층의 저축습관이 경기침체를 야기한다고 비판했다. 그리고 저축
은 대부분은 '불로소득'을 의미하며 그것은 절약의 결과로 얻은 것이
라기보다는 착취의 과실이라고 보았다. 그와 같은 착취로부터 얻어진
재화들 때문에 과잉투자의 가능성이 특히 커진다는 것이다.

불로소득 혹은 '잉여'의 개념을 통해서 홉슨은 영국의 제국주의 정
책에 대한 해결방안을 제시하였다. 이미 지적한 바와 같이 국내에서
의 부의 잘못된 분배의 결과는 과잉생산이었다. 그 결과 자본가들은
자국 내의 투자의 기회가 한정되고 상품시장은 벌써 공급과잉의 상태
이기 때문에 해외에서 투자기회와 시장의 확대를 꾀하려 했다. 이에
대해 홉슨은 다음과 같이 표현했다.

제국주의 정책은 자본가들이 국내에서 팔 수 없거나 이용할 수 없는
상품과 자본을 유출할 수 있도록 외국시장과 외국에서의 투자기회를
확보해 잉여의 부의 유통경로를 확대시키려는 시도이다.44)

그러나 홉슨은 제국주의적 경향은 자본주의의 필연적인 현상이 아
니라고 보았다. 그는 제국주의를 국가가 적절히 개입하여 시장경제의
올바른 질서를 세우고 적정한 소득분배의 사회적 구조를 추구한다면

---

43) Weiler, *The New Liberalism*, p.125.
44) J. A. Hobson, *Imperialism, A Study*(London, 1902; revised ed. 1938), p.91.

치유될 수 있는 자본주의의 한 폐단에 불과한 것이라고 주장했다.

홉슨은 이러한 비판과 주장을 통해 개인주의적 고전경제학이 초래한 대중의 물질적 빈곤과 소외를 비판하고, 건전한 자본주의를 추구하기 위해서는 새로운 '윤리적 경제학'이 필요하다는 점을 역설했다. 그는 사회의 진보와 산업의 발전은 경제적 이익의 추구만으로 가능한 것이 아니라 사회정의와 평등도 동시에 추구될 때 실현될 수 있다고 보았다. 이러한 시각에서 그는 경제학에 윤리적 요소를 결합시켜 고전경제학의 '인간화'[45]를 시도했던 것이다. 그는 그러기 위해 경제학의 내용이 생산만을 중시하는 기계적 시각에서 벗어나 산업사회 각 구성원들의 복지와 사회적 효용을 고려하는 포괄적인 경제학으로 탈바꿈할 필요가 있다고 주장했던 것이다.

2) 홉하우스의 사회적 다윈주의(Social Darwinism) 비판

자유방임주의의 폐단을 극복하고자 한 진보적 자유주의자들의 일차적 과제는 자유방임주의를 정당화했던 이론들이 가지는 문제점들을 지적하고, 시대의 요구에 부응하는 새로운 정치사회이론을 제시하는 일이었다. 그리고 새 이론이 해결해야 할 과제는 기존질서가 처해 있는 문제의 원인을 직시하고 그에 대한 해결책을 제시하는 일이었다. 이러한 자유주의 수정의 이론적 기초를 제공하고 현실의 장에서 사회개혁을 적극적으로 추진한 대표적인 지식인이 바로 홉하우스(Leonard T. Hobhouse)였다. 이러한 이론을 수립하는 데 있어서 그의 노력은 결정적이었을 뿐만 아니라, 영국 사회학 전반에 걸쳐서 지대한 영향을 미쳤다.[46] 그는 진화론에 입각한 독특한 사회학 이론을 통해 과거

---

45) Peter Weiler, *J. A. Hobson*, p.171.

46) Philip Abrams, *The Origins of British Sociology 1834-1914*(Chicago: Uni-

의 자유주의가 안고 있는 문제들을 이론적으로 극복하려 했다.[47]

홉하우스가 자신의 사회개혁사상의 출발점으로 삼은 것은 바로 밀
(J. S. Mill)과 그린(T. H. Green)의 개혁사상이었다. 그는 밀로부터는
영국사회가 분배정의에 실패하고 자본주의의 폐단이 심각한 나라가
되었기 때문에 개인의 진정한 자유를 보장하기 위해서 사회개혁이 절
실하다는 문제의식을 계승했다.[48] 또, 그린으로부터는 공동선의 이상
을 실현하기 위해서는 자유의 개념을 '소극적 자유'에서 '적극적 자
유'로 확대해서 해석할 필요가 있다는 관점과, 적극적 자유를 실현하

---

versity of Chicago Press, 1968), p.87.

47) 홉하우스의 신자유주의에 관한 저술들은 다음과 같은 것들이 있다. Avital
Simhony, *The New Liberalism: reconciling liberty and community*(Cambridge
University Press, 2001); Stefan Collini, *Liberalism and Sociology: L. T.
Hobhouse and Political Argument in England 1880-1914*(Cambridge
University Press, 1979, 1982); J. A. Hobson and Morris Ginsberg, *L. T.
Hobhouse: His Life and Work*(London: George Allan & Unwin, 1931); J. E.
Owen, *L. T. Hobhouse, Sociologist*(Columbus, Ohio: Ohio University Press,
1974); Michael Freeden, "Biological and evolutionary roots of the New
Liberalism in England", *Political Theory* 4(1976), pp.141-190; idem, *The
New Liberalism*(Oxford University Press, 1978, 1986); Peter Weiler, *The
New Liberalism*(London: Garland Publishing, 1982); idem, "The New
Liberalism of L. T. Hobhouse", *Victorian Studies* XV(1972), pp.141-142; P.
F. Clarke, *Lancashire and the New Liberalism*(Cambridge University Press,
1971); idem, *Liberals and Social Democrats*(Cambridge University Press,
1978); idem, "The Progressive Movement in England", *Transactions of the
Royal Historical Society*, 5th Series, 24(1974), pp.195-281; K. O. Morgan,
*The Age of Lloyd George: The Liberal Party and British Politics, 1890-
1929*(London/Boston/Sydney: George Allen & Unwin, 1971); H. V. Emy,
Liberals, Radicals and Social Politics 1892-1914(Cambridge University
Press, 1973); A. J. A. Morris(ed.), *Edwardian Radicalism 1900-1914*(London/
Boston: Routledge and Kegan Paul, 1974).

48) 밀에 관한 구체적 내용은 다음을 참조. 이근식, 『자유주의 사회경제사상』(한길
사, 1999), 2장; 서병훈, 『자유의 본질과 유토피아: 존 스튜어트 밀의 정치사상』
(사회비평사, 1995); 박우룡, 『전환시대의 자유주의』, pp.58-63.

기 위한 '국가 개입'의 이론을 이어받았다.49) 20세기 초반 유럽의 대
표적 자유주의 이론가였던 루지에로(G. de Ruggiero)는 이러한 홉하
우스의 자유주의 이론을 "영국의 시대상황이 요구하는 신자유주의의
최상의 공식을 밀과 그린의 사상에서 이끌어냈다"50)고 평가했다.

홉하우스는 진화론을 통해 그의 이론을 수립하고자 했다. 이 점에
서 누구보다도 스펜서(H. Spencer)가 그의 출발점이 되었다. 그는 스
펜서를 통해 사회적 진보를 위한 사회철학적 접근과 진화론에 의한
경험적 방법론을 알게 되었지만, 그와는 다른 결론에 도달하게 되었
다. 그것은 사회를 유기체로 보려는 태도와 진화론을 통한 종합적인
사회철학을 수립하려는 근본 출발점은 서로 일치했으나, 스펜서가 자
유방임을 정당화하는 방향으로 진화론을 해석한 반면, 홉하우스는 진
화론을 통한 자유주의의 새로운 방향을 제시하려 했기 때문이다.51)

적자생존과 자연도태의 이론을 인간사회에 적용시켜 개인들 사이의
투쟁과 경쟁을 정당화한 사회적 진화론(Social Darwinism)은 1880년
대 중반에 이르러서 절대적인 영향력을 갖는 사회이론이 되었다. 이
이론은 자유방임의 상태에서 개인이 경쟁하도록 놓아둠으로써 적자생
존을 통한 개인과 사회의 발전이 이루어질 수 있다는 것으로, 경제적
개인주의의 이론적 기반이 되었다. 이러한 이론을 선도하는 인물이
바로 스펜서였으며, 그의 이론이 자유방임주의에 미친 영향은 지대한

---

49) 그린의 신자유주의 사상에 관한 국내의 문헌들은 다음을 참조. 이내주, 「T. H.
  그린과 영국 자유주의의 수정」, 이태숙 외, 『자본, 제국, 이데올로기: 19세기
  영국』(혜안, 2005), pp.335-381; 조승래, 「토마스 힐 그린과 아이제이아 벌린,
  그리고 공화주의」, 『영국연구』, 제25집(영국사학회, 2011); 서병훈, 「토마스
  힐 그린의 정치사상: 공동선 자유주의」, 『한국정치학회보』, 29권 4호(한국정치
  학회, 1996).

50) Guido de Ruggiero, *The History of European Liberalism*(Oxford University
  Press, 1927), p.155.

51) 박우룡, 『전환시대의 자유주의』, p.107.

것이었다. 따라서 스펜서를 이론적으로 극복하는 일은 곧 사회적 진화론 및 그것을 기초로 한 자유방임주의의 문제점을 해결할 수 있는 길이었다. 홉하우스가 사회학에서는 스펜서의 계승자라는 평가를 받으면서도, 정치적 입장에서는 스펜서와는 반대되는 위치에 설 수밖에 없었던 이유가 바로 여기에 있었던 것이다.

스펜서는 사회의 진화가 자동적, 기계적, 필연적 과정으로 이루어진다고 보았다. 그러한 관점에서 볼 때 인간의 정신(mind)은 그 과정 속에서 아무런 역할을 하지 못하는 것이 된다. 정신은 단지 인간을 환경에 적응시키는 기능밖에 하지 못하는, "일종의 미화된 반사행동(a sort of glorified reflex action)"52)에 지나지 않게 된다. 이러한 관점으로 볼 때 인간은 '자연의 법칙'에 관여할 어떠한 능력도 가질 수 없으며, 적자생존만이 진보의 유일한 법칙일 뿐이다.

그러므로 스펜서가 볼 때, 개인 간의 경쟁을 제약하는 어떤 인위적인 법률— 통치의 법률이든, 여타의 법률이든— 도 자연의 법칙에 어긋나며 사회에 해로운 것이다. 따라서 그가 보기에 개인주의와 자유방임주의를 엄격히 유지하는 사회는 존속하고 번영할 가능성이 크지만, 그렇지 않은 사회는 퇴보할 수밖에 없다. 요컨대, 인간이 경쟁을 통한 적자생존과 자연도태의 법칙에 따라 진화해 가기 위해서는 자유경쟁 상태로 방치되어야만 한다는 것이 그의 주장이었다. 그의 이러한 사고방식은 말할 나위 없이 자본주의 하의 경제적 착취나 부도덕한 경쟁적 개인주의, 나아가서는 수단과 방법을 가리지 않는 제국주의적 팽창, 심지어는 20세기 나치의 인종청소를 정당화하는 방향으로 악용되었다.53)

---

52) L. T. Hobhouse, *Development and Purpose*(London, 1913), p.XVIII.
53) Marvin Perry, *An Intellectual History of Modern Europe*(Boston/Toronto: Houghton Mifflin Company, 1993), pp.254, 357.

홉하우스는 두 가지 측면에서 스펜서를 추종하는 사회적 다윈주의 자들의 주장을 인정하지 않았다. 그 이유로서 그는 먼저 생물학에는 윤리적 원칙인 평등의 원리가 적용되지 않는다는 점을 지적했다. 그가 평등의 원리를 말하는 것은, 스펜서의 자연의 권리 이론을 부정하려는 것으로, 평등의 원리를 추구하려는 인간의 의지가 사회의 진화과정에 작용해야 한다는 것을 주장하려는 것이었다. 그리고 개인의 권리는 사회라는 공동체 안에서만 존재하는 것으로, 그것은 사회적으로 인정될 때만 주어질 수 있다는 것이 그의 생각이었다.54)

그 다음, 홉하우스가 강조했던 점은 생물학적 진화가 반드시 생존경쟁에 의해서만 진행되는 것은 아니라는 것이었다.55) 즉 찰스 다윈 (C. Darwin)이 『종의 기원(The Origins of Species)』의 개정판 서문마다 반복해서 언급한 것처럼, 자연도태는 종의 변화의 주된 요인이기는 하나 유일한 요인은 아니라는 것이다. 다윈은 진화과정에서의 경쟁을 강조했을 뿐만 아니라 협동도 역시 중시했던 것이다. 그는 인간의 진화가 현 단계까지 온 데에는 협동이 기여한 바가 오히려 더 크다고 강조했다.

홉하우스가 이론화했던 진화론과 스펜서의 사회적 진화론의 결정적 차이점은 진화과정에서의 정신의 역할이다. 앞에서 언급한 바대로 스펜서는 진화이론을 하나의 과학 공식처럼 취급했다.56) 그러한 스펜서의 진화론에서 인간의 정신은 인간을 환경에 적응하게 만들어주는 하나의 수단에 불과하게 되는 것이다. 이러한 관점에서 보면 사회의 진보는 순전히 우연의 산물일 수밖에 없는 것이다. 또한 스펜서가 단언

54) L. T. Hobhouse, *Social Evolution and Political Theory*(New York: Columbia University Press), p.197; *Democracy and Reaction*, p.89.

55) Freeden, *The New Liberalism*, p.86.

56) J. E. Owin, *L. T. Hobhouse, Sociologist*(Columbus: Ohio State University Press, 1974), p.10.

했던 것처럼 생물학적 인자들이 사회발전에 있어서 결정적인 요소들이고, 생존경쟁이 삶의 법칙이라면 사회정의와 인간애와 같은 가치는 무의미한 것이 될 수밖에 없는 것이다.

이러한 스펜서의 진화론에 반발하여 홉하우스는 정신을 진화과정을 이끄는 주체로 파악했다. 그는 인간은 정신의 진화로 얻게 된 자의식을 가지고 역사를 만들어가기 때문에 여타의 생명체들을 지배하는 자연의 법칙에서 벗어날 수 있다고 믿었다. 즉, 홉하우스에게 정신은 개인의 행위와 종의 발전을 결정하는 절대적 요인이 된다.57)

홉하우스가 정신이 진화과정에서 핵심적 역할을 한다고 믿은 데는 콩트(Auguste Comte, 1798-1857)의 영향이 크게 작용했다. 정신이 지식의 성장과 사회적 환경을 형성하는 데 절대적인 역할을 한다는 콩트의 이론58)은 홉하우스 이론의 중요한 기초로 자리 잡았다. 홉하우

---

57) Freeden, *The New Liberalism*, p.89.

58) 콩트는 『실증정치학체계』에서 사회가 공산주의적 유토피아나 집단주의에 기반하여 조직되는 것을 강력히 부정했다. 또한 인민주권의 형이상학적 원칙만이 아니라 모든 의회제도마저도 부정한다. 그는 의회정치를 "도처에서 폭정만 있고 책임은 어디에서도 찾아볼 수 없는 음모와 부패의 정체(政體)"로 보았다. 그가 바란 사회는 어느 한 계급이 다른 계급을 누르기 위해 일으키는 혁명이 아니라 모든 계층의 사람들이 모든 인간지식의 종합을 통해 밝혀낸 과학적 법칙에 입각하고, 신 대신에 과거, 현재, 미래에 걸친 인간을 믿는 새로운 '인류교(Religion of Humanity)'에 따르는 협동의 사회였다. 콩트는 튀르고(Turgot), 콩도르세(Condorcet), 생 시몽(Saint Simon)의 영향을 받아 인류의 사상의 역사는 신학의 단계, 형이상학의 단계를 거쳐 실증과학의 단계에 이른다고 보았다. 그리고 이 과학의 시대에 맞는 것이 새 '인류교'에 의한 사회개량이었다. 그는 특히 혼란과 대립, 갈등에 찬 산업사회에 질서와 평화를 확립시키려면 무엇보다도 자본가계급과 노동자계급이 손잡고 일해 나가야 한다고 보았다.
   콩트의 실증사회학은 산업사회가 안고 있는 모든 문제를 '과학적으로' 해결할 수 있다는 낙관주의를 드러내고 있다. 그의 인류교는 비단 자유주의적 기독교도들 사이에서만이 아니라 세속적 휴머니즘 운동에도 큰 자극을 주었으며, 그의 사회개량주의는 특히 밀(J. S. Mill)을 통해 영국에서 사회개량운동으로 구체화되었다. 그의 실증철학이 당대의 지식계에 끼친 영향은 매우 컸다.

스는 진화과정에서 '정신발달의 단계들'을 밝히기 위해 심리학과 생
물학을 통한 경험적 연구를 계속했다. 실증적 연구를 통해 그는 사회
발전에서 인간의 정신이 중요한 역할을 한다는 사실을 밝혀냈다. 그
는『정신의 진화(*Mind in Evolution*)』(1903)에서 동물적 의식의 진화
와 그것이 인간의 정신(mentality)으로 전환되는 과정을 묘사하였다.
또『도덕의 진화(*Morals in Evolution*)』(1906)에서는 인간의식의 진화
와 사회제도의 변화를 광범위하게 분석했다. 그리고 그는 두 저서를
통한 경험적 연구 결과를『발전과 목적(*Development and Purpose*)』
(1913)에서 진화에 관한 철학적 분석으로 연결시켰다. 그는 자신의 이
러한 주장이 헤겔(G. W. F. Hegel)의 관점과 유사하다는 점을 인정했
다.59) 하지만 그는 정신의 목적론적 진화에 있어서 헤겔을 따랐지만,
헤겔의 국가이론을 강력하게 비판했다.60)

홉하우스는 자신의 이론에서 스펜서와 헤겔의 이론을 조화시키려고
시도했다. 즉 '진화론적 물질주의'와 '형이상학적 관념론'을 종합함으
로써 "다윈의 법정에서 헤겔의 형이상학을 입증해 보려는 것"61)이 홉

그 영향은 경제학에서는 막스 베버, 베블런(Veblen)을 통해 사회제도를 경제
의 주인(主因)으로 보는 제도파(制度派) 경제학을 발전시키고, 정치경제학에
서는 정치의 사회학적 해석의 길을 열어 홉하우스, 윌러스(Graham Wallas),
벤틀리(Arthur Bentley) 등을 거쳐 20세기에까지 미치고 있다. 문학에서도 큰
영향을 주었다. 루이스 A. 코저, 신용하 · 박명규 옮김,『사회사상사』, pp.13-
70; 홍사중,『근대시민사회사상사』(한길사, 1981), pp.286-288; Rene Konig,
"Comte, Auguste", in David L. Shills(ed.), *International Encyclopedia of the
Social Sciences*, vol. 3(London: Collier Macmillan; New York: The Mac-
millan Co. & The Free Press, 1968), pp.201-206.

59) Hobhouse, *Development and Purpose*, pp.xxxvii, 154-155.

60) 홉하우스의 헤겔의 국가론에 대한 비판은 다음을 참조. L. T. Hobhouse, *The
Metaphysical Theory of the State*(London, 1918) pp.6, 23-24, 137.

61) Stefan Collini, *Liberalism and Sociology: L. T. Hobhouse and political argu-
ment in England, 1880-1914*(Cambridge University Press, 1979), p.151.

하우스의 출발점이었다. 헤겔과 다윈의 결합을 통해서 그는 역사를 이성의 원리에 의해 지배되는 정신의 자기실현의 과정으로 인식했다.62) 그리고 그는 정신의 목적은 투쟁이 없는 조화로운 세계를 창조하는 데 있다고 보았다. 그는 모든 실체는 유기적이기 때문에 정신은 유기체들 사이의 완전한 통일 혹은 '조화'를 창조하는 것이고, 조화란 유기체의 모든 부분들이 완전한 협동 속에서 움직이는 상태를 의미하는 것으로 파악했다.

여기서 이성은 "경험을 지배해 하나의 유기적인 구조를 만드는 조화의 원리"가 되는 것이다. 따라서 타인과의 협동을 통해 조화를 추구하려는 행위는 이성적 존재의 본능적인 충동인 것이다.63) 이처럼 홉하우스는 스펜서의 개인주의적 진화론을 뛰어넘어 집단주의를 뒷받침하는 윤리적 진화론을 완벽하게 설명했다.64) 그는 자유와 사회적 협동의 조화는 인간이 '이성적 존재'이기 때문에 가능하다고 보았다. 그가 보기에 인간의 정신은 그 진화과정의 최종단계에 이르면 자의식 (自意識)적이 되며 스스로의 목적을 추구하게 된다. 그 목적은 투쟁이 없는 세상을 창조하는 것이다. 이러한 인식에서 그는 역사를 '이성적 원칙, 즉 정신의 자기실현의 과정'으로 보는 헤겔의 사상을 따르고 있다.65)

홉하우스가 보기에 정신은 완전한 통일 또는 '조화'를 창조하려 하

---

62) Peter Weiler, "The New Liberalism of L. T. Hobhouse", *Victorian Studies* XV(1972), p.148.

63) L. T. Hobhouse, *Liberalism*(London, 1911; repr. New York: Galaxy Books, 1964), p.69.

64) Freeden, *The New Liberalism*, p.85.

65) 홉하우스에 대한 헤겔의 영향에 관해서는 다음 글을 참조. C. M. Grifin, "L. T. Hobhouse and the idea of harmony", *Journal of the History of Ideas* XXXV(1974), pp.647-66.

며, 그 조화는 유기체의 모든 부분들이 서로간의 마찰을 줄일 뿐만 아니라 적극적으로 돕는 협동의 상태가 되는 것이다. 따라서 그는 인간이 타인과 협동하는 것이 조화를 이루는 것이며, 이는 인간이 역사의 발전과정과 보조를 맞추기 위해 마땅히 해야 할 일이라고 주장했다.66) 이러한 인식을 따라 그는 개인적 조화를 통한 공동선의 추구를 사회유기체인 국가가 수행해야 할 절대적 사명이라는 결론에 이르게 되었다.

홉하우스의 이론은 두 가지 측면에서 기존의 자유주의에 윤리적 집단주의의 철학을 접목시켰다. 그 하나는 '사회가 의식을 가진 하나의 실체'라는 점이다. 또 다른 하나는 정신이 사회진화의 주체로서 환경과 인간을 통제하고 변화시켜 나가면서 사회발전에 주도적 역할을 수행한다는 것이다.67)

3. 신자유주의의 사회개혁론68)

1) 유기체적 사회관

신자유주의자들은 사회개혁을 이루기 위해 전통적 자유주의의 정책들을 넘어서는, 정부의 역할을 정당화하는 지적 체계를 제공했다. 그들은 과거의 개인주의적 사회관 대신에 유기체적 사회관을 제시했다.69) 이 사회관에 따르면 사회는 단지 개인의 이익을 추구하는 것으

---

66) Weiler, "The New Liberalism of L. T. Hobhouse", p.148.

67) Freeden, *The New Liberalism*, pp.89-90.

68) 이 절은 다음 졸저의 내용을 토대로 작성한다. 박우룡, 『전환시대의 자유주의: 영국의 신자유주의와 지식인의 사회개혁』(신서원, 2003).

69) George L. Bernstein, *Liberalism and Liberal Politics in Edwardian England* (Boston: Allen & Unwin, 1986) p.96.

로만 이루어질 수 없다. 인간은 오직 그가 살고 있는 사회가 제대로 발전함으로써만이 완전하게 발전할 수 있다. 따라서 사회의 각 구성원은 다른 구성원들 모두의 도덕적, 물질적 발전에 관심을 가져야만 한다. 이것은 국가가 각 구성원에게 그의 능력을 완전하게 발전시킬 기회를 보장하는 데 필요하다면 어떤 조치라도 취해야 할 의무가 있음을 의미한다. 특별히 국가는 경쟁적 경제 질서의 바람직하지 않은 결과들 — 빈곤, 빈민굴과 실업 — 을 더 이상 방치해서는 안 되는 것이다. 이것들이 많은 사람들을 경쟁능력이 없는 상태에 둠으로써 그들이 사회에 완전하게 기여할 수 없게 만들기 때문이다.70) 아래와 같이 홉하우스는 유기체론을 토대로 '공동선(common good)'의 개념을 도출했고, 홉슨은 '윤리적 경제론'을 주장했다.

(1) 홉하우스의 '공동선(common good)'

홉하우스는 그의 저서 『자유주의』71)에서 다음과 같이 유기체를 설명한다.

어떤 것을 유기체적인 것이라고 하는 것은 그것이 서로가 아주 다른 부분들로 이루어져 있지만, 그것들이 전체로부터 분리될 때 죽게 되거나 혹은 치명적으로 변화되는 것들로 구성되어 있을 때에 그렇게 불린다. 따라서 인간의 신체는 그 생명이 많은 기관들에 의해 수행되는 기능들에 의존하고 있고, 반면 각각의 이 기관들은 신체의 생명에 그 생명이 달려 있기 때문에 신체로부터 제거되는 경우에는 사멸하거나 썩기 때문에 유기체적이다.72)

---

70) *Ibid.*
71) 6장 자유주의의 핵심(The Heart of Liberalism).
72) Hobhouse, *Liberalism*, p.67.

홉하우스는 이제, 유기체적 사회관도 마찬가지로 간단한 것으로 본다.

그것은 사회의 생활은 개인들의 생활 외에 아무것도 아닌 반면, 개인의 생활 또한 만약 그가 사회로부터 고립된다면 전적으로 다른 무엇이 될 것을 의미한다.[73] 그 자신이 로빈슨 크루소의 행운과 재주로써 물리적 생존을 유지할 수 있다고 하더라도, 그의 정신적, 도덕적 존재는, 비록 그것이 존재한다고는 해도, 우리가 알고 있는 것과는 매우 다른 무엇이 될 것이다.[74] 개인은 타인들과 함께 살면서, 언어와 교육을, 그리고 그를 둘러싸고 있는 사회적 분위기를 자신의 체계 속으로 흡수하는 것이다. 각별히, 자유주의 이론의 핵심인 권리와 의무의 문제에서 개인의 공동체와의 관계는 모든 것이 된다. 그의 권리와 의무는 똑같이 공동선(the common good)에 의해 규정된다.[75]

그러므로 홉하우스는 개인은 자신의 문제를 공동선에 입각해서 판단해야만 한다고 주장한다.

그때, 개인의 권리는 공동선과 충돌할 수 없으며, 어떠한 권리도 공동선과 분리되어 존재할 수 없게 되는 것이다. 그러므로 각 개인의 권리가 종속되는 공동선은 각자가 공유하는 선이다.[76] 이것이 의미하는 바는 개인의 인격의 완성 혹은 완전한 발달은 그 한 사람만을 위해서가 아니라 공동체 모두를 위해 실제적으로 가능하다.[77]

공동선에 관한 홉하우스의 인식은 앞에서 언급한 것처럼 콩트가 주

---

73) Ibid.
74) Ibid., pp.67-68.
75) Ibid., p.68.
76) Ibid.
77) Ibid., p.69.

장했던 '인류교(Religion of Humanity)'에 기반을 두고 있다. 그는 사회의 진화는 인간의 정신에 의해 개인과 사회가 '조화'의 상태로 발전한다고 보았다. 그는 현재 인류가 이러한 발전의 최종단계에 와 있다고 생각했는데 이 단계를 '인류교의 단계'라고 생각했다.[78] 인류교에 도달한 개인들은 스스로 사회발전에 마땅히 이바지해야 한다는 자각에 이르게 된다. 이러한 그의 생각은 다음 글에 잘 나타나고 있다.

나는 정신적 진화의 전환점은 인류교의 관념이 인간이 지향하려는 원칙으로 의식 속에 뚜렷하게 자리 잡을 때라고 생각한다. … 특히, 그 관념은 인간의 내적, 외적 삶의 조건을 통제하는 … 힘에 목적의 일관성과 통일성을 주는 데 필요한 것으로 여겨진다. 인간의 지식이 진보해 갈수록 인간은 끊임없이 그러한 관념에 접근하고 있다.[79]

홉하우스는 인류교의 실현으로 협동과 개인주의, 그리고 자유와 공동체라는 상반된 이념들이 서로 조화를 이룰 수 있다고 보았다.

그러나 홉하우스는 인간 스스로 인류교의 최종단계에 도달한다는 것은 대단히 어려운 일이라고 판단했다. 이 때문에 그는 인류교라는 사회학적 윤리 개념을 정치적 이론으로 구체화시키는 방법을 강구했다. 즉, 그는 인류교의 개념을 정치적 측면에서 '공동선'이라는 관념으로 대체시킴으로써, 국가의 능동적 역할에 대한 이론을 이끌어냈던 것이다. 그는 국가가 특히 경제적인 측면에서 적극적인 노력을 기울일 때, 공동선이 이루어져 각 개인들이 최종적으로 인류교에 도달하는 것을 돕게 될 것으로 보았다.

---

78) Weiler, "The New Liberalism of L. T. Hobhouse", p.149. 이 점이 밀(J. S. Mill)의 입장과 동일하다는 지적은 다음을 참조. John Ronson, *The Improvement of Mankind*(Toronto, 1968), pp.137-139.

79) Hobhouse, *Social Evolution and Political Theory*, pp.15-16.

사회의 공동선을 실현하기 위해 국가가 적극적으로 개입해야 한다는 홉하우스의 입장에서 볼 때, 개인의 자유로운 이익의 추구는 결국 사회의 이익으로 이어진다는 구경제학자들의 주장은 지나치게 낙관적이고 피상적일 수밖에 없는 것이다. 그는 공동선을 이루기 위해서는 정신의 훈련과 생활여건의 개선을 바탕으로 한 윤리적 조화가 필요하다고 생각했다.80) 공동선과 대립하거나 또 공동선을 무시하는 개인의 어떠한 권리도 있을 수 없을 것이기 때문이다.81) 그린의 말을 인용하면, "각 개인은 '공동선 위에서 자기 자신의 선(his own good on the common good)'을 발견하는 것이다."82)

홉하우스는 인간이 공동선을 이루는 조화로운 상태에 도달하기 위해서는 두 가지 근본적인 문제가 해결되어야 한다고 생각했다. 하나는 개인의 발전을 이룰 수 있는 권리를 국가가 인정해야 한다는 것이다. 그린은 이러한 권리를 갖는 것은 인격의 발전을 위해 마땅히 갖춰야 하는 조건이라고 주장했다. 그는 개인의 발전은 정신적인 것뿐만 아니라 물질적인 조건에 좌우되기 때문에 물질적인 권리도 주어져야 한다고 주장했다.83) 즉 "개인의 정신적 권리는 정신적 존재로서의 인격의 조건에 불과하기"84) 때문에 물질적 조건도 수반될 때 인간으로서 좀 더 완전한 자기발전을 이룰 수 있다는 것이다.

두 번째는 진정한 조화는 각 개인에게 자기발전을 위해 사회참여의 기회를 보장할 때 가능하게 된다는 것이다. 공동선을 이루기 위해서는 누구나 공동체의 구성원으로서 자신의 인격발전을 위한 자유로운

80) Hobhouse, *Liberalism*, p.69.

81) *Ibid.*, p.67.

82) *Ibid.*, pp.68-69.

83) Hobhouse, *Social Evolution and Political Theory*, p.198.

84) Hobhouse, *Democracy and Reaction*, p.135.

영역이 보장되어야만 한다. 그러기 위해서는 그에게 법률 앞의 평등 뿐만 아니라 이른바 기회의 평등도 보장되어야만 한다는 것이다.[85] 이러한 두 가지 권리의 확보는 국가의 적극적인 개입을 통해 가능하다는 것이 홉하우스를 포함한 신자유주의자들의 핵심적 주장이었다.

(2) 홉슨의 윤리적 경제론

홉슨의 윤리적 경제에 대한 신념은 그의 '유기체적 사회관'에서 비롯되었다. 원자화된 개인을 경제활동의 주체로 보는 고전경제학은 개인과 공동체와의 관계를 그다지 중시하지 않았지만, 그의 경제론은 개인의 이익과 공동체의 이익의 조화를 우선적으로 추구하는 것이었다. 그는 "각 개인은 개인일 뿐만 아니라 사회의 한 구성원이기 때문에 진정으로 강하고 건전한 인격은 개인 스스로의 힘만으로는 이루어내기 불가능하며, 개인이 사회에 기여하고 사회가 개인을 돕는 '사회적 자아'를 통해서만이 비로소 이루어질 수 있다"[86]고 보았다.

사회가 하나의 유기체로서 실질적 경제발전이 이루어질 수 있으려면 공동의 도덕적, 정신적 생활의 고양이 필요하며, 공공의 목적을 위해 협동하려는 의식이 노동자들의 정신 속에 자리 잡아야만 한다.[87]

홉슨이 이와 같은 사회관을 갖게 된 데는 존 러스킨(J. Ruskin)의 사상적 영향과 '레인보우 서클'에서의 토론이 결정적인 역할을 하였다. 그가 19세기의 "가장 위대한 스승"[88]으로 존경했던 문명비판가

---

85) Hobhouse, *Liberalism*, p.70.

86) J. A. Hobson, "Character and Society", in Percy Parker(ed.), *Character and Life*(London: Williams and Norgate, 1912), p.72.

87) J. A. Hobson, *The Social Problem*(London: Nisbet, 1901), p.287.

88) Hobson, *John Ruskin*, p.v.

러스킨은 고전경제학을 주로 윤리적 측면에서 비판했다. 또, 러스킨은 정통 경제학에는 낯선 '사회복지'의 개념을 홉슨에게 알려줬다. 그는 기존의 고전경제학이 경제학의 진정한 의무인 '인류를 위한 봉사'와 거리가 먼 학문이라는 사실도 홉슨에게 일깨워줬다.

아울러 러스킨은 '총체성'이라는 유기체적 개념을 홉슨에게 알려주었다. 즉, "모든 인간 행위들의 유기적 통일성과 연대성 및 사회단위 사이의 협동이 유기체의 본질"[89]이라는 인식을 심어줬던 것이다. 홉슨은 이러한 러스킨의 가르침을 다음과 같이 정리했다.

각 개인이 자신의 이익을 위해 최선을 추구하는 것이 사회 전체의 복지에 가장 크게 기여하는 방식이라는 기존의 '자유방임주의적' 가정은 사회의 유기체적 구조를 이해하는 데 완전히 실패했다. 자유방임주의자들은 한 국가를 그 구성원들의 단순한 하나의 집합으로 보았기 때문에 각 개인의 이익의 합을 전체의 이익으로 이해했던 것이다.[90]

러스킨의 중상주의적 경제학으로부터 '사회적 경제학'으로의 전환에 있어 우리는 자신의 이익을 추구하려는 동기를 포기하지 않는다. 하지만 우리는 '우리의 이익과 타인의 이익을 동일시할 때 형성되는' 폭넓은 자아를 위해 편협한 자아를 희생시킴으로써 '자아'의 영역을 넓히고 본성을 확대시킬 수 있는 것이다.[91]

러스킨은 생명을 "그것을 제외한 어떠한 가치도 있을 수 없는",[92] 모든 것에 우선하는 가치로 여겼다. 물질적 가치만이 최고로 떠받들어지던 당시의 세태와 달리 그는 인간적 가치의 중요성을 강조했다.

89) *Ibid.*, p.89.
90) *Ibid.*, pp.79-80.
91) *Ibid.*, pp.85-86.
92) *Ibid.*, p.83.

그는 '생명의 존속에 유용한 가치들'을 최우선의 가치로 생각하면서 상업적 화폐가치보다 윤리적 가치를 우선으로 생각했고, 재화의 양보다는 삶의 질을 더 중요시했다.

인간의 생명을 강조했던 러스킨에게서 물질적인 차원에서의 사회개혁의 중요성을 배웠던 홉슨은 개인의 인격 완성에 개혁의 목표를 두었던 당시의 많은 개혁주의자들과 달리 물질적 측면을 개혁의 우선으로 꼽았다. 그는 현실의 인간에게는 고차원적인 도덕적 요구보다는 물질적 요구가 항상 더 시급하고 중요하다고 보았다.93) 또, 노동력의 측면에서 산업활동의 기초는 신체이기 때문에 인간에게는 정신적인 요소 못지않게 물질적인 요소들이 중요하다고 여겼다. 이와 같은 그의 태도는 물질적 복지를 등한시했던 자유주의자들의 인식을 전환시키는 한 중대한 계기가 되었다.94)

이러한 가르침과 자각을 바탕으로 홉슨은 레인보우 서클의 "핵심인물"95)로 활동하면서 '사회가 어떠한 유형의 조직체가 되어야 하는가?'라는 서클의 토론에서 '유기체적 사회관'을 향후 영국이 지향해 나갈 사회의 유형으로 제시했다. 이 서클은 모임의 초창기부터 줄기차게 유기체론을 진보적 주장의 논거로 삼았다.96) 서클 구성원들 다수는 "사회유기체 속에서 더 활발한 성장이 이루어지고 더 다양한 변화가 생겨나고, 더욱 긴밀한 상호 협력이 가능하다"97)는 그의 생각에 공감했다.

---

93) Hobson, *The Social Problem*, p.82.

94) S. A. Barnett, "Social Reform", *Independent Review*, vol. 1(1903), p.32, in Freeden, *The New Liberalism*, p.41.

95) Freeden, "The New Liberalism and its aftermath", in Bellamy(ed.), *Victorian Liberalism*, p.181.

96) Freeden, *Minutes of the Rainbow Circle 1894-1924*, p.27.

97) Allett, *J. A. Hobson*, p.17, in Freeden, *The New Liberalism*, p.100.

홉슨은 생산수단을 단순히 토지, 자본, 노동의 세 요소로 구분하는 고전경제학을 "경제는 인간의 협동 활동"[98]이라는 '유기체적' 통일성을 배제시킨다는 점에서도 비판했다. 그는 참다운 사회생활은 비용과 효용, 생활과 노동의 조화로운 결합을 통해서 이루어질 수 있다고 보았다.[99] 노동운동가 맥도날드(R. MacDonald)도 "유기체의 세포들이 협동관계를 유지하고 있는 것처럼 생산의 세 요소인 토지, 자본, 노동도 협동관계를 유지할 필요성"[100]이 있다고 강조했다. 훗날 홉슨은 이 모임에서의 토론이 자신의 "사상의 깊이와 넓이를 더해 주는 데 크게 도움이 되었다"[101]고 회고했다.

이와 같이 홉슨이 고전경제학을 '인간화'하려는 사고의 밑바탕에는 '유기체적 사회관'이 자리 잡고 있었다. 이러한 사회관을 전파함으로써 홉슨이 추구하려 했던 바람직한 인간상은 '이기적 경제인'이 아니라 개인의 이익과 사회의 이익의 조화를 추구하는 "의식적, 합리적, 감성적 인간"[102]이었다. 개인은 공동체의 일원으로서 행동하고, 사회는 그 구성원들의 건강과 행복을 추구해야 한다는 생각이 바로 홉슨의 사회개혁의 청사진이자, 기존 경제체제에 대한 비판의 출발점이었다. 그는 오랜 노력을 통해 고전적 자유주의의 개인주의적 사회관을 유기체적 사회관으로 바꾸려고 시도했다.[103]

---

98) J. A. Hobson, *Work and Wealth*(New York, 1914), p.282.

99) Freeden, *The New Liberalism*, pp.101-105.

100) Freeden, *Minutes of the Rainbow Circle 1894-1924*, pp.140-144.

101) Hobson, *Confessions of an Economic Heretic*, p.52.

102) Hobson, *John Ruskin*, pp.75-77, in Freeden, *The New Liberalism*, p.100.

103) P. F. Clarke, "Introduction to Hobson", in Hobson, *The Crisis of Liberalism*, p.xix.

(3) 유기체적 사회관의 확산[104]

앞에서 본 바와 같이 신자유주의의 사회개혁 논리의 핵심적 내용으로 자리 잡게 된 유기체적 사회관은 시민운동단체인 레인보우 서클만이 아니라, 종교운동단체인 윤리주의 운동단체로까지 그에 대한 지지의 저변을 확대하는 모습을 보였다. 영국의 윤리주의 운동은 빅토리아 시대 후반에 과학주의가 확산되면서 신앙의 위기에 대한 대응책을 모색하였던 대표적인 운동으로 등장했다.[105]

이 운동은 1880년대와 1890년대에 들어오면서 대중이 성서에 흥미를 느끼지 못하는 상황에서 기독교의 도덕적 교훈을 지키기 위해 교회가 직접 나서서 큰 효과를 얻은 운동이다.[106] 또한 이 운동은 성서적 진리의 수호에서 한 걸음 더 나아가서 산업사회의 문제들을 해결하는 데 교회가 사회개혁가들과 연대하여 적극적인 역할을 한 선구적 사례이다. 즉, 인간의 영적 변화를 통한 계급갈등의 해소와 온건개혁에 대한 공감대를 형성하는 데 종교가 적극적인 역할을 한 경우이다. 산업사회의 폐단을 해소하고 건전한 사회질서를 추구하려는 것이 이 운동의 궁극적 목적이었다.[107]

이들 실천적 단체 가운데서도 '남부윤리주의협회(South Ethical Society)'는 가장 적극적으로 현실참여를 표방하는 단체였다.[108] 윤리

---

104) 이 부분은 다음 졸저의 내용에 의존하여 작성하였다. 박우룡, 『전환시대의 자유주의』, 제4장 신자유주의와 시민운동.

105) 윤리운동에 관해서는 G. Spiller, *The Ethical Movement in Great Britain: A Documentary History*(London, 1934); Hobson, *Confessions of an Economic Heretic*; S. K. Ratcliff, *The Story of South Place*(London, 1955); I. D. MacKillop, *The British Ethical Societies*(Cambridge/London/New York: Cambridge University Press, 1986).

106) Weiler, *The New Liberalism*, p.79.

107) 박우룡, 『전환시대의 자유주의』, pp.164-165.

108) 이 단체는 1793년에 결성된 '사랑하는 형제들(Loving Brothers, Philadelphi-

주의 운동을 대표하는 2인[109]의 한 사람이자 이 협회의 핵심적인 인물 가운데 한 사람이 바로 홉슨이었다. 그는 남부윤리주의협회의 목표가 자신이 추구하는 사회개혁 노선과 일치하는 데 고무되어 40년간 이 협회에 적극적으로 참여하면서 주도적인 역할을 했고, 또 매주 강연을 통해 자신의 개혁사상을 전파하였다. 그러므로 이 협회는 당대에 사회개혁을 위한 대표적 토론단체인 '레인보우 서클'[110]과 더불어 홉슨 자신의 "사상을 분명하게 정립시켜 주고, 사회활동에 관한 관심의 폭을 넓혀주었던 단체였다."[111]

이 협회와 여타 개혁적 성향의 윤리단체들이 표명하는 개인의 도덕적 의무와 사회개혁의 필요의 연관성은 '유기체적 사회관'에서 연유한 것이다.[112] 유기체적 사회관은 모든 사람에게 평등한 기회가 반드시 주어져야 한다는 주장에 대한 논리적 근거를 제공했으며, 또 그러한 기회의 평등은 실질적인 경제개혁을 통해서만 가능하다는 결론을 도출해냈다. 사회가 유기적인 관계에 있기 때문에 공동체의 다수가 어려움을 겪고 있다면 그것은 곧바로 공동체 모두의 고통이 되는 것이다. 그러므로 건강한 공동체를 추구하는 윤리운동은 의식주의 보장,

---

ans)'이라는 모임에서 출발했다. 이 단체는 1824년에 '남부종교협회(South Place Religious Society)'라는 이름으로 유니테리언파(Unitarians)의 한 조직이 되었다. 모리스 콘웨이(M. Conway)가 종신목사가 되었을 때 진화론적 믿음을 폭넓게 수용하기 위하여 모든 일신론적 관념들을 포기했다. 그리고 마침내 이 단체는 '남부윤리주의협회(South Ethical Society)'로 확대되었다. Spiller, *The Ethical Movement in Great Britain*, p.24; Clarence Seyler, "The First Century of the South Place Society", *South Place Magazine* II (January, 1896), p.84.

109) MacKillop, *The British Ethical Societies*, p.vii.
110) 이 단체에 대해서는 다음 졸고를 참조. 박우룡, 「영국의 신자유주의와 레인보우 서클」, 『서양사론』, 제48호(한국서양사학회, 1996), pp.51-84.
111) Hobson, *Confessions*, p.57.
112) Weiler, *New Liberalism*, p.81.

충분한 휴식, 그리고 건전한 사교활동 등을 주요 활동 목표로 삼았다.113)

이처럼 유기체적 사회관은 레인보우 서클의 사회개혁 논리의 사상적 토대뿐만 아니라 세기 말 주요 종교운동의 한 정신적 토대로까지 확산되었음을 알 수 있다.

2) 국가 개입주의

(1) 국가의 적극적 역할 강조

① 그린(T. H. Green)

그린은 19세기 후반 토인비(A. Toynbee)와 더불어 영국의 지식인들에게 도덕적 사명감과 사회개혁의 열정을 불어넣는 데 지대한 공헌을 한 인물이다. 그는 스펜서의 개인주의적 국가관과 반(反)개혁주의적 태도에 대응하여 관념론의 입장에서 집단주의적 사회개혁의 이론적 기초를 제시하였다. 그의 사상은 도덕적 가치를 과학적 논리로 판단하는 것은 위험하며, 그러한 접근방식은 결국 실패할 수밖에 없다는 데서 출발한다. 그는 자연의 법칙에는 인간의 행위규범을 결정해 줄 아무런 요소도 존재하지 않으며, 무엇보다도 진화론을 통해 사회윤리를 수립하려는 시도는 결국 잘못된 결과를 초래할 수밖에 없다고 판단하였다. 따라서 그린은 일반의 경험에 어긋나지 않는 윤리적, 정치적 의무의 이론을 세우려고 했다.

기존 자유주의적 사회개혁론이 퇴조하면서 곧바로 자유주의 이념의 전반적인 재검토가 요구되었다. 19세기에 자유주의자들의 주류는 국가의 중립을 원했으며, 국가의 직접적 개입은 개인의 능력이 미치지

---

113) H. J. Bridges(ed.), *The Ethical Movement*(London, 1911), p.80.

못하는 영역에서만 가능하다고 주장했다. 그러나 1870년대부터 엄습해 온 경제적 위기와 그에 따른 하층민들의 비참한 생활상 때문에 국가는 더 이상 중립적 위치에 안주할 수 없게 되었다.

이러한 상황에서 개혁주의자들은 국가가 과거와 같은 중립적 태도에서 벗어나 "공공의 총체적인 도덕적 이익의 구현을 통해, 개인의 발전을 적극적으로 지원하는 자애롭고 합리적인 조직체가 되어 줄 것"114)을 요구하기 시작했다. 이제 국가가 사회개선과 공동선을 추구하는 데 있어서 중추적 역할을 해야 할 필요성이 크게 제기되었던 것이다. 이와 같은 국가의 새로운 역할에 정당성을 부여하기 위해서는 기존의 정치경제학을 대신할 새로운 논리가 필요했다. 이러한 시점에서 국가 개입을 통한 개인의 '적극적 자유의 확보'와 '공동선의 추구'라는 그린의 집단주의적 이상은 개혁가들에게 하나의 논리적 돌파구를 제공해 주었다.

그린의 형이상학은 인간이 '자의식'과 '이성'을 가진 존재라는 인식에서 출발한다. 그는 인간은 자의식 혹은 이성을 소유한 존재이므로 이성을 통해 자신의 한계를 깨닫는 동시에 이성적, 도덕적 존재로서 자신의 가능성을 인식하게 된다고 보았다. 그는 이러한 가능성의 완전한 실현이 바로 인간이 추구하는 궁극의 목적이며. 국가의 최우선의 역할도 개인의 도덕적 완성을 돕는 것으로 인식했다. 따라서 그린의 정치학의 주된 관심은 법률, 권리 및 국가의 도덕적 기능에 있었다.115) 그는 저서 『정치적 의무론(*Lectures on the Principles of Political Obligation*)』(1895)의 첫머리에서 저술의 목적을 "국가가 시

---

114) Freeden, "The New Liberalism and its aftermath", in Bellamy(ed.), *Victorian Liberalism*, p.180.

115) A. Vincent and M. Plant, *Philosophy, Politics and Citizenship: The Life and thought of the British Ideas*(Oxford: Blackwell, 1984), p.52.

행하는 법률, 혹은 권리와 의무의 제도에 의해 추구되는 도덕적 기능 혹은 의도를 고찰해 보려는 것"116)이라고 명시하고 있다. 즉, 그는 우리가 국가에 복종하는 것은 국가의 강제력 때문이 아니라 국가가 개인의 자기완성을 위한 능력을 향상시켜 주기 때문이라고 보았다.

이 점에서 국가의 개입은 개인의 자유의 침해가 아닌 개인의 자유의 본질적 요소가 된다. 그런으로부터 자유의 의미는 더 이상 '강제의 배제'가 아니라 '적극적인 개입'으로 새롭게 정의되었다. 이제 국가의 목적은 더 이상 중립적 위치에 머물지 않고, 개인이 '적극적 자유'를 향유할 수 있는 삶의 기초를 제공하고 그것을 가로막는 장애물을 제거하는 데 있다. 무엇보다 그런의 사상이 전통적 자유주의와 결정적인 차이를 보인 점은 국가가 이러한 조건을 제공해야 할 목적과 의무를 가지고 있다고 본 점이다.117) 즉, 국가의 역할은 시민들이 합리적, 도덕적 존재로서 활동할 수 있는 개인적 자유를 충분히 보장해 주는 데 있다는 것이다.118) 그런에게 있어서 국가의 목적은 개인의 완성 못지않게 '공동선'의 추구에 있다. 인간의 완전성과 모든 가능성의 실현은 필연적으로 광범위한 공동선과 공공의 노력이 전제된다.

그런이 주장하는 윤리학의 핵심은, 공공이익의 측면에서 상대방의 권리와 의무를 인정해야 한다는 데 있다. 그는 이러한 국민들의 태도를 바로 이성적 국가의 특징으로 보았다.119) 그는 개인의 권리의 행사는 그 반대급부로서 의무의 이행을 전제로 한다는 인식이 보편화되어

---

116) T. H. Green, *Lectures on the Principles of Political Obligation*(1895), p.29.

117) T. H. Green, *Prolegomena to Ethics*(1883), A. C. Bradley(ed.)(Oxford: Clarendon Press, 1906), p.332, in Bellamy(ed.), *Victorian Liberalism*, pp.137-138.

118) Bellamy(ed.), *Victorian Liberalism*, p.141.

119) Peter Robbins, *The British Hegelians 1875-1925*(Garland Publishing, 1982), pp.65-66.

야 한다고 강조하였다. 따라서 한 개인이 타인들의 자아실현의 권리를 인정하는 것과 마찬가지로 자신의 권리 역시 다른 도덕적 개인들에 의해서 인정받을 수 있는 것이다. 이러한 주장이 바로 '제권리'의 이론적 기초가 되었다.

그린의 입장에서 권리는 인간의 도덕적 완성에 필수적인 힘이다. 개인의 권리가 보장되지 않을 때, 국민들은 어떠한 도덕적 삶도 영위할 수 없으며 자기발전도 기대할 수 없는 것이다. 국가는 이러한 권리들을 법률을 통해 국민들에게 보장해 주기 위해서 존재한다.120) 즉, 한 국가의 주권은 개인의 권리를 보장해 주기 때문에 존립하는 것이다. 이처럼 개인의 자유와 공동선을 함께 추구하는 그린의 입장은 영국의 개인주의와 집단주의적 이상을 결합시키려는 개혁주의자들의 출발점이 되었다.121)

② 리치(David Ritchie)

리치는 국가가 그 구성원들에게 자유롭게 자신의 능력을 발휘할 수 있는 여건을 마련해 주어야 한다는 그린의 사상을 충실하게 따르면서도, '인간정신의 개혁자'로서 국가의 역할과 '국가 개입'에 관한 측면에서 그의 스승보다 훨씬 앞서 나갔다.122) 그린이 일반의 사회적 감정을 벗어난 국가의 법적 규제는 부당하다고 보았던 반면, 그는 국가가 개인의 도덕성을 향상시키는 데 도움이 될 국민적 정서를 만들어낼 수도 있다고 주장했다.123)

---

120) Green, *Lectures on the Principles of Political Obligation*, p.41.

121) R. Pearson and G. Williams, *Political Thought and Public Policy in The Nineteenth Century: an introduction*(London/New York: Longman, 1984), p.146.

122) *Ibid.*, p.163.

123) 이 점에서 프리덴은 리치를 영국의 관념론자들 가운데 국가의 적극적 역할을

리치는 자신의 『국가 개입의 원리(*The Principles of State Interference*)』(1891)에서 스펜서의 개인주의를 강력하게 비판하면서 국가 간섭을 통한 사회문제의 집단적 해결책을 추구하였다. 그린과 마찬가지로 그는 국가의 도덕적 역할을 추구했고, 사회적 해악들의 치유와 공동선의 추구를 위한 국가 개입의 이론적 정당성을 모색하였다. 그는 그린의 주장처럼 개인에게 최상의 삶을 보장해 주는 것이 국가의 목적이며, 국가는 신중하고 의식적인 노력을 통해 생존경쟁에서 초래되는 소모를 최소화할 수 있다고 보았다. 그러므로 그의 관점에서 볼 때 국가와 개인 사이의 대결 가능성은 전혀 존재하지 않는 것이다. 국가는 생존경쟁을 피하기 위한 인간의 노력이 가져온 위대한 결과라고 보는 그의 태도는 그의 다음의 글에도 잘 드러나고 있다.

자연은 하등 유기체들의 생명의 소모에는 무관심하다. 사회 속의 인간을 돌아볼 때, 국가는 소모를 막는 으뜸 도구이다. 개인들 사이의 단순한 생존경쟁은 절제되지 않는 소모를 의미한다. 국가는 그 활동을 통해서 많은 경우에 의식적이고 신중하게 이와 같은 소모를 억제할 수 있다. 국가는 개인들을 단순한 생존을 위한 끊임없는 투쟁으로부터 해방시킴으로써 개인의 개성을 자유롭게 발휘하게 하고, 문화의 발전을 가능케 하는 것이다.124)

리치는 국민들 사이의 협동에 근거한 집단적 개혁은 사회의 진화와 그 보조를 같이하는 것이며, 그것은 바로 문명의 진보를 의미하는 것이라고 보았다. 그린이 개인의 자치적인 도덕적 의지를 존중한 데 비

강조하는 새로운 자유주의 이론을 수립하는 데 가장 크게 기여한 인물로 평가하고 있다. Freeden, *The New Liberalism*, p.58.

124) David Ritchie, *The Principles of State Interference*, p.50, in Robbins, *The British Hegelians 1875-1925*, p.83.

해, 그는 사회개혁을 위한 국가의 직접적인 활동을 더 강조했다. 그는 선거권의 확대는 공동선을 구현하는 하나의 수단이 될 수 있으며, 따라서 국가의 활동이 결국 일반의지의 표출이라고 믿었다. 그는 진화론과 관념론의 결합을 통해 이와 같은 주장들을 이끌어냄으로써 자유주의의 이념을 자유와 공동선의 조화를 위한 국가 역할의 강조라는 새로운 방향으로 이끌어가는 데 중요한 기여를 했던 것이다.125)

(2) 홉하우스의 국가 강제의 정당화

홉하우스는 개인의 물질적 권리와 기회의 평등을 보장하기 위해 국가가 적극적으로 개입하는 데 대한 정당성을 입증해야만 했다. 그 것은 국가 활동의 확대 — 특히 강제적 정책들에 의해— 는 필연적으로 시민의 자유를 억압하게 된다는 주장에 어떻게 대처할 것인가의 문제였다. 즉, 강제를 어떻게 정당화하느냐의 문제였다.

우선 홉하우스는 국가의 강제에 대한 기존의 개념을 달리 규정함으로써 인식을 수정하려고 했다. 그는 대략 세 가지 범주로 나눠 강제를 규정했다. 첫째로, 사회 안에서의 자유는 강제에 의해서만 가능하다는 것이다. 즉, "A는 B가 그를 방해하지 않도록 강제되는 범위 안에서만 X라는 행위를 자유롭게 할 수 있다"126)는 것이다. 그는 강제를 정당화하는 문제에 있어서 밀(J. S. Mill)의 논리를 따랐다. 그는 강제가 명백히 개인의 자유를 제한한다는 것을 인정하면서도 다른 사람들의 자유를 보호하기 위해서는 불가피하다는 입장을 보였다.

그러한 홉하우스의 입장은 인간은 외부의 힘에 의해서만 통제될 수 있는 충돌하는 욕망을 가진 존재라는 것을 전제하는 데서 나왔다. 그

125) Michael Bentley, *Climax of Liberal Politics: British Liberalism in Theory and Practice 1868-1918*(London: Edward Arnold, 1987), p.76.

126) Collini, *Liberalism and Sociology*, p.122.

는 "보편적 자유의 제일조건은 … 보편적 통제이다. 이러한 통제가 없다면 몇몇 사람들은 자유스러울지 모르나 그 밖에 모든 사람들은 자유롭지 못하다"[127]고 보았다. 즉, 모든 자유는 그에 상응하는 통제의 행위에 의해서만 가능하기 때문에 자유와 강제 사이에는 실질적으로 대립이 존재하지 않는다는 것이다.[128]

둘째로, 홉하우스는 일상에서 국가에 의해서 행사되는 강제뿐만 아니라 또 다른 형태들의 강제가 있다는 것을 상기시켰다. 그는 인간의 약점, 불행, 실수 등을 이용해서 이익을 취하려는 모든 시도는 파렴치한 반사회적 행위이므로, 그러한 행위들 또한 일종의 강제로 보았다.[129] 따라서 이와 같은 부당한 강제를 막는 국가의 강제 역시 사회 전체의 자유의 양을 감소시키는 것이 아니라 오히려 증대시키는 행위라고 보았다.

셋째로, 홉하우스는 그 당시의 영국사회에서 개인의 삶을 억압하는 모든 외부적 힘을 강제의 형태로 보았다. 그러나 이런 강제들을 시정하는 일이 국가로서는 쉬운 일이 아니었다. 부당하게 행해지는 사회적 억압의 강제들에 대한 개념 규정이 아직 정립되지 않은 상태였기 때문이다. 또 당시는 이러한 강제적 상황이 발생하는 데 대한 모든 책임을 개인의 실패로 돌리는 분위기가 팽배해 있었다. 그는 이러한 경우에는 국가가 오히려 더욱 적극적으로 강제를 행사해야 한다고 주장했다.

홉하우스는 국가의 강제적 행위는 강제를 확대시키거나 축소시키는 일이 아니라 사회 속의 강제를 재조직하는 일이라고 보았다. 즉, 국가의 역할은 강제가 필요한 곳에는 강제를 행하고, 강제가 제거되어야

---

127) Hobhouse, *Liberalism*, p.17.
128) *Ibid.*, p.78.
129) *Ibid.*, p.81.

하는 곳에는 강제를 제거하는 일이다. 그렇기 때문에 국가의 강제행위에 있어서 가장 중요한 것은 어떤 종류의 강제가 사회에 바람직하며 또 어떤 종류의 강제는 제거되어야 하는가의 기준과 한계를 결정하는 문제였다.130)

홉하우스는 국가가 행하는 강제의 정당성은 개인의 잠재력을 발전시킬 수 있는 여건을 만들어주느냐, 그렇지 않느냐에 달려 있다고 주장했다. 즉, 외적 질서는 개인의 성격에 기인하는 것이 아니라 적절한 환경에 의해 만들어지는 것이다.131) 그는 그렇기 때문에 국가는 개인의 삶과 정신의 자유로운 발전을 위한 외적, 물질적 조건의 보장을 기준으로 강제를 행해야 한다고 주장했다.132)

홉하우스와 같은 신자유주의자들에게 가장 중요한 관심사는 노동계층의 빈곤과 실업의 문제였다. 규제되지 않은 자본주의 경제체제는 결국 대다수 사람들을 빈곤의 늪으로 빠뜨리는 것이다. 그렇기 때문에 자본주의 사회는 그 체제가 초래한 빈곤으로부터 인간들을 해방시켜야 할 책임을 가지고 있다. 모든 국민에게 직업을 가질 권리와 생존임금에 대한 권리는 생명과 재산에 대한 권리만큼이나 정당한 것이며, 올바른 사회질서를 유지하는 데 필수적인 조건이다.133) 그러므로 그는 영국 같은 부유한 나라에서는 모든 사회구성원들이 노동을 통해서 건강하고 문명화된 생존에 필요한 물질적 급부를 얻을 수 있어야 한다고 주장했다.134) 그러기 위해 국가가 경제에 광범위하게 개입해야 하는 것이다.

---

130) *Ibid.*

131) *Ibid.*, p.76.

132) *Ibid.*, p.70; Hobhouse, *Social Evolution and Political Theory*, pp.199-200.

133) Hobhouse, *Liberalism*, pp.83-84.

134) *Ibid.*, pp.96-97.

3) '사회적' 부와 과세

국가가 경제에 개입하는 구체적 역할은 과세를 통해 재원을 확보하여 빈곤과 실업, 그리고 질병 등의 문제를 해결하는 활동이 될 것이다. 신자유주의자들은 국가가 세금을 부과해야 할 필요성과 그를 뒷받침할 논리를 부의 '사회적 요소'와 '불로소득'에 관한 논의를 통해 전개했다.

(1) 홉슨의 부의 '사회적' 요소

홉슨은 분배정의가 실패한 또 다른 중요한 원인을 기존의 정치경제학이 부를 창출하는 데 사회가 하는 역할을 인식하지 못한 데서 찾았다. 그는 생산과정은 개인의 노동에 의해서뿐만 아니라 '집단적 노동'에 의해서 이루어지기 때문에 그로부터 얻어진 재화의 가치는 당연히 개인적인 요소와 사회적인 요소로 이뤄진다고 보았다. 그는 그러나 기존의 정치경제학에서는 '사회적' 부라는 개념을 비중 있게 다루지 않았다고 파악했다.[135]

홉슨은 애덤 스미스가 『국부론』에서 생산은 사회적인 것이라기보다는 개인적인 것이라는 이론을 정당화함으로써 마땅히 사회로 돌아가야 할 몫까지도 개인이 차지하도록 하는 결과를 초래했다고 보았다. 스미스가 『국부론』에서 노동분업의 경제에 관한 논의로부터 출발하면서 경제활동이 협동으로 이루어진다는 점을 설명하지 않았기 때문에 부지중에 '영국의 정치경제학'을 잘못된 기초 위에 올려놓은 계기

---

135) 홉슨은 서클의 토론에서 '개인의 부와 국가의 부'에 관한 논문을 발표하는 가운데서 '사회적 부'에 관한 자신의 주장을 분명히 하고 있다. Freeden, *Minutes of the Rainbow Circle 1894-1924*, 6 May, 1895. 그의 이러한 주장은 『사회문제(*The Social Problem*)』(London: Nisbet, 1901)에서 더욱 체계적으로 제기되었다.

가 되었다는 것이다.[136) 그는 스미스가 협동의 장점을 무시했다기보다는, 오히려 협동이 부의 사회적 권리를 낳는다는 것을 인식하지 못했다는 점을 비판했다. 그는 스미스가 부의 사회적 권리를 소홀히 다룸으로써 그 결과로 생산에서 개인이 차지할 몫을 지나치게 확대했다고 판단했다.

홉슨은 생산된 재화를 주로 개인적 활동의 산물로 보려는 잘못된 관점에 대해 다음과 같이 주장했다.

> 개인은 혼자서는 어떠한 부도 창출할 수 없다. 그것은 첫째로 그의 노동의 원료와 도구가 사회적 협동과정에 의해서 주어진다는 점에서 그렇다. 두 번째로 개인의 기술은 인간의 오랜 역사를 통해 습득되어 왔으며, 교육과 훈련을 통해서 개인에게 전달되었다. … 마지막으로, 한 국가 공동체는 생산하는 개인과, 개인이 생산하는 데 도움을 주는 다양한 기관을 보호하고 돕고 있다. 따라서 국가와 사회는 생산자 개인을 여러 측면에서 돕고 있는 것이다.[137)

그는 이러한 측면을 고려할 때 산출된 재화에 대해서는 사회에도 그 대가가 당연히 주어져야 한다고 여겼다. 사회에 환원시키지 않고 개인의 수중으로 들어가는 잉여가 바로 왜곡된 분배의 한 원인이라는 것이다. 그는 생산과정에서 이루어진 사회의 기여에 대해 정당한 몫을 사회에 되돌려 주기 위해서는 개인의 몫을 축소해야 한다고 주장했다.

결국, 홉슨은 경제정의를 실현하고 건전한 자본주의체제를 이루어 나가기 위해서는 국가가 적극적으로 나서서 부를 재분배해야 한다는 결론을 내렸다. 그는 부의 재분배는 경제체제를 더욱 합리적으로 만

---

136) Hobson, *Work and Wealth*, p.251.

137) J. A. Hobson, *Taxation in the New State*(London: Methuen, 1919), p.71.

들어줄 뿐만 아니라 빈곤층에도 경제적 자유를 가져다줄 것으로 믿었다. 그는 그러려면 우선적으로 고려되어야 할 것이 일반인들이 부의 분배에 공정하게 참여할 수 있는 균등한 기회를 제도적으로 보장하는 일이라고 보았다.

경쟁의 사회적 평가는 그 공정성에 의해서 이루어진다. 즉, 공정성은 계약이나 흥정의 양쪽 당사자가 정신적, 물질적 양 측면에서 평등한 힘을 소유하고 있는가의 여부에 의해 결정되는 것이다. 그러므로 모든 경제적, 정신적 기회의 균등이 보장될 때까지 진정한 의미의 평등은 있지도 않고, 혹은 있을 수도 없는 것이다.[138]

홉슨은 기회의 균등은 두 가지 측면에서 이뤄져야 한다고 보았다. 첫째, 국가의 강제력을 동원해 부유층이 경제적 힘으로 다른 사람들의 기회를 박탈하는 것을 막아야 한다는 것이다. 즉, 경쟁적 산업사회 속에서 소수의 약삭빠른 사람들의 일방적인 독주를 막기 위해서는 더욱 강력한 강제력이 필요하다는 것이다.[139] 둘째, 모든 사람에게 "자신의 장점을 발휘하고 살아가는 데 필요한 교육과 경제적 여건이 주어져야 한다."[140] 그러므로 그는 경제적으로 일반인들에게 소득과 고용의 최저수준을 유지하도록 하는 것은 그것이 사적 수단에 의한 것이든 국가의 투자에 의한 것이든, 사회가 고도로 통합된 유기체로 발전해 나가는 데 있어서 필수적인 요건이 된다고 주장했다.

홉슨은 국가가 경제 질서에 간섭해야 한다는 자신의 주장이 기존의 자유주의 전통에서 벗어나는 '이단적인 이론'이라는 사실을 인식하고

---

138) J. A. Hobson, *The Economics of Distribution*(New York: Macmillan, 1900), p.226.

139) Hobson, *John Ruskin*, p.203.

140) Hobson, *The Crisis of Liberalism*, p.173.

있었다. 그러나 그는 "오늘날 사회현실이 요구하는 바는 과거 자유주의자들이 살던 시대가 요구하는 것과는 다르며, 따라서 오늘날 국가의 역할에 대한 국민의 요구도 그때와 다를 수밖에 없다"[141]고 스스로의 입장을 옹호했다. 그는 국가가 해야 할 우선적인 과제는 주요 산업을 통제하고, 사회개혁을 통해 국민의 경제적 기회를 보장하는 일이라는 확고한 신념을 지녔다.

홉슨은 공공의 이익을 위해서 국가가 수행해야 할 우선적인 일은 노동하려는 사람들에게 적당한 일자리와 정상적인 임금을 보장하는 것이라고 규정했다.[142] 그는 또 국가는 연금과 실업보험을 통해 정상적인 임금체제가 원활히 유지될 수 있도록 해야 한다고 주장했다. 이러한 시각에서 그는 노동조합의 역할과 기능을 확대하려는 노동자들의 노력을 지지하고, 생산과 효율성을 촉진시키기 위한 '고임금의 경제', '노동시간의 단축'과 여가의 증대를 옹호하는 태도를 취하게 되었다.[143]

이와 같은 홉슨의 개혁적 사고는, 20세기 초 자유당 개혁 입법의 이론적 기반을 제공하였고, 케인스(J. M. Keynes)의 경제이론에 영향을 끼침으로써, 현대 영미 복지국가의 이념적 초석을 놓았다.[144]

(2) 홉하우스의 '불로소득'

홉하우스 역시 국가가 경제에 개입하기 위해서는 부를 개인적 요소와 사회적 요소로 구분할 필요가 있다고 판단했다. 그는 이러한 구분

---

141) Hobson, *Confessions*, p.126.

142) Freen, *Minutes of the Rainbow Circle 1894-1924*, 2 February, 1898.

143) J. A. Hobson, "The Economy of High Wages", *Contemporary Review* (December, 1893).

144) 박우룡, 『전환시대의 자유주의』, p.154.

을 통해 사유재산제를 근본으로 하는 자유주의적 경제 질서를 인정하면서도 사회개혁에 필요한 재원을 마련할 수 있다고 보았다. 대륙의 사회주의 이론이 모든 부를 사회적 측면으로 국한시킨 데 반해, 그의 사회주의는 개인적인 요소를 함께 인정한다는 점에서 분명한 차이를 보인다.145)

홉하우스는 부의 사회적 요소를 주장하는 근거로 두 가지를 들었다. 하나는 재화의 창출, 축적, 분배는 사실상 사회의 질서 유지와 국가의 합법적 과정에 힘입는다는 것이다.146) 또 다른 하나는 재화의 생산은 노동분업, 천연자원과 사회적 자원의 이용, 그리고 시장 메커니즘에 의존한다는 점에서 항상 하나의 협동적 과정의 산물이라는 것이다.147)

홉하우스는 이러한 사회적 요인이 인정되지 않는 상속제 등의 영국의 재산제도는 전적으로 수정되어야 한다고 주장했다. 그는, 상속을 통해서 태어날 때부터 혜택을 받는 소수 계층이 있고, 반면에 "아무것도 가진 것 없이 세상에 태어나 아무것도 갖지 못하고 세상을 떠나는"148) 대다수의 계층을 양산하는 제도를 부의 사회적인 측면을 도외시한 부도덕한 것으로 보았다. 그리고 그는 반사회적 성격을 띤 투기적 활동이나 독과점 등을 통한 부의 축적 또한 부의 사회적 측면에서 볼 때 비난받을 행위라고 주장했다. 이러한 제도들이, 유산자들이 노동자들의 노동을 지배하는 수단으로 악용된다고 보았기 때문이다.149)

---

145) Freeden, *The New Liberalism*, p.46.
146) Hobhouse, *Liberalism*, pp.98-99.
147) *Ibid.*, pp.99-100.
148) *Ibid.*, p.97.
149) *Ibid.*, p.98.

홉하우스는 이렇게 왜곡된 재산제도는 국가가 부의 사회적 요소를 적극적으로 수용할 때 바로 잡아질 수 있다고 보았다. 그는 이러한 노력을 통해 사회가 자유롭게 처분할 수 있는 공동의 자산(the common stock)을 증대시켜야 한다고 주장했다. 이렇게 축적된 사회의 부는 반사회적 행위를 하지 않는 모든 사람들의 경제적 독립을 위한 재원이 되어야 한다는 것이다.

그렇다면 사회적 부와 개인적 부는 어떻게 나누어질 수 있을까? 또한 개인적 부는 어떤 원칙으로 다시 개인에게 돌아가게 되는가? 홉하우스는 자유경제의 핵심은 사회봉사에 대한 보상에 있다고 보았다. 즉, 사회적 가치를 이루어내는 행위에는 필요한 보상이 주어져야 한다는 것이다. 그 보상의 정도는 공동선을 추구하는 데 있어서 각 개인이 맡은 기능과 역할에 따라 차이가 나타난다. 이러한 보상을 제외한 잔여는 비생산적 잉여이며, 이것은 생산력을 감소시키지 않고도 과세를 통해 공동체로 환원될 수 있다는 것이다.[150]

그러나 홉하우스는 이러한 목적을 이루기 위해 재산 소유나 산업제도를 한꺼번에 혁명적으로 변화시켜서는 안 된다고 보았다.[151] 그는 사회주의적 요소들을 자유주의에 도입하면서도 자유주의가 가지고 있는 본래의 이상을 고수하려고 했다. 즉, 그는 재산의 사회적 요소를 강조하는 자신의 이론이 자유주의와 대립되는 것이 아니라, 자유주의의 발전적 소산이라는 점을 입증해 보이려고 했던 것이다.

홉하우스는 사회주의와 자유주의와의 일치점을 독점과 토지에서의 '불로소득(unearned increment)'이라는 밀의 이론에서 처음 찾아냈다. 그를 위시한 진보적 자유주의자들과 전통적 자유주의자들의 의견의 일치는 이 두 가지 개념에서 이루어졌다. 그러나 신자유주의자들은

---

150) *Ibid.*, pp.107-108.

151) *Ibid.*, p.108.

이러한 일치를 기반으로 한 걸음 더 나아가려 했다. 그들은 토지에 대한 주장을 다른 형태의 재산에 대해서도 같이 적용하려 했다.

홉슨 역시 부의 재분배를 위한 국가 개입의 핵심적 정책을 '불로소득'에 대한 과세에서 찾았다. 그는 개인이 불로소득을 얻는 것은 사회적 협동의 덕택이기 때문에 국가는 과세를 통해서 그 잉여의 재원을 획득할 권리를 갖는다고 보았다. 특히 재산이나 토지와 관련된 자본가치의 상승은 공동체의 활동에 의한 사회적 가치의 상승에서 얻어지는 것이므로 진보적 과세정책들은 그 정당성을 확보할 수 있다는 것이다. 그는 국가가 소득과 상속재산에 대한 누진과세를 통해 개인의 불로소득을 흡수해야 한다고 주장했다. 누진과세를 실행해야 하는 근거는 소득이 크면 클수록 거기에서 차지하는 불로소득은 더욱 크다는 데 있다. 그는 국가는 그러한 잉여의 부분을 과세를 통해 회수함으로써 그것이 비생산적 저축으로 가는 것을 막고, 공익을 위한 재원으로 쓸 수 있다고 주장했다.

홉하우스는 1899년 연금 실시에 대한 재원이 부족했을 때, 일련의 논설에서 토지세를 통해 그 재원을 충당할 수 있다는 주장을 피력하면서 토지세는 공동체에 의해 쓰일 수 있는 '경제적 지대(economic rent)'의 한 예라고 강조했다.152) 그는 1904년에 출간된 『민주주의와 반동(Democracy and Reaction)』에서 "토지세로부터의 수입은 사회의 성장 때문에 얻어지는 부의 일부"153)라고 반복해서 주장했다. 이러한 주장은 마침내 1909년과 1914년의 로이드 조지의 재정정책에 구체적으로 반영되었다.

홉하우스가 토지에 적용했던 과세의 원칙을 여타의 경우에도 확대해서 적용하려고 했던 것은 앞에서 본 바와 같이 모든 재화는 '사회

---

152) Collini, *Liberalism and Sociology*, p.105.
153) Hobhouse, *Democracy and Reaction*, pp. 230-231.

적' 요소를 포함하고 있다는 생각에서였다. 그것은 그가 양로연금(Old Age Pensions)을 주장할 때도 마찬가지였다. 통상의 노동자는 현재의 수입만으로는 노년을 대비할 수 없기 때문에 국가가 그 노후를 책임져야 한다는 것이다. 그것은 일정치 못한 부족한 수입으로 노년에 구빈원 신세를 질 수밖에 없는 현실에 대한 대안이라는 것이다.154)

홉하우스는 연금을, 노동자가 산업사회의 부를 축적하는 데 기여했으나 구조적 모순 때문에 그에게 돌아가지 않은 몫을 되돌려 받는 것이라고 주장했다. 그는 연금은 시혜가 아니기 때문에 수혜자의 독립심을 약화시키거나 노동에 대한 의욕을 감소시키지 않는다고 주장했다.155) 즉, 이는 자비를 베푸는 차원이 아니라 부의 사회적 몫을 정당하게 활용하는 문제였다.156)

부의 사회적 측면에 대한 홉하우스의 생각은 과세의 경우에 더욱 급진적인 성격을 띠었다. 토지세나 독점세, 상속세, 투기세 등 자유주의자나 진보주의자들이 공감할 수 있는 분야의 재원만으로는 국가의 재정을 충당하는 데는 한계가 있었다. 그러나 과세는 국가가 시민의 자유에 직접 간섭하는 것이었기 때문에 지금까지의 경우와는 다른 확대된 원칙이 필요했다. 예컨대 '근로'소득과 '불로'소득에 차이를 두어서 세금을 부과하는 차등과세(Defferential Tax)나, 고소득에 대한 누진과세(Graduated Tax)를 정당화하기 위해서는 자유주의 이론의 근본적인 수정이 불가피했기 때문이다.157) 홉하우스는 우선 독과점과 투기에 대한 과세에서 진보주의자들과 의견의 일치를 보였다. 그는

---

154) Hobhouse, *Liberalism*, p.109.

155) L. T. Hobhouse, "Old Age Pension: The Principle", *Manchester Guardian* (29 February, 1908), in Collini, *Liberalism and Sociology*, p.109.

156) Hobhouse, *Social Evolution and Political Theory*, p.173; idem, *Liberalism*, p.93.

157) Collini, *Liberalism and Sociology*, p.115.

"노동에 의해서 획득되지 않은 부는 공공복지를 위한 재원을 충당할 경우 가장 우선순위"158)라는 입장을 표명했다.

마침내 1907년 애스퀴스가 차등과세를, 1909년과 1914년에 로이드 조지가 부가세와 누진세를 추진하자 홉하우스는 "과세의 진정한 기능은 국가가 사회적 부, 즉 개인의 노동을 통해 획득하지 않은 모든 부에 공공복지의 재원을 충당하기 위해 세금을 부과하는 것에 있다"159)는 주장을 통해 그들의 사회개혁정책에 정당성을 부여했다.160)

---

158) Hobhouse, *Democracy and Reaction*, pp.230-232.
159) Hobhouse, *Liberalism*, p.104.
160) 박우룡, 『전환시대의 자유주의』, p.131.

스웨덴 복지모델과 시장경제:
복지 자본주의의 성공과 혁신

김인춘(연세대)

1. 서론

높은 수준의 보편적 복지를 자랑하는 스웨덴은 최근 유럽에서 매우 좋은 경제성과를 이루고 있는 나라이다. 스웨덴 경제는 1990년대 초의 금융위기를 극복한 이후 1990년대 후반부터 현재까지 경제성장률, 생산성 증가율, 인플레이션, 재정 등 거의 모든 경제지표에서 뛰어난 성적을 보여주고 있다. 금융위기 이후 사회민주당 정부가 추진한 개혁뿐 아니라 2006년 중도우파 연합정부가 집권한 이래 추진된 전반적인 개혁의 결과, 각 부문의 효율성과 생산성이 크게 향상되었다. 2008년 세계경제위기 이후 유럽의 많은 나라들이 어려움을 겪고 있지만 스웨덴은 경제위기를 잘 극복하여 경제적으로나 사회적으로 견고한 경제체제와 복지체제를 유지하고 있다. 생산과 분배의 선순환, 보편성과 효율성의 결합으로 복지 자본주의가 잘 작동되고 있는 것이다. 이에 힘입어 중도우파 연합정부는 2010년 재집권에 성공한 바 있다. 우파정부의 집권에도 스웨덴 복지모델이 지속되고 있을 뿐 아니라, 더욱 경쟁력 있는 복지모델로 거듭나고 있다.

최근 우리나라에서 복지국가를 발전시키기 위한 노력이 그 어느 때보다 강해 보인다. 한국에서 복지국가를 위한 제도적 발전은 1970년대 이후 지속적으로 이루어져 왔지만, 보편적이고 포괄적인 선진 복지국가를 위한 정치적 담론과 정책적 노력은 최근 몇 년 사이 크게 변화해 왔다. 물론, 어떤 복지를 어떻게, 얼마나 할 것인가에 대한 사회적 합의는 제대로 이루어져 있지 않지만, 분배의 중요성과 시급성이 강조되면서 급격한 복지 확대가 예상되고 있다. 조건이 되고 가능하다면 복지 확대는 좋은 일이다. 그러나 더 많은 제도를 도입하고 지출을 늘린다고 자동적으로 분배가 개선되고 선진 복지국가가 되는 것은 아니다. 남유럽 국가들에서 보듯이 복지지출의 확대가 효율적이고 효과적인 복지국가의 발전을 보장하지는 않기 때문이다. 공공부문의 비효율과 분배의 왜곡을 가져올 수도 있다. 이에 따라 경제적 효율과 사회적 형평의 조화를 달성해 온 스웨덴 복지모델에 대한 관심은 당연해 보인다.

스웨덴 복지국가는 1930년대 이후 현재까지 평등과 삶의 질, 경제성장과 효율성을 동시에 비교적 성공적으로 달성해 온 것으로 평가되고 있다. 모든 사회구성원을 위한 보편적이고 관대한 소득보장제도와 포괄적인 공공사회서비스를 발전시켜 오면서 경제적으로도 부강한 나라를 만들어 왔기 때문이다. 이러한 고복지를 위해 국민들은 막대한 조세를 부담해 왔고, 정부는 복지국가가 발전함에 따라 크게 팽창된 공공부문을 효과적이고 효율적으로 운영해 왔다. 1970년대 들어 전성기를 맞은 스웨덴 복지국가는 장기간 집권한 사회민주당에 의해 주도적으로 구축되었으나 복지국가 발전 초기부터 좌우파 간의 합의로 발전되어 왔다. 1970년대에 이르러 연금을 제외한 사회보험의 소득대체율은 80-90%에 이르러 완전한 수준의 소득보장을 실현하였다. 공공부조와 함께 기초정액연금제도 또한 중요한 재분배 기능을 수행하면서 소득평등수준이 세계에서 가장 높은 나라가 되었다(Kenworthy, 2007; Steinmo, 2010). 복지수준이 최고조에 달했던 1970년대의 스웨덴은 가히 복지천국이라 불릴 만하였다. 1970년 스웨덴의 1인당 국민소득은 세계 4위를 차지하여 소득평등수준뿐 아니라 소득수준도 매우 높았다. 사회주의의 평등 이념이 자본주의 사회에서 자본주의적 성공에 기반한 보편적 복지국가의 발전을 통해 달성된 것이다. 더구나 1970년대는 산업민주주의와 경제민주주의를 위한 제도가 도입되거나 도입이 시도되면서 스웨덴식 사회주의체제에 대한 논란이 커졌다.1)

우리에게 주로 알려져 있는 스웨덴 복지모델은 바로 이러한 1970년대의 모습이다. 그러나 이 시기의 복지모델은 스웨덴 복지모델의 일반적인 모습이라고 하기는 어렵다. 1960년대 중반까지의 스웨덴 복지모델은 당시의 다른 유럽 선진국들과 큰 차이가 없었고, 1990년대 이후 스웨덴 복지모델은 보편성보다 효율성을 더 강조하고 있기 때문이다. 따라서 좀 더 정확하게 스웨덴 복지모델을 이해하기 위해서는 세 시기를 포괄하는 전체적 모습을 살펴보아야 할 것이다. 또한, 보편성 측면뿐 아니라 효율성 측면을 같이 검토하는 것이 중요하다. 모두에게 균등한 복지를 국가가 제공하여 일정 수준 이상의 삶의 질과 삶의 기회를 보장하면서 동시에 고용을 극대화하고 고숙련의 인적자본으로 생산성을 높이는 효율적인 복지가 스웨덴 복지모델의 핵심이기 때문이다. 사회민주주의형 복지국가는 '사회주의적'일 것이라는 예상과 달리 스웨덴은 개방적 사회로 개인의 자유와 자립을 중시하고, 자본주의체제에 기반하여 경제적 자유와 시장기능을 발전시켜 왔다. '자

---

1) 대표적으로 공동결정법과 임노동자기금 논란이 그것이다.

유주의적 경제(liberal economy)'를 지속해 온 것이다(Steinmo, 2010: 41). 이 글은 바로 이러한 성격의 스웨덴 복지모델을 통합적으로 이해하는 데 목적이 있다.

우리가 스웨덴 복지모델에 관심을 갖는다면, 고세금과 고지출, 고복지에도 어떻게 재정 건전성과 복지제도의 효율성을 유지할 수 있는지를 살펴보아야 할 것이다. 복지예산을 많이 늘리고, 보편적 복지만 한다고 좋은 복지국가가 되는 것은 아니기 때문이다. 스웨덴 또한 선별적 복지를 확대하여 보편적 복지와 선별적 복지 간 효과적 연계와 조화를 이루고 있다. 복지정책은 기본적으로 제한된 자원을 얼마나 공평하고, 효율적이고, 투명하게 배분하는가가 핵심이다. 따라서 분배의 효과뿐 아니라 성장의 효과를 최대화하는 것이 복지국가의 실패를 막는 길이 된다. 소비적 분배에 치우칠 경우 그만큼 투자적 분배로 가는 자원이 축소될 것이기 때문이다.

복지국가가 발전할수록 공공부문의 생산성 저하로 재정지출이 늘어난다는 '보몰의 비용병리(Baumol's cost disease)' 문제를 겪을 가능성이 높아진다. 공공부문의 생산성은 공공부문 자체의 효율성뿐 아니라 분배의 효율성과 효과성을 위해서도 매우 중요하다. 민간부문의 생산성뿐 아니라 공공부문의 생산성 확보는 보편적 복지국가 성공의 관건이 되기 때문이다. 스웨덴은 이러한 문제들을 비교적 잘 해결해 왔다는 점에서 참고의 대상이 될 수 있다. 2008년 발생한 세계경제위기에도 스웨덴은 민간부문의 경쟁력과 공공부문의 효율성을 바탕으로 경제적 성과와 수준 높은 복지국가를 유지하고 있다.

2. 스웨덴 복지모델의 성격[2]

스웨덴 복지모델은 스웨덴 고유의 역사와 문화, 경제발전 과정, 정치사회적 갈등과 타협의 산물이다. 1928년 사회민주당 한손(P. A. Hansson) 당수가 주창한 '국민의 집'이라는 개념에 기반한 스웨덴 복지모델은 1930년대부터 대외적으로 알려지기 시작하여 많은 연구자들의 주목을 받아왔다.[3] 이러한 스웨덴 복지모델의 성공에 대해 여러 설명이 있다. 강력한 좌파정당과 노조의 역할, 노동계급과 중간계급의 동맹 등이 중요했다는 설명에서부터 역사적으로 근면과 근로를 중시한 종교·문화적 요인까지 많은 이론과 주장이 있다. 좌우파 간, 노사 간 타협과 조정도 중요한 요인이었다. 또한 복지국가에 대한 자본계급의 협력과 지지가 매우 중요했다는 설명도 있다. 이들은 투자와 고용을 통해 일자리와 재정에 기여하였다.[4]

스웨덴 복지국가는 처음부터 그랜드플랜으로 시작한 것은 아니지만 우연히 만들어진 것도 아니다. 짧게 잡아도 1930년대부터 1970년대까지 50여 년에 걸쳐 만들어졌다. 정부와 정당은 물론, 노사 등 주요 정치사회집단이 토론과 합의, 경쟁과 조정을 통해 정책과 법, 제도를 만들었다. 복지는 공짜가 아닌, 개인 스스로의 노력과 책임으로 가능하다는 국민의식도 중요했다. 더 많은 사람이 일을 하고 세금을 부담하

---

2) 이 부분은 김인춘(2013a)에 주로 의존하여 작성되었다.

3) Marquis Childs, *Sweden: the Middle Way*(1936). 차일즈는 이 책을 통해 스웨덴의 자본주의 시스템과 사회주의적 정부의 성공적인 공존을 높이 평가했다. '국민의 집(the people's home)' 개념은 국가가 모든 국민에게 집과 같은 역할을 할 수 있도록 복지개혁을 추진하여 평등과 연대의 사회주의적 이념을 달성하는 것이다.

4) 노조와 노동계급의 역할에 대해서는 Korpi(1978), 문화적 요인에 대해서는 Trägårdh(1990), 자본의 역할에 대해서는 Iversen(1999) 참고. 복지국가 형성의 주체에 관한 깊이 있는 이론적 논의에 대해서는 고세훈(2013) 참고.

는 것이 그것으로, 도덕적 해이와 무임승차를 최소화하였다. 공정한 책임과 부담, 필요와 권리에 의한 혜택은 효율적인 복지국가를 지탱해 온 원동력이었다.

1970년대는 스웨덴의 사회민주당과 노동운동이 이전에 비해 매우 급진화된 시기였고 경제적으로도 부강했던 시기였다. 당시 세계경제는 오일쇼크로 어려움에 처해 있었지만, 스웨덴은 일국적 차원의 사회민주주의 복지국가를 높은 수준의 연대와 평등의 가치로 구현하고자 하였다(김수진, 2007). 사회보험의 높은 소득대체율은 이러한 평등주의와 보편주의, 관대한 스웨덴 복지제도의 특징을 보여주었다. 그러나 1970년대와 1980년대의 보편적인 고복지의 황금시대를 예외적인 시기로 보기도 한다(Lindbeck, 2009). 당시의 급진적인 개입주의와 심화된 이해관계의 갈등은 스웨덴 모델의 위기를 초래한 한 요인이기도 했다. 스웨덴 모델은 1990년대 들어 구조개혁을 통해 시장중시정책으로 경쟁력 있는 시스템을 갖추게 되었다.

1) 생산적 복지정책

스웨덴 복지모델은 모두에게 균등한 사회서비스를 국가가 제공함으로써 일정 수준 이상의 삶의 질과 삶의 기회를 모두에게 보장해 왔다. 복지는 현금지원뿐 아니라 모두에게 혜택이 가는 의료, 보건, 아동 및 유아복지, 노인복지, 교육 등의 공공사회서비스와 각종 보조금 형식으로 이루어진다. 고용을 중시하면서 노령, 질병, 출산, 실업 등으로 일을 할 수 없을 때 이로 인한 소득상실을 공적으로 보장해 주는 보편적인 사회보험과 공공부조를 제도화하였다. 이러한 사회보험과 공공부조 제도는 20세기 전반에 대부분 구축되었다.

반면, 1960년대부터 크게 늘어난 재정지출은 보육, 교육 및 직업훈련, 보건의료 등 투자적 성격의 공공사회서비스 부문에 집중되었다. 사회급여를 직접 주는 현금복지보다 국가가 공공사회서비스를 직접 제공하는 서비스 복지를 강조하였다. 공공사회서비스를 통해 사회 전반적으로 안전도를 높여 실업급여, 병가 및 산재급여, 공공부조와 같은 소비적 재정지출을 최소화하였다. 복지제도의 효율성과 성장 친화성을 위해 일할 수 있는 사람에게는 일자리를 갖게 하여 성장에 기여하고 더 많은 사람으로 하여금 조세를 부담할 수 있게 하였다. 성장과 고용을 극대화하고 고숙련의 인적자본으로 생산성을 높이는 효율적인 복지가 스웨덴 복지모델의 핵심이었다.

공공사회서비스 제도는 모두에게 필요한 복지서비스를 사회적으로 생산하고 공동으로 소비하는 것이다. 이러한 공공소비로 스웨덴은 영미 모델은 물론, 독일, 네덜란드 등 유럽대륙 모델에 비해 공공사회서비스 인프라 수준이 높고, 실업수당 중심의 소극적 노동시장정책보다 교육, 훈련 중심의 적극적 노동시장정책이 더 발전되어 왔다. 사회구성원 모두가 자신의 능력을 키우고 사회에 참여하여 일과 역할을 할 수 있도록 지원하는 것이다.

1990년대부터 추진해 온 복지개혁은 근로 인센티브를 강화하는 방향으로 이루어졌다. 1991년의 조세개혁과 1998년의 연금개혁이 대표적으로, 이러한 개혁은 스웨덴 복지모델을 근본적으로 변화시켰다. 전 생애 근로경력에 따라 새롭게 설계한 연금개혁을 통해 근로와 저축에 대한 인센티브를 강화함으로써 고령화 시대에 적응하게 만들었다. 조세개혁으로 소득세율도 크게 낮아졌다. 이 과정에서 중요한 것은 더 효율적이고 생산적인 복지제도를 위해 정당 간 합의로 개혁을 이루어 왔다는 점이다. 복지개혁으로 1990년대 이후 연금, 실업보험, 병가보험 등 사회급여는 삭감되었으나 보건의료, 공교육, 적극적 노동시장정책, 영유아보호정책의 지출은 확대되었다. 공공사회서비스는 사회 전반의 생산성과 성장에 기여할 뿐 아니라 그 자체로 삶의 질과 기회를 보장한다고 보기 때문이다.

2) 소득보장과 기회보장

스웨덴의 복지제도는 단기적인 소득상실과 빈곤문제를 공적으로 국가가 해결해 주는 데 있다. 이러한 소득보장제도는, 그 운용방식과 급여수준의 차이가 있지만, 모든 선진 복지국가들이 시행하는 제도이다. 그러나 스웨덴의 특징은 이러한 빈곤과 소득상실 상황에서 빨리 벗어날 수 있도록 공공사회서비스를 통해 적극적으로 지원해 준다는 점이다. 일을 할 수 있는 사람에게는 교육 및 직업훈련, 일자리 지원 등으로 고용을 통해 소득을 얻을 수 있도록 보장하는 것이다. 고령자나 장애인에 대한 고용서비스에도 적극적이다. 그 결과 장기 실업자와 공공부조 수급자 수를 최소화하였다. 소득보장과 기회보장의 달성은 스웨덴 복지모델의 궁극적인 목표이다.

반면, 스웨덴은 문화적으로나 정책적으로 개인의 자립과 책임을 강조해 왔다. 국가는 개인이 자립할 수 있도록 지원하는 역할을 하는데, 모든 개인에게 장기적으로 경제사회적 기회의 평등을 달성하는 것이다. 경제사회적 기회의 평등은 모두에게 높은 수준의 공공사회서비스를 제공해 주고 직업훈련과 고용의 기회를 주는 것이다. 사회서비스의 공공소비는 소득재분배에도 크게 기여하고 있다. 실질적인 무상교육과 무상의료는 상대적으로 중·하 소득계층의 부담을 크게 줄이기 때문이다.

특히, 아동양육을 지원하는 복지제도가 잘 발달되어 있다. 이는 아동 시기부터 계층적 제약을 받지 않고 평등하게 교육을 받고 능력을 계발할 수 있도록 하기 위한 것이다. 아동수당, 아동양육가족 주택수당, 부모보험, 보육 및 방과후 보살핌 서비스 등의 아동양육지원제도는 여성의 경제활동과 출산에도 긍정적인 영향을 주어 안정적인 경제성장에 도움을 주고 있다. 아동양육과 교육은 아동 개개인의 성장은 물론 미래의 사회구성원에게 투자한다는 점에서 매우 중요한 복지정책으로 소득보장과 기회보장의 성격을 모두 가지고 있다.[5]

스웨덴 복지제도의 높은 재분배 효과는 [표 1]의 5분위 소득 비교를 통해서도 볼 수 있다.[6] 상위 20% 성인 인구는 소득총액(근로소득, 자산소득 등 모든 소득)의 45%를 차지하고 하위 20% 성인 인구는 4%의 소득총액을 갖는다. 이러한 소득총액 격차는 조세와 공적 소득이전 이후의 가처분 소득에서 크게 완화되는데, 소득총액 5분위 배율에서 10배가 넘는 격차는 조세와 소득이전을 통해 3.4배로 크게 완화된다. 공공사회서비스의 공공소비를 통해 그 격차는 2.3배로 더 줄어든다. 공공사회서비스의 소득분배 효과가 매우 크다는 사실을 알 수 있다.

조세, 소득이전, 공공사회서비스 소비는 소득계층에 따른 차이뿐 아니라 연령집단에 따라서도 큰 차이가 있다. 조세는 대부분 근로시기에 납부되는 반면, 복지지출은 연금과 노인보호서비스를 통해 노인층에 집중된다. 근로가능 시기에 일하고 높은 세금을 부담하도록 하는 대신, 은퇴 후의 삶은 공적으로 보장되는 것이다. 또한, 보육서비스, 아동수당, 부모보험 등을 통해 아동 및 청소년 연령집단에게도 상당 부분 배분되고 있다. 공공지출은 가족유형에 따른 소득차이를 조정하는 역할도 하고 있다. 일반적으로 높은 소득을 갖는 무자녀 맞벌이부

---

5) http://www.sweden.gov.se/sb/d/15472/a/184142.

6) 이 표는 가구가 아니라 개인을 분석한 것이다. 한국의 경우, 2009년 기준 종합소득세 기준으로 상위 20% 소득자가 소득총액의 71%를 차지하는 것으로 나타났다(2011. 4. 25. 국세청 발표).

[표 1] 조세, 소득이전, 공공소비의 5분위 소득재분배 효과

소득 5분위	소득총액(%)	가처분소득(%)	가처분소득 + 공공소비(%)
1	4	10	14
2	10	15	16
3	17	18	18
4	24	22	21
5	45	35	31
Total	100	100	100
5분위/1분위 비율	10.3배	3.4배	2.3배

Ministry of Finance, Sweden.
출처 : OECD Economic Surveys: Sweden(2002, p.151).

부와 낮은 소득을 갖는 유자녀 싱글부모 간의 소득격차는 세금과 소득이전, 공공사회서비스 소비를 통해 크게 줄어든다.

저소득계층에 대한 공적 소득이전은 주로 선별적 복지인 주택수당과 공공부조를 통해 이루어진다. 이러한 선별적 급여는 저소득층에 중요한 소득원이 되고 있다. 소득이전의 재분배 효과는 경제위기 시에 더 두드러지는데, 이는 스웨덴의 사회정책 시스템이 정규 노동시장으로부터 벗어난 사람들을 보호하는 역할을 수행하기 때문이다. 1990년대 초의 경제위기와 노동시장 개혁으로 실업과 비정규고용이 늘면서 임금소득의 격차가 확대되었다. 그러나 시장에서의 임금소득 불평등이 확대됨에도 불구하고 조세와 소득이전으로 소득분배 상황은 전체적으로 여전히 양호한 상태에 있다.

3) 복지고용 연계형 복지국가

스웨덴의 복지고용 연계형 복지라는 것은 무엇보다 복지 이전에 고용을 강조하는 정책을 말한다. 스웨덴의 고용 중시 복지모델은 인구가 적어 노동력이 부족했던 20세기 초에 구축되어 1930년대부터 완전고용을 스웨덴 복지모델의 최우선 목표로 설정해 왔다. 적극적인 고용정책은 1930년대 대공황 당시 실업자들에게 일자리 이동 지원, 직업 재훈련 등으로 시장임금에 가까운 공공근로 일자리를 제공하면서부터 시작되었다. 그 후 1960년대까지 완전고용 하에서 주로 남성 근로자의 가족임금이 가구의 주 수입원이 되었다.

이러한 특징은 1960년대부터 근본적으로 변화하기 시작하였다. 여성고용의 급속한 증가로 스웨덴은 현재 세계 최고 수준의 고용률(남녀 모두 70% 전후)을 갖게 되었다. 여성을 포함하여 일할 수 있는 국민은 모두가 일할 수 있도록 지원과 인센티브를 제공하고, 근로소득에 비례하는 복지급여(특히, 연금과 실업급여)를 지급해 왔다. 개인의 생애에서 근로 가능 기간에 일을 하게 함으로써 더 많은 복지를 보장해 주는 것이다. 실업, 노령, 질병, 출산, 육아 등으로 근로가 가능하지 못한 시기에는 국가로부터 소득을 보장받는 것이다. 이러한 근로소득 연계 복지급여 시스템은 1998년 연금개혁으로 더욱 강화되었다.

1970년대 이후 스웨덴 복지국가는 2인 부양자 모델(dual-breadwinner)에 기반하여 노동력 활용을 극대화하였다. 급속한 경제성장으로 인한 노동력 부족을 해결하고 고세금으로 줄어든 가계수입을 늘릴 수 있는 효과도 가능하였다. 스웨덴도 1960년대까지 보육과 아동보호서비스가 크게 발전하지 않았다. 그러나 1960년대 이후부터 여성의 노동시장 참여가 늘어나면서 '보살핌 위기(care crisis)'가 발생하였고, 정부는 이러한 변화에 맞추어 여성의 경제활동을 지원하는 다양한 제도와 정책을 도입하였다. 조세와 복지수급 등에서도 여성에게 동등한 근로자의 권리를 보장해 왔다. 양질의 공공보육서비스는 관대한 아동수당 및 가족수당, 부모보험과 함께 복지국가를 여성친화적으로 만들었다. 여성친화적 복지국가는 노동시장 참여와 육아를 양립시키며, 동시에 사회적으로 요구되는 출산율을 유지시키는 데에도 중요한 영향을 주고 있다. 여성의 노동시장 참여율이 높아지면서 많은 분야에서 성평등이 더욱 확고해졌다.

노동시장제도의 유연성은 높은 수준으로, 실제로 고용보호 규제가 강하지 않다. 강력한 고용보호법에 따라 해고는 어렵지만 노동이동률이 상대적으로 높아 노동시장의 기능적 유연성이 크다. 직장보호보다 직장이동을 통한 고용보호가 스웨덴 노동시장정책의 핵심이기 때문이다. 적극적 노동시장정책은 실업자들에게 실업급여, 조기퇴직급여 등과 같은 '소극적 대책'을 제공하기보다 새로운 고용으로 순조롭고 빠르게 이동시키는 것을 목표로 한다. 이는 바로 '일하는 복지(workfare)'의 핵심으로 공공고용서비스를 통해 재훈련과 노동력 이동을 촉진해 왔다. 인적자본에 대한 투자 확대, 노동이동과 인력조정에 대한 제도적 지원은 노동시장의 기능적, 수량적 유연성을 보장하는 역할을 해왔다.

1991-93년 금융위기 이후 실업이 크게 증가하면서 적극적 노동시장정책의 유효성에 대해 논란이 있었으나 여전히 중요한 정부정책으로 자리 잡고 있다. 2006년 보수연합정부 집권 이후 근로자 및 사용자의 요구에 신속히 대응할 수 있는 새로운 고용서비스를 제공하고, 좀 더 유연한 고용정책을 도입하였다. 노동시장 개혁으로 실업수당의 엄격한 심사, 급여액 삭감, 장기실업자에 대한 취업활성화 프로그램 참여 의무 등이 이루어졌다. 또한 고용지원서비스의 민영화를 도입하여 수요자로 하여금 자신의 필요에 따라 고용서비스를 선택하도록 하

고 있다. 병가급여 및 산재급여도 축소하여 이들의 빠른 노동시장 복귀를 유도하고 있다.

스웨덴 노동시장제도는 높은 고용률, 높은 평등수준, 사회통합, 기업의 경쟁력을 달성하는 데 기여해 왔다. 노사(정) 간 협력과 조정, 산별 및 중앙단체협상제도 등 노사관계 시스템은 임금, 실업문제 등 성공적인 노동시장 구축에 기여해 왔다. 정규교육과 직업훈련 간 연계를 높이고 이론교육과 현장실습을 병행하는 직업교육체제를 통해 저숙련으로의 하향평준화가 나타나지 않도록 기술 및 숙련의 형성에 정부의 역할을 확대해 왔다. 이러한 정책과 제도는 스웨덴 노동시장의 경쟁력과 유연성을 증대시켜 스웨덴 복지모델의 경쟁력을 높여 왔다. 최근 들어 중요한 점은 혁신을 통해 고용-복지 선순환을 이루고 있다는 것이다. 고용과 복지 선순환에서 혁신이 매개 고리 역할을 하고, 혁신에 기반한 지속적인 성장이 안정적인 복지를 보장하고 있는 것이다. 적극적 노동시장정책과 임금정책, 보편적 복지가 상호 유기적으로 결합되어 있는 것이다(류기락 외, 2012).

3. 스웨덴 복지모델의 경제적 조건: 사회 자유주의 경제

1) 복지 자본주의의 효율성

실질적 민주주의 정치와 분배, 효율적인 자본주의 시장경제를 동시에 지향하는 복지 자본주의(welfare capitalism)는 스웨덴에서 가장 잘 실현되었다고 할 수 있다. 스웨덴 복지 자본주의는 '사회 자유주의 경제(social-liberal economy)'(Steinmo, 2010:40)를 기반으로 하고 있다. 복지 자본주의로 노사정 협력과 타협에 기반한 사회 코포라티즘 체제를 발전시켰고 이러한 코포라티즘 체제는 계급 간, 집단 간 형평과 효율적인 이익조정을 가능하게 하였다. 국가는 사회적 위험을 관리하고, 구조적인 불평등을 완화시키며, 삶의 기회와 고용을 확대하는 역할을 해왔다. 또한 시장경제를 발전시켜 경제성장과 완전고용으로 높은 수준의 조세 기반을 가능하게 만들었다.

사회민주당은 초기부터 경제성장과 경제강국을 목표로 하였다. 1932년 집권 후에도 생산수단 소유 문제에 대한 실용적인 관점을 바탕으로 기업이 얼마나 효율적으로 운영되는가에 더 큰 관심을 가졌다. 그 결과 사적 소유를 선호하면서 민간기업을 위한 신용정책과 조세제도로 급속한 산업발전을 추구하였다(Bohlin, 1999:160).

19세기 후반 이후 급속한 산업화와 경제발전이 이루어지는 과정에서 개방과 자유무역, 자본주의 시스템이 중요한 역할을 했다. 그 결과 경제와 산업의 경쟁력을 키우면서 복지국가를 발전시킬 수 있는 경제적 기반을 갖출 수 있게 되었다. 사회민주주의자들은 1920년대에 국유화 등 사회주의 교리를 포기하고 자본주의체제 내에서 복지국가 건설을 추진하였다. 자본가들은 사적 소유권을 보장받아 생산부문을 장악한 반면, 국가는 생산결과물의 공정한 분배 임무를 맡게 되었다. 다만, 소유권을 마음대로 사용하지 못하도록 소유권의 일부 기능을 사회화하였다(Meidner, 1993).

스웨덴은 복지국가 초기부터 산업의 경쟁력과 생산성을 높이기 위해 시장규율에 따른 구조조정을 중시했다. 유럽대륙의 전후 복구로 스웨덴은 수출산업 중심으로 호황을 맞게 되었으나 노동력 부족과 인플레이션 위험에 직면하였다. 이에 완전고용과 물가안정을 동시에 달성하기 위한 정책적 노력의 결과 렌-마이드너(Rehn-Meidner) 정책이 도입되었다. 이는 동일노동/동일임금의 연대임금정책으로 산업구조조정을 추진하는 것이다.[7] 산업 평균의 임금을 지급해야 했기 때문에 저임금에 의존한 생산성이 낮은 기업은 구조조정 대상이 되었다.

1950년대 중반부터 본격화된 연대임금정책은 노동시장에 대한 정부의 적극적인 지원을 필요로 하였다. 산업합리화로 퇴출된 기업의 근로자에게 직업 재교육을 통해 새로운 산업 및 지역에 노동이동을 촉진해야 했기 때문이다.

고용지원정책, 교육 및 훈련, 일자리 창출정책 등 '적극적 수단'에 초점을 맞추어 사양산업에서 성장산업으로 노동이동을 촉진함으로써 직장이동을 통한 고용보장을 목표로 하였다. 그 결과 기업과 산업의 경쟁력이 강화되었고 시장의 효율성이 높아졌다. 높은 경제성장은 고임금과 고고용, 복지 확대에 필요한 재원을 만들어주었다. 이러한 상황에서 민간기업과 시장에 대한 사회민주주의자들의 신뢰가 높아졌고, 그 결과 노동운동은 탈급진화되고 사민당은 사회적 평등을 위한 복지국가 발전에 매진하게 되었다.

복지국가의 전성기인 1970년대와 1980년대에 대외적 경제환경의 변화가 나타났고 수출에 기반한 스웨덴 경제는 직접적인 영향을 받게 되었다. 이에 더해 1970년대의 정치사회적 갈등, 제도적 비효율은 복지국가의 경제적 조건을 크게 약화시켰다. 이 시기의 문제점에 대해 린드벡은 지나친 개입과 규제로 인한 시장의 왜곡, 비대한 공공부문을 지적했지만, 이보다 더 큰 문제는 스웨덴 모델의 이해관계 조정제도가 크게 약화된 데 있다(Lindbeck, 2009; Meidner, 1993) 특히, 연대임금제도가 평등임금화로 변질되면서 1970년대 이후 급격한 임금상승이 이루어졌다. 이는 렌-마이드너 모델에 내포된 산업과 노동 성격에 따른 임금격차를 도외시하여 연대임금정책의 후퇴를 가져왔다(Meidner, 1993). 공공부문의 저생산성과 지출확대라는 '보몰의 비용병리' 현상도 나타났다. 그 결과 높은 인플레이션이 발생했고, 1980년

---

7) 생산직 노조 총연맹인 LO 소속 경제학자인 고스타 렌과 루돌프 마이드너가 고안한 정책이다.

대 중반의 급격한 자본시장 탈규제로 인한 신용버블이 결합되면서 1990년대 초 심각한 금융위기가 발생하였다.[8)]

1970년대 이후 1990년대 초까지 산업경쟁력이 지속적으로 낮아졌고 생산시장에 대한 광범위한 규제는 스웨덴 산업의 경쟁력과 고용창출을 약화시켜 성장률을 크게 낮추었다. 이에 경제위기를 극복하기 위한 광범위한 개혁이 추진되었다. 개혁의 성과로 1990년대 중반 이후 경제성장률이 EU 평균보다 높아졌다. 매킨지 보고서에 따르면, 1990년대 초 경제위기 이후 스웨덴의 경제회복은 주로 민간부문의 높은 생산성 증가로 가능했다. 생산시장의 탈규제 또는 재규제(re-regulation)로 경쟁을 촉진한 결과 민간부문 전반의 생산성을 크게 높일 수 있었다는 것이다. 특히 2000년대 중반, 노동력의 약 70%를 고용하고 있는 민간부문의 생산성이 1992-2004년 사이 연평균 3.3%에 이르러 OECD 평균의 1.5배로 OECD 국가에서 4위를 차지했다 (McKinsey, 2006). 중요한 것은 자동차 등 수출산업뿐 아니라 유통, 소매금융, 식품가공 등 내수산업의 생산성도 높아졌다는 점이다.

또한 1994년 EU 가입을 계기로 확대된 시장개방과 규제완화가 경쟁과 혁신을 촉진하여 스웨덴 기업의 경쟁력을 높이는 데 기여했다. 정부, 기업, 노조가 협력하여 민간부문의 경쟁을 저해하는 요소를 줄이고 공공부문의 생산성을 제고하여 일자리를 창출해 오고 있다. 그 결과 전반적인 생산성이 높아지면서 2000년대 들어 경제회복에 성공

---

8) 1985년 11월의 자본시장 자유화 정책은 '11월의 혁명'이라고 불릴 정도로 충격적인 것이었다. 신자유주의 경제노선을 수용하고 노사 및 노노 간 임금조정으로 인플레이션을 억제한 렌-마이드너 정책을 포기한 것이기 때문이다. 사회민주당은 제3의 길을 표방하였고 LO와의 갈등이 표출되었다. 또한 중앙임금협상에 대한 사용자 측의 불만은 1983년 금속산업 노사의 중앙임금협상 탈퇴로 이어졌다. 그 결과 스웨덴의 전통적 코포라티즘의 노사정 타협 모델은 많이 약화되었다. 노사(정) 협력은 1990년대 후반부터 활성화되기 시작하였다.

하였다. 경쟁력 있는 산업, 거시경제적 안정, 노사정 간 협력관계가 개혁을 실행하는 데 긍정적으로 작용했다. 노사 간, 노사정 간 협력과 상호 이해는 개혁의 필요성에 공감하고 생산성을 높이는 데 중요한 역할을 하였다. 1990년대 이후 노사협력에 기반한 '관리된 유연성 (managed flexibility)'으로 노동시장과 노사관계의 유연성은 더욱 높아졌다. 파견노동 등 간접고용에 대한 사회적 규제는 파견업체와 사용업체의 공정한 책임분담에 기반하여 파견 근로자의 임금과 고용안정을 보장하고 있다(조돈문, 2013).

2) 스웨덴식 시장주의

스웨덴은 경제성장과 생산성 향상, 기업의 경쟁력을 위해 시장중심적 전략과 국가개입 전략을 결합해 왔다. 생산부문은 기본적으로 민간이 담당해 왔기 때문에 공기업 비중은 매우 낮다. 반면 공공투자를 촉진하고 산업정책, 노동정책, 임금정책, 복지정책 등을 통해 국가가 경제성장과 경제적 효율성을 높이는 역할을 적극적으로 하였다(Boix, 1998). 이러한 정책들의 조합과 연계는 피드백 효과를 가져와 스웨덴 복지국가의 발전에 기여해 왔다. 경제제도와 분배제도가 효율적으로 맞물려 생산과 분배가 동시에 이루어지면서 스웨덴 복지 자본주의의 발전을 가져온 것이다(안재흥, 2013a).

스웨덴 모델의 특징은 수요중심의 케인지언 정책보다 공급중심 경제정책을 중시해 왔다는 점이다. 인적자본과 물적자본의 생산요소를 제공하는 데 있어서 국가의 역할을 강조하고, 공공투자와 공공부문의 생산성과 효과성을 중시해 왔다. 인적자본 형성과 사회 인프라를 위한 공공투자 확대 및 고세율 정책은 개입주의적 경제전략의 공급 측면 정책수단이기도 하다(Boix, 1998). 또한 노사(정) 협력으로 고용과 생산성을 제고하고, 임금조정을 통해 인플레이션을 억제함으로써 고부담·고복지 체제를 유지해 올 수 있었다(Ryner, 2002). 이는 포괄적, 보편적 고복지 국가일수록 수요 측면은 물론 공급 측면을 중시해야 하는 이유이다.9)

스웨덴은 민간기업의 역량과 공공투자 수단을 결합하여 경제성장과 경쟁력, 고용창출의 성과를 달성해 왔다. 산업정책, 임금정책, 노동시장정책, 인적자본정책 등이 서로 유기적이고 효율적으로 작동될 경우 이러한 성과를 이룰 수 있지만, 그렇지 못할 경우 경직성과 비효율로 인해 생산성과 질적 성장을 달성하기 어려워진다. 공공투자와 같은 개입주의 전략은 자원의 효율성을 최대화하는 것이 경제의 생산성을 높이는 길이다. 경제성장과 자본축적이 복지국가의 구조적 조건인 이상, 어떻게 생산성과 자본축적을 증대할 것인가는 중요한 문제가 되며, 따라서 경제체제가 복지체제를 지탱할 수 있는지, 어떻게 지탱하고 상호 연계될 수 있도록 재구축할 것인지에 초점을 맞추어야 한다.

경제체제의 재구축은 선택적 또는 차별적 경제정책을 통해 경제의 성장과 효율성을 높이는 전략이 요구된다. 시장 내에서 이뤄지는 기본적 분배 메커니즘, 즉 고용과 임금 규제정책이 효율적으로 작동되는 복지국가가 지속가능한 고복지국가를 만들 수 있기 때문이다. 이러한 규제정책은 직업훈련 및 고용에서 적극적 노동시장정책을 통해 노동시장의 유연성을 가능하게 하며 이는 차별적 산업정책과 연계되어 산업 구조조정, 산업 합리화, 자본 효율성을 촉진하게 되는 것이다. 자본 생산성을 제고하는 성장(시장)친화적이고 분배친화적인 경제전

---

9) 개입주의적 경제전략과 달리, 시장중심 경제전략은 공적 투자 최소화, 공기업 민영화, 민간투자와 민간소비를 위한 낮은 세율을 정책수단으로 하며 이는 시장중심 경제전략의 공급 측면 정책수단이기도 하다. 경제적 성과에서 중요한 것은 어느 수단이든 그 수단을 얼마나 생산적이고 효율적으로 실행해 경제성장과 경쟁력, 고용창출을 보장하느냐이다(김인춘, 2012).

략과 정책의 조합(combination)과 조정이 더 평등하고 보편적인 복지 국가의 발전에 필수적인 것이다(Thelen, 2012).

선별적 규제정책과 보편적 재분배정책으로 전면적 시장개입이 초래할 수 있는 왜곡 문제와 비효율의 문제를 극복하면서 성장과 분배를 가능하게 했다(Meidner, 1993; Pontusson, 1991; 홍기빈, 2011; Delsen and van Veen, 1990). 복지체제에서도 선별성을 도입했는데 일찍부터 고용 및 임금에 따라 연금, 실업급여 등 사회급여 권리에 차이가 나도록 만들었다(Marklund and Svallfors, 1987). 주목할 것은 스웨덴의 조직노동이 선별적 산업정책에 참여해 유연성을 위한 선별적 고용정책과 보편적 연대임금정책에 기여해 왔다는 점이다. 연대임금제도를 통해 경쟁력이 낮은 기업은 구조조정되도록 하고, 경쟁력 있는 기업으로 하여금 더 많은 투자를 유도해 성장을 제고한 것이 스웨덴의 선별적 경제정책이었다.10) 동일노동 동일임금, 시장규율에 기반한 자본집중으로 생산성을 높이는 방식, 즉 스웨덴식 시장주의가 그것이다(홍기빈, 2011; 김인춘, 2007; 켄지·요시히로, 2011). 민간부문의 구조개혁과 혁신으로 산업경쟁력을 높여 온 결과 생산성에 기반한 질적 성장이 가능하여 보편적 복지국가의 경제적 조건을 충족시키는 데 중요한 역할을 하였다.

또한 재분배정책이 경제정책 또는 규제정책과 연계됨으로써 분배효과를 극대화하고 비효율과 도덕적 해이 등을 최소화하는 역할을 하였다(홍기빈, 2011:254). 아동수당이나 보편적 공공사회서비스는 빈곤을 예방하고 가처분소득을 늘리는 규제정책과 재분배정책의 효과를 모두 가지고 있다. 공교육, 적극적 노동시장정책, 가족정책, 아동정책과 같이 생산적 성격의 사회정책이 많을수록 생산과 분배의 효과가 크고

---

10) 렌-마이드너 모델로 불리는 이러한 선별적 성장정책방안은 독점자본화의 경향을 초래하여 임노동자기금 논란의 계기가 되었다(신정완, 2012).

보편적 복지국가가 지속 가능할 수 있는 것이다.

분배를 위한 규제정책이란 불평등을 초래하는 근본과정, 즉 시장과
정에 대한 규제를 통해 분배효과를 제고할 수 있는 경제정책을 말한
다. 생산의 문제를 왜곡하지 않고 비효율을 최소화하면서 평등을 제
고하는 것이 분배를 위한 규제정책의 목표가 된다. 분배정책의 목표
는 최소 기준의 소득보장에서 나아가 불평등 구조를 개혁해 사회적
배제를 최소화하고 개인의 독립성과 책임성을 높이는 것이다. 이러한
규제정책이 중요한 것은 복지정책보다 더 큰 효과를 가질 수 있기 때
문으로, 소득정책과 고용정책이 대표적이라 할 수 있다. 소득정책은
저임금과 근로빈곤층의 문제를 예방해 세전소득과 이전소득의 분배에
영향을 줄 수 있고, 고용정책은 실업을 최소화하고 양질의 일자리를
갖게 만들어 소득을 보장할 수 있기 때문이다. 노동시장에 대한 규제
정책으로 소득불평등과 양극화를 확대재생산하는 노동시장구조를 변
화시켜 분배뿐 아니라 노동시장의 안정과 효율성을 높이는 효과를 가
져와야 하는 것이다.

복지국가가 소득분배뿐 아니라 효율성을 높이고 비효율을 줄이는
방식의 시장규제에까지 영향을 주게 될수록 더욱 평등한 보편적 복지
국가가 가능할 수 있다. 보편적 고복지국가의 지속 가능성은 생산성
과 투자, 경제성장과 직결되며, 경제적 성공이 복지와 사회통합이라는
사회적 목표를 실현해 줄 수 있는 중요한 필요조건이 되기 때문이다.
다양한 공공투자, 교육투자, 적극적 노동시장정책 등 생산성과 경제성
장을 위한 공급중시정책들이 분배정책과 연계되고 조합됨으로써 복지
자본주의의 발전에 기여할 수 있는 것이다.

전후 스웨덴의 경제전략은 민간의 역할과 시장경쟁을 중시하면서
동시에 자본에 대한 시장규율과 사회적 통제를 유지해 왔다. 국유화
는 다른 서유럽 국가들에 비해 비교적 제한적이었지만 높은 조세로

공적 자본 형성과 공공투자의 수준은 높았다(Boix, 1998:54, 55). 산업합리화, 연대임금정책, 적극적 노동시장정책 등 선별적 경제정책으로 시장의 효율성과 생산성을 제고해 온 결과 세계화로 인한 경제적 조건의 변화에도 고복지국가를 지속할 수 있었다. 노사협력과 사회적 타협에 기반한 혁신적 산업정책과 소득정책을 생산적 사회정책과 연계, 발전시켜 1970년대까지 비교적 성공적인 복지모델을 구축할 수 있었다.

4. 1990년대 이후 개혁과 효율성: 복지 자본주의의 혁신

스웨덴의 고세금-고복지 모델은 복지국가 발전의 전성기인 1960년대와 1970년대에 구축되었다. 그러나 1970년대 들어 국내적으로 노사 갈등과 계급타협체제의 위기, 대외적으로 오일쇼크와 세계경제의 침체에 직면하여 재정적자와 실업, 공공부문의 위기 문제가 대두되었다. 스웨덴 경제의 높은 대외 의존도는 복지국가 또한 외부의 충격에 쉽게 영향을 받는다는 점을 보여주었다. 경제성장과 완전고용에 기반한 조세운용과 사회보장기금의 확보라는 스웨덴 복지모델이 1970년대 중후반의 경제침체와 고실업으로 지출이 크게 늘면서 심각한 재정적자를 초래하기도 하였다. 1990년대 초의 경제위기로 금융권에 대한 공적 자금(GDP 대비 4%) 투입과 실업급증에 따른 비용으로 재정적자가 크게 늘었다. 더구나 1991년 조세개혁으로 재정수입이 크게 감소하고 경기침체로 재정지출은 크게 증가하여 재정적자가 심각하였다.

1990년대 초반은 사회복지제도뿐 아니라 조세제도의 개혁이 동시에 이루어지면서 스웨덴 복지국가가 근본적으로 변화한 시기였다.[11] 1991년 보수정부는 1980년대 후반부터 논의해 온 조세개혁을 여야

합의로 이루었다. 조세개혁으로 근로소득세 최고세율은 80%에서 50% 수준으로 낮아져 누진세 개념이 약화되었고, 자본소득세율은 30% 단일세율로 되었다. 반면, 여러 가지의 소득 및 세액 공제가 폐지되었다. 1993년 이후 거시경제는 수출 증가로 회복되기 시작하였고 뒤따라 내수가 회복되면서 안정되기 시작하였다. 간접세 등 세금 인상과 공공지출을 줄이는 긴축정책으로 공공부문 적자가 크게 줄었다. 생산성 증가도 빠르게 나타났다.

1990년대 초중반 이후 복지지출 축소와 연금개혁, 재정개혁을 과감하게 추진한 결과 재정적자 개선, 국가채무 축소에 성공하고 노동생산성도 크게 증가하였다. 복지급여의 소득대체율 삭감, 복지급여 자격 강화 등 재정효율성을 높이기 위한 대대적인 복지개혁이 이루어졌다. 1994년 재집권한 사회민주당 정부는 1995-98년 기간 중 재정지출 감축 등을 통해 1998년까지 재정균형을 달성하겠다는 목표로 재정건전화 프로그램을 추진하게 되었다. 이를 위해 1991년 51%까지 감소되었던 소득세의 총 한계세율을 다시 60%까지 증가시키기도 하였다(정세은, 2011). 지출 상한선의 법적 설정 등의 재정개혁으로 1990년대 말부터 재정건전성을 유지할 수 있게 되었다. 가장 중요한 복지개혁은 연금이었는데 자유주의적 연금개혁이 이루어졌다(주은선, 2005). 1998년 연금액을 줄이고 완전한 소득비례 연금으로 개혁하여 더 많이 일하는 사람에게 더 많은 연금을 주는 방식으로 바뀐 것이다.

1991-93년 금융위기 이후, 그리고 1994년 EU 가입에 따른 제도 변화로 스웨덴 복지제도는 많은 개혁과 변화가 있었다. 기본적인 복지제도의 틀은 유지되고 있으나 전반적으로 혜택이 줄었으며 사회적 격

---

11) 린드벡은 '세 개의 스웨덴 모델(Three Swedish Models)'을 구분하면서, 1990
   년대 이후의 부분적 자유화 모델을 1870-1970년의 시장지향적 모델, 1970-90
   년의 개입주의적 모델과 구분하고 있다(Lindbeck, 2009).

차가 이전에 비해 커져 왔다. 2006년 이후 현재까지 우파정부가 집권하면서 복지제도의 틀은 유지하면서 효율성을 위한 민영화가 진행되어 왔다.[12] 1990년대 초 금융위기를 계기로 거시경제 전략은 완전고용보다 물가안정을 중시하는 통화주의 패러다임을 수용하였다. 이는 경제적으로 세계화와 유럽통합에 적응하기 위한 전략으로, 특히 EU의 국가채무, 재정적자, 물가 가이드라인에 충실하였다. 대외 개방과 수출산업 중심의 경제체제의 경쟁력을 유지하기 위해 세계경제환경에 맞는 구조조정과 복지개혁이 실행된 것이다.

물론, 1980년대 이후 스웨덴 모델에 대해 다른 평가도 가능하다. 1980년대 사회민주당의 신자유주의적 '제3의 길' 노선이 기존의 스웨덴 모델을 변형시키면서 1970년대 전성기의 스웨덴 모델은 더 이상 존재하지 않게 되었다는 것이 대표적이다. 복지국가로 대표되는 고전적 개혁주의(classical reformism)와 계급협력을 위한 경제적 기반, 즉 물적 토대가 구조적으로 약화되면서 신자유주의적 민영화와 탈규제, 시장중시개혁으로 성장을 위한 시스템 전환을 추진했기 때문이다. 대외적으로 세계화와 국제경쟁 심화, 글로벌 신자유주의체제, 1989-1991년 공산주의체제 몰락은 시스템 전환을 촉발하였다.

'새로운 스웨덴 모델(New Swedish Model)'로의 시스템 전환과 급격한 탈규제로 1991-93년 금융위기를 겪었다.[13] 위기 이후 대대적인 개혁은 신자유주의가 잘 작동하는 '자본주의 성공 스토리'로 비판받

---

12) 현 중도우파정부는 최근 2014년에 있을 총선을 의식하여 복지서비스기관의 매각을 중단하고 있다.

13) 1980년대 금융 탈규제는 내부 자본시장을 만들고 급속한 신용 붐으로 투기와 부동산 버블을 만들었다. 부동산 버블 붕괴 후 1991-93년 대규모 자본유출, 대출손실, 은행파산이 이어졌다. 정부는 GDP의 4%를 은행 국유화에 지출하여 1993-94년 재정적자는 GDP의 10%(1990-91년 흑자), 공공채무는 GDP의 43%(1990년)에서 78%(1994년)로 증가하였다.

기도 하였다(Olsson, 2009). 그러나 스웨덴 복지국가는 항상 성공적인 자본주의를 필요로 하였고, 자본주의적 성공을 위해 환경변화에 적극적으로 대응하고 지속적인 개혁을 추진해 왔다. 1990-91년 조세개혁, 복지 및 노동 개혁, 1994년 EU 가입, 1998년 연금개혁 등 근본적인 개혁들이 추진되었다.14) 1994-2006년 집권한 사회민주당 정부는 시장중시개혁과 EU의 신자유주의 아젠다를 성공적으로 실행하였다.15) 고실업을 용인하고 긴축정책을 강조하는 '통화주의적 사민주의' 노선을 유지한 것이다(신정완, 2009). 복지축소와 실업증가로 불평등이 심화되고 노동 몫이 줄었다(Bengtsson, 2012). 19세기 후반부터 지속되어온 민간주도 경제는 1990년대 이후의 개혁으로 민간부문의 역할은 더욱 커졌다. 일부 철도, 지하철, 학교 등의 민영화로 공공서비스 전달에서도 민간기업의 참여를 허용하고 있다. 민간 공급자와 공공 공급자 간의 경쟁을 유도하고 소비자의 선택권을 강화하였다.

1990년대의 개혁으로 복지 자본주의의 효율성이 크게 높아졌다. 1990년대 이후 사회서비스의 비효율, 세금 및 복지급여로 인한 개인적 선택의 왜곡, 도덕적 해이 등의 문제가 크게 개선되면서 경제 효율성에 미치는 분배정책의 부정적 영향도 크게 완화되었다. 특히, 공공부문의 효율성이 높아지고 세제개혁으로 세금 왜곡을 줄였으며 사회보험의 임금대체율을 낮춤으로써 복지급여문제도 완화되었다. 이러한 개혁과 효율성 제고는 스웨덴 복지모델의 경쟁력과 안정성을 높이는

---

14) 누진적 성격의 직접세를 줄이고 간접세를 높인 1990-91년 조세개혁은 평등사회의 이상으로부터 후퇴를 의미했고, 연금개혁으로 연금저축 민영화가 도입되고 연금수급액이 낮아졌다. 1992년 교육개혁으로 민간이 운영하는 자유학교를 도입하였다. 그러나 자유학교는 여전히 공공재정으로 운영되며 정부규제를 받고 있다.

15) 1996년 전력 부문 탈규제로 전력 배급에 민간경쟁을 도입하고, 통신, 우편, 교통 부문에서도 탈규제가 이루어졌다. 은행 민영화도 이루어졌다.

데 기여하였다(Peterson, 2012). 중요한 것은 개혁이 항상 시장화나 탈규제를 의미하는 것은 아니라는 점이다. 개혁에 성공한 나라들은 공정한 책임과 부담, 규제와 재규제, 사회적 합의를 통해 경제적 효율과 사회적 효용을 높여 왔다. 2006년 말 이후 현재까지 집권하고 있는 우파정부는16) 국민 대다수가 지지하는 사회적 합의, 평등, 복지국가라는 스웨덴 모델의 근간을 존중하면서 개혁을 통해 효율성을 크게 높여 왔다. 또한 복지급여를 축소하여 일하는 사람에게 더 많은 인센티브를 주고, 저소득층 감세와 실업자들에게 교육, 훈련을 제공하여 능력과 인센티브를 제고시켜 왔다. 2008년 세계금융위기 이후 복지는 물론 높은 경제적 성과를 달성함에 따라 스웨덴 복지 자본주의 모델은 좌우파를 막론하고 많은 국가들로부터 큰 주목을 받고 있다.17)

최근 스웨덴 복지국가가 직면한 어려운 문제는 이주민의 복지와 사회통합이다. 2013년 5월 말 스웨덴은 스톡홀름 외곽 저소득 계층 이주민 밀집지역에서 발생한 청년 이주민의 폭동으로 큰 충격과 혼란을 겪었다. 이들 이주민은 실업과 빈곤으로 사회통합에 어려움을 겪고 있다. 스웨덴 복지모델이 이들을 포용해야 하지만 이주민의 고용부진과 반이민 정서가 장애가 되고 있다. 더 큰 문제는 이주민이 많다는 사실과 이주민을 줄이기 어렵다는 점이다. 2009년 12월 기준 외국 출생자 및 양부모가 외국 출생자인 스웨덴 출생자의 비율은 전체 인구에서 18.6%를 차지하고 있을 만큼 이주민이 많다(신정완, 2013).

---

16) 2006년 9월 총선 당시 중도우파연합은 친노동적 입장을 견지하면서 스웨덴 모델을 업그레이드하고 복지정책을 더욱 내실 있게 발전시키겠다고 공약한 바 있다.

17) 2010년 9월 우파정부가 재집권에 성공한 요인은 기존의 복지모델을 유지하면서 경제성장과 실업감소, 건전재정, 국가경쟁력 제고 등에 성공했기 때문이다. 우파정부는 고세금, 고복지에도 강한 경제를 달성하여 '스웨덴 = 가장 성공적인 사회'라는 평가를 지속시키고 있다. 최근의 성과에 대해서는 OECD(2012) 참고.

2010년 총선에서 반이민 국수주의 정당인 스웨덴 민주당의 원내 진입 (5.7% 득표)으로 이주민 문제는 정치적으로나 사회적으로 매우 민감한 사안이 되었다. 이주민 가구의 공공부조 수급비율은 50%에 이르고 있으며, 이러한 상황이 정치적으로 우파에 유리하게 작용하고 있다. 현재 스웨덴의 실업률은 이주민의 노동시장 통합 부진에서 크게 비롯되고 있다. 이주민의 실업률은 전체 실업률의 두 배에 이르고, 특히 이주민 청년 실업률은 20%가 넘어 사회적으로 소외되고 있는 이들의 문제는 스웨덴 복지모델이 해결해야 할 심각한 문제로 부상하고 있다.

5. 스웨덴 복지모델의 경쟁력: 보편성과 효율성의 결합

고조세와 고복지, 큰 공공부문은 비효율과 재정적자 문제를 가져올 가능성이 크다. 1970년대부터 등장한 복지국가의 위기는 이러한 공공부문의 위기에 다름 아니었다. 스웨덴의 조세와 공공지출은 1970년대 들어 급격히 증가하였다. 1960년 스웨덴의 세금부담률은 GDP 대비 28.7%로 영국(27.33%)과 비슷하거나 독일(33.9%)보다 낮았다. 1970년대부터 조세가 급격히 증대되어 1977년 스웨덴의 조세부담률은 53.3%로 영국(36.6%), 독일(38.2%)에 비해 크게 높아졌다. 스웨덴은 1970년 세계 4위의 1인당 국민소득을 기록할 정도로 고성장을 이루어 왔으며 이러한 고성장이 지속될 것으로 예상하여 복지지출을 급격히 늘려 왔다. 지속적인 경제성장을 달성하고 사회보장제도를 유지하기 위해 공공부문의 효율성을 높이는 것이 중요했다. 1980년대 들어 총 공공지출이 GDP의 60%가 넘어 사상 최대 수준이 되었다. 막대한 공공부문은 1960년의 30%에 비교하면 1960년대와 1970년대에 얼마나 급격히 조세와 복지가 늘어났는지 알 수 있다. 고조세와 고복지가 경제적으로는 물론, 정치적으로도 쟁점이 되면서 개혁에 대한 공감대가 형성되었다. 누진적 소득세와 연금 문제가 특히 그러했다.

1990년대의 개혁으로 공공부문의 건전성과 효율성이 유지되면서 높은 수준의 소득보장제도와 공공사회서비스에도 재정적자와 국가채무는 선진국 중 가장 낮은 수준에서 관리되고 있다. 공공사회서비스에 대한 신뢰가 높고 공공부문의 생산성 저하 문제를 별로 겪지 않고 있다. 이러한 스웨덴의 공공부문 효율성은 '서비스 경제의 트릴레마(the Trilemma of the Service Economy)'를 극복하고 있다. 서비스 경제의 트릴레마 주장에 따르면 후기산업사회에서 (공공)서비스 부문의 생산성 저하와 노동시장의 이중구조로 인해 평등과 고용 중 하나를 포기해야 한다는 것이다(Iversen and Wren, 1998). 이 주장은 '보몰의 비용병리' 이론과 같은 논리로 상품생산 부문과 서비스 부문의 심화되는 생산성 격차를 전제하고 있다.[18] 스웨덴도 1970년대에 이러한 현상이 나타났지만 지속적이고 과감한 공공부문 개혁으로 비효율의 문제를 해결해 왔다.

한편, 1990년대의 복지개혁으로 복지 분권화가 강화되었다. 사회보험은 거의 중앙정부기구가 담당하고 있지만 공공사회서비스 제공은 지자체가 담당하고 있다. 스웨덴 광역 및 기초 지자체협의회(SKL, http://english.skl.se/)에 의하면, 광역지자체 및 기초지자체의 예산 지출의 80% 이상이 이러한 공공사회서비스에 사용되고 있다. 광역지자체는 의료복지를, 기초지자체는 교육, 보육, 노인, 가정 복지를 주로

---

18) 경제학자 보몰(William J. Baumol)에 의하면 어떤 한 분야의 노동생산성이나 효율성이 높아지면 임금도 동반 상승하게 되는데, 그에 따라 다른 분야 역시 임금상승 압박을 받게 된다는 것이다. 공공부문은 민간보다 생산성이 낮지만 임금은 대체로 민간을 따라가게 되며, 민간보다 생산성은 낮은데 임금이 비슷하게 올라가면 결국 공공서비스 비용은 올라갈 수밖에 없고 지출은 늘어나게 된다는 것이다.

담당하고 있다. 2011년 광역지자체의 사업별 비용을 보면 약 90%가 의료(기초 및 전문의 진료, 정신과, 치과, 일반보건 및 복지, 외래 의약품 등)에 지출되었고, 교통 및 사회기반시설(약 9%)에 투자가 이루어진 것으로 나타난다. 기초지자체의 사업별 비용을 보면 초중고 교육 관련 지출이 28%, 아동복지 14%, 노인복지 19%, 장애인복지 11%, 사회부조 및 개인·가족복지 7% 등으로 나타나고 있다(김인춘, 2013b).

광역 및 기초 지자체에 고용된 인구는 스웨덴 전체 임금생활자의 25%에 해당된다고 한다. 이들 중 80%는 여성으로, 스웨덴 여성 고용 구조의 성격을 보여준다. 서비스 경제의 트릴레마 주장은 바로 이러한 공공부문의 고용이 정부의 재정균형 목표로 인해 더 이상 확대하기 어렵다는 점 때문에 고용이나 평등을 포기해야 한다는 것이다. 사실 스웨덴은 공공부문의 고용을 줄였으며, 전체적으로 1991년 이전의 고용수준을 회복하지 못하고 있다. 그러나 중요한 것은 공공사회서비스 부문이 제조업 부문의 비용을 낮추고 생산성에 기여하는 바가 크다는 점이다. 비용으로만 측정되는 생산성은 서비스의 질이나 성과 향상 등 서비스 생산성 자체를 측정하기가 쉽지 않다. 교육, 의료, 보육 등 사회서비스의 질이 높아지면 생산성이 높아질 수 있고, 그만큼 임금수준도 높아질 수 있다. 생산성 제고를 위해 스웨덴은 작업방식을 바꾸거나 제한적 민영화를 통해 사회서비스의 다양화를 추진해 왔다(Blomqvist, 2004).

스웨덴의 민영화된 사회서비스기관의 운용은 주체만 민간일 뿐 비용은 국가재정으로 충당된다. 따라서 복지서비스 수요 증가에 어떻게 대응할 것인가에는 두 가지의 해결책이 있을 수 있다. 공공복지는 적정수준에서 최소화하면서 사적 복지서비스 공급을 늘려 민간소비, 민간지출을 하게 만드는 것이다. 이럴 경우 양질의 사회서비스를 모든 시민들에게 거의 무료로 균등하게 제공한다는 스웨덴 복지모델은 위기에 처하게 될 수 있을 것이다. 이념적, 계급적 입장에 따라 다르게 나타나지만, 다수의 스웨덴 사람들은 이러한 상황을 원치 않기 때문에 스웨덴은 복지개혁에도 사회서비스의 축소나 민영화가 크게 나타나지 않고 있다(Bergh and Erlingsson, 2008; Svallfors, 2011).

공공사회서비스 부문의 혁신과 생산성 향상에 노조도 참여하고 있다. 개혁과 혁신이 없으면 공공사회서비스의 생산성은 계속 낮아지고 비용은 지속적으로 늘어날 것이기 때문이다. 더구나 공공부문의 기관들은 낮은 경쟁 수준에서 운영되기 때문에 혁신에 대한 압력도 작다. 그렇지만 복지서비스의 공급을 민간부문으로 확대하는 것이 꼭 좋은 것도 아니다. 여전히 규제는 필요하며, 특히 독점 또는 준독점적 서비스 공급에 대한 규제와 서비스 공급의 효율성과 형평성 균형을 어떻게 맞출지가 중요하다. 많은 유권자들이 공공사회서비스를 선호하고 있기 때문에 재정지출의 효율성을 제고하는 것이 중요하다. 따라서 스웨덴 복지모델은 구조적 요인보다 정치적 상황에 더 좌우되고 있는 것으로 보인다(Mahon, 2007).

스웨덴은 여전히 고용과 복지를 공공정책의 최우선에 두고 있다. 따라서 단순히 지출을 줄이기보다 정부서비스의 효율성과 생산성을 위해 공공부문 혁신을 중시하고 있다. 혁신을 가져올 수 있는 인센티브 방안들을 모색해 정부의 혁신이 다른 분야의 혁신으로 확산되도록 하는 것이다. 과거에 비해 실업률이 높은 상황에서 고용정책은 어느 정책보다 중요하다. 노동과 자본 간의 타협과 상호 존중에 기반하여 노사관계가 협력적으로 유지되고 있고, 노동시장의 유연성 정도가 높아 경기침체나 기업의 상황에 따라 집단적 해고가 가능하다.[19] 이들

---

19) 1970년대 중반 세계적인 경기침체로 실업이 늘어나자 대량실업을 막기 위해 고용보호법이 강화되었지만 기본적으로 '규제된 유연성(regulated flexibility)'

실직자들은 실업수당을 받으며 재교육 및 직업훈련을 통해 재고용된다. 이러한 스웨덴의 노동시장 활성화(activation) 정책은 사회급여를 최소화하고 저임금 고용을 늘려 소득불평등을 심화시키는 탈규제적 활성화 정책과 질적으로 구별된다. 이러한 적극적 노동시장정책은 양질의 노동력 공급을 원활하게 하며, 특히 개방경제체제에서 노동의 유연성을 높이는 기능을 해오고 있다.

스웨덴 복지국가가 효율적이라는 것은 복지와 재분배는 물론 성장과 산업경쟁력에 기여하기 때문이다. 여전히 세계 최고 수준의 공공지출과 조세부담으로 큰 복지국가를 운영하고 있기 때문에 복지의 효율성과 보편성을 달성하는 것이 핵심이다. 노령화와 이주민 증가로 향후 공공부문의 생산성 저하가 예상됨에 따라 공공사회서비스의 축소가 불가피하다는 전망도 나오고 있다. 스웨덴 복지모델의 경쟁력이 얼마나, 언제까지 이어질지 지켜보아야 할 것이다.

6. 결론

스웨덴 복지모델은 1970년대의 자본의 축적 체제 위기와 복지국가의 재정위기, 1980년대의 신자유주의적 세계화와 전통적 스웨덴 모델의 후퇴, 1990년대 초의 스웨덴 금융위기와 EU 가입, 가족구조의 변화와 고령화 등 많은 도전을 극복해 왔다. 이 과정에서 계급갈등의 심화, 스웨덴 모델의 급진적 노선 변경과 이탈, 시장 자유화와 복지 민영화, 조세 및 복지 개혁, 정권교체 등 역동적인 변화가 나타났다. 과거에 비해 연대와 평등의 가치가 약화되었지만 스웨덴 복지모델은 결과적으로 더 효율적이고 경쟁력 있는 모습으로 새롭게 발전되었다.

이 강조되어 왔다. 유럽에서 영국과 덴마크 다음으로 스웨덴의 노동시장 유연성이 크다(Steinmo, 2010:41 참고).

2008년 세계경제위기와 유로존 재정위기 이후 스웨덴의 1990년대 초 금융위기 극복 경험이 해외로부터 주목받고 스웨덴 복지모델에 대한 긍정적인 평가가 이를 반증한다.

정권에 관계없이 경제적 성과와 양질의 사회서비스를 제공할 수 있는 한 복지국가에 대한 유권자의 지지는 견고하다. 스웨덴의 복지 자본주의는 성장과 고용을 담보할 수 있는 자본주의 시스템과 공정한 분배와 사회적 평등을 담보하는 복지모델을 연계시키는 것이다. 자본주의와 민주주의, 시장과 정치의 공존과 번영이 그것이다. 1990년대 이후 노동시장, 코포라티즘, 임금정책, 산업정책 등 각 분야에서 기존의 제도적 경로들이 사회적 합의와 정치적 타협을 통해 혁신되어 왔다.

현재 스웨덴 복지모델이 직면하고 있는 문제는 이주민(및 난민)의 복지와 사회통합, 사회서비스 민영화와 자유주의적 개혁의 속도라 할 것이다. 이주민의 고용부진과 반이민 정서의 확대로 스웨덴 복지모델이 이들을 제대로 포용할 수 있을지가 문제이다. 많은 이주민들이 빈곤층으로 전락하여 사회적 문제가 되고 있기 때문이다. 스웨덴은 1990년대 이후 일부 사회서비스의 민영화 등 자유주의적 개혁을 추진하여 공공부문의 효율성과 복지의 선택권을 확대해 왔다. 그 결과 공공사회서비스의 차별화 및 계층화, 지자체 간 복지격차 확대 등 형평성과 효율성, 형평성과 자율성 간에 긴장이 발생하고 있다. 현재 우파 연합정부는 2014년 9월 총선을 앞두고 이러한 문제들에 깊은 관심을 가지고 있다. 효율성을 강조한 개혁들에 대한 유권자들의 거부감도 적지 않아 현재 우파정부는 사회서비스기관의 민영화를 연기하거나 중단하고 있다. 총선 결과는 스웨덴 복지모델에 또 하나의 중요한 국면이 될 것으로 보인다.

1980년대 이후 스웨덴 복지 자본주의와 복지모델에 적지 않은 변화가 있었지만 정체성은 크게 훼손되지 않았다. 사회적 합의 전통은 여전히 살아 있으며 복지국가는 개혁을 통해 효율성과 효과성을 높이고 있다. 1994년 이후 사회민주당의 연속 12년 집권이 이를 보여준다고 하겠다. 현재의 우파정부도 친노동·친복지 노선을 표방하고 있다. 스웨덴 정부는 무엇보다 투명하고 효율적인 제도의 운용, 산업경쟁력, 높은 생산성과 질적 성장을 추구하고 있다. 노사(정) 협력, 유연하고 안정된 노동시장구조, 공평하고 적절한 수준의 조세부담, 개인의 책임과 국가의 역량 등이 이를 가능하게 만들고 있다.

우리는 어떻게 해야 할 것인가? 너무나 많은 것이 필요하다. 무엇보다 심각한 불평등 구조를 해결하는 것이 중요하다.[20] 효율적이고 보편적인 복지국가를 위해서는 경제와 분배에서 제도적 왜곡과 불합리를 최소화하면서 복지를 발전시켜야 한다는 점이다. 복지 자본주의는 개별 복지정책 차원 이상의 것이다. 복지 자본주의에서 국가는 조세와 재정정책, 고용과 소득정책을 통해 복지와 재분배를 달성해야하기 때문에 국가 체제 차원의 복지제도와 이를 뒷받침할 산업혁신과 경제성장을 중시해야 할 것이다.

[참고문헌]

고세훈(2013), 「복지와 노동(권력): '권력자원접근'의 이론적 위상과 한국적 함의」, 『동서연구』, 제25권 1호, 연세대 동서문제연구원.
김수진(2007), 『노동지배의 이념과 전략: 스칸디나비아 사회민주주의의 성장과 쇠퇴』, 백산서당.
김인춘(2007), 『스웨덴 모델: 독점자본과 복지국가의 공존』, 삼성경제연구

---

20) 양동휴, 「복지국가 가려면 불평등부터 완화해야」, 『조선일보』, 2013년 4월 10일.

소.

____(2012), 「전후 영국의 보편적 복지국가의 발전 조건과 전환」, 『한국과 국제정치』, 제28권 제4호, 경남대 극동문제연구소.

____(2013a), 「스웨덴: 스웨덴 복지정책의 경쟁력 — 일하고 성장하는 복지」, 김인춘 외, 『생산적 복지와 경제 성장: 복지국가 사례연구』, 아산 정책연구원.

____(2013b), 『북유럽 국가들의 복지재정 제도 연구』, 한국지방세연구원.

류기락 외(2012), 『고용-복지 선순환을 위한 제도 구축 방안』, 한국직업능력개발원.

신광영(2012), 「스웨덴 사회민주주의 체제하에서의 보수 정당들의 정치 전략 연구: 2000년대를 중심으로」, 『스칸디나비아연구』, 제13호, 한국스칸디나비아학회.

신정완(2013), 「스웨덴 거주 이주민의 노동시장 통합 부진 요인과 해결 방안」, 한국스칸디나비아학회 학술대회 발표논문, 2013년 5월 25일, 한국외국어대학교 교수회관.

____(2012), 『복지 자본주의냐 민주적 사회주의냐: 임노동자기금 논쟁과 스웨덴 사회민주주의』, 사회평론.

____(2009), 「1990년대 초 스웨덴의 금융위기: 원인과 진행경과, 그리고 스웨덴 모델에 미친 영향」, 『스칸디나비아연구』, 제10호, 한국스칸디나비아학회.

정세은(2011), 「복지와 재정건전성」, 국회 경제법연구회 발표자료, 2011년 4월 7일.

조돈문(2013), 「스웨덴의 간접고용 사회적 규제와 관리된 유연성」, 한국스칸디나비아학회 학술대회 발표논문, 2013년 5월 25일, 한국외국어대학교 교수회관.

주은선(2005), 「연금개혁 정치의 특성: 스웨덴에서 자유주의적 연금개혁은 어떻게 가능했는가?」, 『사회복지연구』, 제26호, 한국사회복지연구회.

안상훈(2012), 「복지국가의 문제는 單答型이 아니다」, 『조선일보』, 2012년 7월 29일.

안재흥(2013a), 『복지 자본주의 정치경제의 형성과 재편: 서유럽 강소·복지 5개국의 경험과 한국의 쟁점』, 후마니타스.

____(2013b), 「스웨덴 사민주의의 복지자본주의와 조세의 정치」, 『국가전략』, 제19권 4호, 세종연구소.

유모토 켄지·사토 요시히로, 박선영 옮김(2011), 『스웨덴 패러독스』, 김영사.

홍기빈(2011), 『비그포르스, 복지국가와 잠정적 유토피아』, 책세상.

Agell, Jonas, Englund, Peter, and Sodersten, Jan(1998), *Incentives and Redistribution in the Welfare State: The Swedish Tax Reform*, New York: Palgrave Macmillan.

Bengtsson, Erik(2012), "Labor's Share in Sweden, 1850-2000", http://www.bioenv.gu.se/digitalAssets/1381/1381575_eb-labor-s-share-in-sweden-1850-2000.pdf.

Bergh, Andreas(2008), "Explaining the Survival of the Swedish Welfare State: Maintaining Political Support through Incremental Change", *Financial Theory and Practice* 32(3), pp.233-254.

____(2006), "Resilience through Restructuring: Swedish Policy-Making Style and the Consensus on Liberalizations 1980-2000", Stockholm: The RATIO Institute.

Bergh, Andreas and Erlingsson, Gissur O.(2008), "Liberalization without Retrenchment: Understanding the Swedish Welfare State Reforms", *Scandinavian Political Studies* 32(1), pp.71-93.

Blomqvist, P.(2004), "The Choice Revolution: Privatization of Swedish Welfare Services in the 1990s", *Social Policy and Administration* 38(2), pp.139-155.

Baumol, William(1993), "Health care, education and the cost disease: A looming crisis for public choice", Rowley, Charles K., Schneider, Friedrich and Tollison, Robert D.(eds.), *The Next Twenty-five Years of Public Choice*, Springer.

Boix, Carles(1998), *Political Parties, Growth and Equality: Conservative and Social Democratic Economic Strategies in the World Economy*,

Cambridge University Press.

Bohlin, Jan(1999), "Sweden: The Rise and Fall of the Swedish Model", *European Industrial Policy: The Twentieth-Century Experience*, James Foreman-Peck, Giovanni Federico(eds.), Oxford University Press, pp.152-176.

Eklund, Klas(2011), "Nordic capitalism: Lessons learned", World Economic Forum Davos 2011.

Freeman, Richard B., Swedenborg, Birgitta and Topel, Robert H.(eds.) (2010), *Reforming the Welfare State: Recovery and Beyond in Sweden*(National Bureau of Economic Research Conference Report), Chicago, IL: The University of Chicago Press.

Hall, Peter and Soskice, David(eds.)(2001), *Varieties of Capitalism*, Oxford: Oxford University Press.

Henrekson, Magnus and Jakobsson, Ulf(2011), "The Swedish Corporate Control Model: Convergence, Persistence or Decline?", IFN Working Paper, no. 857.

Trägårdh, Lars(1990), "Swedish model or swedish culture?", *Critical Review* 4(4), pp.569-590

Iversen, Torben(1999), *Contested Economic Institutions: The Politics of Macroeconomics and Wage Bargaining in Advanced Democracies*, Cambridge University Press.

Iversen, Torben and Wren, Anne(1998), "Equality, Employment and Budgetary Restraint: The Trilemma of the Service Economy", *World Politics*, vol. 50, no. 4, pp.507-546.

Kenworthy, Lane(2007), *Egalitarian Capitalism: Jobs, Incomes, and Growth in Affluent Countries*, Russell Sage Foundation.

Korpi, Walter(1978), *The Working Class in Welfare Capitalism: Work, Unions, and Politics in Sweden*, Routledge.

Lindbeck, Assar(1997), *Swedish Experiment: Economic & Social Policies in Sweden After WWII*, Stockholm: SNS Forlag.

____(2009), "Three Swedish Models", lecture for conference in Stockholm, August 2009, arranged by the Mont Pelerin Society.

Magnusson, Lars(2000), *Economic History of Sweden*, London: Routledge.

Mahon, Rianne(2007), "Swedish Model Dying of Baumols? Current Debates", *New Political Economy* 12(1), pp.79-85.

McKinsey(2006), "Sweden's growth paradox", *The McKinsey Quarterly*, June, 2006.

Meidner, Rudolf(1993), "Why did the Swedish Model Fail?", *The Socialist Register 1993*.

Martin, Cathie Jo and Swank, Duane(2012), *The Political Construction of Business Interests: Coordination, Growth, and Equality*, Cambridge University Press.

Olsson, Per(2009), "Is Sweden Socialist?: The Rise and Fall of the 'Swedish Model' ", http://www.socialistworld.net/doc/3752.

Peterson, Christer(2012), "Sweden: From Large Corporations towards a Knowledge-Intensive Economy", in Peer Hull Kristensen and Kari Lilja, *Nordic Capitalisms and Globalization: New Forms of Economic Organization and Welfare Institutions*, Oxford University Press.

Persson, Goran(2006), "The Swedish experience in reducing budget deficits and debt", *Economic Review* Q 1 Federal Reserve Bank of Kansas City, Kansas City, USA.

Pontusson, Jonas(1992), *The Limits of Social Democracy: Investment Politics in Sweden*, Ithaca: Cornell University Press.

Ryner, Magnus(2002), *Capitalist Restructuring, Globalisation, and the Third Way*, Routledge.

Rothstein, Bo(1998), *Just Institutions Matter: The Moral and Political Logic of the Universal Welfare State*, New York: Cambridge University Press.

Steinmo, Sven(2010), *The Evolution of Modern States: Sweden, Japan, and the United States*, Cambridge University Press.

Svallfors, Stefan(2006), *The Moral Economy of Class: Class and Attitudes in Comparative Perspective*, Stanford University Press.

____(2011), "A Bedrock of Support? Trends in Welfare State Attitudes in Sweden, 1981-2010", *Social Policy and Administration* 45(7), pp.806-825.

Swenson, Peter(2002), *Capitalists against Markets: The Making of Labor Markets and Welfare States in the United States and Sweden*, New York: Oxford University Press.

Thelen, Kathleen(2012), "Varieties of Capitalism: Trajectories of Liberalization and the New Politics of Social Solidarity", *Annual Review of Political Science*, vol. 15, pp.137-159.

Government Offices of Sweden.

OECD(2002), Economic Surveys: Sweden 2002.

OECD(2012), Economic Survey of Sweden 2012.

뉴딜 자유주의와 미국적 복지의 탄생 [1)]

김진희(경희사이버대)

1. 서론: 자유주의와 뉴딜 개혁의 복합적 관계

뉴딜 복지정책과 함께 미국적 복지가 형성되었다는 사실은 이미 잘 알려져 있다. 권위 있는 설명에 의하면 "거대하고 강력한 노동운동의 요구가 실업자 등 여타 이해와 결합하여 후기 뉴딜에 사민주의적 색채(social democratic tint)를 부여"했으며 "프랭클린 루스벨트와 [해리] 트루먼이 소득과 부의 재분배를 극적으로 성공시켜 미국을 이전보다 훨씬 평등한 사회로 만들었다."[2)] 뉴딜 질서(New Deal Order) 속에서 세금정책을 통하여 상류층의 부는 제한되었고 사회보장제도와 실업보험은 소득분배를 정착시켰다.[3)] 그런데 과연 미국에서 신자유주

---

1) 이 글은 『미국사연구』, 37(2013)에 게재된 필자의 논문을 수정, 보완한 것이다. 재게재를 허락해 준 한국미국사학회에 감사드린다.

2) Richard Hofstadter, *The Age of Reform*(New York: Vintage, 1955), p.308; Paul Krugman, *The Conscience of a Liberal*(2007), 예상한 외 옮김, 『미래를 말하다』(서울: 현대경제연구원, 2009), p.59.

3) Paul Krugman, *The Conscience of a Liberal*, p.105.

의가 도래하기 이전까지 유럽의 사민주의에 필적할 복지제도가 유지되었던가? 강한 내구성을 지닌 뉴딜 질서가 신자유주의의 등장으로 인하여 파괴되었던 것인가? 오늘날의 불균형한 소득분배와 금권정치의 현존, 경제민주주의의 약화는 뉴딜 질서의 붕괴로 인하여 초래된 것인가? 혹시 뉴딜 자유주의자들이 선택 혹은 수용했던 복지의 특성이 애초부터 사민주의적 특성의 존속을 불가능하게 했던 것은 아닐까? 뉴딜 질서가 형성되는 과정에서 공동체적 가치가 아닌 개인의 권리를 중시하는 규칙이 중심이 된 것은 아닐까?

이 문제는 뉴딜 개혁을 어떻게 평가하는가와 밀접한 관련이 있을 수밖에 없다. 역사적 맥락에 위치지어 봤을 때 뉴딜 시대는 20세기 미국 현대사의 '결정적 계기(defining moment)'라는 평가를 받기에 타당한 중요한 변화를 가져왔다. 사회안전망이 제공되었고 다양한 법과 제도를 통하여 소비자의 권리가 보호되었다. 1935년 제정된 와그너법은 노동자들에게 노동삼권을 부여함으로써 노동자들에게 경제안전을 부여했다. 케인스주의의 도입과 함께 뉴딜 개혁은 경제의 약한 지점에 위치한 조직화되지 않은 이들을 보호했다. 뉴딜이 종결되던 시점인 1945년 이래로 대략 한 세대 동안 미국의 국민에게 경제성장의 결실이 상대적으로 평등하게 분배되는 '기본합의'가 유지되었고 노조와 소비자단체들은 길항력(countervailing power)의 역할을 자본주의체제에서 수행했다.4) 이는 뉴딜 개혁, 그리고 개혁이 일궈놓은 성과를 사민주의적 성향으로 해석하게 하는 주요 근거가 된다.

그러나 다른 한편 소위 '대압착의 시대'를 통하여 소득불평등이 해소되었다고 하지만 기업의 힘은 제어되지 않았고 스웨덴 모델로 대변되는 사민주의의 핵심적 특징, 즉 정치에 의한 경제의 통제와 그로 인

---

4) John Kenneth Galbraith, *American Capitalism: The Concept of Countervailing Power*(Boston: Houghton Mifflin, 1956), p.151.

한 시장의 주변화 현상은 나타나지 않았다. 정부의 적극적 노동정책은 부재했고 대기업에 대한 강력한 규제도 수립되지 않았다. 뉴딜 질서가 유지되었던 시기에도 사민주의 국가들과 달리 공동체보다는 개인의 권리가 우선시되었고 복지의 수혜가 시민의 권리로 받아들여지지 않았다. 과거와 비교하여 정부가 적극적 개입을 통하여 복지국가를 실현했다고 하지만, 미국의 복지는 여전히 시장의존적 복지, 사적 복지로 특징지어졌다. 공적 부조의 수혜자는 '사회적 낙인'이 찍혔고, 복지는 계급의 이중적 구조에 따라 위계화되었다.5)

그렇다면 뉴딜 자유주의의 승리, 뉴딜 질서의 존속은 미국에서 '잊힌 사람들'을 위한 사회를 창조했다고 평가할 수 있는가? 뉴딜 질서를 사민주의적이라고 하는 것은 타당한가? 역사가 토니 주트(Tony Judt)는 20세기 미국 입법과 사회정책 중 자유주의의 "최선에 속하는 것"의 대부분은 '사민주의적'인 것에 상응했다고 한다. 그러나 역시 주트가 지적했던 것과 같이 사회적 목적을 위한 재정지출을 옹호하는 '자유주의자들'은 "타인을 자신의 삶에서 떼어놓으려 했던 사람들", "개인이 선택한 대로 살아갈 수 있도록 최대한의 공간을 보장하기를 원했던 사람들"이기도 했다.6)

그런 점에서 미국적 복지국가는 양면적 성향을 지닌 미국 자유주의의 특징과 관련되어 있다. 양면적이라 함은 혁신주의 시대와 뉴딜로 이어진 개혁전통, 즉 사회개혁과 이를 가능하게 하는 행정적 국가건설에 대한 신념이 한편에, 그리고 사적 영역과 개인의 권리에 대한 정부의 제한적 역할, 그리고 사법부의 우위에 대한 전통적 자유주의의

---

5) G. Esping-Andersen, *The Three Worlds of Welfare Capitalism*(1990), 박시종 옮김, 『복지 자본주의의 세 가지 세계』(서울: 성균관대학교 출판부, 2007), pp.124-130.

6) 토니 주트, 김일년 옮김, 『더 나은 삶을 상상하라: 자유시장과 복지국가 사이에서』(서울: 플래닛, 2011), pp.16-17.

신념이 다른 한편에 있음을 의미한다. 엄밀하게 말하면 뉴딜 질서 속에 구현된 미국적 체계는 뉴딜주의자들이 본래 의도했던 개혁의 견고한 작품은 아니다. 뉴딜 질서 속에서 나온 결과물은 혁신주의에서 뉴딜 개혁을 잇는 새로운 자유주의와 로크너(Lochner) 시대의 고전적 자유주의 사이의 갈등과 조정의 산물이라고 할 수 있다.7) 달리 말하자면 뉴딜 개혁은 '자유주의'라고 하는 '경계를 설정하는 조건(boundary condition)'과의 상호작용 속에서 한편으로 자유주의의 의미를 변모시키고, 또 다른 한편에서 자유주의에 의해 개혁의 방향이 제약을 받았다.

따라서 본 논문에서는 뉴딜 자유주의가 형성되던 시점으로 돌아가 미국에서 복지국가가 형성되고 케인스주의가 도입되었으나 스웨덴의 사민주의에서 정치가 경제를 규제했던 것과 달리 정치가 경제를 보정하는 정책을 택하게 되었는가를 검토하고자 한다. 이 질문은 뉴딜 자유주의가 계획경제와 정부의 규제적 역할을 통한 자본주의의 문제 해결을 도모하기보다 경제성장을 사회진보의 방편으로 삼음으로써 결과적으로 경제민주주의를 왜곡하는 수준의 기업의 막강한 힘을 키웠을 것이라는 가설을 전제로 하고 있다. 그것은 뉴딜 질서가 1970년대 혹은 1980년대 초반에 약화된 것이 아니라 뉴딜 행정부가 끝나고 뉴딜 자유주의가 왜곡되는 지점에서 이미 그 단초가 형성되었음을

---

7) 그런 점에서 뉴딜 개혁은 뉴딜주의자들이 의도했던 것뿐 아니라 뉴딜 반대자들이 지향했던 목표들이 반영된 결과물이라고 할 수 있다. 한편, 1905년 로크너 판결에서 대법원은 주정부가 주민의 건강과 안전을 보호할 권리는 인정하면서도 보호법이 헌법수정 제14조가 보장하는 계약의 자유를 위반한다는 이유로 위헌 판결을 내린 바 있다. Lochner v. NY 198 U.S. 45(1905); 김진희, 「이중적 연방주의에서 협조적 연방주의로」, 『서양사론』, 89(2006. 6), pp.218, 226-233, 237-241; Jin Hee Kim, "The Nemesis of the New Deal: The New York State Economic Council and the Ives Committee in New York State", *Journal of American Studies* 37:1(Spring, 2005), pp.86-89.

의미한다.

2. 초기 뉴딜 경제계획과 뉴딜 자유주의

뉴딜 시대를 거쳐 자유주의는 새로운 의미를 부여받았다. 프랭클린 루스벨트와 뉴딜주의자들은 국가, 즉 정치적 힘이 자본, 즉 경제적 힘을 통제해야 한다는 신념에 기반을 두어 자본주의에 의해 피폐해진 인민의 삶을 복원시키려고 했다. 그리고 그 과정에서 뉴딜에 자유주의 개념을 접목시켜 전통적인 개인주의와 자유방임주의적 자유주의를 넘어서고자 했다.8) 1933년 취임연설에서 루스벨트는 "격렬하게 개인주의적이며 자본주의적"인 정치문화에 파열음을 냈다. 이전 그 어느 대통령도 루스벨트가 했던 것처럼 자본가들을 "국민여론의 법정에서 기소당할 부도덕한 환전상들", "미친 듯이 이윤을 추구하는 이기주의자 세대"로 비난하지 않았다. 그 어떤 정치인도 국가계획에 의해 주도되는 통일적 구제행위를 요청하지 않았다. 루스벨트의 전임자 중 누구도 연방정부가 "교통과 통신, 기간산업"을 관장하라고 요청하지 않았다.9)

그러나 이 정책의 '새로움'에는 경계가 설정되어 있었다. 사유재산을 포기하는 소비에트식 모델은 대안이 아니었고 케인스주의적 재정정책 역시 고려대상이 아니었다. 존 메이너드 케인스의 『고용, 이자 및 화폐의 일반이론』이 나오기 3년 전 착수된 뉴딜은 당시 유일하게 정통이론으로 알려졌던 재정적 보수주의의 원칙에서 벗어나지 않았

---

8) 김진희, 「프랭클린 루스벨트의 '경제적 자유' 재개념화와 '경제적 권리선언'」, 『미국학논집』, 43:3(2011), pp.158-164.

9) Richard Hofstadter, *The American Political Tradition and the Men Who Made It*(New York: Alfred A. Pnopf, 1949), p.x.

다.10) 뉴딜의 경제정책은 두 가지 측면에 집중되었다. 계획경제는 초기 뉴딜 경제정책에서 나타난 가장 두드러진 특징이었다. 이는 경제 행위자인 정부가 자본과 노동의 움직임의 조건을 결정하고 경제의 다양한 영역에 직접적으로 간섭하는 경향을 의미한다. 코포라티즘적 시도 역시 초기 뉴딜 경제정책의 주요 특징이었다. 이는 정부가 자본, 노동과 함께 논의와 협상, 결정과정에 참여함으로써 계급갈등을 줄이고 정치적 합의를 생산해 내는 것을 의미한다. 이 두 정책이 결합된 초기 뉴딜 경제정책의 목표를 뉴딜주의자 렉스포드 터그웰(Rexford Tugwell)은 다음과 같이 요약했다. "경쟁적 시스템의 무정부상태를 제거하며 경제를 보존, 유지시키는 규제를 창조할 수 있는 조정적 행정과 협상을 제공함으로써 현재의 시급한 재난상태를 치유한다."11) 이 두 가지 목표가 결합하여 전국부흥청으로 현실화되었다.

그러나 계획경제는 소련의 5개년 계획을 상기시켰고 코포라티즘은 이탈리아의 파시즘을 연상시켰다. 뉴딜의 반대자들은 그런 점에서 뉴딜이 미국 자유주의 전통을 파괴한다고 비판했다. 허버트 후버(Herbert Hoover)는 "중세 이후로 혁신의 기본이며 영감(靈感)이었던 기본적인 인간의 자유를 무차별적으로 상처 주고 파괴하는 과정"에 합류하고 있다고 주장했다. 행정부의 권력집중화 현상과 뉴딜의 "경제통제화"는 위험수위에 이른 것으로, 전국부흥청의 산업규약은 "기업에 대한 강압적인 규약"으로 간주되었다. 나아가 뉴딜 정부는 "모든 타운과 마을에서 매일 인간이 일상적 삶을 어떻게 행동할 것인가에 대해 지시"하는 상황에 이르렀으며 이는 "식민지 시대 이래로 미

---

10) Julian E. Zelizer, "The Forgotten Legacy of New Deal Fiscal Conservatism and the Roosevelt Administration, 1933-1938", *Presidential Studies Quarterly* 30:2(2000), p.335.

11) Rexford Tugwell, "Design for Government", *Political Science Quarterly* 48:3 (September, 1933), pp.326, 330.

국이 목격해 왔던 자유정신의 습격"에 대한 증거로 비난받았다.12)

비판이 쇄도하자 루스벨트는 전국부흥청을 예로 들어 산업규약이 자발적 성향을 갖고 있으며 오히려 시민사회의 역동성을 보존한다고 반박했다. "이 정책들에 대해 농업과 산업, 교통에 대한 정부의 통제라고 하는 것은 잘못되었다. 이 정책에서 정부와 농업, 산업, 교통은 파트너십을 형성했다. 이윤을 위한 파트너십이 아니라 계획을 위한 파트너십, 계획의 수행이 가능하게 하는 파트너십이다."13) 뉴딜을 공산주의나 사회주의, 혹은 파시즘에 견주며 '자유의 상실'을 주장하는 비난에 대해 루스벨트는 다음과 같이 질문했다. "국민 여러분, 여러분은 권리, 자유, 혹은 헌정적 자유를 상실했습니까? 권리장전의 모든 조항을 읽어보고 여러분이 조금이라도 상실한 것이 있는지 물어보십시오."14)

의구심을 불식시키기 위해 뉴딜 자유주의자들은 뉴딜 경제계획과 코포라티즘의 미국적 성격을 부각시켰다. 전국산업부흥법의 작성과정에 참여했고 전국부흥청 고문변호사를 역임한 도널드 리치버그(Donald Richberg)는 전국부흥청이 "기업에 대한 정치적 통제가 아니라 진정한 산업의 자치를 제공하기 위한 자기규제의 방식을 권장하고 승인"하고 있다고 주장했다. "근본적으로 민주주의적이며 개인주의적" 가치에 부합된다는 것이다. 그런 점에서 리치버그는 뉴딜 계획의 자발주의가 이탈리아의 코포라티즘이나 마르크스의 사회주의적 강제의 결과물인 생산통제와는 차별화된다는 점을 강조했다.15)

---

12) Herbert Hoover, "The Challenge to Liberty", *Saturday Evening Post*(September 8, 1934).

13) Frank Friedel, *Franklin D. Roosevelt: Launching the New Deal*(Boston: Little Brown & Co., 1975), p.433에서 재인용.

14) *Los Angeles Times*(June 29, 1934), http://www.mhric.org.fdr.chat5.html.

15) Donald Richberg, "Progress under the National Recovery Act", *Proceedings*

나아가 리치버그는 전국부흥청 안에서 기업과 노동, 정부의 관계는 "기업인과 노동자의 진정한 협조 속에서 공동의 이익을 위한 공동의 프로그램을 발전시키는 것"이라고 주장했다. 리치버그에 의하면 이러한 경제적 거버넌스는 민주적 협조와 자기규제의 특성을 지니고 있으며 이는 "무책임한 개인주의의 무질서와 국가사회주의 압제의 중간지점"에 놓여 있다. 따라서 그 중간지점의 합의점에 이르지 못할 경우 곧 민주정부는 종말에 도달할 위험에 처할 것이라는 것이다.16) 전국부흥청과 같은 '민주주의적 계획정책'은 독재정부에 대한 유일한 대안으로 제시되었다.17)

전국부흥청은 시장에 대한 정부 개입의 최소화라는 기존 관행을 버리고 정부의 적극적 간섭을 택했다는 점에서 연방정부의 경제정책의 새로운 출발을 알리는 신호탄과 같았다.18) 핵심은 정부가 노동과 자본을 자발적 협조체제로 유인하여 공적 이익을 도모하게 한다는 것이다.19) 그러나 전국부흥청은 경제계획과 산업자치 모델 사이의 긴장을 해소한 견고한 제도로 정착하지 못했다. 단지 공공정책의 영역에서 기업과 노동, 정부가 경제안정을 위해 협력하는 '협조적 공화국'을 시도했다는 것에 의미를 둘 수 있을 뿐이다. 초기 뉴딜 시기에 루스벨트와 뉴딜주의자들은 협조의 이미지에 강하게 의존했다. 루스벨트는 미국 국민이 이기심이나 경쟁적 개인주의를 잠시 내려놓고 계급과 지역

of the American Academy of Political Science 15(January, 1934), p.25.

16) *Ibid.*, pp.28, 30.

17) Lewis Lorwin, "Some Political Aspects of Economic Planning", *American Political Science Review* 26(August, 1932), p.727.

18) Theda Skocpol and Kenneth Finegold, "State Capacity and Economic Intervention in the Early New Deal", *Political Science Quarterly* 97(1982), pp.255-256.

19) Donald R. Brand, *Corporatism and the Rule of Law: A Study of the National Recovery Administration*(Ithaca: Cornell University Press, 1988), p.288.

을 넘어선 연대와 협조를 할 것을 당부했다.[20] 그러나 루스벨트가 재선에 나섰던 1936년 무렵, 협조적 관계라는 이상은 더 이상 설득력이 없었다. 대신 루스벨트는 좀 더 강력한 표현을 통해 시장에 대한 정부의 역할을 강조했다. 규제받지 않은 시장과 자본은 위험하다, 소수 개인의 특권보다 공동체의 이익이 우위에 있다며 경제적 특권층과의 관계설정을 분명히 했다. 그런데 자본과의 관계를 재설정한 재선 시기에 자유주의를 통해 새로운 노선을 정당화시켰다. 그는 외적 강압으로부터 자유롭다고 해도 스스로 선택한 목표를 성취할 수 있는 자유가 없다면 자유의 성과는 의미가 없다고 주장하며 자유와 자유주의에 새로운 의미를 부여했던 것이다. "경제적으로 궁핍한 사람은 자유인이 아니다. 자유는 삶을 유지할 기회를 요구한다. 그 시대의 기준에 맞는 인간다운 삶, 즉 단지 생계를 꾸려가는 삶이 아니라 인간으로 살만한 삶을 말이다."[21]

그런 점에서 루스벨트는 개인의 삶에서 진정한 자유를 현실화시키기 위해 필요한 것은 불평등, 특히 경제적 불평등의 철폐라고 주장했다. "우리 다수에게 우리가 한때 얻었던 정치적 평등은 경제적 불평등 앞에서 무의미해졌다. 소수의 집단이 다른 인민들의 재산, 돈, 노동, 그리고 삶을 거의 전적으로 통제하게 되었다. 우리 다수에게 삶은 더 이상 자유롭지 않다. 자유는 더 이상 현실이 아니다. 인간은 더 이상 행복을 추구할 수 없다."[22] 루스벨트는 독립선언서와 헌법에 나타난 인민의 권리가 현실에서 부정되고 있다며 연방정부의 적극적 역할을

---

20) Alan Lawson, *A Commonwealth of Hope: The New Deal Response to Crisis* (Baltimore: Johns Hopkins University Press, 2006), pp.134-147.

21) Franklin Delano Roosevelt, "Re-Nomination Address"(June 27, 1936), in *The Two Faces of Liberalism*, Gordon Lloyd(ed.)(Salem, MA: M. M. Scrivener Press, 2010), p.292.

22) *Ibid.*, p.294.

통하여 인민의 권리가 회복되어야 한다는 점을 강조했다.[23)]

이때 루스벨트는 '자유주의적(liberal)'이라는 표현을 반복적으로 사용했다. 1936년 민주당 후보 수락 연설에서 경제적 불평등을 부각시키고 규제받지 않은 시장의 위험성을 경고할 때 이를 바로잡고자 하는 자신의 정책을 '자유주의'로 명명한 것이다. 미국사회에서 사회주의나 사민주의와 같은 '비미국적' 사고와 신념이 수용되기 어렵다는 판단이 작용했을 것이다. 그러나 이 자유주의는 19세적 가치인 자유방임주의적 자유주의와 달리 정부의 적극적 역할을 전제로 했다. 그런 점에서 뉴딜 자유주의는 고전적 자유주의가 견지했던 '정부의 규제로부터의 자유'라는 가설을 넘어섰다.[24)] 정부의 적극적 개입을 통하여 민주적 자유와 개인의 안녕, 개인의 기회가 보호되는 것은 물론 경제안전이 수호된다는 측면을 부각시켰다는 것이 루스벨트 재임기 제2기의 특징으로 나타났다.[25)] 즉, 제1기에는 전국부흥청의 정책구도에서 볼 수 있듯 각 계층의 협조를 토대로 한 코포라티즘적 모델과 계획경제가 공존했다면 제2기에는 '경제적 왕당파'와의 정면갈등을 불사하고라도 인민의 '경제안전'을 수호하겠다는 약속이 있었다.

3. 후기 뉴딜과 국가자원기획위원회

1936년 재선을 통하여 뉴딜 정부는 전대미문의 국민적 지지를 얻으며 정권 재창출에 성공했다. 이를 뉴딜 개혁에 대한 국민의 승인이

23) *Ibid.*, pp.158-164; Gordon Lloyd(ed.), *The Two Faces of Liberalism*, pp.3-5.

24) Ronald D. Rotunda, "The 'Liberal' Label: Roosevelt's Capture of a Symbol", *Public Policy* 17(1968), pp.377-408.

25) Samuel H. Beer, "Liberalism and the National Idea", in *Left, Right and Center: Essays on Liberalism and Conservatism in the United States*, Robert A. Goldwin(ed.)(Chicago: Rand McNally, 1965), pp.145-146.

라고 판단한 루스벨트와 뉴딜주의자들은 개혁정책에 박차를 가하기 위한 정지(整地)작업에 들어갔다. 대법원 재구성안과 행정부 개편안은 이러한 정황 하에 추진되었다.26) 루스벨트는 이미 재선 캠페인 기간 동안 영구적 개혁을 약속한 바 있다.27) 그러나 대법원 재구성안과 행정부 개편안은 모두 의회의 반대로 무산되었다.28) 정부조직을 혁신하려고 하는 시도는 여론의 거센 반발을 일으켜 오히려 뉴딜 정부와 루스벨트에 강압적 정부와 압제자라는 이미지를 덧씌웠다.29)

이에 더해 1938년에 '루스벨트 공황(Roosevelt Recession)'으로 명명되는 경기침체가 발생함으로써 뉴딜 개혁은 더 큰 위기를 맞았다. 뉴딜 정권 첫 4년 동안 미국은 평균 9.6%의 경제성장을 보였고 실업률은 25%에서 14%로 떨어졌다. 그러나 루스벨트 공황과 함께 1938

---

26) Marion Clawson, *New Deal Planning: The National Resources Planing Board*(Baltimore/London: RFF Press, 1981); Otis L. Graham Jr., "The Planning Ideal and America Reality: the 1930s", in *The Hofstadter Aegis: A Memorial*, Stanley Elkins and Eric McKitrick(eds.)(New York: Knopf, 1974), pp.257-299.

27) 대법원 재구성안은 오히려 뉴딜을 지지했던 민주당 의원들조차 이에 반발하면서 뉴딜 연합 내부의 불협화음을 일으켰고 반뉴딜 연합을 결집시켰다. 김진희, 「뉴딜 개혁과 대법원」, 『서양사학연구』, 21(2009), pp.240-276.

28) Richard Polenberg, *Reorganizing Roosevelt's Government, 1936-1939*(Cambridge: Harvard University Press, 1966), pp.77-82; J. Joseph Hutmacher, *Senator Robert F. Wagner and the Rise of Urban Liberalism*(New York: Atheneum, 1971), pp.245-247.

29) 행정부 개편안의 실패는 곧 뉴딜 정권 하에 연방정부가 확대되기는 했으나 동원노력을 운영할 충분한 관료제적 능력을 갖추지 못했음을 의미했다. 연방 관료제를 근대화하고 뉴딜 시기의 확대된 행정업무를 수행하는 데 좀 더 적합하게 정비하고자 했던 개편안은 1939년 개정안이 통과됨으로써 미비한 수준의 개혁에 그치게 되었다. James T. Patterson, *The New Deal and the States: Federalism in Transition*(Princeton: Princeton University Press, 1969), pp.201-207; Theda Skocpol and Kenneth Finegold, "State Capacity and Economic Intervention in the New Deal", pp.255-278.

년 한 해 동안 GNP는 5.3% 하락했고 실업률은 19%로 올라갔다. 저널리스트 월터 리프만이 지적한 것처럼 "루스벨트와 함께 미국인들은 모든 사람을 위한 풍요로운 삶이 확고하게 조직화되었다고 믿었으나 그 희망이 사라지게 되었다."[30] '루스벨트 공황'은 대공황이 이미 종결되기를 바랐던 국민의 기대를 여지없이 무너뜨렸다. 뉴딜주의자들에게는 일종의 정신적 트라우마로 작용했다.

그러나 위기의 시기는 기회의 시기이기도 했다. 대법원과 행정부 개혁안이 연이어 실패한 데 이어 경기침체가 도래함으로써 뉴딜주의자들은 뉴딜 정책과 뉴딜 정치철학을 근본부터 재평가해야만 했던 것이다. 그들은 혼재되었던 초기 뉴딜의 이데올로기적 실타래를 정리하며 더 나은 미래를 건설할 명료하고 일관된 견해에 도달하고자 했다. 1938년을 기점으로 뉴딜주의자들은 지난 몇 년간의 실패와 성과를 기반으로 더욱 명확한 개혁방향을 제시했다. 당시 뉴딜주의자들이 고려했던 정책방향은 크게 두 가지로 나타난다. 첫째는 규제적 역할(regulatory role)에 주안점을 두는 것이다. 미국에서는 이미 19세기 후반 산업자본주의가 도래한 이후 자본주의를 재형성/규제해야 한다는 개혁전통이 있었고 후기 뉴딜 시기에 이는 또다시 쟁점으로 부각되었다.[31] 두 번째는 국가가 재정과 금융정책을 통하여 경제성장을 촉진하는 것이다. 이는 『고용, 이윤과 화폐에 관한 일반이론』(1936)의 출간과 함께 존 메이너드 케인스의 경제학이 일부 뉴딜주의자들에게 영향을 미치면서 나타난 1930년대 후반의 새로운 현상이었다. 미국의 케인스주의자들은 특히 국가가 총수요관리를 통하여 경기부양을 촉진

---

30) Walter Lippmann, *The American Destiny*(New York: Life Magazine Press, 1939), p.4.

31) Thurman Arnold, *The Bottlenecks of Business*(New York: Harcourt Brace Jovanovich, 1940), pp.122-126; James M. Landis, *The Administrative Process* (New Haven: Yale University Press, 1938), pp.24-25.

하고 경기순환을 조정함으로써 건전한 거시경제적 환경을 유지시키는 방식에 관심을 나타냈다. 미국에 케인스주의의 도입을 주도했던 앨빈 한센(Alvin Hansen)은 이를 보정적 재정정책으로 명명했다. 여기에서 보정이란 민간투자의 감퇴를 공공투자가 보완함을 의미한다.32) 이 두 경향은 1930년대 후반에 공존했다. 그러나 시간이 지나면서 점차 힘의 균형은 후자로 이동했다. 첫 번째, 즉 자본주의에 대한 규제정책에서 두 번째, 즉 보정적 재정정책으로의 이동이 곧 이후 미국의 복지제도의 방향을 규정했다. 계획경제, 혹은 규제적 역할의 중심에는 국가자원기획위원회가 있었다.

국가자원기획위원회(National Resources Planning Board: NRPB)의 모태가 되는 국가기획위원회(National Planning Board)는 공공사업의 일환으로 1933년에 출범했다. 국가자원기획위원회는 지역과 도시계획 등 다양한 뉴딜 프로젝트의 참여자들을 포괄했고 이를 통하여 '계획사회(planning society)' 개념을 제시했다. 여기에서 계획이란 시장을 합리화하고 불확실성을 제거하는 것을 의미했다. 연방정부는 공공투자와 공공복지, 규제의 확대를 결합하여 국가경제의 작동에서 중추적역할을 하고 방향을 제시할 수 있을 것으로 기대되었다.33) 사회과학자와 정책전문가들로 구성된 국가자원기획위원회는 공공사업과 교통, 전기, 복지문제, 천연자원, 경제구조 등 다방면에 대해 연구하고 또제안했다.34) 국가자원기획위원회는 경제계획의 추진 주체는 아니었지

---

32) 김진희, 「프랭클린 루스벨트의 '경제적 자유' 재개념화와 '경제적 권리선언'」, pp.164-170; Lewis E. Hill, "John Maynard Keynes and Alvin Hansen: Contrasting Methodologies and Policies for Social Economics", *International Journal of Social Economics* 22:3(1995), p.28.

33) Marriam, "National Resources Planning Board", pp.1075-1088; Otis L. Graham, *Toward a Planned Society: From Roosevelt to Nixon*(Oxford: Oxford University Press, 1976), pp.52-58.

34) Allan G. Gruchy, "The Economics of the National Resources Committee",

만 어떠한 경제계획이 요구되는가를 제시한 정책제안기구의 역할을 수행했다. 한편 1939년에 예산국(Bureau of the Budget)과 더불어 대통령부(Executive Office of the President)로 이관된 뒤 두 기관은 대통령의 '중추적 국가경영기관'으로 상호 협조하에 계획안을 제시했다. 이 시기에 대통령 자문기구로서의 국가자원기획위원회는 예산국과 비교하여 그 비중이 월등하게 컸다.[35]

1940년 11월, 미국이 제2차 세계대전에 참전하기 1년 전 루스벨트는 국가자원기획위원회가 전후(戰後)계획 연구에 착수하도록 지시했다. 이는 1942년 『전후계획』으로 발간되었다. 『전후계획』은 '계획사회'에 대한 포괄적 청사진을 제시했다. 예컨대 정부가 어떻게 시장을 규제할 것인가, 높은 고용수준을 유지할 것인가, 포괄적 사회복지를 제공할 것인가에 관한 상세한 방안이 포함되었다. 특히 『전후계획』에는 자본주의에 대한 규제의 필요성이 분명히 명시되어 있다. 자본주의를 "무책임한 사적 권력, 자의적인 공적 권위, 그리고 규제되지 않은 독점기업들로부터" 정화해야 한다는 것이다. 이는 제2기 뉴딜 정권에서 정책을 담당했던 핵심인물들의 사고를 대변했다.[36] 보고서에서는 '계획'을 통하여 연방정부가 더욱 광범위한 국민의 자유를 확보

American Economic Review 29:1(March, 1939), p.60.

35) Marion Clawson, New Deal Planning, pp.314-318.

36) 후기 뉴딜 행정부에서 루스벨트의 측근 참모로 활동했던 서먼 아놀드(Thurman Arnold), 토머스 코코란(Thomas Cocoran), 벤자민 코헨(Benjamin Cohen), 제임스 랜디스(James Landis) 등은 공통적으로 정부의 적극적 역할을 통한 대자본의 규제를 옹호했다. 그러나 그들이 규제국가를 중시했다고 해도 뉴딜 초기에 나타났던 전국부흥청과 같은 코포라티즘적 구조, 혹은 연합주의적 경제에 대해서는 반대했다. 그들의 시각에서 볼 때 전국부흥청은 '사탕발림을 한 트러스트'일 뿐이었다. Thurman Arnold, The Folklore of Capitalism(New Haven: Yale University Press, 1937), pp.221, 268; George Soule, "Toward a Planned Society", New Republic(November 8, 1939), p.37; 김진희, 「프랭클린 루스벨트의 '경제적 자유' 재개념화와 '경제적 권리선언'」, pp.164-170.

하는 데 일조할 수 있을 것이라고 밝혔다.37) 같은 해에 발간된 『안전, 일자리, 구제정책』역시 "모든 미국인에 대한 최소한의 안전"을 가능하게 할 포괄적 정부 프로그램을 촉구했다. 이 보고서는 장기침체이론에 의거하여 공적 구제를 영구적 프로그램으로 정책시켜야 할 필요성을 강조했다. 1942년에 나온 두 보고서는 공통적으로 적극적 노동시장정책을 통한 경제안전의 보호와 일자리 창출을 뉴딜 정부의 핵심적 사안으로 제시하고 있었다.38)

그런데 1943년에 발간된 국가자원기획위원회의 보고서에는 계획 개념에 변화가 나타났다. 위원회는 여전히 공공사업 프로젝트를 제안했고 그 중요성을 강조했다. 그러나 공공사업은 경기조정적 정부예산의 기회 정도로 중요성이 축소되었다. 공공사업을 통하여 잠재적 저장소를 형성하고 정부가 그로부터 프로젝트에 착수하여 "산업의 몰락과 실업에 대처한 보험"의 역할을 수행할 것으로 기대되었다. 복지 프로그램과 사회보장제도 역시 구매력 증대에 기여할 가능성과 성장의 대의에 부합한다는 측면이 주로 부각되었다.39)

마찬가지로 1943년 발간된 국가자원위원회 연례보고서에는 완전고용이 실현되는 풍요로운 경제에 초점을 맞췄다. 보고서에서는 "우리 나라의 생산-소비 예산을 낮은 수준의 대량실업이 아니라 높은 수준의 완전고용과 균형을 잡도록 계획해야 한다"고 밝혔다. 독점금지와 국가의 규제적 역할 등이 다뤄지기는 했으나 중점사안에서는 비켜 갔

---

37) National Resources Planning Board, *Post-War Planning*(Washington, D.C.: GPO, 1942), p.32.

38) National Resources Planning Board, *Security, Work, and Relief Policies* (Washington, D.C.: GPO, 1942); L. G. Rockwell, "The National Resource Planning Board in the United States", *Public Affairs* 6(1942), pp.9-13.

39) National Resource Planning Board, "Post-War Plan and Program", *National Resources Development Report for 1943*(Washington, D.C.: GPO, 1943), p.43.

다. 우선적 목표는 경제성장을 어떻게 유지할 것인가로 모아졌다. 보고서는 "새로운 민주주의를 향한 길에 놓인 역동적 경제의 고속도로를 따라가면 국가자원을 완전히 이용하고 완전고용하며 더 높은 생활수준이 가능한 지점에 도달한다. … 우리는 풍요의 경제의 문 앞에 도달했다"고 확언했다.40)

사실 1942년에 발간된 국가자원기획위원회 보고서는 이미 미국이 제2차 세계대전에 본격적으로 참전하기 이전인 1940년에 착수되었고 그 논조는 1930년대 후반에서 1940년대 초반까지 루스벨트 참모로 활동했던 뉴딜주의자들의 정치적 관점을 반영했다. 반면 1943년의 보고서는 미국이 전시체제에 돌입한 이후 작성된 것으로 그런 점에서 뉴딜 정권의 핵심적 관심사의 이동을 반영했다.41) 1943년 보고서에서 두드러진 특징은 성장에 대한 강조이다. 이는 케인스주의, 그리고 케인스주의를 미국적 토양에서 재구성한 미국 경제학자들의 영향을 받은 것이다. 실제로 앨빈 한센(Alvin Hansen)과 가디너 민즈(Gardiner Means) 등 1930년대 후반부터 케인스주의를 수용하기 시작했던 경제학자들이 국가자원기획위원회 내부에서 활동했던 것이다. 1943년 국가기획자원위원회 보고서의 주 저자였던 한센은 케인스주의를 수용하여 보정적 재정정책으로 전환시키는 데 기여했던 인물이었다. 한센은 1942년의 글에서 "재정정책이 근대경제의 작동에서 강력한 요인으로 남을 것"이라고 주장하며 재정정책이 고소비경제를 발전시켜 완전경제에 도달하게 하는 수단이 될 것이라고 전망했다. 또한 그는 고소비경제를 "혁신적 조세구조와 사회보장, 사회복지, 그리고 지역공동체의

---

40) National Resources Planning Board, "Wartime Planning for War and Post-War", *National Resources Development Report for 1943*(Washington, D.C.: GPO, 1943), p.72.

41) 김진희, 「프랭클린 루스벨트의 '경제적 자유' 재개념화와 '경제적 권리선언'」, p.169.

206

소비비용과 결합"시킬 것을 제안했다.42)

무엇보다 전시 경제팽창을 목격했던 뉴딜 자유주의자들은 적절한 자극이 있을 경우 경제는 성장할 수 있다고 믿게 되었다. 뉴딜주의자들이 대공황기에 자본주의의 근본적 결함에 몰두했다면 그들은 전시 경제성장을 목격하며 다시금 미국 자본주의에 대한 낙관적 전망을 되찾은 것이다.43) 따라서 그들은 평상시로 돌아간 뒤에도 경제성장을 위한 자극이 필요하다고 여겼고 케인스주의에서 이론적 정당성을 확보하고자 했다. 케인스주의는 개혁가들을 오랫동안 괴롭혔던 고민으로부터 탈출할 방법을 제시하는 것으로 보였다. 그 고민은 어떻게 하면 자본가들의 특권에 정면으로 도전하지 않으면서도 시장경제를 공정하고 효율적으로 운영하는가 하는 것이었다. 그런데 재정정책과 경제성장에 초점을 맞출 경우, 기업에 대한 정부의 지속적 관여를 요구하는 규제국가의 전제를 피해 갈 수 있을 것으로 기대되었다. 기업에 대한 정부의 관여는 정치적 난항을 초래할 수밖에 없기 때문이다.44) 재정정책에 초점을 맞춘 케인스주의는 경제성장과 완전고용, 풍요로운 삶을 구상하면서도 국가의 자본에 대한 직접적 규제기능을 확대하지 않아도 된다는 것을 의미했다.45) 결과적으로 상업적 케인스주의,

---

42) Alvin Hansen, "The Federal Debt and the Future," *Harper's*(April, 1942), p.500.

43) Barry D. Karl, *The Uneasy State: The United States from 1915 to 1945* (Chicago: University of Chicago Press, 1983), pp.1-7.

44) Donald Nelson, *Arsenal of Democracy: The Story of American War Production*(New York: Harcourt Brace and Company, 1946), pp.329-348; Robert Skidelsky, "Keynes and the Reconstruction of Liberalism", *Encounter* (April, 1979), pp.29-32.

45) Donald T. Critchlow, "The Political Control of the Economy: Deficit Spending as a Political Belief, 1932-1952", *Public Historian* 3(1981), pp.5-22.

즉 간접적인 경제운용이 미국적 방식으로 수용되었다. 이와 함께 사회보장제도가 소득분배와 구매력 확대의 수단으로 정의됨으로써 복지국가 개념은 지속적 경제성장과 접목되었다. 풍요로운 경제에 대한 목격, 그리고 그것이 자극한 자본주의에 대한 신념의 회복은 뉴딜 자유주의자들의 장기적 목표, 그리고 목표를 위한 수단을 수정하게 했다.

4. 결론: 상업적 케인스주의와 미국적 복지체계의 도래

1944년 의회는 국가자원기획위원회를 폐지하고 예산국을 경제문제에 관한 핵심부처로 변경하는 안을 통과시켰다.46) 이 결정에 대해 공화당 의원들뿐 아니라 남부 민주당 의원들도 찬성했다. 버지니아 주의 해리 버드(Harry Byrd) 상원의원은 전후 계획이 행정부에 소속된 국가자원기획위원회가 아니라 의회 주도로 이뤄져야 한다고 주장했다. "비록 우리가 전후 계획을 필요로 한다고 해도 뉴딜의 경제정책을 특징짓는 전쟁 이전의 국가계획과는 차별화되어야 한다"는 것이다.47) 여론에서도 유사한 반응이 나타났다. 한 신문에서는 "우리에게 정부 계획이 있어야 한다면 그것은 개인의 주도권과 지역/주정부가 신뢰되는 행위의 장이 커질수록 우리의 자유가 지켜질 가능성이 더 많다는 것을 전제로 한 계획이다"라고 주장하며 연방정부 주도의 계획경제를 비판했다.48)

국가자원기획위원회는 폐지되었고 예산국은 초균형예산(surplus budget)과 적자재정을 수단으로 하여 경기순환을 통제했다. 예산국 국

---

46) *New York Times*(June 19, 1943); Clawson, *New Deal Planning*, p.229.

47) *Christian Science Monitor*(February 19, 1943).

48) *Baltimore Sun*(February 18, 1943).

장 해럴드 스미스(Harold Smith)는 예산국을 "연방정부가 개인을 보호하고 보살피는 역할을 하면서 시민에게 최소의 영향을 미치는 방식으로 경기순환에 영향을 주는 사업"이라고 정의했다. 예산은 정부의 핵심적 도구이자 동시에 "정부의 책임을 수행하는 가장 중요한 도구"로 간주되었다.[49] 정부의 규제적 역할과 경제계획의 비중이 감소된 반면 재정정책의 위상이 높아졌다. 정부의 규제와 계획이 아니라 예산국에 의해 수행된 '재정적 접근'이 국정운영의 중심에 자리 잡은 것이다. 그런 점에서 미국에서 수용된 케인스주의는 시장의 작동방식에 대한 직접적인 규제가 아니라 교정에 중점을 두었다.[50]

그런 점에서 미국은 케인스주의를 수용했다고 해도 마찬가지로 케인스주의를 수용했던 스웨덴과는 다른 궤도로 발전했다. 테다 스카치폴(Theda Skocpol)과 마거릿 위어(Margaret Weir)는 그 차이를 다음과 같이 정리했다.

스웨덴은 케인스주의적 거시경제 운용과 복지지출을 노동동원의 촉진을 위한 노동시장 간섭과 결합시켰다. 한편 미국에서는 1938년부터 1946년까지 스웨덴 스타일의 '사회적 케인스주의'가 아니라 '상업적 케인스주의'를 실행했다. 이는 실업의 제거보다는 인플레이션의 통제를 더욱 강조하면서 연방정부가 세금삭감과 공공지출의 자동적 조절을 이용하여 경제를 운용하는 것을 의미한다. … 미국에서 국내의 공적 지출은 적정선에 머물고 사회복지나 연방정부에 의한 기업간섭은 거시경제

49) Harold D. Smith, "The Budget in Transition", in *Material on Budgeting: An Instrument of Planning and Management, Unit I: The Evolution of the Budgetary Concept in the Federal Government*, Catheryn Seckler-Hudson (ed.)(Washington, D.C.: American University Press, 1944), p.73.

50) Alan Brinkley, "New Deal and The Idea of the State", in Steve Fraser and Gary Gerstle(eds.), *The Rise and Fall of the New Deal Order, 1930-1980* (Princeton: Princeton University Press, 1989), p.94.

적 운용에 상응하지 않았다.[51]

스웨덴에서 정부는 성장촉진과 사회의 보호라는 두 가지 과제의 균형을 중시했다. 스웨덴 정부는 적극적 노동정책을 통하여 '공정한' 수준의 임금을 책정했을 뿐 아니라 일자리를 상실한 노동자들의 재교육과 재배치를 책임졌다. 그 결과로 기업은 효율성을 확보했고 노동자들은 평등한 임금구조 속에서 사회적 연대를 실현할 수 있었다. 이는 정부의 적극적 역할을 통하여 시장이 주변화됨을 의미한다.[52] 그러나 미국에 도입된 케인스주의에는 스웨덴과 같은 적극적 고용정책이 수반되지 않았다. 시장경제에 대한 규제도 매우 약했다. 미국에 정착된 '상업적 케인스주의'는 총수요 관리를 통한 경기부양 및 경기순환 조정에 집중했다. 완전고용은 이를 통해 간접적으로 달성되었고 소득의 직접적 재분배 현상은 거의 나타나지 않았다. 물론 뉴딜 정부는 경제 시스템을 재건하고 고용증대를 추구했으며 소득세를 인상하는 한편 노동자의 협상력을 증진시켰다. 복지의 차원에서는 사회보장제도를 강화했다. 그러나 상업적 케인스주의가 성공할수록 노동자-시민의 정

---

51) Margaret Weir and Theda Skocpol, "State Structures and the Possibilities for 'Keynesian' Responses to the Great Depression in Sweden, Britain and the United States", in Peter B. Evans, Dietrich Rueschemeyer, and Theda Skocpol(eds.), *Bringing the State Back In*(Cambridge: Cambridge University Press, 1985), p.108.

52) Sheri Berman, *The Primacy of Politics*(2006), 김유진 옮김, 『정치가 우선한 다』(서울: 후마니타스, 2010), pp.273-275; Gosta Esping-Andersen, *Politics Against Markets*(Princeton: Princeton University Press, 1985), p.245. 스웨덴의 적극적 노동정책은 렌-마이드너 모델(Rehn-Meidner Model)에서 확인할 수 있다. 렌-마이드너 모델은 재정과 통화정책을 통한 '총수요관리'로는 불충분하다는 문제의식에서 출발한다. 전면적 국유화 없이 경제에 대한 사회적 통제력을 증대시키기 위해 제시된 것이다. Sheri Berman, *The Primacy of Politics*, pp.291-293.

체성은 약화되었고 소비자-시민의 정체성이 강화되었다. 이 과정을 통해 미국의 노동자/인민/시민은 원자화되어 대량소비사회로 통합되어 갔다.

제2차 세계대전이 종결된 뒤 대두한 뉴딜 질서에서 권리와 고용이 강조된 반면 평등과 계획에 대한 관심은 주변화되었다. 역사가 앨런 브링클리가 지적한 바와 같이 뉴딜 자유주의자들은 "자신들의 정치로 정의되었던 공약들로부터 후퇴했다. 즉, 생산에 대한 관심, 시장의 한계에 대한 관심 등이 그것이다."[53] 스웨덴의 사민주의에서 정치가 경제에 우선했고, "자본주의의 가장 가혹한 영향들로부터 사회를 보호하고 특히 그 사회의 가장 허약하고 취약한 구성원들의 행복과 안전을 증진하기 위해 민주적 국가를 이용"했던 것과 비교할 때 미국에서 정치는 경제를 보완하는 역할에 그쳤다.[54]

뉴딜 시기를 지나며 자유주의는 정부의 적극적 개입을 통한 자유의 보호라는 개념으로 변모했다. 뉴딜 복지제도의 도입과 함께 '경제안전'에 대한 강조는 미국의 자유주의에서 중요한 의미로 자리 잡았다. 또한 1938년 루스벨트 공황 이후 케인스주의를 수용하면서 적자예산과 정부의 적극적인 역할은 정당성을 획득했다. 그러나 정부 개입의 방향은 기업에 대한 규제나 구조개혁이 아니라 풍요로운 소비사회의 건설/유지에 치중되었다. 이는 규제되지 않은 자본의 힘이 미국복지의 성격뿐 아니라 경제민주주의를 왜곡시킬 여지를 남겨놓았음을 의미한다. 1936년 재선에서 루스벨트가 주창했던 포괄적 정부 개입을 통한 재분배 전략, 경제불평등의 해소는 뉴딜 질서가 한 세대 이상 지속되었음에도 불구하고 제도로 정착되지 못했다. 그런 점에서 경제성장이 곧 사회진보의 확실한 방편이라는 뉴딜 자유주의자들의 신념은 예기

---

53) Alan Brinkley, *The End of Reform*, p.40.
54) Gosta Esping-Andersen, *Politics Against Markets*, p.307.

치 않은 결과를 가져왔다. 그들은 정부가 자본주의의 내적 작동에 간섭하지 않으면서도 자본주의의 결함을 보완함으로써 소득재분배와 고용창출, 그리고 복지문제를 해결할 것으로 기대했으나 그 기대는 충족되지 못했다. 뉴딜 이후 개혁의 방향은 대체로 구조나 공동체가 아니라 개인의 권리문제에 치중했다. 전쟁 전 뉴딜 자유주의자들이 계획경제를 통한 자본주의의 문제해결을 도모했다면 전쟁 후 그들은 경제성장을 통한 소비의 진작에 집착했다. 성장과 소비는 새로운 유토피아가 되었고 기업의 협조를 이끌어내는 것은 새로운 유토피아에 도달하는 첩경이 되었다. 뉴딜 자유주의는 정부의 적극적 간섭을 통한 개인의 자유라는 개념을 탄생시켰으나 근본적으로 규제되지 못한 시장의 자유는 루스벨트가 약속했던바 경제적 불평등의 철폐를 통한 '진정한 자유'의 달성을 저해했다.

일본의 가족주의 경영과 고용안정의 정합성: 자유주의적 접근 [1)]

전영수(한양대)

1. 서론: 복지파탄과 대안모델

애덤 스미스(Adam Smith)가 중농주의, 중상주의에 맞서 봉건제도에서의 독점적인 권력세력이던 군주 및 특권 세력에 반발하며 사유재산권 인정과 완전경쟁(자유방임)으로 요약되는 고전적 자유주의를 설파(『국부론』(1776))한 지 약 240년이 지났다. 이 기간 자본주의[2)]는 많은 국가에서 다양한 차원의 도전과 진화를 반복하며 오늘에 이르렀다. 그렇다면 자유방임적인 시장효율이 전체 참가자의 후생극대로 연결된다고 가정하는 자본주의는 그 장수비결에 어울리듯 과연 옳았을

---

1) 이 논문은 2013년 2월 발간된 『일본학보』, 제94집에 실린 내용을 확대, 편집한 것임을 밝힌다.

2) 자본주의(Capitalism)는 그 광범위한 맥락 의미와 범주 기반을 감안할 때 결코 쉽게 정의될 수 있는 단어는 아니다. 다만 본고에서는 고전적인 자유주의에 포인트를 두고 사유재산제 인정, 시장수급에 따른 가격결정(완전경쟁, 자유방임), 이윤추구의 허용, 노동력의 상품화 등 다양한 자본주의 그룹에 기초적, 공통적으로 인정되는 최소한의 개념을 자본주의로 사용함을 밝힌다.

까? 주지하듯 자본주의의 철학적, 이론적 배경이던 자유주의는 많은 변용을 해왔다. 그 말은 상당한 부침을 겪으면서 약간의 방향전환과 가중치에 변화를 줘가며 생존력과 설명력을 인정받아 왔다는 의미로 해석된다. 비록 고전적 자유주의(자유방임주의)에서 수정자본주의(케인지안), 그리고 신자유주의(자유지상주의) 등으로 프레임의 변화는 있을지언정 기본적인 개념은 고수돼 왔다.

그런데 2008년 발생한 금융위기는 자본주의에 대해 근본적인 회의와 반성을 요구하며 시장실패의 대표사례로 부각된 채 폐기 혹은 수정 요구에 직면했다. 신자유주의 이후의 대안모델을 찾으려는 움직임과 실제연구는 각국에서 활발히 진행되고 있다. 신자유주의의 부작용이 크면 클수록 대안 요구의 수위와 강도는 높다. 특히 이 논문의 분석대상인 일본의 경우 신자유주의 이후를 대체할 새로운 모델 수립 요구가 높다. 내수의존도가 높아 금융위기의 외부충격이 상대적으로 적었음에도 불구하고 장기적, 구조적인 복합불황이 20년이나 일본 경제를 위축시켰으며 그 과정에서 빈부격차의 희생자인 서민, 중산층을 중심으로 한 새로운 복지수요가 급증했기 때문으로 이해된다. 단적인 사례로 일본의 생활보호대상자는 금융위기를 계기로 급속히 늘어나 위험수위에 달했다.3) 2002년 칸(管) 정부가 규제완화(시장개방), 민영화, 감세의 신자유주의를 적극적으로 도입, 채택한 이후 국제경쟁력 확보 차원에서 기업부문이 경비절감형 경영전략을 대거 채택한 것이 결과적으로 근로자의 임금하락, 구조조정 등 고용불안을 야기했기 때문이다.4) 해고불안과 취업난맥은 전체 세대에 광범위하게 확산되면서

---

3) 2012년 8월 기초생보자는 213만 1,011명으로 사상 최대치를 기록했다. 버블붕괴가 본격적인 불황 여파로 나타난 1995년(88만 2,229명)보다 약 세 배 가까이 늘어난 수치이자 종전 직후 최다치(1951년, 204만 6,646명)조차 넘어선 규모이다(후생노동성, 2012).

4) 자세한 내용은 전영수(2010) 참조.

일본사회의 집단우울로 연결되는 추세이다.

이로써 1973년 일본 정부가 공식적으로 선언(經濟白書)한 '복지원년'의 자신감은 40여 년 만에 폐기해야 할 처지로 전락했다. 민주당으로의 정권교체가 새로운 가능성을 꿈꾸게 했지만 결과론적으로는 희망사항에 불과했다. 불확실성에 포위된 일본 국민의 피로감과 피폐감은 사실상 극에 달했다고 볼 수 있다. 반대로 이는 행복과 안정, 그리고 희망을 논하는 새로운 난국타개책의 마련 요구로 거세게 확산된다. 고장 난 신자유주의를 고쳐 다시 달리게 하든가, 북유럽처럼 사민주의에 근거해 복지국가론을 세우든가, 혹은 경로의존성에 맞게 일본적 복지시스템을 재편, 재구축하든가 등 논의방향은 다양하다.

다만 경로는 다소 달라도 목적지는 탄탄한 사회안전망이 가동되는 정부복지의 확대강화라는 점에서 동일하다. 그럼에도 불구하고 정부복지의 시급한 모델구축은 힘들고 지난하다. 재원확보와 사회대타협 등 넘어야 할 과제가 장기적이며 갈등적이다. 그렇다면 의욕을 다소 낮춰 현실적이며 구체적이고 즉각적인 복지수요 대응모델을 찾는 것이 방법이다. 이때 유력한 방법은 '일자리 = 복지'란 차원에서 고용안정에 방점을 찍는 것이다. 동시에 시장실패와 정부실패를 함께 고려할 필요가 있다. 본고는 그 결론으로 '일본의 가족주의적 경영'에 주목한다. 그것이 정부복지 실현까지 시간을 벌어줄 뿐만 아니라 제3섹터로서 가족(공동체)주의의 주체인 기업부문의 고용안정에 직결되기 때문이다. 이는 애덤 스미스를 비롯해 자유주의자들이 애초부터 거론했음에도 불구하고 강조되지 않은 사회적 약자와의 공정, 공생이념과 부합하며 일본 기업의 전통적인 가족주의 경영과도 꽤 공통적이다. 복지파탄이 거론되는 지금 기업의 사회적 책임 강조와 함께 복지기능을 맡았던 일본 기업의 가족주의를 주목해야 하는 이유가 여기에 있다.

2. 분석틀과 선행연구

1) 분석틀

본고의 추론가설은 일본의 가족주의 경영철학이 옅어지면서(독립변수) 근로자의 고용안정성이 약화됐다(종속변수)는 가정이다. 이를 위해 먼저 가족주의 경영철학의 원류와 특징을 살펴보고, 그 실천도구로서 기업복지5)로 상징되는 복리후생(비법정복리비용)의 하락추세가 최근의 고용불안을 야기했다는 점을 분석한다. 따라서 고용불안을 희석시키고 복지수요를 경감시키기 위해 기업복지를 유지, 강화할 필요가 있다는 결론도출에 다다를 것이다. 근로자의 복지수준을 결정하는 실행주체로 신자유주의의 추종논리에서 벗어나 전통적인 일본의 가족주의 경영을 재차 부활, 심화함으로써 복지파탄의 난국을 일정 부분 벗어날 수 있다고 보기 때문이다. 이 과정에서 일본의 가족주의를 서구의 자유주의적 관점에서 접근, 비교함으로써 일본 사례가 폐쇄적이며 독창적이지 않으며 반대로 금융위기 이후 일반적이고 보편적인 대안모델이 될 수도 있다는 시사점을 추론한다.

---

5) 기업복지(Occupational Welfare) 및 작업장 복지(Workplace Welfare)로 해석되는 기업복지는 회사가 근로자에게 지급하는 일련의 비임금급여와 서비스를 말한다. 복지가 국가와 시장, 자원(Voluntary), 비공식 분야 등이 다양하게 어울려 혼합된 형태로 제공된다는 복지혼합(Mixed Economy of Welfare), 복지다원주의(Welfare Pluralism), 복지의 사회적 분화(The Social Division of Welfare) 등의 문제제기가 연구원류이다. 이를 실현하는 사회적 분화 주체는 법적 복지, 기업복지, 재정복지로 구분된다(Titmuss, 1963). 자세한 내용은 마틴 포웰 외, 김기태 옮김(2011:21-44, 205-232) 참조. 일본학계에서는 기업이 근로자의 복지향상을 꾀하고 귀속의식을 강화, 안정시켜 생산성 향상과 노사관계 안정을 위해 행하는 사업(橘木俊詔)으로 정의된다. 기업성장을 위한 정부의 특혜제공이 기업복지를 강화시켰다(정부의 책임전가)는 지적도 있다(神野直彦, 後藤道夫).

본고는 이를 위해 크게 두 가지 분석대상을 선정했다. 3절에서 자유주의와 일본의 가족주의 경영과 관련된 이론기반을 역사적으로 거슬러 올라가 그 탄생배경과 진화과정, 그리고 유효성 등을 고용안정의 스펙트럼에서 분석했다. 특히 서구에서 제창된 자유주의와 일본의 가족주의가 어떻게 연결되고 어떤 거리감을 갖는지에 대해 비교 가능한 제반이론과 함께 그 위치정리(position)를 시도했다. 이를 통해 4절에서는 일본의 가족주의 경영이 고용안정성과 어떻게 유의미한 관련을 갖는지, 그 정합성의 여부를 기업복지라는 설명변수로 연구했다. 그리고 결론에서는 일본의 가족주의를 재고찰한 이상의 결과를 토대로 한국에 대한 시사점을 이끌어냈다. 특히 일본과 한국의 성장환경과 배경문화뿐 아니라 최근의 고용불안 등이 유사하다는 점에서 적잖은 함의를 도출할 수 있다.

본고는 문제제기의 전제 차원에서 우선 일본의 가족주의가 갖는 탄생배경과 진화과정을 역사적 및 이론적으로 접근한다. 이를 통해 일본의 가족주의가 문화적, 제도적인 정합성을 가지며 일본적 경영시스템으로 연결돼 고도성장과 함께 전체 국민의 중류의식 확대로 이어졌음을 확인한다. 즉, 직원우선을 통한 종업원주권주의가 일본의 복지시스템을 완성하고 근로자의 고용안정에 기여했음을 살펴본다. 다만 주지하듯 1990년대 이후 고도성장의 종언과 신자유주의의 도입이 가족주의의 단절 및 폄하를 야기하면서 이때부터 본격적으로 일본 가계의 고용불안은 증폭됐다. [그림 1]의 분석틀에서처럼 시장실패, 기업변심, 장기불황, 빈곤증대, 격차심화의 근본적이고 공통적인 결과물이 고용불안, 복지파탄이며, 여기에 신자유주의가 상당 부분 일정 역할을 했다는 혐의가 있다(전영수, 2012).

따라서 그간 가족주의 경영의 보호대상인 공동체(기업) 내부의 경우 임금하락, 구조조정, 복리감소의 위기상황에 봉착하게 됐다. 즉, 종

[그림 1] 본고의 분석틀

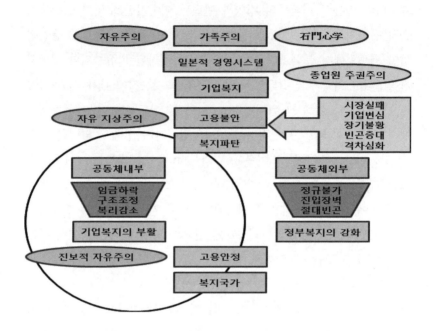

신고용은 약화되기 시작했고, 정규직은 비정규직으로 전락했으며, 경비절감 경영은 복리비용의 감소로 연결됐다. 물론 퇴색되고 약화된 가족주의는 공동체 외부에도 상당한 충격을 안겼는데, 신졸채용의 관문이 좁아든 청년실업, 장기적인 비정규직화, 고용약자의 절대빈곤 등의 문제가 여기에 해당한다. 다만 본고의 분석대상은 가족주의, 자유주의에 한정해 접근하기에 공동체 내부에 포커스를 둬 분석6)할 것이

---

6) 시각을 넓히면 가족주의는 기업 내부만의 공동체의식이 아니다. 지역사회와 사회 전체를 아우르는 포괄적인 개념으로까지 확대시킬 수 있으며, 이런 점에서 기업의 사회적 책임(CSR)은 그 최종적인 수행범위가 사회 전체로 넓어진다. 다만 본고에서는 논리 맥락의 관리와 논점 확대를 방지하고자 기업의 가족주의 경영을 일단 공동체 내부에 한정해 분석했음을 밝힌다.

다. 금융위기 이후 대안모델과 관련된 이슈가 확산되면서 세계적으로는 진보적 자유주의라는 대체 시스템이 주목을 받기 시작했는데, 이는 일본적 가족주의 경영의 재고찰 및 고용안정과의 정합성과 적잖이 일치하는 내용으로 시장실패와 정부실패를 모두 고려한다는 점에서 그 의미가 남다르다.

2) 선행연구

일본의 가족주의 경영에 대한 선행연구는 그 주제가 광범위하며 분석 결과가 장시간 축적된 상태이다. 일본 기업의 경영원리와 고도성장의 성공모델을 분석하는 과정에서 일본적인 가족주의(혹은 공동체주의) 운영논리가 그 핵심적인 역할을 한 것으로 파악하는 연구 결과가 일반적이다(星野修, 2011; 中島晶子, 2012; 原邦生, 2006). 이는 일본을 포함해 한국 등 유교권의 압축적인 고도성장을 유도한 성공적인 경제모델의 근본적인 경영철학으로 해석하는 긍정적인 흐름이지만, 반대로 1990년대 이후 아시아적 가치(Asian Value)가 훼손될 때는 정실주의, 권위주의, 관료주의와 함께 가족주의가 치명적인 성장한계로도 거론된 바 있다(폴 크루그먼, 2009).

물론 일본의 복합불황 이전에는 고도성장에 성공한 아시아의 문화적 가치기반에 대한 서구학계의 연구 결과가 많았는데, 칸(Kahn, 1979)과 보글(Vogel, 1979), 호프하인즈와 캘더(Hofheinz and Calder, 1982)의 선행연구가 대표적이다. 이들은 개인보다는 집단을, 변화보다는 안정을, 경쟁보다는 합의를 중시하는 아시아 특유의 상생연대의 공동체적 가족문화를 유력 키워드로 이해한다.

하지만 대부분의 가족주의 경영에 관한 선행연구는 그 선순환의 기능과 역할에 긍정적인 의미를 부여하는 관점에서 진행됐다고 볼 수 있다. 특히 자유지상주의(신자유주의)가 득세했던 2000년대 초중반을 제외하면 일본 현지에서는 가족주의 경영이 오랜 시간 일본 특유의 하위제도와 맞물려 고효율과 고성과로 연결됐다는 점을 실증적, 이론적으로 분석한 연구 결과가 보편적이다.[7] 실제 가족주의 경영철학을 견지한 기업이 고성과를 내고 있다는 경영학계의 선행연구도 상당수에 이른다.[8]

때문에 이토 오사무(伊藤修, 2007:207-226), 다케타 하루히토(武田晴人, 2008:213-214), 미츠하시 타다히로(三橋規宏, 2009:433-437) 등은 일본 기업의 가족주의 경영이 일본 경제론의 핵심적인 작동원리라고 말하며 일본적 경영(경제)시스템 혹은 일본 모델의 중추 개념으로 활용한다. 특히 가족주의 경영전략을 채택한 특정기업 및 특정경영인의 철학과 이념을 통해 일본적 경영시스템의 특징과 장점이 어떻게 빛을 발했는지에 대해 기술한 선행연구는 셀 수 없이 많다. 일례로 일본에서 '3대 경영의 신(神)'으로 불리는 마츠시타 고노스케(松下幸之助), 혼다 쇼이치로(本田章一郎), 이나모리 가즈오(稻盛和夫)의 경영철학을 다룬 책은 한국에도 다수 소개된 바 있다. 가족주의 경영관이 이들 책의 중요한 설명변수인 것은 재론의 여지가 없다.

2008년의 금융위기 이후 불거진 과도한 시장원리적인 자본주의 시

---

7) 비교제도 분석(靑木昌彦) 차원의 접근으로 일국의 경영시스템은 다원적이며 다수의 하위제도(Sub-System)가 조합돼 일정한 방향으로 움직인다는 점을 강조하는 시각이다. 이때 하위제도는 서로 맞물리며 전체 시스템을 유지, 확대시키며 그 점착성(粘着性)과 관성으로 일정 궤도에 올라타게 된다고 본다. 이는 일본의 경영시스템을 '역사적 경로의존성'에 근거해 정당성을 찾으려는 대표적인 연구방법론이다(伊藤修, 2007:13-24).

8) 가족주의와 실력(성과)주의를 대척점에 놓고 창업 100년 이상의 장수기업의 실적 통계를 비교 분석한 선행연구가 대표적이다(淺田厚志, 2012). 결론은 가족주의를 중시하는 장수기업의 매출(경상이익률) 결과가 실력주의 채택기업보다 우량하다는 점이다(http://choujukigyou.doorblog.jp/archives/cat_60255528.html, 검색일 2012년 12월 13일).

스템의 대안모델로 일본의 전통적인 가족주의 경영을 주목하는 연구도 다수 있다. 영국을 중심으로 한 'The Third Way'나 'Big Society' 담론이 대표적이며, 한국에서는 사민주의 모델인 '북유럽형'에 관한 선행연구가 많다.9) 같은 맥락에서 일본에서는 전통적인 일본 모델이 1990년대 이후 발생한 복합불황의 원인이 아니며 여전히 상당한 설명력을 갖는다고 주장(江川美紀夫, 2008:9-21)한 이른바 '혼합경제체제(Mixed Economy System)'가 있다. 따라서 기업시스템(종신고용, 연공임금, 기업노조, 기업통치, 계열거래 등)과 정부시스템(케인스주의, 재정적 소득재분배, 마찰조정의 사업정책 등)을 더욱 강화해 신자유주의의 실패영역을 극복해야 한다는 논리이다. 또 일본의 가족주의적인 가치 개념인 '와(和)'와 '이에(家)' 제도를 일종의 공공재로 보고 여기에 부응하는 기업역할을 강조한 연구도 있다(田端博邦, 2010:87-102). 상호 적대적인 거래관계가 아닌 사회연대의식에 무게중심을 둔 체제, 즉 도덕경제론을 주장한 선행연구도 있다(賀川豊彦, 1949; 大江健三郞, 2002; 滝川好夫, 2009).

주지하듯 자유주의에 관한 선행연구는 방대한 분량처럼 깊이가 있고 시선도 넓다. 메이지(明治)유신을 계기로 일본의 근대화 과정에서 서구(특히 독일)철학에 관한 다양한 관점에서의 선행연구는 1920년대의 자유민권운동을 비롯해 일본사회에 상당한 영향을 남긴 바 있다. 대형서점(紀伊國屋)에서 키워드 '자유주의'를 검색해 보면 제목으로 걸리는 서적만 5,500건에 달할 정도이다.10) 한국에서도 자유주의는 학계를 비롯해 연구자들의 중요한 연구대상이며, 세부적으로 구분되는 다양한 자유주의 변천사를 연구한 결과가 적잖다. 비교를 위해 한

---

9) 자세한 내용은 앤서니 기든스(2001:4장)와 김인춘(2012:2, 12-20)을 참조.

10) http://bookweb.kinokuniya.co.jp/guest/cgi-bin/search.cgi, 검색일 2012년 12월 14일.

국에서의 검색 결과(예스24)는 318건이다. 대표적인 선행연구자로는 계파별, 학자별로 자유주의 사상을 정리한 총서를 발간한 이근식(2006; 2009)을 필두로 민경국(2007), 고세훈(2011) 등이 유명하다.[11]

다만 본고의 문제제기인 자유주의와 가족주의를 동일 평면에 놓고 그 성격과 특징을 비교해 연구를 진행한 경우는 찾기가 힘들다. 최근 시장실패가 부각되고 정부실패마저 목격되는 가운데 복지수요가 급증하면서 자유주의와 가족주의를 개별적인 복지 스펙트럼에 접목시킨 연구는 있지만 이 둘을 고용관점에서 공통적으로 비교한 연구는 잘 발견되지 않는다. 특히 일본의 가족주의와 그 변용을 고용안정(기업복지) 차원에서 접근하면서 그 비교 잣대로 자유주의를 채택한 연구는 드문 것으로 추정된다. 물론 서구와 일본의 복지시스템을 개별 혹은 비교해 분석한 선행연구[12]는 있지만 본고의 분석틀처럼 그 철학원류로 가족주의와 자유주의까지 거슬러 올라간 경우는 별로 없다. 특히 고용안정에 정합성을 갖는 가족주의의 실천도구로 기업복지(더 정확하게는 법정외복리)를 규정, 그 변화양상을 자유주의 및 가족주의 이데올로기로 접근했다는 점이 기존연구와 구별되는 본고의 특징이다.

---

11) 자세한 내용은 이근식, 『존 스튜어트 밀의 진보적 자유주의』(이근식 자유주의 사상총서 03, 기파랑, 2006); 이근식, 『애덤 스미스의 고전적 자유주의』(이근식 자유주의 사상총서 02, 기파랑, 2006); 이근식, 『상생적 자유주의』(석학 인문강좌 02, 돌베개, 2009) 및 민경국, 『하이에크, 자유의 길』(한울아카데미, 2007) 참조.

12) 일본의 복지모델을 자유주의, 사민주의와 구분되는 친족, 조합, 국가 중심의 보수주의 복지서비스로 규정한 연구(Esping-Andersen, 1990)가 유명하다. 또 일본을 '기업사회'로 규정해(渡辺治, 1997) 이를 유럽모델과 구별한 '일본형 복지국가'(神野直彦, 1998), '개발주의 복지국가'(後藤道夫, 2001) 등으로 정리한 연구도 있다. 이들은 일본의 복지모델을 기업복지, 지방통합, 보완보장 등 세 가지 하부구조로 이해한다.

3. 자유주의와 일본의 가족주의 경영

1) 일본의 가족주의 경영의 배경논리

먼저 일본적 경영(경제)시스템이 무엇인지부터 살펴보는 것이 순서일 것이다. 이를 통해 고도성장 때 완성된 일본적 경영시스템을 추동시킨 철학 개념으로 가족(공동체)주의를 분석한 후 다시 거슬러 올라가 그 최종적인 원류로 기능한 전통적인 이론기반에 도달하는 게 효과적일 것이다. 일본적 경영시스템은 대개 종신고용, 연공서열(임금), 기업노조의 3대 특징으로 요약되는 것이 일반적이다. 특히 '전전(戰前) 및 전후(前後)에 형성돼 고도성장부터 버블붕괴에까지 걸쳐서 실천된 일련의 경영관행'을 의미한다.13) 유럽, 미국 등이 근대화 과정에서 해체된 공동체가 기업 내부에서 재생산돼 지속됐다는 점에서 일본적인 특징으로 거론된다.14)

이런 분석은 고도성장 이후 일본사회의 중심적인 공동체로서 기업 역할을 지적하며 이를 '기업사회'로 명명하는 일련의 시각(渡辺治, 1997)과도 맥이 닿는다. 일본 기업을 '의사(擬似)공동체'로 본 진노 나오히코(神野直彦, 2010:70-74)는 이를 표현하는 단어가 일본적 경영시스템이라고 규정한다. 기업이 가족처럼 조직되며 회사가 직원에게 고용 및 생활 보장을 해주는 대신 근로자는 회사에 충실한 노동을 제공했다는 의미에서 가족에 비유되는 의사공동체라는 분석이다.

---

13) '日本的經營'으로 위키디피아 검색 결과, 검색일 2012년 12월 14일.
14) 제임스 아베글렌이 1958년 출간한 『日本の経営』에서 최초로 개념 정의가 이뤄졌으며, 일본 특유의 공동체문화에 주목해 하위제도와의 선순환 기능을 강조했다. 자세한 것은 ジェームズ C. アベグレン, 『新日本の経営』(日本経済新聞出版社, 2004), 제4장 참조. 한편 이를 '삼종의 신기(三種の神器)'로 보는 인식도 보편적이다(神野直彦, 2010).

이는 일본의 고용 레짐이 갖는 고용보장이 복지 레짐의 일부 기능을 대체하고 있어(미야모토 타로, 2011:56-59) 경영시스템을 곧 복지모델로 확대해석하는 근거가 된다. 즉, 기업복지의 역할, 기능이 가족으로 분류되는 근로자에게 주거, 교육, 의료, 노후 등 생애 전체의 복지수요를 제공함으로써 정부는 지방도시, 중소기업, 농촌지역의 공동체 외부그룹과 최하위 탈락계층에 한정해 재정투입(권력이익 유도형 지방통합)과 사회안전망(보완보장)을 보장하는 분립된 생활보장을 갖춘 것이 곧 '일본형 복지국가론'과 '개발주의 복지국가론'의 내용이다(神野直彦, 1998; 後藤道夫, 2001).

이제 현대의 일본적 경영시스템을 탄생시킨 원류가 되는 개념 혹은 철학은 무엇인지 살펴볼 차례이다. 즉, 독점이윤보다는 상생이윤을, 기업이익보다는 사회후생을, 시장만능보다는 자율규제를, 주주중시보다는 직원중시에 가중치를 둔 일본적 경영시스템의 배경철학인 가족(공동체)주의를 찾아가는 작업이다. 이는 사실상 기타 국가와 구분되는 일본적 문화의 특수성에서 실마리를 찾을 수 있다.

결론적으로 일본문화를 '국화'와 '칼'로 표현되는 집단주의 행위 개념으로 분석한 루스 베네딕트(Ruth Benedict, 1946)나 보편성보다 집단적 고유성과 특수성을 문화적 특징으로 꼽은 아오키 타모츠(1997)처럼 집단, 공동체, 대(大)가족주의 등이 일반적으로 도출됨을 알 수 있다. 구체적으로 가족과 공동체적인 질서를 종적으로 규정한 집단원리(中根千枝, 1967), 천황을 정점으로 연쇄적으로 구성되는 권력구조에 따른 비논리와 무책임성(丸山眞男, 1961), 집단 내부의 암묵적 이해사항이 중요한 사회질서라고 보는 공기(空氣)론(山本七平, 1977), 일본사회를 집단주의에 근거한 아마에(甘え)구조 등으로 개념화(土居健郎, 1971)한 것 등이 유명하다. 따라서 시간이 흘러 표면적인 미세변동은 있어도 장기간 축적된 기저문화가 뿌리 깊게 착근하고 있어

행위주체자의 사회적 성격, 일상생활 양식은 변하지 않는다(穴田義孝, 1995).

2) 가족주의의 원류로서 세키몬신가쿠(石門心學)

집단주의라는 문화적 특수성과 함께 기업 및 경영 부문에 가족주의적인 이데올로기가 체화된 역사적 원류는 17세기 에도시대의 '세키몬신가쿠(石門心學)'[15]가 유력하다. 실제 많은 역사서에서 서구 자본주의와 비교되는 현대 일본의 경영시스템과 그 배경철학의 원류로 이를 지적한다(奈良本辰也, 2005:436-444). 노동을 인격수양의 길로 본 '제업즉수행(諸業卽修行)'의 철학기반이며 '선의후리(先義後利)'의 상도의는 그 결과물이다. 정리하면 세키몬신가쿠는 선의후리(先義後利) 및 제업수행(諸業修行), 상호부조(相互扶助) 및 사회공생(社會共生), 만인복지(萬人福祉) 및 상가도덕(商家道德), 중리감독(重利甘毒) 및 검약정직(儉約正直)의 세부윤리를 갖는다. 창시자인 이시다(石田)는 또 상인도(商人道)를 인(仁, 남을 배려하는 마음), 의(義, 사람으로서 옳은 마음가짐), 예(禮, 상대를 공경하는 마음), 지(智, 지혜를 제 품에 반영하는 마음)[16]로 풀며 올바른 경영인의 자세를 쉬운 말로 풀어 설

---

15) 에도 중기에 도심, 농촌부와 무사사회에 급속하게 보급돼 에도 말기에는 전국적인 확산 추세를 보인 윤리학의 일파이다. 사상가이자 윤리학자이면서 세키몬신가쿠의 창시자로 평가받는 이시다 바이간(石田梅岩, 1685-1744)이 계파 창시자이다. 신도, 불교, 유교의 삼교합일(三敎合一)설을 기반으로 한 사상으로 그의 생존 당시에는 "학문이란 마음을 다해 성(性)을 아는 것"이라 하여 마음과 자연이 일체화돼 질서를 만드는 성학(性學)으로 불렸지만, 이후 제자들에 의해 심학(心學)으로 바뀌었다. 원류는 천명(天命)론이다. "상업의 본질은 교환의 중개업이며 그 중요성은 다른 직분에 못지 않다"고 해 상인 집단의 지지를 얻었다. 검약의 장려, 부의 축적을 천명의 실현으로 보는 사고관념은 칼뱅주의적 상업윤리의 일본판으로 비유된다. 일본의 산업혁명을 이끈 성공 원동력으로 평가된다. 자세한 내용은 由井常彦(2007) 참조.

명함으로써 개념 대중화에 기여했다.

특히 세키몬신가쿠의 경제관과 경영철학은 애덤 스미스가 주창한 18세기의 고전적 자유주의보다 앞섰으며, 그 내용 또한 상당 부분 겹쳐 사실상 이를 자유주의 사상의 원류로 봐도 무방할 정도이다. 특히 고전적 자유주의가 당시에는 언급했음에도 불구하고 후대에 오해의 여지를 남긴 공정과 정의, 그리고 약자보호 등의 시장만능, 탐욕추구의 통제필요까지 지적함으로써 상당한 선견지명을 가진 것으로 이해된다. 가령 경제적 자유주의의 두 축인 사유재산권의 보장과 자유방임의 추구는 이윤추구의 정당성(由井常彦, 2007:49, 81)과 수요공급에 따른 가격결정 및 결과적인 후생증진(由井常彦, 2007:53)과 일치한다. 더불어 애덤 스미스의 약점으로 거론되는 고객우선주의(由井常彦, 2007:61)와 의사결정과정에서의 노사논의 중시, 경영에 좋아도 사회피해 때는 선택금지, 이익을 더 얻으려는 융자, 경영자의 강제은퇴(由井常彦, 2007:86) 등 당시로서는 혁명적인 내용까지 포함된다.[17]

즉, 세키몬신가쿠는 사농공상의 신분질서를 전제로 기업(상인)의 이윤추구를 정당행위로 보며 적극적으로 긍정한다. 자유로운 이익추구 자체가 사회행복의 실현에 연결된다는 개념이다. '보이지 않는 손(Invisible Hands)'의 인정이다. 좋은 제품을 적정한 가격에 사고팔면 서로 좋으며 결국에는 살기 좋은 세상이 된다고 봐서이다. 반면 사람

---

16) http://www.edoshigusa.org/about/genealogy2/14/(검색일 2012년 12월 7일), '江戸しぐさの誕生とその系譜(中)', NPO法人(江戸しぐさ).

17) 由井常彦(2007). 창시자의 발언 중 "商家は、家業を続けることで、天下の泰平を助け、万人の福祉に奉仕するものであり、それが商売の本質である(상가(商家)는 가업을 잇는 것으로 천하태평을 돕고, 만인행복에 봉사하며, 그것이 상거래의 본질이다)", "二重の利を取り、甘き毒を喰ひ、自死するやうなこと多かるべし(이중의 욕심을 내면 맛있지만 결국 독을 먹는 것으로 본인을 죽이는 경우가 많다)", "実の商人は、先も立、我も立つことを思うなり(참된 상인이면 상대방도 세워주고 나도 서도록 해야 한다)" 등이 특히 유명하다.

을 속여 버는 것은 상인이 아니며 상인은 오른쪽의 것을 왼쪽으로 단순히 옮겨 이익을 얻지 말 것을 가르친다. 자본탐욕, 금융독주에 대한 경계나 마찬가지다. 이익을 얻을 때는 마음자세와 기준이 중요하다는 입장이다. 제품의 품질과 가격에 진심을 다하며, 고객의 입장이 되어 배려해 팔고, 이때 진심을 가지는 것이야말로 상인의 생명이라고 본다. 이익만 생각해 행동하면 곤란하고 상호 부조와 상호 신뢰의 마음을 가지라는 뜻이다. 더불어 공동체의 멤버인 직원은 함께 살아가야 할 중대한 협조자이기에 나누고 논의하며 배려할 것을 요구한다. 이런 점에서 서구철학인 자유주의(특히 진보적 자유주의)는 가족주의를 기반으로 하는 일본적 경영철학과도 적잖은 부분에서 맞물리며 공통분모를 갖는다.

3) 가족주의 경영의 현대적 진화

세키몬신가쿠는 현재 상당수의 일본 기업에 경영이념과 사시(社是)로 명맥을 유지하며 기능 중이다. 즉, 전후 일본적 경영시스템의 기본적인 가치철학을 제공한 원류로서 세키몬신가쿠가 현재에까지 그 영향력을 발휘하고 있다는 의미이다([그림 2]). 또 일본에 자본주의가 뿌리 내리도록 한 원류철학을 세웠으며 기업윤리의 실천적 차원에서 그를 신봉하는 경영자도 많다(淸水正博, 2011:3). 장수(老鋪)기업 혹은 교토(京都)기업으로 일컬어지는 일련의 기업군이 대표적이다. 특히 장인(職人)문화를 뛰어난 기술을 가진 자율적인 개인집단이라고 보아 '이에(家)'라는 단어로 표현하는 교토기업은 눈에 보이지 않는 무형자산을 당면이익보다 중시하는데, 그중 압권이 바로 인재(근로자)와의 상생 및 공존문화이다(堀場厚, 2011).[18]

물론 처음에는 검약, 정직, 인내 등 서민을 위한 생활철학으로 시작

[그림 2] 일본의 가족주의 원류와 그 진화내용

石門心学	가족(공동체)주의	일본적 경영시스템
- 先義後利 및 諸業修行	- 상생이윤 > 독점이윤	- 종신고용 및 연공서열
- 相互扶助 및 社會共生	- 사회후생 > 기업이익	- 기업노조 및 내부승진
- 萬人福祉 및 商家道德	- 자율규제 > 시장만능	- 하청거래 및 장기관행
- 重利甘毒 및 儉約正直	- 직원중시 > 주주중시	- 관민협조 및 호송선단

됐지만 점차 경제와 도덕을 융합한 독특한 사상으로 발전되면서 토착부상(富商)들 중 상당수가 센키몬신가쿠를 이념으로 흡수했다. 현재도 교토 등 간사이(關西) 지역 장수기업 중 대부분이 이를 가훈으로 받아들이며 확대, 발전을 모색 중이다.19) 동시에 원래부터 일본에 가족경영 스타일인 농민과 중소 자영업자의 중간층이 대량으로 존재하고 있었다는 점도 가족주의 경영확대의 근거로 작용한다(神野直彦, 2010:72).

---

18) 호리바 아츠시(堀場厚著)는 교토기업의 특징으로 모방의 지양, 보이지 않는 것의 중시, 사업의 지속유지, 순환과 균형적 사고 등을 거론한다. 보이지 않는 것의 중시란 인재, 기술력, 신념(가치관), 기업문화, 조직력, 브랜드파워 등의 무형자산을 의미한다(堀場厚著, 2011:64). 이들과의 공생이 장수기업으로 연결되는 기초가 됐다고 본다(220-225). 따라서 장인(職人)문화는 뛰어난 기술을 가진 자율적인 개인집단이라는 의미에서 '이에(家)'라는 단어로 표현된다. 결국 교토기업은 사람(ヒト), 물건(モノ), 자본(カネ) 중 사람을 가장 중시하게 되는데(27-29), 눈앞의 이익보다는 인재를 중시한 경영자원의 적절한 배분에 주력하는 경영전략을 실천해 왔다. 자세한 것은 堀場厚(2011) 참조.

19) 「19 石門心學」, 『2004 京都市』, 京都市歷史資料館.

최근에는 더욱 구체적으로 기업의 사회적 책임을 강조하는 흐름과 통하며 세키몬신가쿠의 상생경영에 주목하는 움직임도 있다. 1990년 대 이후 완전경쟁, 적자생존, 승자독식의 신자유주의의 일본 도입과 맞물려 그 폐해와 부작용을 극복하는 차원에서 자주 거론된다. 즉, 일본의 내수불황, 기업부진이 심화되고 있는 이유를 비대화된 기업의 정신적 미성숙과 교만함의 결과로 보고, 그 치유책을 세키몬신가쿠가 제시한 사회적 책임 및 도덕윤리의 배양으로 보는 시각이다(下田幸男, 2012). 세키몬신가쿠가 기업의 영리활동을 부정하지 않으면서 비즈니스의 지속적 발전 관점에서 본업을 중심으로 노사, 거래처, 사회관계 등 공동체 내부(Shareholder)에서 사회적 책임을 다하자고 주장하는 개념은 기부, 원조 등 본업과 구별되는 사회공헌을 강조하는 미국의 CSR과는 비교되는 특징을 갖는다(中尾敦子, 2004).[20] 이런 추세는 신자유주의 이후 더욱 뚜렷해지고 있다.

4) 가족주의와 자유주의의 비교

1980년 이래 영국, 미국 등 서구 선진국에서 광범위하게 채택된 자유시장주의(신자유주의)는 약 30년 가까이 현대 자본주의의 주류이론으로 세를 확산했다. 하지만 주지하듯 자본독주와 금융탐욕 등 시장실패의 절정일 수 있는 금융위기 이후 자유시장주의의 설명력과 존재감은 적잖이 퇴색됐다. 빈부격차가 확대되는 가운데 절대빈곤으로의

---

20) 심학(心學)연구는 현대에 걸쳐 비교적 활발하게 진행 중이다. 주로 간사이(關西) 지역을 중심으로 다양한 '심학강사(心學講舍)'가 설치, 운영되고 있다(中尾敦子, 2004:89-95). 특히 재조명을 받게 된 최초 계기는 1970년대이다. 당시 환경문제의 부각과 기업의 불상사 등이 계속되면서 CSR(Corporate Social Responsibility, 기업의 사회적 책임) 경영이 강조되면서 일본에서는 그 사상원류로 재차 심학이 부각됐다.

탈락집단이 급증하면서 '고장 난 자본주의'의 심각성은 갈수록 확대되는 양상이다. 이에 많은 국가와 학계에서 자유시장주의 이후 모델(Alternative Model of Post Neo-liberalism)이 존재하는지, 그렇다면 그 내용이 무엇인지에 대해 깊은 관심을 갖고 접근 중이다. 자유주의의 진면목을 둘러싼 재검토도 같은 맥락에서 학계의 관심사항 중 하나이다. 여러 계파로 분류되면서 자유주의의 단면(시장만능)을 강조해 온 신자유주의가 최근 30년을 장악, 마치 자유주의의 적자(嫡子)로 인식되는 것이 아닌지 의심하는 가운데 원래부터 강조된 다른 한쪽(공정, 분배, 상생)을 가치체계를 재조명해 볼 필요가 있다는 이유에서이다.[21)]

따라서 먼저 자본주의의 원류이자 이론기반을 제공한 자유주의의 맥락구분부터 간단히 시도해 볼 필요가 있다. 자유방임주의(Laissez-Faire Doctrine)로 요약되는 경제적 자유주의의 경제정책은 민주주의와 법치주의의 정치적 자유주의에 이어 16-19세기 고전적 자유주의라는 타이틀로 전성기를 구가했다. 이때 오해의 여지가 있는 것이 자유방임주의자들도 필수적인 공공복지와 공공시설, 의무교육 등 최소한의 정부역할[22)]은 인정했다는 점이다(이근식, 2012:4). 따라서 이들은

---

21) 이른바 신자유주의 이후의 대안모델에 관한 연구 결과는 한국을 비롯해 세계 각국에서 2009년 이후 양적으로나 질적으로나 광범위하게 생산되고 있다. 자본주의의 진화 차원에서 제기된 '자본주의 4.0'을 필두로 한국의 경우 대선과정에서 불거진 '경제민주화' 논쟁이 대표적이다.

22) 즉, 애덤 스미스조차 『도덕감정론』에서 최저수입과 행복실현에 대해 충분히 공감하며 무질서한 사익추구의 용인에는 반대하면서 타인에게 부당한 피해를 주지 않는 범위에서 공정질서를 지키며 이익을 추구하는 질서를 강조했다. 국부의 증진을 위해서는 자애뿐 아니라 타인의 감정에도 관심을 가지며 끊임없이 공감하는 과정에서 관찰자로서 나의 이익과 타인의 감정까지도 고려하자고 주장한다. 『국부론』에서 중상주의를 비판하며 그 피해자인 소비자를 강조한 배경도 여기에 있다. 사익을 추구하되 공동체의 질서를 해쳐서는 안 된다는 것이 그의 대전제이다.

자유를 강조하되 정부역할과 시장역할이 균형을 이뤄야 한다는 인식을 공유한다. 굳이 구분한다면 분배주의(Rawls, Sen)와 공리주의(Mill, Pigou), 그리고 케인스학파(Keynes)는 자유를 추구하되 정부역할도 강조했기에 [그림 3]에서처럼 2/4 국면에 위치한다고 볼 수 있다. 반면 시장효율을 신봉한 신자유주의는 야경국가주의(Lassalle), 경험적 자유주의(Hayek, Friedman), 공공선택학파(Buchanan) 등은 1/4 국면에 배치할 수 있다. 한편에서 정부역할과 시장규제를 강조한 사회주의(Fabian 협회)나 공산주의(Marx) 등 집산주의는 3/4 국면에 위치한다.

이렇게 자유주의를 정부-시장, 자유-규제라는 횡축 그래프로 구분할 경우 더욱 뚜렷하게 성격과 위치 정립을 할 수 있다. 그렇다면 자유주의의 시장실패와 집산주의의 정부실패라는 양극단에서 자유로운 중간지점의 가치철학은 존재하지 않는 것일까? 적당한 수준에서 자유와 규제, 이익과 분배를 공유하는 중간지점 추구철학은 공동체주의23)로 정리할 수 있다. 특히 약자에 대한 사회보장이 공동체 내부에서의 사회연대를 기초로 운영되고 상호 부조를 중심으로 움직이는 형태라면 양극단이 지닌 실패영역을 일정 부분 커버할 수 있기 때문이다(橋木俊詔, 2009:5-10). 이는 공리적 조직, 정의론 등 서구적 공동체주의(Etzioni, Sandel)로 최근 주목받고 있는데, 그럼에도 불구하고 시장규제보다는 자유가치를 존중하는 틀 안에서 움직인다고 볼 때 1/4 국면

---

23) 공동체주의를 복지 레짐으로 연결하면 유교적 복지국가주의(Confucian Welfare State)라는 정의도 있는데, 이는 유기적 정부 · 기업관계(기업중심주의), 위계적 국가질서, 공동체적 질서정립 등이 강조되는 제4의 유형으로 동아시아 복지담론을 분석한(심창학, 2004:58-65) 경우이다. 민간부문(기업, 가족)의 상대적 역할강화, 복지제공보다는 복지규제로서의 국가역할, 조세부담보다는 기여금 의존성의 재원충당 등의 특징을 갖는다. 유교적 복지국가론(Jones, 1993)에 따르면 서구적 조합주의(Corporatism)와 구분하기 위해 기업중심주의(Corporationism)라는 단어를 쓰기도 한다.

[그림 3] 자유주의와 가족주의의 맥락 구분

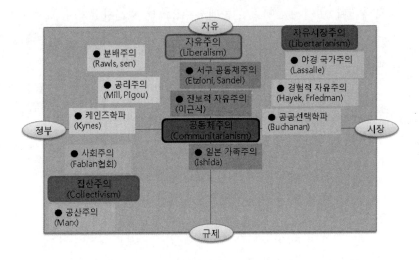

과 2/4 국면을 걸치는 곳에 위치할 수 있다. 반면 일본적인 가족주의
는 비슷한 의미의 공동체이지만 세키몬신가쿠에서 확인되듯 기업 내
부의 경영자, 사시, 경영이념 등에서 선의(先義), 공생, 만인복지, 도
덕, 검약, 정직 등 자체이념적인 내부규제를 마련해 기업경영의 준거
틀을 강조했다는 점에서 3/4 국면과 4/4 국면에 걸친다고 할 수 있다.
다만 기본적으로 시장과 자유를 거스르지는 않기 때문에 거의 원점(0)
에 가깝거나 원점을 포함한다고 볼 수 있다.

이는 이근식(2012)이 주장하는 진보적 자유주의와 상당 부분 겹친
다. 자유주의를 정치적 자유주의(민주주의 + 법치주의)와 경제적 자
유주의(재산권 보장 + 자유방임)로 구분한 이근식(2012)은 다시 경제
적 자유주의를 보수적 자유주의(자유시장주의)와 진보적 자유주의(시
장실패 + 정부실패)로 봤는데, 그에 따르면 신유주의 이후의 대안모
델은 진보적(상생적) 자유주의가 유력하다.24) 즉, 천민자본주의25)를

극복하는 건강한 윤리와 공동체의 지향이 윤리와 염치를 잃은 대량해고와 경영진의 거액연봉 등 격차문제를 해소하고 복지강화의 기반이 된다는 입장이다. 이런 점에서 세키몬신가쿠를 원류로 하는 일본의 가족주의는 기본적으로 서구 공동체주의를 구체화한 진보적 자유주의와 상당 부분 공통된다. 이로써 일본의 가족주의 경영의 현대적 재검토와 부활이 신자유주의가 야기한 고용불안을 상생의식이 높은 세키몬신가쿠를 채택한 공동체(기업)에서 흡수, 개선시킴으로써 유력한 대안모델이 될 수 있다는 전제가 가능해진다([그림 3]).

4. 가족주의 경영과 고용안정의 정합성 및 함의

1) 일본의 가족주의와 고용안정과의 정합성

고이즈미(小泉) 정권 이후 급속하게 도입된 신자유주의는 중국 수출, 미국 내수의 글로벌 경기호황이라는 특수성과 맞물려 한때 성공적인 모델로 추앙을 받았지만, 2008년 이후 금융위기가 발생하면서

---

24) 자유주의를 정치적 및 경제적 자유주의로 구분한 이근식(2012:7-10)은 또 경제적 자유주의를 상생적 자유주의와 자유지상주의로 분류했다. 전자는 정부의 적극적 경제개입을 인정하는 구미 복지국가의 사고관이며, 후자는 정부의 최소한의 법질서 확립 의무를 전제로 기본적으로 민간 자유에 맡기는 철학을 의미한다. 이렇게 경제적 자유주의가 둘로 나눠진 계기는 자유의 적이 정치권력이 아닌 빈곤이라고 본 19세기 말 영국의 사회적 자유주의(Social Liberalism)가 등장하면서부터이다.

25) 천민자본주의(Pariah Kapitalismus)란 막스 베버가 처음 사용한 용어이다. '파리아(pariah)'란 인도의 최하층 천민계층을 뜻하는 말인데, 베버는 청교도주의적 자본주의는 검약과 근면을 통해 자본주의 경제를 발전시켰지만, 유대인들의 자본주의는 "전쟁, 국가조달, 국가독점, 투기적 기업 창립, 군주의 건축투기와 금융투기"와 같은 비생산적인 투기를 지향한다는 이유로 천민자본주의라고 부르고 자본주의 정신과 상관없다고 보았다. Max Weber, 김덕영 옮김, 『프로테스탄티즘의 윤리와 자본주의 정신』(도서출판 길, 2010), pp.345, 394.

그 부작용과 폐해가 전면에 부각되자 요즘에는 시장실패의 상징사례로까지 전락했다. 일본 기업도 같은 기간 세계화를 위해 시장개방(해외진출), 규제완화, 감세 등의 호황 흐름에 올라타며 승승장구했지만 역시 최근에는 소니, 샤프, 파나소닉 등 전자 메이커를 중심으로 한 매출 및 경쟁력 저하 이슈가 광범위하게 확산 중이다. 이는 금융위기 이후 신자유주의의 반성 및 대안 요구와 결부되면서 새로운 경영전략에 대한 필요성으로 연결되는 추세이다. 특히 대기업과 중소기업, 기업과 가계, 도시와 지방, 남성과 여성, 중장년과 청년 등의 격차심화가 사회갈등으로 연결되면서 남성전업, 여성가사 시스템의 과거에는 보기 힘들었던 새로운 유형의 고용불안이 확대되고 있다. 즉 '실적하락 → 경비절감 → 구조조정 → 고용불안 → 소비침체'의 흐름 속에서 양극화가 심각하게 진행 중이다.

이 과정에서 새로운 대안모델의 필요가 증가하고 있는데, 일본의 경우 상생과 공존을 지향하는 전통적인 가족주의 모델이 유력한 선택지로 대두 중이다. 특히 교토기업을 필두로 성과주의가 득세하던 시절에도 과거로부터의 가족주의 경영이념을 고수하는 사례에 주목하는 경우가 많다. 집단주의, 공동체주의로도 불리는 가족주의가 여전히 일본적 경영시스템이라는 분류 하에 적잖은 영향력을 발휘하고 있다는 의미이다. 특히 1990년대부터 복합불황이 계속되는 가운데 경기부침, 외생변수로부터 비교적 영향을 적게 받으며 장기고성과를 내는 경우의 공통분모로 전통적인 가족주의 경영을 주목하는 경우가 늘었다. 무엇보다 고용안정성이 돋보이는 경우이다. 정리하면 해고불가, 복리증진, 노사협조, 직원우선 등 비용절감이나 인원정리와는 대조되는 방향의 고집스러운 경영철학 유지가 오히려 장기성장을 위한 위기극복의 키워드로 해석되는 분위기이다.

특히 장기고성과의 경영사례를 분석해 그 추동력이 가족주의에서

비롯된다는 점을 증명한 연구가 많다. 장수기업의 경영모델을 분석했더니 3대 축이 도출됐는데, 이때도 가족주의적 경영시스템으로 성격을 규정지을 수 있는 근로자의 규정강화가 목격된다. 경영이념의 공유화와 함께 인재육성(내부관리체계, 커뮤니케이션), 이해관계자 경영참가(근로자, 고객, 거래처)가 포함되며, 그 관통주체가 근로자에 대한 적극적인 배려이다(みずほ總合研究所, 2011). 또 장수기업으로 생존하기 위한 필요조건을 물었더니 신뢰 유지와 향상(65.8%), 진취적 기상(45.5%), 품질향상(43.0%), 지역밀착(38.6%), 전통계승(34.6%), 기술계승(34.5%), 고객계승(27.9%) 등 근로자를 필두로 한 이해관계자와의 돈독한 관계유지가 상위권에 포진했다(帝国データバンク, 2009).26) 이를 토대로 기업거래, 고용관행, 시장관행, 수익배분, 수익모델, 의사결정 등 일본적 경영시스템이 유기적으로 작동될 때 비로소 고용안정성은 강화된다([표 1]).

또 경영은 단순히 경영자와 출자자(주주)의 이익획득 수단만이 아니라 근로자의 협력과 사회의 지지 등도 필요하다는 인식이 재차 강조되는 추세이다(芦屋暁, 2011).27) 이때 포인트는 기업은 사회 안에 있으며 사회와 함께 존재하며 사회를 위해 움직인다는 기업의 사회공공성의 강조 트렌드이다. 미국식의 기업·주주수익지상주의, 투자금융자본주의, 배금주의, 시장경제주의 등에 대한 과다한 위화감에 대한 반발로 발생한 수정의지이다. 동시에 '공생 CSR'이란 개념도 등장 중

---

26) 더불어 장수기업의 가훈, 사시, 사훈을 요약했더니 감사, 근면, 공부, 검약, 공헌 등의 키워드가 제시됐다. 이는 대부분 근대 상인주의 이념인 세키몬신가쿠의 '三方よし(売り手よし、買い手よし、世間よし)'의 세부적인 실천전략이다.

27) 즉, 경영자, 주주, 근로자, 지역사회, 국가 등 제반 주체 모두에 응분의 수익배분과 환원이 필요하다는 사고확산이다. 이를 원활하게 운영하기 위해 수단과 단계도 발전 중인데, 기업의 국가와 지역사회에의 공헌, 근로자의 생활수준과 만족감 및 사기의 향상, 경영자원의 효율적 활용, 기업문화의 확립 등이 그렇다.

[표 1] 일본적 경영시스템과 고용안정성의 정합성

일본적 경영시스템	고용안정성과의 정합성
기업거래	주거래은행(계열기업) → 장기거래 → 상호지보(持合) → 경영안정 → 고용안정
고용제도	신졸일괄채용 → 종신고용 → 충성유도 → 내부승진 → 노사협조 → 고용안정
시장관행	관민협조 → 호송선단 → 기업성장 → 정부복지 의탁 → 기업복지 → 고용안정
수익배분	노사협조 → 직원우선 → 임금상승 → 복리후생 → 경력개발 → 고용안정
수익모델	장기경영 → 기술개발 → 숙련중시 → 수익강화 → 복리후생 → 고용안정
의사결정	집단체제(社長會), Bottom Up → 내부중시 → 의사조율 → 직원만족 → 고용안정

인데, 이는 부가가치를 제공하는 이해관계자(근로자, 거래처)와 부가가치를 향유하는 이해관계자(고객, 주주)를 분리해 부가가치의 단순이전을 넘어서자는 개념이다. 기업의 존재이유인 경영이념의 공유를 통해 부가가치의 제공, 실현에 모든 이해관계자가 적극적으로 개입하자는 논의이다(坂入克子 外, 2010:95-102).

2) 고용안정과 기업복지의 재고

퍼트남(Putnam, 1993)은 남부와 구분되는 북부 이탈리아의 경제성장 원인을 인간의 신뢰관계라는 사회자본 덕분이라고 규정했다. 대신 남부는 '고용불안 → 사회자본 쇠퇴 → 사회위기 → 경제위기 → 정치위기'라는 절망의 악순환에 빠진 결과이다. 또한 진노(神野直彦,

2010)는 시장실패의 원인을 나눔영역과 경쟁영역이 적당한 균형을 유지하지 못했기 때문으로 보았다. 이는 애초 복지제공자로서 작은 정부에 머문 일본의 경우 이를 정당화해 준 근거가 된 가족주의 기반의 기업복지와 제3의 새로운 공동체에 대한 재조명 필요성을 제공해 준다. 공동체로서의 기업과 지역사회의 고용안정 및 복지공급을 위한 강화근거이다. 한 발 더 나아가 생활정치의 실현을 통해 정부 및 행정 주도의 복지국가를 넘어 각종 NPO와 자조그룹 등 비영리 민간조직을 유효하게 조직화해 고용불안을 포함한 복지 거버넌스를 제공하는 것이 더 효과적이라는 분석도 있다(미야모토 타로, 2011:188-190).

어쨌든 좀 더 안정적이고 장기적인 고용안정을 확보하기 위해서는 우선 지금까지 복지제공자로서 상당한 영향력과 역할을 담당한 기업 부문의 재검토가 필요하다. 역으로 신자유주의의 득세 시절에 고용불안이 대다수 근로자의 삶과 생활수준을 얼마나 저하시켰는지 살펴보면 이른바 기업복지의 존재감을 확인할 수 있다. 1990년대 이후 일본 근로자의 근로소득과 법정외복리비용은 추세적으로 감소한 반면 구조조정과 신규 미취업 등의 고용불안을 의미하는 비정규직은 꾸준히 증가했다.28) 반면 기업매출과 세후경비를 제하고 남은 내부유보(이익잉여금)는 증가했다.29) 즉, 고용 없는 성장과 경비절감형 순익확보 및 가족주의적인 기업복지의 감퇴증거로 해석되는 대목이다. 결국 재계의 주장처럼 저성장과 경쟁격화로 매출규모가 감소한 것이 아니라 오

---

28) 샐러리맨 평균연봉은 2009년 467만 엔을 기록한 이후 지금(2009년)은 406만 엔까지 하락했다(국세청). 또 법정외복리비용은 1996년(2만 9,756엔) 이래 감소하여 2010년 2만 5,583엔까지 떨어졌다(日經聯). 전체 근로자 중 비정규직은 1990년 20.2%에서 2011년 35.1%까지 급증했다(노동력 조사).

29) 1990년까지 종업원 급여와 내부유보는 각각 100조 엔대로 비슷한 비중을 유지하다 2010년 각각 126조 엔, 293조 엔으로 두 배 이상 격차를 보인다. 이 과정에서 매출액 중 직원 급여와 복리후생비는 줄어들었지만 내부유보와 배당률(1990년 7.6%에서 2006년 16.8%)은 오히려 증가했다.

히려 증가했으며, 근로자의 임금 및 복리후생 수준만 줄어든 것으로 확인된다. 따라서 상생이윤, 사회후생, 자율규제, 직원중시 등 가족주의적인 경영철학이 사회적 대타협과 공존강화에 힘입어 재검토된다면 한계에 달한 정부재원을 대체하며 고용안정에 한층 근접할 수 있을 것으로 사료된다.

결국 임금하락, 구조조정 등 고용불안과 격차확대 속에서 확연히 드러난 복지기반 및 국민통합의 취약성을 감안할 때, 적어도 일본의 경우 충분한 설명력이 여전히 존재하는 일본적 경영시스템의 근본철학인 가족주의를 재고찰할 필요가 있다. 이는 앞서 설명한 진보적 자유주의와도 일맥상통하며 시장실패와 정부실패의 양극단에서 벗어나 공정, 정의, 상생, 공존의 일본적 복지국가론을 완성하는 데 중대한 계기가 될 수 있다. 궁극적인 정부복지를 위한 중간 단계로서 현실적, 구체적, 즉각적인 방안이 기업복지의 유지, 강화를 통한 가족주의 경영을 실천하는 것이기 때문이다([그림 4] 참고).

[그림 4] 가족주의 경영의 위기와 대안적 재고찰의 맥락도

5. 결론: 한국에의 시사점

공동체로서 일본의 가족주의 경영철학이 고용안정과 정합성을 갖는다는 점은 꾸준한 고성과의 장수기업을 필두로 금융위기 이후 일련의 '경비절감 → 고용불안'의 제반 통계에서 확인할 수 있었다. 그리고 가족주의 철학이 기능하는 일본적 경영시스템의 위치와 필요를 자유주의의 대안모델로 힘을 얻고 있는 진보적 자유주의와 동일선상에 놓고 그 의미부여를 시도해 봤다. 그리고 그 결론은 시장만능적인 신자유주의가 야기한 현재의 고용불안과 복지파탄을 해결할 유력한 도구장치로 기존에 존재하는 공동체 상생지향인 가족주의의 재검토와 기업복지의 재강화로 요약된다. 특히 이는 일본은 물론 일본과 유사경로(복지기반, 인구변화, 갈등양상, 경제구조, 사회전통 등)를 통해 성장해 온 한국에도 상당한 시사점을 제공한다. 성과주의 경쟁 시스템의 도입수준이 급격했던 한국에는 더더욱 그렇다. 단, 가족주의의 부활도 한국적 진화과정을 통해 경로의존성과 부합하는 방향이 돼야겠지만 기본적인 문제제기와 함의도출은 동일하다 할 수 있다.

물론 가족주의적인 고용안정이 기업의 내부종사자만을 위한다는 점에서 반론을 제기하는 의견도 있다. 복지영역에서 공동체주의의 대척개념으로 보편주의라는 입장을 옹호하는 것이 대표적이다(橘木俊詔, 2005). 기본적으로 만인공평에 저해되며 공동체 내부의 연대감만 강조할 경우 그 수혜가 한정될 수 있기 때문이다. 이는 충분히 옳은 지적이며 바람직하다. 실제 보편주의에 맞게 공평한 수혜배분이 가능해지는 것이 최종종착지인 정부복지이다. 다만 제도변경과 재원확보 등 현실론을 볼 때 보편주의에는 상당한 시간과 노력, 재원이 요구된다. 충분히 설득적이지만 나날이 급증하는 고용불안과 복지파탄을 감안하면 타협카드로서 가족주의와 기업복지를 유지, 확대하는 것이 현실적이다. 적어도 공동체에서의 '정규직 → 비정규직'으로의 추가적인 탈락은 막을 수 있기 때문이다.

가족주의 경영철학의 유지 및 확대를 위해서는 일본은 물론 한국에도 다음의 세 가지가 필요하다(전영수, 2012:176-180). 첫째, 기업의 인식전환이다. '가족주의 → 기업복지 → 성과증진'의 선순환을 전제로 옅어진 조직의 귀속의식과 사내소통 원활화 등 최근의 조직목적의 중요성이 근로자의 복리후생 증진으로 확보될 것이라는 기업동의의 필요이다. 직원의 희생을 통해 축적된 내부유보가 직원 및 가족 복지를 위해 사용될 때 오히려 생산성 향상에 도움이 될 것이라는 공감대 형성이다. 둘째, 정부의 기업지원이다. 기업복지에 우호적인 경우 세제활용을 통해 보조금을 지원하는 등 고용안정과 사회보장의 긴밀한 연대구축의 필요이다. 이렇게 되면 기업도 경비절감을 유지하면서도 기업복지를 확충할 유인이 발생한다. 셋째, 사회의 공감확대이다. 정부복지를 보완하는 기업복지를 인정하며 상호 보조적인 협력모델을 추구할 필요이다. 이는 시장실패, 정부실패를 극복하려는 진보적 자유주의의 주요 대안세력인 내발적, 자발적인 시민세력과 지역공동체 등 제3섹터와의 연대와도 맥이 닿는다.

그럼에도 불구하고 본고는 적잖은 한계를 갖는다. 무엇보다 자체적인 실증분석 없이 철학적이며 이론적인 접근에 한정했다는 것이 단점이다. 가족주의 경영과 고용안정을 연결할 때 사용한 기업복지, 특히 법정외복리비용에 대해서도 한계가 있는데, 여러 설명변수 중 법정외복리비용만 선정한 것과 그 연관성을 통계적으로 입증하지 못한 것이 아쉽다. 또 일본의 가족주의를 자유주의라는 거대한 개념 틀 내부에 위치시킬 때도 개별 학파 간의 정치(精緻)한 구분법이 부족해 한계로 지적된다. 이와 같은 본고의 각종 한계는 앞으로의 후속 연구로 남겨 분석할 것이다.

[참고문헌]

김인춘(2012), 「스웨덴 복지모델의 자본주의적 성격과 진화: 자본축적과 분배정치」, 한국자유주의연구학회 2012년 10월 월례발표회.

마틴 포웰 외, 김기태 옮김(2011), 『복지혼합』, 나눔의 집.

미야모토 타로, 임성근 옮김(2011), 『복지정치: 일본의 생활보장과 민주주의』, 논형.

심창학(2004), 「동아시아 복지모델의 유형화 가능성 탐색: 담론과 실증분석을 중심으로」, 『사회복지정책』, 제18집, 한국사회복지정책학회.

아오키 타모츠, 최경국 옮김(1997), 『일본문화론의 변용』, 한림신서.

앤서니 기든스(2001), 『제3의 길』, 생각의 나무.

이근식(2012), 「'똑똑한 복지국가'를 제안하며」, 한국자유주의연구학회·새사연 공동주최 학술세미나 기조발표.

전영수(2010), 「일본의 신자유주의 도입과정과 그 특징」, 『일본연구논총』, vol. 32, 현대일본학회.

＿＿＿＿(2012), 「복지공급의 대안모델로서 일본의 기업복지 재검토」, 『동북아경제연구』, 24권 1호.

폴 크루그먼(2009), 『불황의 경제학』, 세종서적.

芦屋暁(2011), 「今再び求められる企業経営の理念と原理の再確認」, 時局レポート, 東京商工リサーチ.

由井常彦(2007), 『都鄙問答 経営の道と心』, 日経ビジネス人文庫.

伊藤修(2007), 『日本の経済―歴史, 現状, 論点』, 中央公論.

京都市歴史資料舘, 「19 石門心學」, 『2004 京都市』.

清水正博(2011), 「日本の道徳力を高める石門心学」, *JMA Marketing View.*

坂入克子 外(2010), 「新たな経営モデルとしての'共生CSR'概念の確立に向けて」, 『みずほ総合特集』, 2010年 I号, みずほ総合研究所.

下田幸男(2012), 『今日に生き未来に活かす石門心学: 石田梅岩の経営哲学に学ぶもの』,

神野直彦(2010), 『'分かち合い'の経済学』, 岩波書店.

武田晴人(2008), 『高度成長』, 岩波書店.

橘木俊詔(2005), 『企業福祉の終焉;格差の時代にどう対応すべきか』, 中公新書.

帝国データバンク(2009), 『百年続く企業の条件』, 朝日新聞出版.

中尾敦子(2004), 「石門心學活動の現在一生涯学習としての心学明誠舎活動小史一」, 京都大学.

中島晶子(2012), 『南欧福祉国家スペインの形成と変容―家族主義という福祉レジーム』, ミネルヴァ書房.

奈良本辰也(2005), 『町人の実力(日本の歴史 17)』, 中公文庫.

＿＿(2009), 「政府の役割を量と質でどう考えるか」, 『會計檢査研究』, no. 40, 巻頭言.

原邦生(2006), 『家族的経営の教え』, アートデイズ.

堀場厚(2011), 『京都の企業はなぜ独創的で業績がいいのか』, 講談社.

星野修(2011), 『大家族主義経営―うちの会社はスタッフの夢が叶えられる大きな家庭』, エイチエス.

三橋規宏(2009), 『ゼミナール日本経済入門』, 日本経済新聞出版社.

『生涯学習・図書舘情報学研究』, vol. 3.

みずほ総合研究所(2011), 「永続企業の経営モデル～100年続く企業にむけて」, コンサルティング・ニュース.

2부

한국 복지정책의 방향

한국 복지논쟁에 대한 진단

이홍균(연세대)

1. 머리말

2012년 대선을 앞두고 한국사회에는 복지논쟁이 뜨거웠다. 논쟁의 구체적인 이슈들을 추상화하면, 그 복지논쟁은 스웨덴이나 북유럽 복지국가를 모델로 한 복지 시스템을 한국에 도입하자는 주장과 복지 사각지대를 우선적으로 해소하자는 주장으로 요약된다. 그것은 보편적 복지 대 선별적 복지 논쟁이었다. 보편적 복지론자들은 소득이나 재산과 무관하게 모든 사람들에게 복지를 제공하자고 주장하고, 선별적 복지론자들은 소득이나 재산에 따라 차등적으로 복지를 제공하자고 주장하고 있다. 학자, 정치인들과 일반시민들, 그리고 신문은 양쪽으로 나누어져 서로 조금도 양보하지 않고 자신이 선택한 어느 한쪽의 주장이 옳다고 주장하고 있었다.

대선이 끝난 지금 복지논쟁은 가라앉은 듯이 보인다. 그러나 복지논쟁의 여운은 국민들의 복지에 대한 기대수준을 높여 놓았고, 그 결과 현실정치로 하여금 높아진 국민의 복지 기대수준을 더 이상 묵과

할 수 없게 만들어, 이미 반값 등록금, 기초연금, 무상보육, 무상급식, 그리고 건강보험 보장성 강화 등은 이제 양대 정당이 공유하는 공통 분모가 되었다. 그 외에도 정도의 차이가 있을 뿐 양대 정당은 복지를 확대하는 방향으로 나아갔다. 문제는 한편으로는 복지에 대한 국민들의 기대수준이 과거와는 비교할 수 없을 정도로 높아졌다는 것이고, 다른 한편으로는 복지 확대에 따른 재정위기에 대한 우려의 목소리도 만만치 않게 크다는 것이다.

복지 확대에 대한 우려의 목소리는 저출산, 고령화가 세계 최고 수준으로 진행되고, 세계경제위기가 회복될 것 같지 않은 시기에 복지 확대는 매우 위험한 선택이라는 입장이다. 이러한 입장에서는 남유럽과 영국 등의 예를 들어 한국이 그러한 길로 접어들지 않을까 하는 우려의 목소리가 적지 않다. 그에 반해 복지 확대를 주장하는 사람들은 과거보다 경제적으로 어려운 사람들의 수가 증가하고 있는 만큼, 이들의 어려움을 복지로 해결하여야 한다고 주장한다. 노인 빈곤층이 45%에 육박하고 있고, 저소득층, 비정규직 등의 문제를 복지 확대를 통해서 시급하게 해결하여야 한다고 주장하고 있다. 이 입장에 서 있는 사람들은 복지를 통해 일자리 확대가 가능하고, 이는 경제성장으로 이어질 것이라고 주장하고 있다.

이와 같이 복지논쟁은 한편으로 논쟁 자체를 넘어서 한국사회로 하여금 진일보한 복지국가로 나아가게 만드는 견인차 역할을 맡고 있는가 하면, 그 반면 복지논쟁은 복지재정을 어떻게 확보할 것인가를 둘러싼 논란으로 확대되고 있기도 하다.[1] 복지 대신 성장과 일자리를

---

[1] 이 논쟁은 서울시의 무상보육 재원에 대한 문제제기가 대표적이다. 서울시는 무상보육은 대통령의 공약이므로 서울시의 무상보육 재원은 중앙정부의 예산으로 충당해야 한다고 주장했고, 정부는 가장 재정자립도가 높은 서울시의 이러한 주장을 수용할 수 없다는 입장을 밝혔다.

확대하는 것이 더 바람직하다는 주장이 제기되기도 하고, 복지가 바로 성장과 일자리를 만든다는 주장이 제기되기도 한다.

대선은 끝났지만, 아직도 어디까지 복지 확대의 범위를 정할 것인지를 둘러싼 복지논쟁은 끝나지 않았다. 당장 저소득층, 장애인, 빈곤 문제가 해결되고 있지 않은 상황에서, 그리고 대부분의 경제 선진국들이 경기침체를 벗어나지 못하고 있고, 한국도 저성장이 예고되는 등 경제가 불안한 상태에서 복지는 한국이 나아가야 할 방향을 결정하는 중요한 키워드의 하나로 남아 있을 가능성이 크다.

복지의 범위를 정하는 일은 그 나라의 능력과 사회적 합의에 의해서 결정된다. 또는 각 나라마다 시장의 역할과 국가의 역할, 그리고 개인의 책임 등에 대한 규정이 다르고 그 규정의 차이에 따라 복지의 범위가 다르다. 복지 스펙트럼은 각 나라마다 시장의 역할과 국가의 역할, 그리고 개인의 책임 등에 대한 규정에 따라 다르게 결정된다.

그리고 각 나라마다 경제적 능력에 따라 선택할 수 있는 복지의 범위는 매우 다양하다. 물론 경제적 능력이 있는 나라의 경우에도 개인의 책임과 시장의 역할을 더 강조하는 경우에는 복지의 범위가 상대적으로 매우 좁고, 경제적 능력이 상대적으로 부족한 나라의 경우에도 개인의 책임과 시장의 역할보다는 국가의 역할을 강조하는 경우에는 복지의 범위가 상대적으로 넓은 편이다.

그러나 복지의 범위를 결정하는 것에 중요한 변수는 그 나라의 경제적 능력이다. 재정에 압박을 가하거나, 부채를 증가시키지 않을 수 있는 것은 복지를 확대할 수 있는 중요한 결정요인이 될 수 있기 때문이다. 개인이나 가족의 경제적 능력과 무관하게 인재를 양성하기 위한 교육비용을 국가가 지불하겠다고 결정할 수 있고, 의료비용이나 보육 등을 국가가 지불하겠다고 결정할 수 있기 때문이다.

복지의 범위는 생계비 이하의 최저소득층에게 최저생계만을 보장하는 소범위의 복지가 있는가 하면, 교육복지, 실업급여, 노후보장 등을 포함하는 중범위 복지도 있고, 전통가옥과 고급문화를 보전, 유지하는 수준에 이르는 대범위의 복지에 이르기까지 매우 넓다.

과연 어떠한 복지의 범위를 선택하는 것이 가장 바람직할 것인가에 대해 냉철하게 생각해 보아야 한다. 복지의 범위는 크게 셋으로 나누어진다. 그 하나는 재산이나 소득이 적은 사람에게게만 복지혜택을 제공하는 선별적 복지이고, 두 번째는 소득이나 재산과 무관하게 모든 사람에게 복지를 제공하는 보편적 복지이고, 세 번째는 일할 능력이 있는 사람들에게는 가능한 한 복지혜택을 줄이고 직업훈련과 근로장려세제 등을 제공하는 생산적 복지이다.

선별적 복지는 경제적 약자와 신체적 약자를 보호하는 소득재분배의 기능이 강하고, 보편적 복지는 사회적, 경제적 위험으로부터 모든 사람을 보호하는 사회안전망의 기능이 강하고, 생산적 복지는 직업훈련을 통한 직업능력 개발과 저소득층의 근로의욕을 고취하기 위해 근로세제 혜택을 통해 일할 능력을 고취시키는 기능이 강하다. 그 가운데 나라마다 하나의 복지를 선택하고 있는 나라들도 있지만, 둘이나 셋의 조합으로 복지제도를 구성하고 있는 나라들도 있다.

한국에는 이 모든 복지제도가 복합적으로 도입되어 있다. 한국 복지논쟁은 이 세 가지 복지제도의 조합을 어떻게 구성할 것인가를 둘러싼 논쟁으로 이해할 수 있다. 곧 보편적 복지론자들은 소득과 재산 정도에 따라 차별을 두는 선별적 복지에 반대하는 입장이라면, 선별적 복지론자들은 소득과 재산 정도에 따라 차별을 두지 않고 모든 국민에게 복지를 제공하자는 입장이다.

다음 절에서는 한국 복지의 현황, 곧 공공부조와 사회서비스, 사회보험제도가 어떻게 구축되어 있는지를 간단하게 소개하고자 한다. 그리고 3절에서는 복지국가의 유형과 국민 부담률과 복지 범위 사이의 관계에 대해 기술하고자 한다. 4절 결론에서는 한국 복지논쟁에 대한 진단을 기술하고자 한다.

2. 한국 복지의 현황

한국의 복지제도는 다른 나라에 비하여 빠른 시간 내에 완비되었다.[2] 복지의 세 가지 제도인 공공부조, 사회보험, 사회서비스 등이 도입되었고 복지제도의 도입에 상응하여 복지 내용이 보완되어 가고 있다. 그에 상응하여 복지예산 역시 정부예산 증가율의 두 배에 달하고 있다. 2012년도 복지예산은 92조 원으로 전체 예산 326조 1천억의 28.1%를 차지하고 있다.[3]

한국의 복지제도는 그 재원을 세금에만 의존하는 복지제도가 아니라, 세금과 보험료에 기반한 복지제도이다. 세금을 복지 재원으로 하고 있는 나라들로 영국, 캐나다, 스웨덴, 이탈리아 등이 있다면, 우리나라는 일본, 독일, 프랑스 등과 같이 세금만이 아니라 사회보험제도를 두어 세금과 보험료 둘을 사회복지의 기반으로 하고 있다. 다시 말하자면, 우리나라에서는 연금, 의료, 고용, 산재 등과 같은 4대 보험은 보험료를 재원으로 하고, 기초생활보장, 근로장려세제 등과 같은 공공부조와 급식, 보육, 장애인이동서비스 등과 같은 사회서비스의 경우 세금을 복지 재원으로 운영하고 있다.[4]

이와 같이 한국의 복지는 공공부조, 사회보험, 사회서비스의 세 분야로 구성되어 있다. 공공부조에 의한 대표적인 복지인 기초생활보장

---

2) 이 글은 2012년까지 한국 복지제도에 근거해서 집필하고 있다. 복지제도는 지속적으로 변화하고 있기 때문에 2013년에 시행하고 있는 내용은 이 글에 미처 포함되지 않았음을 밝힌다.

3) 2014년 복지예산은 106조 원 규모로, 전체 예산, 357.7조 원의 약 30%이다.

4) 4대 보험에도 국고 보조를 하고 있다.

은 최저생계비 이하의 최저소득층에게 국가가 기초생계비와 기타 기초급여를 보장하는 제도이다.5) 4인 가족 기준으로 2012년에 약 150만 원 정도의 생계급여가 지급되고, 교육, 의료, 주거 등에 대한 지원도 이루어지고 있다. 공공부조의 하나인 기초노령연금은 2012년 기준으로 65세 이상 노인 중 하위 70%에게 최대 9만 6천 원까지 지급되어 오던 것이 최근에 기초연금으로 바뀌어, 역시 하위 70%에게 20만 원 지급된다. 근로장려세제는 근로빈곤층의 근로의욕을 고취시키기 위한 제도이다. 소득, 부양가족, 재산 등을 기준으로 대상자를 선정하며, 1년 최대 지급액은 120만 원이다. 2012년 기준으로 부부 합산 총소득이 약 1,700만 원 이하이고, 18세 미만 자녀가 1인 이상이고, 재산의 경우에는 가구 전원의 재산이 1억 원 이하이어야 하는 기준에 맞는 저소득층에게 지급된다.

그러나 기초생활보장제도는 보완되어야 할 부분이 적지 않다. 기초생활보호대상자의 자격 요건 가운데 부양의무자 기준이 문제가 되는 경우가 많다. 부양의무자가 최저생계비의 130% 이상의 소득이 있을 경우 기초생활보호대상자의 자격에서 제외되거나, 부양의무자가 실제로 부양의무를 수행하지 않는 경우가 많기 때문이다. 2012년도부터 부양의무자 기준을 완화하여 최저생계비 130%에서 185%로 조정하였다.6)

또한 2012년까지 기초생활보장제도의 문제점 가운데 하나는 기초생활보장이 통합 급여의 행태로 운영되다 보니 기초수급자의 경우에

---

5) 기초생활보호대상자는 소득과 재산, 그리고 부양의무자의 소득수준으로 결정한다. 소득인정액이 최저생계비 이하일 경우에도 재산이 일정 기준 이상이면 대상자가 되지 못한다. 부양의무자가 최저생계비의 130% 이상일 경우에도 대상자가 되지 못한다.

6) 그러나 아직 자식들이 부양의무를 수행하지 않을 경우에 대한 대책은 제시되지 않고 있다.

는 탈수급의 의지가 저하되고, 차상위 계층의 경우에는 기초수급자가 되고 싶은 의욕이 발생하였다. 특히 환자가 있는 차상위 계층의 경우, 중증질환까지 국가가 보장해 주는 의료급여를 받기 위해 기초수급자로 선정되고 싶은 유혹이 많은 편이다.

사회보험에 의한 복지제도는 연금, 건강, 고용, 산재 보험이 있다. 보험 가입과 보험료 납입은 개인이 선택할 수 있는 것이 아니라 원칙적으로는 강제이다. 건강, 연금, 고용 보험의 경우 보험료를 가입자 50%, 고용주 50%씩 부담하게 되어 있다. 건강보험료율은 2014년 5.9%, 연금보험료율은 4.5%, 고용보험료율은 0.65%[7]이다. 건강보험의 경우 매우 높은 가입률을 보인다. 그리고 산재보험은 고용주가 전액 부담하는 것으로 되어 있어 가입률이 의미가 없지만, 고용보험이나 연금보험의 경우 소득수준이 낮을수록 가입률이 매우 낮은 편이다.

이러한 차이는 비정규직 근로자가 전체 근로자의 35%에 육박하고 있기 때문이다.[8] 정규직 근로자의 경우, 소득에 따라 차이는 있지만 거의 대부분 4대 보험에 가입되어 있다. 그러나 비정규직 근로자의 경우, 소득과 고용안정성이 정규직 근로자에 비하여 상대적으로 매우 낮음에도 불구하고 4대 보험 가입률, 특히 연금보험과 고용보험의 가입률이 낮은 편이다. 저소득과 고용불안의 어려움을 겪고 있는 사람들이 정작 사회안전망의 보호를 받지 못하고 사회안전망의 사각지대에 방치되어 있는 것이다.

한국사회에는 아직 복지 사각지대가 남아 있다. 이 남아 있는 복지 사각지대를 축소하는 것이 바람직하다고 판단된다. 공공부조의 부분에서 기초생활보호대상자에 포함되어야 할 사람들이 제외되어 있는

---

7) 그 외에 사용자가 부담하는 고용보험료율은 직장 규모에 따라 차이가 있다.
8) 비정규직의 규모를 일부 노동계에서는 전체 노동자의 약 50%, 약 8백만 명에 이른다고 주장하기도 한다.

경우가 있다. 특히 앞에서 언급한 것처럼 부양의무자의 기준에 의해 수급자가 되지 못하는 사람들이 있다. 그리고 기초노령연금의 액수가 너무 작아 OECD 기준으로 노인 빈곤율이 45%에 육박하는 현실의 문제점을 해소하기 어렵다. 사회서비스의 부분에서 보육서비스, 노인 돌봄서비스, 아동돌봄서비스 등을 제대로 받지 못하는 경우가 있다. 공공부조의 경우나 사회서비스의 경우 모두 마찬가지로 복지 재원이 충분하지 않기 때문이다.

그러나 무엇보다 심각한 것은 사회보험 부분이다. 공공부조나 사회서비스와 같이 세금이 재원이 되는 사회복지와 다르게, 수혜자 부담 원칙에 의한 4대 보험의 경우, 보험료 납부 능력이 부족한 저소득층이 보험 가입을 하지 않는 경우가 많은 것도 문제이다.

저소득층의 경우 비정규직인 경우가 많고, 고소득층보다 노년을 스스로 대비하기 어려운 형편이다. 문제는 저소득층이 고용보험이나 연금보험에 가입하지 않게 되면 노인 빈곤층으로 전락할 가능성이 높다는 것이다. 고소득층보다 퇴직금의 기회가 적은 저소득층이 고용보험에 가입하지 않을 경우, 특히 근무기간이 짧은 저소득층이나 비정규직 근로자의 경우, 중장년 시기에도 그렇지만, 노년 이후 더욱 불안정한 삶을 살게 되는 것이 보통이다.

이들을 위해 2012년부터 고용노동부에서는 두루누리 사업을 시행하고 있다. 조금씩 사업의 적용 대상을 확대하여 2014년 1월부터는 월 평균 보수가 135만 원 미만인 사용주와 근로자에게 고용보험과 연금보험에 대한 보험료 부담 50%를 국고에서 덜어주기 위한 사업이다. 사용주와 근로자에게 보험료의 일부분을 국고에서 보조하여 고용보험과 연금보험 가입률을 높이고자 하는 것이다. 이 사업은 시험적이라는 점에서 긍정적이지만, 문제는 이 사업은 홍보 부족과 사용주와 근로자의 인식 부족으로 아직 소기의 목적을 달성하지 못하고 있다.

그리고 다른 한편에서 복지전달체계의 문제점 또한 매우 심각한 수준이다. 복지전달체계의 문제점은 복지혜택을 받아야 할 사람들이 누락되거나 복지혜택을 받지 않아도 될 사람들이 복지혜택을 받고 있는 경우이고, 이 전달체계의 문제점은 크게 두 가지로 요약된다. 그 하나는 복지 재원의 누수이고 다른 하나는 복지 대상자가 실질적으로 복지혜택을 받지 못하고 있는 현상이다. 의료기관이나 기초생활수급자, 보육기관, 장애인 시설 등에서 복지 누수가 발생하고 있다. 복지 재원의 누수는 연간 약 9천억 원에 달하는 것으로 추계되고 있지만 실제로는 이를 훨씬 넘어서는 것으로 추정된다.

이러한 복지 누수는 사회복지통합전산망의 구축으로 점차 줄어들 전망이다. 그러나 사회복지통합전산망만으로는 해결되지 않는 문제점들이 많다. 예를 들어 건강보험 재정누수, 사회서비스 재정누수 등도 심각한 수준이고, 정부의 재정지원 일자리사업 가운데 복지와 연관된 자활사업의 재정누수 등 역시 심각한 수준이다.

그리고 복지전달체계 개선을 위해서는 사회복지사의 증원도 시급하게 필요한 일이다. 현장에서 실태를 파악하고 그 실태 파악에 따른 조치를 하는 사회복지사가 필요하다. 현장 사회복지사를 늘려 잘못된 복지지출을 막고, 복지 대상자가 필요한 복지혜택을 받을 수 있도록 조치하는 일이 시급하다.

이와 같이 복지제도 자체는 거의 완벽하게 구축되었지만 복지제도의 사각지대가 존재하고 복지전달체계의 문제점도 발견되고 있다. 앞에서 지적하였듯이 4대 보험에도 부족한 부분이 있고, 공공부조와 사회서비스에도 부족한 부분이 발견된다. 이에 대한 보완을 어떻게 할 것인가가 한국 복지 확대에 대한 논의에 앞서 선결되어야 할 과제로 보인다.

3. 복지국가의 유형과 국민 부담률

1) 국민 부담률과 공공복지지출 사이의 상관관계

앞 절에서 언급한 바와 같이 나라마다 복지의 범위에 대한 서로 다른 규정은 복지 재원인 세금과 보험료에 대한 국민의 부담 비율을 다르게 만들고 있다. 곧 소득세율과 법인세율, 부가가치세율, 그리고 사회보험료율을 다르게 만든다. 복지의 범위를 다르게 만들 수 있는 재원은 다름 아니라 세금과 보험료율이다. 세금과 보험료율의 차이는 복지에 대한 고부담과 저부담의 차이를 의미하고, 그 차이에 의해 고복지와 저복지의 차이를 만든다.

복지국가의 유형은 크게 넷으로 분류된다. 저부담-저복지, 저부담-고복지, 고부담-저복지, 고부담-고복지의 국가가 그것이다. 저부담-저복지의 대표적인 나라들은 한국, 일본, 미국 등이고, 저부담-고복지의 대표적인 나라들은 그리스, 스페인, 포르투갈 등이고, 고부담-고복지의 대표적인 나라들은 독일, 스웨덴, 덴마크 등이다. 고부담-저복지는 예외적인 경우로 터키가 이에 속한다.

고복지의 국가들에서는 보육 및 육아 무료, 교육비 전액 무료, 높은 실업급여, 값싼 임대주택, 노후보장 등에 이르기까지 다양한 복지혜택이 제공되고 있다. 그러나 이러한 나라들의 소득세율은 한국에 비하여 매우 높은 편이다. 예를 들어 스웨덴의 평균 소득세율은 2008년 34.8%이지만 한국의 평균 소득세율은 20.7%이다.

저부담-고복지를 지향했던 나라들, 그리스, 스페인, 포르투갈 등의 나라들은 대부분 심각한 경제위기에 직면하고 있다. 높은 재정적자의 누적과 무역수지적자의 누적으로 국가파산 상태에 빠져 있다.

복지 확대를 주장하는 사람들, 특히 북유럽의 모델을 한국에 도입하자고 주장하는 사람들은 GDP 대비 한국의 공공복지지출 비율이 북유럽에 비하여 낮다는 사실에만 주목한다. 실제로 한국의 GDP 대비 공공복지지출 비율은 11.3%(국민연금 성숙도 4% 반영) 수준으로 OECD 평균 19.2%에 비하여 낮은 편이고 북유럽 평균의 23.8%에 비하여 더 낮은 편이다.

	OECD 평균(가)		한국(나)		차이(가 - 나)
공공복지지출	19.2%	-	11.3%	=	7.9%
국민 부담률	36.8%	-	25.7%	=	11.1%

그러나 복지 확대를 주장하는 사람들은 북유럽 국가들에 비하여 한국의 국민 부담률(세금 + 보험료)이 낮다는 사실에 대해서는 주목하지 않는다. 실제로 한국의 GDP 대비 국민 부담률은 25.7%로 OECD 평균 36.8%에 비하여 11.1%가 낮은 편이고 북유럽 평균 46.5%에 비하여 더 낮은 편이다. 만약 북유럽과 같은 정도의 복지를 위해서는 국민 부담률을 북유럽과 같은 수준으로 올려야 한다.

2) 과유의 복지와 불급의 복지

우리가 복지정책을 수립하고자 할 때 염두에 두어야 하는 것은 복지는 사회에 꼭 필요한 것이지만 복지가 지나치면 위험하다는 사실이다. 복지는 한번 시행하면 되돌리기가 어려운 불가역성의 성질이 있다. 복지를 축소하여야 하는 상황이 발생하여도 축소하기 어렵다.

과유불급(過猶不及)의 논리는 복지에도 적용된다. 한국의 복지는 현재 부족하다. 불급(不及)의 복지이다. 그 부족한 복지를 확대하는 것은 맞다. 그러나 지나친 복지, 과유(過猶)의 복지를 주장하는 것은 맞지 않다. 불급을 넘어서서 과유의 복지를 주장하는 사람들은 국가가 곳간에 많은 돈을 쌓아놓고도 복지를 하지 않고 있는 것과 같은 착각에 빠지게 만든다. 국민들의 복지 부담 증가 없이도 복지 확대가 가능하다고 국민들로 하여금 생각하게 만든다.

그러나 복지 재원이 충분해야 가능하다. 나라 곳간에 들어오는 재원이 한정되어 있는데 이를 넘어서는 복지, 과유의 복지를 하다가는 빚내서 복지를 하게 된다. 과유의 복지는 매년 풍년이 올 것이라는 가정에 입각해 있다. 이러한 가정은 위험하다. 농사가 잘 안 될 수도 있다고 가정해야 한다. 1997년의 외환위기의 원인은 '모든 것이 다 잘 될 것'이라는 판단(Pengglos value)에 따라 기업들이 무리한 투자를 한 것에 있다. 복지는 모든 것이 잘 안 될 수도 있다는 판단, 경제가 어려워질 수도 있다는 판단에서 조심스럽게 시작해야 한다. 복지는 한번 시작하면 축소하거나 중지하기 어렵다는 사실은 우리가 부러워하던 복지 선진국이었던 서유럽 국가들에서 여러 번 확인되고 있다. 거의 모든 복지 선진국들이 복지를 축소하고 있다.

우리가 저부담-고복지를 택하지 않고 고부담-고복지를 하고 있는 유럽의 복지 선진국들로부터 반면교사로 배워야 할 것은 과유의 복지가 아니라 불급의 복지를 하여야 한다는 사실이다. 특히 그 나라들로부터 배워야 할 것은 복지수요 대비 복지공급이 어려움에 처할 것에 미리 대비하는 자세이다. 실제로 그 나라들은 복지 가운데 가장 재정부담이 큰 실업과 연금 부분을 과감하게 개혁함으로써 세계경제의 위기 내지는 국내경제의 위기에 미리 대처하였다.

복지를 하기 위해서는 나라 곳간에 충분한 재원이 준비되어 있어야 한다. 복지는 세원 확보가 중요한 과제이다. 기업이 잘되어야 법인세를 많이 걷을 수 있고 소득세도 많이 걷을 수 있다. 매년 정상적인 예산 확대에는 성장률이 반영되어 있다. 성장률이 반영되어 있지 않은 정부예산 확대는 국가 재정적자로 이어지지 않을 수 없기 때문이다. 2012년 예산(325.4조 원)은 2011년 예산(309.1조 원) 대비 5.3% 확대되었다. 그리고 정부예산 증가율보다 복지예산 증가율은 훨씬 상회하고 있다. 만약 복지예산을 급격하게 증대시키면 정부의 다른 기능이 축소된다. 예를 들어 탈수급 의지, 자활의지나 근로의욕 등을 고취시키기 위한 다른 준비들은 소홀하게 될 수밖에 없다.

그러나 과유의 복지론자들은 부자들에게 세금을 더 걷으면 된다거나 법인세를 높이면 된다는 생각에서 출발한다. 문제는 법인세를 높이게 되면 국내 자본가나 기업이 해외 자본가나 기업이 한국에 투자를 하지 않게 되어 일자리는 줄어들게 된다. 부자들에게 세금을 조금 더 걷을 수 있을지도 모른다. 그러나 현재 3억 원 이상의 소수의 부자들에게는 38%의 세율이 적용되고 있다. 이들에게만 세금을 더 걷어 복지 재원을 충당할 수 있을지는 의문이다. 실제로 그에 해당하는 사람들이 그렇게 많지도 않고, 그 사람들로부터 얼마나 많은 세금을 더 걷을 수 있을지 분명하지 않다. 한국의 누진율이 더 낮아서 그렇게 해야 한다면 모르지만, 사실은 그렇지 않다.

지금 상위 20%가 전체 소득세의 85%를 내고 있고 하위 41%는 한 푼의 세금도 내지 않고 있다. 건강보험료만을 따지더라도 직장 가입자의 경우 매달 2백만 원이 넘는 건강보험료를 납부하는 사람들이 있는가 하면, 매달 7,890원을 부담하는 사람들이 있다. 그러나 건강보험에 대한 혜택은 동일하다. 과연 한국의 불평등이 누진세가 적용되지 않기 때문이라고 말할 수 있는가?

앞에서도 언급하였지만, 과유의 복지론자들은 GDP 대비 복지지출 비율이 낮다는 사실을 자주 지적한다. 실제로 한국의 복지지출은 GDP 대비 11.3%으로, OECD 평균 19.2%과 7.9%의 차이가 있다. 복지지출만 보면 작지 않은 차이임에는 틀림없다. 그러나 그들은 국민 부담률(세금 + 보험료)의 차이에 대해서는 언급하지 않는다. OECD 국가들의 평균 국민 부담률은 36.8%이고 한국의 국민 부담률은 25.7%이다. 한국의 국민 부담률은 11.1%가 작다. 우리가 OECD 평균의 복지를 원한다면 한국의 국민 부담률을 11.1% 올려야 한다.

월소득 3천 유로의 독일의 근로자가 내는 건강보험료와 그와 똑같은 월소득 464만 원(2011년 6월 29일 환율 1유로 = 1,547.47원으로 환산)의 한국 근로자가 내는 건강보험료만 비교해 보아도 이는 명확하다. 독일의 근로자는 매월 38만 678원을 건강보험료로 내고 있지만, 한국의 근로자는 매월 13만 840원의 건강보험료만을 내고 있다. 건강보험 보장성을 강화하기 위해서는 보험료 부담의 증대가 필수적인 것이다. 독일과 같은 건강보험의 보장률을 바란다면 독일과 같은 11%의 건강보험료율 도입을 주장할 수 있어야 하고, 그러기 위해서는 현재 약 6% 수준의 건강보험료율의 인상을 주장할 수 있어야 한다. 그럼에도 불구하고 과유의 복지론자들은 오로지 한국과 독일의 건강보험 보장성의 차이만을 언급하고 있다.[9]

복지론자들은 스웨덴 모델을 자주 언급한다. 과유의 복지론자들은 복지 천국 스웨덴을 한국에 옮겨놓고자 한다. 그러나 막상 스웨덴에서 감행한 과감한 복지개혁, 복지 축소에 대해서는 언급하지 않는다. 과유의 복지론자들의 스웨덴 모델은 1980-90년대에 머물러 있고, 현재 스웨덴의 복지 변화는 그들의 머릿속에 존재하지 않는다. 그러나 2006년 이후 스웨덴에서는 대대적인 복지개혁을 감행하였다. 인구의 25%가 실업수당에 의존하고, 기업 근로자의 40%가 병가 혜택을 누

---

9) 또는 정부의 건강보험 재정 부담률 증가만을 주장하고 있다. 현재 정부는 총 건강보험료 수입의 일부, 현재 약 19% 수준을 지원하고 있는데 그 정부 지원율을 30%까지 인상하자고 주장하고 있다.

리고 있던 스웨덴의 복지 시스템에 대전환을 꾀한다.

실업 전 소득의 80%에 달하던 실업수당을 60%까지 축소하고, 30.7%에 달하던 소득세율을 17.1%로 과감하게 축소한다. 법인세 역시 28%에서 26.3%로 축소한다. 이러한 개혁의 목적은 일하는 사람들의 가처분소득을 높이고, 실업수당에 안주하던 사람들의 근로의욕을 높이기 위한 것으로 해석된다. 과유의 복지에서 불급의 복지로 전환한 것이다. 그 효과는 당장 내수와 수출의 증가로 이어지더니 2011년에는 5.6%의 높은 성장률을 기록했다.

4. 결론: 한국 복지논쟁에 대한 진단

한국사회에서 복지논쟁이 치열하게 벌어지고 있는 원인을 둘로 압축하자면 1997년 12월 한국의 외환위기 이후 구조조정과 세계경제위기가 한국 경제에 미친 영향이다. 소득 양극화, 빈곤층의 증가, 비정규직의 증가, 실업의 증가 등이 과거보다 더욱 심각한 수준으로 진행되어 복지수요가 과거보다 증가한 것은 주로 위에 언급한 두 가지의 원인에 의한 것으로 볼 수 있다.

1944년 영국의 베버리지 보고서가 주창하고 나섰던 것처럼 요람에서 무덤까지 모든 국민이 경제적 어려움을 겪지 않고 살 수 있는 나라를 만든다면, 이처럼 좋은 일은 없을 것이다. 그러한 나라를 만드는 것은 모든 이의 꿈일 것이기 때문이다. 그러나 꿈 이전에 현재 한국 경제의 미래가 어떠한가를 우선적으로 점검할 필요가 있다. 그 점검에 기초하여 복지 재원 조달이 실질적으로 가능한가를 곰곰이 생각해 볼 필요가 있다. 재원만 많다면 복지 확대를 반대할 이유가 없기 때문이다.

그러나 현실은 선진 복지국가들이 복지를 설계할 당시와는 많이 다르다. 전 세계의 경제는 위기의 반복을 되풀이하고 있고, 특히 대부분의 경제 선진국들은 재정위기와 무역적자에서 벗어나지 못하고 있다. 그 원인은 기계화와 정보화에도 있지만, 가장 중요한 원인은 경제 선진국의 고임금과 경제개발도상국의 저임금의 격차이다. 그 격차는 고임금 국가의 저부가가치 산업을 저임금 국가로 이전시켰다. 저임금 국가, 특히 중국은 세계의 공장으로 둔갑하여, 선진경제국가들의 제조업과 금융자본, 에너지를 흡수하였다.

인력의 고부가가치화에 실패하였던 대부분의 경제 선진국들은 장기적인 경기침체에 직면하게 되었다. 저임금 국가들이 본격적으로 산업화하기 시작하였던 1990년부터 대부분의 경제 선진국들은 무역수지 적자, 재정적자가 누적되어 갔다. 복지 재원은 줄어들었는데 과거보다 더 많은 복지수요가 발생하자, 재정위기, 국가파산위기로 이어졌다. 경제 호황기에 설계되었던 복지제도가 재정위기를 가속화시켰던 것이다.

복지 선진국들의 위기에서 반면교사로 얻을 수 있는 교훈은 복지 확대는 '모든 것이 다 잘될 것'(Pengglos value)이라는 잘못된 가설에 의해 설계되어서는 안 된다는 것이다. 모든 것이 잘 안 될 상황에 대처할 수 있도록 설계되어야 한다는 것을 가르쳐주고 있다. 복지재정과 복지 확대는 항상 같이 움직여야 한다는 사실을 잘 가르쳐주고 있다.

그럼에도 불구하고 한국사회에서는 국민 부담률을 높이지 않고 복지를 확대할 수 있다고 주장하고 있다. 고소득자의 부담을 늘리고, 재정지출을 줄이고, 지하경제를 양성화하여 복지 재원을 마련하겠다고 한다. 과연 국민 부담률의 증가 없이 고소득자의 부담을 늘리고, 재정지출을 줄이고, 지하경제를 양성화하는 것만으로 충분한 복지 재원이 만들어질 수 있을 것인가를 매우 철저하게 검토해 보아야 한다. 재정

준칙성에 기반하여 공약과 복지정책이 만들어져야 한다.

잠정적으로는 낮은 국민 부담률을 유지하면서 고복지를 하려고 하면, 남유럽 국가들의 경우에서 보듯이 국가재정위기를 필연적으로 동반하지 않을 수 없게 될 것이라는 예측이 가능하다. 국민 부담률의 증가 없이 국가 재정의 더 많은 부분을 복지에 투여한다면, 그것은 국가 발전의 균형을 잃게 만들 뿐 아니라, 재정위기로 귀결된다. 그뿐만 아니라 국가 부도의 위기에 직면할 수도 있는 매우 위험한 일이다.

지하경제를 양성화하는 것은 필요한 일일 것이다. 탈세의 온상이었던 지하경제를 조세원으로 확보하는 것은 공정한 일이기 때문이다. 그러나 문제는 지하경제 양성화로 충분한 복지 재원을 확보할 수 있을 것인가이다. 그동안 국세청에서 지하경제를 양성화하기 위해 노력하였지만 만족할 만한 성과가 없었던 이유를 충분히 검토하여 지하경제 양성화를 통한 재원 마련의 범위를 현실적으로 설정하여야 한다.

혹시 국민 부담률 인상을 전제로 하더라도 경제가 좋지 않은 상황에서 복지 재원을 마련하기 위해 국민 부담률 증가, 곧 소득세율을 높이거나 보험료율을 높이는 것이 바람직한가를 우선적으로 논의할 필요가 있다. 그리고 고소득층들에게만 복지 부담률, 곧 소득세율과 보험료율을 높여 모든 국민 대상으로 복지를 확대하는 것이 바람직한가를 논의할 필요가 있다. 그 논의에는 한국의 복지제도가 담당하고 있는 소득재분배의 기능이 부족한 것인가의 질문을 반드시 포함시킬 필요가 있다.

복지는 기회균등 차원에서 시행하여야 한다. 결과 평등을 복지의 목표로 삼으면 많은 문제가 발생한다. 무임승차자가 발생하고 도덕적 해이 등이 발생한다. 복지에 기회균등의 원칙을 적용하여 복지에 안주하고자 하는 사람들의 수, 또는 복지 수혜자로부터 벗어나고자 하는 사람들의 수를 줄이는 것이 필요하다. 기초생활수급자가 자활의지를 갖도록 자활기업에 대한 지원을 더욱 확충하고, 차상위 계층 등에는 근로장려세제를 확대하여 근로의욕을 높여야 한다. 한국사회의 인력 수요에 맞추어 직업교육을 실시하여야 한다.

기회균등의 원칙은 계층 상승으로 연결되어야 한다. 복지에만 재원을 한정하지 말고 직업교육에 집중적으로 투여하여야 한다. 실업자에게는 일자리 수요에 맞춘 직업교육을 실시하고 취업자에게는 직업 향상 교육을 실시하여야 한다. 특히 한국사회에는 기능 인력이 계층 이동에 성공할 수 있도록 하는 정책적 뒷받침이 필요하다. 기능사—기능장—명장의 과정을 만들어 기능 인력의 경우에도 숙련도와 과학기술 적용능력이 점진적으로 향상될 수 있도록 하여야 한다. 기능 인력의 고부가가치화는 세계경제위기에 직면하여 한국사회가 선택하여야 할 가장 중요한 과제이다.

마지막으로 덧붙이고 싶은 것은 한국의 복지논쟁에서 제외된 중요한 논의로서 한국사회에는 서구식 복지로 해결되지 않는, 그러나 가처분 소득의 많은 부분을 차지하고 있는 교육비용, 결혼비용, 과시비용, 주택비용 등이 추가적으로 존재하고 있다는 사실이다. 만약 한국이 북유럽의 복지를 실현한다고 하여도 대학 서열에 따른 좋은 일자리 배분이 존재하는 한 사교육비 지출은 줄어들지 않을 것이고, 과시와 연관되어 있는 전 세계 최고 수준의 명품과 고급 선호의 과시 문화, 결혼비용 역시 줄어들지 않을 것이다. 이미 너무 높은 주택비용 역시 서유럽식 복지정책으로 해결하기 힘들게 되어 있다.

경제민주화와 복지

최정표(건국대)

1. 민주화의 기본조건

1) 힘의 집중과 힘의 남용

힘은 인간이 추구하는 가장 큰 욕망 중의 하나이다. 식욕이나 성욕은 인간의 원초적 욕망이며 생존과 번식을 위한 본능적 욕망이다. 말하자면 생물학적 욕망이며 한계가 존재하는 욕망이다. 이런 욕망은 거부할 수도 없고 거부해서도 안 되는 욕망이다. 반면에 힘에 대한 욕망은 2차적 욕망이고, 파생적 욕망이고, 인위적 욕망이다. 그리고 한계가 없는 욕망이다.

인간이 세속적으로 추구하는 돈과 권력은 힘의 한 형태이다. 돈과 권력을 가지면 어떤 형태로든 힘을 가지게 된다. 따라서 돈과 권력은 힘을 가지기 위한 하나의 수단이다. 궁극적으로 추구하는 것은 힘이다. 돈에서도 힘이 나오고, 권력에서도 힘이 나온다. 따라서 인간은 돈과 권력을 가지려고 끊임없이 노력한다.

그런데 돈이 가져다주는 힘과 권력이 가져다주는 힘은 그 내용과 성격이 각기 다르다. 돈과 권력은 개별적으로는 인간이 원하는 힘을 충분히 보장해 줄 수 없다. 돈과 권력은 서로 보완적으로 인간의 힘을 증대시켜 줄 수 있다. 돈이 채워주지 못하는 힘은 권력이 보충해 주고, 권력이 채워주지 못하는 힘은 돈이 보충해 준다. 따라서 인간은 돈과 권력을 동시에 가지려고 부단히 노력한다.

모든 인간이 이런 힘을 가지려고 끊임없이 추구하고 있지만 모두가 이런 힘을 소유할 수 있는 것은 아니다. 능력의 차이 또는 기회의 차이 등으로 인해 힘은 불균등하게 분포되고 경우에 따라서는 특정인에게 집중적으로 분포된다. 돈이 특정인에게 과도하게 분포되기도 하고, 정치권력이 특정인에게 과도하게 분포되기도 한다.

어떤 이유에서든 힘이 특정인에게 집중되면 그 힘은 남용되기 마련이다. 인간은 신이 아니고 불완전한 존재이기 때문이다. 힘이 집중되면 우월적 지위를 형성하게 되고 우월적 지위는 사회를 불공평하게 만든다. 우월적 지위가 남용되기 때문이다.

힘이 특정인에게 집중되고 그 힘이 남용되면 그 사회는 공정한 사회가 될 수 없다. 힘을 가진 자와 가지지 못한 자가 구분되면서 지배자와 피지배자 관계가 성립되고 피지배자에 대한 지배자의 횡포가 나타나기 때문이다. 이러한 힘의 비대칭성이 커지면 커질수록 힘은 더 집중되고 집중된 힘의 남용은 더 커질 수 있다. 많은 사회문제는 이러한 힘의 비대칭성과 이로 인한 힘의 남용에서 나타난다.

2) 정치적 힘과 경제적 힘

현실사회에서 힘은 크게 정치적 힘과 경제적 힘으로 나누어 논의해 볼 수 있다. 정치적 힘은 정치권력으로서 제도를 이용한 힘이고 정치적 지위에서 나오는 힘이다. 반면에 경제적 힘은 경제활동을 지배하는 돈의 힘으로서 시장을 이용하는 힘이고 소유권에서 나오는 힘이다. 정치적 힘은 정치적 지위를 잃으면 단절되는 유한한 힘인 반면, 경제적 힘은 소유권이 상속되면서 계속 유지될 수 있는 무한한 힘이다.

정치적 힘이 특정인에게 과도하게 집중되면 독재(dictatorship)가 나타난다. 반면에 경제적 힘이 특정인에게 과도하게 집중되면 독점(monopoly)이 나타난다. 독재 하에서는 독재자에게 권력이 집중되어 있고 독재자는 그 권력을 남용하기 때문에 독재자 이외의 인권은 무시되기 마련이다. 독재자는 그 권력을 계속 유지하면서 자기 개인의 효용을 최대화시키려 하기 때문에 다른 사람들의 효용은 침해받을 수밖에 없다. 따라서 독재자 이외의 자유와 인권은 무시되고 사회구성원 다수의 행복은 최대화되지 못한다.

독점 하에서는 독점자에게 시장의 통제력이 집중되어 있고 독점자는 그 힘을 남용하기 때문에 시장 활동은 독점자 위주로 이루어질 수밖에 없다. 독점자는 자기 이익의 최대화에만 관심이 있기 때문에 시장거래를 자기중심으로 이끌어가기 마련이다. 서비스는 나빠지고 가격은 높아진다. 독점이윤은 극대화되지만 사회후생은 줄어들 수밖에 없다. 이때도 사회구성원 다수의 행복은 최대화되지 못한다.

이처럼 힘의 집중은 악의 근원이다. 정치적 힘이 집중되면 인간의 정신적 행복이 침해되고, 경제적 힘이 집중되면 인간의 물질적 행복이 침해된다. 인간의 발전사는 힘의 집중에 대항하는 과정이라고 할 정도로 힘의 집중은 매우 위험한 현상이었다. 이것은 경제적 힘이나 정치적 힘이나 마찬가지다.

3) 힘의 분산과 민주주의

정치적 힘이든 경제적 힘이든 힘의 집중은 필연적으로 국민의 행복과 후생을 침해하기 때문에 힘의 분산은 행복과 후생을 증진시키기 위한 필수적 조건이고 이를 위한 투쟁은 그 정당성이 인정되었다. 독재 타도를 외친 민주화운동도 그래서 그 정당성이 인정되는 것이고, 독점 타파를 위한 공정거래정책도 그래서 그 정당성이 인정되는 것이다. 민주주의란 힘의 분산을 통해서만 달성될 수 있다.

독재정권을 타도하고 정치적 힘의 집중을 방지하여 민주주의를 확보하는 것은 정치민주화로서 이를 위해 인류는 많은 희생을 치렀다. 인류는 오랜 투쟁의 역사를 거쳐 민주주의를 달성할 수 있었다. 마찬가지로 독점을 타파하고 경제적 힘의 집중을 방지하여 공정한 시장질서를 확보하는 것은 경제민주화로서 오늘날 모든 나라가 추구하는 경제적 목표이다. 독점을 방지하기 위한 반독점정책은 이론적으로 그 정당성이 입증되었고, 100년 이상 중요 경제정책으로 시행되어 왔다. 경제적 힘의 분산은 경제민주화의 필수적 요소이다. 정치권력의 분산이 정치민주화이듯 경제민주화도 경제적 힘의 분산을 의미한다.

민주주의는 인류의 보편적 가치이다. 그것은 정치에만 해당하는 것이 아니고 경제에도 해당한다. 정치에서의 민주주의가 정치권력의 분산을 전제로 하듯, 경제에서의 민주주의도 경제력의 분산을 전제로 한다. 경제력이 분산되어야 공정한 시장경제가 달성될 수 있고 시장경제의 성과가 최대화될 수 있다. 경제력의 분산은 시장경제의 성공을 위한 필수적 요소이다.

2. 경제민주화의 저해요소

1) 경제활동의 양극화

경제활동은 거래행위이다. 경제활동의 양대 축은 생산자(기업, business firms)와 소비자(가계, households)인데 이들 사이에는 끊임없이 거래가 이루어진다. 소비자는 생산자가 만든 생산물을 구매한다. 동시에 생산자는 생산에 사용되는 생산요소인 자본과 노동을 소비자로부터 구매한다. 이처럼 생산자와 소비자 사이에는 끊임없이 거래가 이루어지는데 이것이 바로 경제활동이다.

생산자와 소비자 사이의 이러한 거래는 중간에 수많은 거래 단계를 거치면서 이루어진다. 생산자는 수많은 거래 단계를 거쳐 소비자로부터 생산요소를 제공받고, 마찬가지로 소비자도 수많은 거래 단계를 거쳐 생산자로부터 상품을 제공받는다. 그러므로 경제활동은 수많은 형태의 거래에 의해 성립된다. 개인(소비자)이 가진 노동력과 자본은 수많은 중간 단계를 거쳐 이를 필요로 하는 생산자(기업)에게 도달하고, 기업이 만든 상품도 수많은 중간 단계를 거쳐 소비자에게 도달한다. 이 과정은 모두 거래라는 형식을 거쳐 이루어진다.

그런데 어떤 단계에서든 거래는 판매자와 구매자의 관계를 성립시킨다. 판매자는 파는 입장이고, 구매자는 사는 입장이다. 이러한 거래가 이루어지는 현상 또는 기능을 시장이라고 한다. 말하자면 시장은 판매자와 구매자를 연결시키는 역할을 수행하는데, 이때의 연결고리는 가격(price)이다. 가격을 매개로 판매자와 구매자가 실질적으로 연결된다. 그리고 거래가 성립된다.

이 과정에서 판매자와 구매자의 이해관계는 정면으로 대립된다. 한쪽에 혜택이 되면 다른 쪽에서는 그만큼 피해를 본다. 말하자면 판매자와 구매자 사이에는 제로섬(zero-sum)의 관계가 성립한다. 판매자는 가격을 올려야 이익이고 구매자는 가격을 내려야 이익이기 때문이다. 가격을 변화시키는 만큼 한쪽은 혜택을 보고 다른 쪽은 그만큼 손해를 본다.

판매자와 구매자 사이에 힘이 어떻게 분포되어 있느냐에 따라 가격은 어느 한쪽으로 기울 수 있다. 판매자 쪽이 힘이 세면 가격은 높아지고, 구매자 쪽이 힘이 세면 가격은 낮아진다. 힘이 양쪽에 균형 있게 분포되어 있으면 가격은 공정하게 정해질 것이다. 그런데 현실적으로 양쪽에 힘이 균형 있게 분포되어 있는 경우는 드물다. 특히 우리나라는 경제구조도 불균형이고 판매자와 구매자 사이의 힘의 분포도 불균형이다.

힘의 분포가 불균형하면 경제활동은 양극화될 수밖에 없다. 힘이 강한 쪽에 유리하도록 거래가 성립하고 경제활동의 이익은 한쪽으로 쏠릴 수밖에 없다. 이러한 힘의 불균형이 지속되면 이런 현상이 누적되면서 경제활동의 결과는 양극화된다. 경제활동을 어느 한쪽에서 계속 주도해 가는 현상이 나타난다.

경제활동의 양극화는 지속적인 판매독점(monopoly)과 지속적인 구매독점(monopsony)을 의미한다. 판매독점은 판매가격을 높여 판매자를 일방적으로 유리하게 만들고, 구매독점은 구매가격을 낮추어 구매자를 일방적으로 유리하게 만든다. 한국 경제는 요소요소에 판매독점과 구매독점이 형성되어 경제활동을 양극화시키고 있다. 많은 시장이 독과점구조로 되어 있기 때문이다. 대부분의 대기업들은 판매독점력을 행사하면서 동시에 구매독점력까지 행사한다.

기업이 상품을 생산 판매하면서 판매독점력을 행사하면 가격이 높아지기 때문에 소비자는 피해를 볼 수밖에 없다. 그리고 기업이 생산요소나 중간재를 구매하면서 구매독점력을 행사하면 구매가격이 낮아지기 때문에 생산요소와 중간재를 판매하는 개인 및 영세업체들이 피해를 본다. 대기업들의 하청업체나 대형 유통업체의 납품업체들이 이런 상황에 직면하게 된다. 거기다가 노동시장에서까지 대기업들의 구매독점력이 강해지면 노동력을 소유한 개인들의 후생은 줄어들 수밖에 없다.

우리나라의 재벌들은 생산물 시장에서는 판매독점력을 가지고, 생산요소 시장이나 중간재 시장에서는 구매독점력을 가지는 경우가 많다. 이때는 재벌이 양방향에서 이중으로 독점력을 행사하면서 독점이윤을 최대화시킬 수 있다. 생산요소와 중간재의 구매가격은 최대한 낮추고 생산물의 판매가격은 최대한 높이기 때문이다.

이처럼 우리나라는 재벌의 판매독점력과 구매독점력이 보편화되어 있기 때문에 경제활동의 양극화가 점점 심해지고 있다. 경제활동이 재벌들에게 일방적으로 유리해지면서 경제활동의 양극화가 심화되면 궁극적으로 분배의 양극화를 초래할 수밖에 없다. 경제민주화는 분배의 양극화를 해소시키는 것인데 이를 위해서는 경제활동의 양극화를 해소시키는 것에서부터 출발해야 한다.

2) 분배의 양극화

한국 경제는 분배의 양극화가 점점 심화되어 가고 있다. 중산층이 몰락하고 상위층과 하위층만 남는 형국이다. 거기다가 상위층은 극히 소수이고, 하위층은 다수이다. 이런 사회는 매우 위험한 사회이다. 사람도 허리가 약하면 힘을 쓰지 못하는 것처럼 국가도 허리인 중산층이 약하면 건강한 사회가 될 수 없다. 사회가 불안정해지고 사람 살기가 어려워진다. 따라서 분배의 양극화는 시급히 해결해야 할 국가적 과제가 아닐 수 없다.

분배는 부의 분배(distribution of wealth), 소득의 분배(distribution of income), 기회의 분배(distribution of opportunity) 등을 의미하는데 이들은 각기 분리되어 있는 것이 아니고 서로 밀접하게 연관되어 있다. 하나가 나쁘면 다른 것도 나빠질 수 있기 때문이다. 그렇지만 하나가 좋아진다고 다른 것도 좋아지는 것은 아니다. 모든 분배가 공평해야 양극화가 해소되는 것이고, 그래야 경제민주화도 달성될 수 있다.

부의 양극화는 분배의 본질적 문제이다. 생산의 수단인 부(자본)가 불공평하게 분배되어 있으면 여기서 파생되는 자본소득도 양극화될 수밖에 없기 때문이다. 부의 양극화는 바로 소득의 양극화로 연결된다. 그런데 부의 양극화는 치유가 쉽지 않다. 자본주의 사회에서 소유권에 영향을 미치는 정책은 쉽게 추진할 수 없기 때문이다. 기껏해야 재산세 정도의 정책수단밖에 없다.

소득의 양극화는 분배의 현실적 문제이다. 소득은 바로 소비와 연결되면서 즉각적으로 소비자의 효용을 증대시킬 수 있기 때문이다. 그리고 소득의 양극화에 대해서는 당장 적극적인 교정수단을 동원할 수도 있다. 소득의 양극화를 해결하기 위해서는 각종 복지정책과 더불어 강력한 누진소득세까지 동원할 수 있다.

소득의 양극화는 부의 양극화를 더욱 악화시킬 수 있다. 소득으로 부를 축적할 수 있기 때문이다. 따라서 소득의 양극화와 부의 양극화는 서로 악순환의 구도를 만들 수 있다. 소득의 양극화와 부의 양극화가 부익부 빈익빈 구조를 점점 강화시키기 때문이다. 이러한 악순환 구도는 경제민주화와는 역행하는 구도이다. 경제민주화는 궁극적으로 공평한 분배를 지향하기 때문이다.

기회의 균등도 양극화 해소의 필수적 조건이다. 그리고 경제민주화의 필수적 조건이기도 하다. 기회가 균등하지 못한 사회는 원천적으로 불공평한 사회이기 때문이다. 부의 양극화와 소득의 양극화는 균등한 기회를 보장하지 않는 원인일 수 있다. 심지어는 공평한 부의 분배와 공평한 소득의 분배조차도 기회균등을 보장하지 않을 수 있다. 공평한 분배는 균등한 분배와 일치하는 것이 아니기 때문이다.

인간은 각기 능력과 적성에 차이가 있기 때문에 부와 소득이 균등해질 수는 없다. 따라서 균등한 분배가 아니라 공평한 분배를 주장한다. 그러나 기회는 균등하게 보장해야 한다. 그 기회를 활용하느냐 하지 못하느냐는 그 다음의 문제이다. 기회라는 출발점이 똑같지 못하면 그 사회는 공평하지 못하고 부와 소득의 분배는 다시 왜곡될 수 있다. 그러므로 경제민주화는 부와 소득의 공평한 분배와 기회균등을 의미한다.

3) 양극화와 시장경제

경제활동이 양극화되고 분배까지 양극화되어 있으면 그 사회는 매우 불안정한 사회일 수밖에 없다. 이것은 자본주의 시장경제의 가장 위험한 귀결이다. 시장경제가 이런 결과를 초래하면 이 시장경제는 실패한 시장경제일 수밖에 없다.

시장경제는 공정한 경쟁 속에서만 그 성과가 최대화될 수 있다고 본다. 그런데 경제활동의 힘이 양극화되어 있으면 이미 공정한 경쟁은 기대하기 어렵다. 이런 상황에서는 힘이 시장을 지배하고 약자는 시장의 성과를 제대로 배당받지 못한다. 따라서 분배도 왜곡될 수밖에 없다.

한국 경제의 양극화는 시장의 실패라고 볼 수 있다. 시장에 집중된 힘이 만들어져 있고 그 힘이 시장을 좌지우지할 수 있기 때문이다. 집중된 힘을 소유한 자는 바로 재벌이다. 경제의 각 분야에서 재벌은 막강한 힘을 소유하고 그 힘을 바탕으로 시장을 좌지우지하고 있다. 따라서 시장 활동의 성과는 자연적으로 재벌에게로 집중되고 있다. 그리고 이런 양극화는 악순환을 되풀이시키고 있다. 결과적으로 한국경제는 소수의 대재벌이 지배하는 구조가 되어 버렸다.

경제민주화는 시장을 복원시키는 것이다. 재벌에 의해 망가져버린 시장을 되살리자는 것이 경제민주화이다. 시장은 재벌중심의 양극화로 망가졌기 때문에 시장을 복원시키기 위해서는 이러한 힘의 불균형을 교정시켜야 한다.

시장은 공정한 경쟁에 의해서만 유지될 수 있고 그 성과도 최대화될 수 있다. 극심한 양극화 속에서는 공정한 경쟁이 보장될 수 없다. 그리고 시장도 제대로 작동할 수 없다. 양극화를 해소시키고 경제주체 간에 가능한 한 힘의 균형을 회복시켜야 건강한 시장경제가 만들어질 수 있다. 이 과정이 바로 경제민주화이다.

3. 재벌개혁을 통한 경제민주화와 건강한 시장경제

1) 경제력 집중과 재벌

한국 경제의 가장 두드러진 양극화 현상은 소수 대재벌로의 과도한 경제력 집중이다. 5대 재벌의 매출액은 우리나라 모든 기업매출액의 30%를 차지한다. 한 재벌은 한 개인과 그 가족이 직접 지배하는 기업들의 집단이다. 그러므로 한국 경제는 다섯 사람과 그 가족이 경제활동의 30%를 직접 지배하고 있는 셈이다. 경제력 집중 현상이 매우 심각한 수준이라고 보지 않을 수 없다.[1]

---

1) 재벌의 정의에 대해서는 최정표(2011) 참조.

이러한 수치는 5대 재벌이 직접 지배하고 있는 부문만을 의미하는데, 재벌의 하청기업 등 간접적으로 영향력을 행사하고 있는 부문까지 합치면 집중현상은 더욱 심각하다고 볼 수 있다. 이처럼 한국 경제는 원천적으로 재벌중심의 구조로 되었다2).

경제력 집중(economic concentration)은 시장집중(market concentration)보다 더 심각한 문제를 초래할 수 있다. 시장집중이 높으면 소수의 상위 기업들이 담합 등을 해서 시장을 독점적으로 지배할 수 있기 때문에 문제가 된다. 예컨대 어떤 상품시장에서 1, 2위 기업이 각각 40%, 30%를 점유할 정도로 시장집중이 높으면 두 기업은 쉽게 합의하여 시장을 독점적으로 지배할 수 있다. 말하자면 시장에 독점적 폐해가 나타날 수 있다.

그런데 재벌에 의한 경제력 집중이 높으면 소수의 대재벌이 시장의 범위를 넘어 국가경제 전체를 지배하게 되고 그 폐해는 상상을 초월할 수 있다. 하나의 시장에서 독점적 이윤을 누리는 정도가 아니라 국가경제 전체의 운용을 좌우할 수 있기 때문이다. 이렇게 되면 시장경제는 원천적으로 제대로 작동할 수 없고, 국가경제가 재벌의 경제로 전락해 버릴 수 있다.

재벌에 의한 경제력 집중이 높으면 재벌 부문과 비재벌 부문 사이의 양극화가 심화되고 국가경제는 재벌중심으로 운용될 수밖에 없다. 재벌에의 의존성이 높아 국가경제는 결국 재벌의 인질이 될 수밖에 없다. 재벌이 거부하면 어떤 일도 할 수 없다. 재벌이 투자를 줄이면 나라경제는 침체되고, 재벌이 고용을 줄이면 실업문제가 심각해질 수밖에 없다. 이렇게 되면 재벌의 이익과 배치되는 정책은 어떤 것도 시행할 수 없다. 이것은 현재 우리나라의 상황이라고 볼 수 있다.

---

2) 재벌 스스로도 직접 100여 개의 계열기업을 거느릴 뿐만 아니라 각 계열기업도 직간접적으로 지배하는 기업들을 많이 거느리고 있다.

과도한 시장집중은 반독점정책으로 그 폐해를 개선해 나갈 수 있지만 과도한 경제력 집중은 대대적인 재벌개혁정책이 아니고서는 교정이 매우 어렵다. 그런데 지금과 같은 재벌중심 경제구조에서 재벌의 조직적 저항을 이겨내면서 재벌개혁을 추진하는 것은 매우 어렵고 정권 차원의 강력한 의지 없이는 거의 불가능하다.

선진국에도 어느 정도의 경제력 집중 현상은 관찰되고 있다. 그러나 양과 질에서 그 심각성에는 현격한 차이가 있다. 우선 선진국에는 가족을 중심으로 하는 기업 그룹인 재벌이 존재하지 않는다. 대신 소유와 경영이 분리된 대규모 기업이 존재한다. 그러므로 경제력 집중은 재벌에 의한 경제력 집중이 아니고 대규모 기업에 의한 경제력 집중이다. 이처럼 집중의 형태와 개념이 우리나라와는 전혀 다르다.3) 그리고 집중의 정도도 우리나라만큼 높지 않다. 따라서 선진국에서는 시장집중은 심각한 문제로 보지만 경제력 집중은 심각한 문제로 다루지 않고 있다. 그러나 우리나라는 시장집중은 물론 경제력 집중도 심각한 경제문제가 되어 있다. 경제력 집중은 시장집중보다 더 심각한 경제문제이다.4)

2) 경제력의 남용과 재벌

이미 논의했듯이 힘이 집중되면 그 힘은 남용되기 마련이다. 경제력도 마찬가지다. 과도한 경제력 집중을 우려하는 것은 바로 이 때문이다. 경제력이 소수 대재벌에게 과도하게 집중되어 있으면 재벌은

---

3) 재벌에 의한 집중과 대기업에 의한 집중은 전혀 다른 개념이다. 우리나라는 재벌에 의한 집중이 경제력 집중이고 선진국은 대기업에 의한 집중이 경제력 집중이다.

4) 시장집중은 그 폐해가 그 시장 내에서만 나타나지만, 경제력 집중은 그 폐해가 경제 전체에 나타난다.

그 힘을 남용하기 마련이다. 그리고 자기들의 이익을 위해 그 힘을 남용하면 이 때문에 피해 보는 비재벌 부문이 있기 마련이다.

재벌은 우선 경제활동에서 그 힘을 남용한다. 시장을 독점화시켜 독점이윤을 최대화시키려고 한다. 그들의 독점력 때문에 가격이 올라가면 소비자는 피해를 보고 사회후생은 감소한다. 우리나라는 모든 국민이 재벌 상품의 수요자이다. 따라서 재벌이 독점력을 행사하면 결국 모든 국민들이 피해를 볼 수 있다. 국민복지와는 역행하는 길이다.

재벌은 비재벌기업과 많은 거래를 한다. 주로 하청관계에서 거래를 한다. 이때 재벌이 가격 후려치기나 기술 탈취 등으로 그들의 힘을 남용하면 하청 중소기업들은 일방적으로 당할 수밖에 없다. 힘이 비대칭적이기 때문이다. 오늘날 우리 사회에서 지적되고 있는 대표적 재벌문제 중의 하나이다. 재벌에게 경제력이 집중되어 있기 때문에 재벌들은 얼마든지 이런 횡포를 부릴 수 있다.

재벌은 많은 계열기업을 거느린다. 그리고 계열기업 사이에는 여러 가지 거래가 이루어진다. 이런 거래를 내부거래라고 한다. 재벌그룹 내에서는 부당내부거래가 이루어지기 쉽다. 재벌들은 내부거래를 이용하기 위해 계열사를 늘려나간다고 볼 수 있다. 부당내부거래의 대표적 형태가 소위 말하는 일감 몰아주기 거래이다. 일감 몰아주기 거래는 일방적으로 계열사 상품을 구매하거나 계열사에게 판매하는 것을 말한다.5)

거래란 시장에서 공정한 경쟁을 거쳐 이루어지는 것이 정상적인 거래이다. 그러나 재벌그룹 내에서는 이런 거래가 성립하지 않는다. 재벌은 비재벌 회사와의 경쟁과정을 거치지 않고 무조건 자기 그룹 내

---

5) 일감 몰아주기는 공정한 경쟁과정을 거치지 않고 이루지기 때문에 부당내부거래에 해당된다.

계열사의 제품을 우선 구매한다. 그리고 그룹 차원의 경영전략에 의거 일방적으로 높은 가격에 사주거나 낮은 가격에 판매하기도 한다. 이런 것은 거래라는 과정을 위장하여 계열사를 지원하는 행위이다. 이런 거래는 시장을 파괴하는 행위이다. 공정한 경쟁과정을 거친 시장거래가 아니기 때문이다.

일감 몰아주기 내부거래가 횡행하면 시장경제가 무너질 뿐만 아니라 거래를 위장한 탈세도 만연해진다. 국가 전체 경제에서 경쟁의 원리에 입각하여 거래가 이루어져야 시장경제가 성립할 수 있다. 재벌처럼 국가경제 내에 자기들만의 배타적 거래권역이 별도로 만들어져 있으면 국가 차원의 시장경제는 성립할 수 없다. 부당내부거래는 분명히 시장경제에 역행하는 행위이다.

거기다가 부당내부거래는 부당한 증여나 사전 상속의 수단이 되고 있다. 친인척 소유의 계열사를 만든 후 부당내부거래로 이 회사를 집중적으로 키워주면 결국 거래를 위장하여 부를 이전할 수 있기 때문이다. 실제로 재벌들은 이 방법을 많이 활용하고 있다.[6]

재벌들은 집중된 힘을 이용하여 중소기업 업종이나 타 업종을 쉽게 침탈하기도 한다. 대재벌은 막강한 자본력이나 계열기업의 도움으로 쉽게 신규 업종에 진출할 수 있다. 소위 말하는 골목상권 진출 등은 재벌이 행사하는 경제력 남용의 또 다른 한 형태이다.[7]

재벌은 집중된 경제력을 경제 영역에서 뿐만 아니라 비경제 영역에서까지 남용한다. 재벌은 막강한 로비력으로 정부정책까지 자기들에게 유리하게 이끌어 들이려고 한다. 자기들에게 불리한 정책은 막아

---

6) 부당내부거래는 공정거래법 위반이지만 법 규정의 불명확성 때문에 이 규정은 엄격하게 시행되지 못하고 있는 실정이다.

7) 재벌의 문어발식 과도한 다각화가 중소업종 침탈이나 골목상권 탈취를 가져오는 요인이다.

내고 유리한 정책은 새롭게 만든다.8) 이것은 원천적으로 시장경제의 틀 자체를 자기들에게 유리하게 만드는 행위이다. 재벌이 전경련이나 전경련 연구소 등을 통해 하는 일이 바로 이런 일이다. 광고라는 무기로 언론사까지 통제하여 시중 여론도 자기들 쪽으로 유도할 수 있다. 이처럼 재벌은 경제 영역에서뿐만 아니라 비경제 영역에서까지 그 힘을 남용하고 있다.

3) 재벌개혁과 시장경제

재벌문제의 본질은 이미 살펴보았듯이 소수 대재벌에 의한 과도한 힘의 집중과 그 힘의 남용이다. 따라서 재벌개혁의 목표는 1차적으로 집중된 힘의 분산이고, 2차적으로는 힘의 남용을 방지하는 것이다. 그런데 1차 정책인 힘의 분산이 성공하면 2차 정책은 사실상 무의미해진다. 힘이 분산되면 힘의 남용 자체가 불가능하기 때문이다.

그런데 1차 정책은 매우 어려운 정책이다. 재벌식 기업구조를 변화시켜야 가능하기 때문이다. 따라서 2차 정책을 병행하면서 1차 정책을 추진할 수밖에 없다. 힘이 분산되기 이전에는 힘의 남용이 계속될 것이기 때문에 당장은 힘의 남용을 방지하면서 장기적으로 힘을 분산시키는 정책을 추진해야 한다. 힘의 집중은 구조적인 문제이고, 힘의 남용은 행태적 문제이다. 행태개선은 단기적으로도 정책추진이 가능하지만 구조개선은 장기적인 접근이 불가피하다.

힘을 분산시키기 위해서는 경제력 집중의 완화가 필수불가결하다. 정치권에서 주장하고 있는 상호출자 금지, 순환출자 금지, 출자총액제한제도, 지주회사 규제, 금융계열사의 의결권 제한 등은 경제력 집중

---

8) 재벌은 정경유착을 통해 정부로부터 많은 혜택을 누린다.

을 완화시키기 위한 정책이다.9) 이런 정책들은 총수 가족의 지배 범위를 줄이려는 정책이기 때문이다.

총수는 현행 회사제도를 교묘히 활용하여 직접적인 개인 자금보다 회사 자금이나 타인 자금으로 많은 회사를 지배하고 있기 때문에 회사제도를 조금만 바꾸어도 총수의 지배 범위는 크게 줄어들 수 있다. 따라서 경제력 집중을 억제시키기 위해서는 회사제도를 바꾸는 구조적 접근정책이 필수적이다.

이 정책들이 강하게 도입되면 총수의 자금만으로 지배할 수 있는 기업의 범위는 크게 줄어들고 경제력 집중은 그만큼 완화될 수 있다. 이 정책은 매우 강력한 정책이기 때문에 재벌들은 이를 재벌해체라고 오도하면서 강력히 저항하는데, 이것은 결코 재벌해체가 아니다. 총수의 사유재산이 전혀 침해되지 않는데 어떻게 재벌해체가 될 수 있겠는가.

제2차 세계대전 직후에 일본에서 시행된 재벌정책은 재벌해체이다. 오너의 사유재산을 환수하였기 때문이다. 그러나 기업제도를 바꾸어 총수가 남의 돈으로 과도하게 다른 회사를 많이 지배하지 못하게 하는 것은 오히려 다른 사람들의 재산을 보호해 주는 정책이다. 회사제도를 바꾸는 정책이지 사유재산을 침해하는 재벌해체는 아니다.

그리고 회사제도를 바꾸는 정책은 시장경제를 복원시키는 정책이기도 하다. 재벌 가족들이 남의 돈으로 너무 많은 회사를 지배함으로써 경제력이 소수 대재벌에게 집중되면 집중된 힘은 남용되기 마련이기 때문에 결국은 공정한 시장경쟁이 성립할 수 없다. 공정한 시장경쟁이 성립하지 않으면 시장경제가 제대로 작동할 수 없다. 강한 힘이 시장을 조작할 수 있기 때문이다. 따라서 제대로 된 시장경제를 만들기

---

9) 공정거래법에서 경제력 집중을 완화시키려는 제반 정책이 추진되고 있다.

위해서는 경제력 집중의 완화가 필수적이다. 말하자면 회사제도를 바꾸어 경제력 집중을 완화시키려는 정책은 시장경제를 복원시키는 정책이다.

경제력 집중을 완화시키려는 구조적 접근정책이 당장 완료되지 않거나 완벽하지 않으면 집중된 힘의 남용을 방지하려는 행태적 접근정책도 병행해야 한다. 힘의 남용으로 나타나는 시장왜곡현상은 재벌 비판의 직접적 요인인 독점력 행사, 일감 몰아주기, 부당 하도급 거래, 골목상권 장악, 중소기업 영역 침탈 등이다. 이런 것은 재벌이 강대한 힘을 가졌기 때문에 가능하다. 따라서 행태적 접근정책은 재벌이 막강한 힘을 가지고 있는 한 지속적으로 추진되어야 한다.

구조적 접근이든 행태적 접근이든 재벌개혁정책은 시장을 정상화시키기 위한 정책이다. 재벌이 일방적으로 지배하는 시장이 아니라 공정한 경쟁을 통해 시장기능이 제대로 발휘될 수 있는 제대로 된 시장을 만드는 정책이다. 말하자면 재벌개혁은 건강한 시장경제를 만들기 위한 조치이다. 재벌이 지배하는 한국 경제에서는 꼭 필요한 정책이다.

4) 경제민주화와 시장경제

재벌개혁은 경제민주화의 전제조건이고 경제민주화는 시장경제를 만들어내는 과정이다. 따라서 한국 경제에서 시장경제를 제대로 하기 위해서는 재벌개혁이 반드시 이루어져야 한다. 재벌개혁을 통해 개별 경제주체 간에 자유롭고 공정한 경쟁관계가 확립되는 것이 바로 경제민주화이고, 이러한 바탕 위에 만들어진 경제체제가 바로 건강한 시장경제이다.

정치권력의 분산을 통해 정치민주화가 이루어진 사회가 민주사회이고, 경제력의 분산을 통해 경제민주화가 이루어진 경제가 시장경제이다. 이처럼 경제에서는 시장경제가 바로 민주주의이다. 경제력이 분산되고 경제주체 간에 공정한 경쟁이 성립되는 시장경제, 이것이 바로 진정한 시장경제이고 경제의 민주주의이다. 이래야만 시장경제의 성과물을 시장구성원 개개인이 공평하게 나누어 가질 수 있다.

경제민주화가 달성되지 못했다는 것은 경제적 힘이 소수 특정인에게 집중되어 있다는 의미이다. 경제에 분명한 강자가 존재하고 그 강자가 그 힘을 남용할 수 있으면 경제민주화는 이루어지지 못한 것이다. 한국 경제에는 재벌이라는 강력한 강자가 존재하면서 실제로 그 힘을 남용하고 있기 때문에 경제민주화가 이루어졌다고 보기는 어렵다. 독재권력은 해체되어 정치민주화는 이루어졌지만 경제권력의 힘은 점점 더 강화되어 가고 있다. 재벌에 의한 경제력 집중이 점점 더 심화되고 있기 때문이다.

재벌들은 항상 시장경제를 들먹이면서 재벌에 대한 정부규제에 저항하고 있다. 정부와 시장을 대립적 관계로 설정해 두고 정부가 나서는 것은 무조건 시장경제에 역행하는 것으로 치부하고 있다. 그것은 잘못된 시각이다. 정부는 시장을 교정하는 힘이고 재벌은 시장을 지배하는 힘이기 때문이다. 정부가 시장을 교정하지 않으면 재벌이 시장을 장악하여 시장을 왜곡시켜 버린다.

한국 경제에서 재벌을 이길 수 있는 힘은 없다. 이제는 정부까지도 재벌을 이길 수 없는 지경에 이르렀다. 단임제 대통령제 하에서는 재벌이 정부를 무서워하지 않기 때문이다. 대통령의 힘은 5년이면 끝나지만 재벌의 힘은 대대손손 영원하기 때문이다. 재벌에게 군림하려는 대통령이 있다면, 재벌은 1, 2년만 기다리면 그 힘은 당장 역전된다. 대통령은 임기가 가까워 올수록 점점 힘이 빠지기 때문이다. 따라서 5년 단임제 대통령은 아직까지 재벌정책을 성공적으로 추진하지 못했다.

재벌은 정부의 재벌개혁정책에 저항할 수 있는 여러 가지 수단을 가지고 있다. 특히 국가경제를 인질로 하여 투자축소와 고용축소 등으로 대들 때는 거의 모든 정부는 속수무책이었다. 그동안 역대 정부가 이러한 재벌의 압력에 항복하고 말았다. 그렇기 때문에 지금까지 역대 정부의 재벌정책이 모두 실패했던 것이다. 진정한 재벌개혁과 경제민주화를 위해서는 재벌의 이러한 압력을 이겨내야 한다. 이를 위해서는 국민의 협조가 절대적이다. 국민들이 개혁과정의 어려운 시기를 감내해 줘야 한다고 정부는 국민들을 설득시켜야 한다.

이처럼 한국 경제에서는 경제민주화가 아직도 요원한 과제이다. 그런 만큼 시장경제도 아직 성숙되어 있지 못하다. 경제민주화가 시장경제의 전제조건인데도 아직 경제민주화를 실현시키지 못했다. 그만큼 경제민주화는 국가 발전을 위한 절대절명의 과제이다. 선진경제를 달성하기 위해서도 반드시 경제민주화를 이룩해야 한다.

4. 건강한 시장경제와 복지

1) 공정경쟁과 건강한 시장경제

자본주의 시장경제는 일차적으로 시장을 통해 국민복지의 최대화를 추구해야 한다. 시장이 이 목적을 성공적으로 달성시키면 정부의 역할은 최소화될 수 있다. 그리고 이런 시장경제를 가장 이상적인 자본주의 시장경제라고 할 수 있다.

그러나 시장경제를 도입하고 있는 대부분의 자본주의 국가가 이러한 목적을 성공적으로 수행하지 못하고 있다. 그래서 정부가 나서서 시장을 교정하거나 시장의 기능을 보완하려고 노력하고 있다. 시장이 기대하는 기능을 제대로 수행하지 못하는 것을 시장의 실패(market failure)라고 한다. 시장의 실패는 자연적인 경우도 있고 시장을 잘못 운용해서 나타나는 경우도 있다.

자연독점이나 공공재 등의 특성 때문에 시장이 원천적으로 제 역할을 수행할 수 없는 경우는 정부의 개입이 불가피하고 개입의 정당성도 인정된다. 그리고 정부 개입이 시장을 개선시킬 수 있다. 그러나 시장운용을 잘못해서 나타나는 시장실패는 정부가 구축해 놓은 제반 제도가 잘못되었기 때문이거나 그 제도를 잘못 운용했기 때문이다. 이런 경우를 정부의 실패(government failure)라고 한다. 정부가 시장에 개입했는데 그것이 시장성과를 개선하지 못했거나 더 악화시켰기 때문이다. 시장실패나 정부실패 모두 복지를 방해하고 있다.

시장이 성공하기 위한 기본조건은 자유공정경쟁(free and fair competition)이다. 그런데 자유경쟁과 공정경쟁은 서로 충돌하는 경우가 있다. 자유경쟁이란 정부의 간섭 없는 민간자율을 강조하는 경쟁이다. 그런데 그런 자율에 내맡겨 두면 어느 샌가 민간에서 강자가 나타나 시장을 지배하고 경제를 지배한다. 정부로부터의 자유는 실현되었으나 이제는 민간의 강자가 정부 대신 시장을 구속하고 약자를 구속한다. 이렇게 되면 공정경쟁이 훼손된다. 민간의 경제주체 간에 공정한 경쟁이 성립하지 않기 때문이다.

공정경쟁을 확보하기 위해서는 정부의 개입이 불가피하다. 미국의 반독점정책이나 한국의 공정거래정책은 바로 공정한 경쟁을 확립하기 위해 정부가 시장에 개입하는 정책이다. 이 경우에는 불가피하게 민간자율이 훼손될 수밖에 없다. 말하자면 자유경쟁이 어느 정도 억제될 수밖에 없다. 이처럼 자유경쟁과 공정경쟁은 서로 충돌하는 요소가 있기 때문에 시장경제의 기본조건인 자유공정경쟁을 확보하는 것은 결코 쉬운 일이 아니다.

현재 우리나라에서처럼 재벌에 의한 경제력 집중이 매우 심각한 상황에서는 공정경쟁 확립을 위한 정부 개입이 불가피하다. 재벌 당사자는 민간자율에 의한 자유경쟁적 시장경제를 강조하고 있지만 한국경제는 이미 그 단계를 넘어서고 있다. 경제활동의 양극화와 분배의 양극화 때문에 공정경쟁이 심각하게 훼손되고 있는 것이다. 그 원천은 재벌에 의한 경제력 집중과 그 경제력의 남용이다.

시장을 통한 복지를 위해서는 정부 개입을 통해 공정경쟁과 공정거래를 확보하는 것이 우선이다. 이런 시장경제를 건강한 시장경제라고 할 수 있다. 재벌중심의 양극화가 교정되어야 건강한 시장경제를 달성할 수 있고 시장을 통한 복지를 달성할 수 있다. 복지에도 부작용이 따르기 마련인데 가장 부작용이 작은 복지는 시장을 통한 복지이다. 시장을 통하지 않는 정부복지는 예산의 뒷받침이 있어야만 가능할 뿐만 아니라 복지를 위한 행정비용도 높기 때문에 효율적인 복지가 되기 어렵다. 재벌개혁과 경제민주화는 시장을 통한 복지를 위해 반드시 필요하다.

2) 시장경제와 경제정의

건강한 시장경제라고 할지라도 반드시 복지를 최대화시켜 주는 것은 아니다. 시장경제의 성과가 최대화될 뿐만 아니라 이 성과가 국민 개개인에게 공평하게 나눠질 때 복지가 최대화된다고 볼 수 있으며, 이를 경제정의라고 규정할 수 있는데, 건강한 시장경제라고 이런 경제정의를 반드시 달성시켜 주는 것은 아니다. 시장경제는 이런 경제정의를 달성시킬 수 있는 조건까지는 만들어줄 수 있다. 그 다음 과제는 시장의 역할을 넘어선 과제이다.

시장경제가 경제정의의 조건을 충족시켜 주는 것은 시장 스스로 가능할 때도 있고 그렇지 않을 때도 있다. 시장 스스로 가능하지 않을 때는 정부가 재벌개혁과 경제민주화를 통해 경제정의를 달성시킬 수 있는 건강한 시장경제를 만들어주어야 하는데, 이것으로 정부의 역할이 끝난 것은 아니다. 정부는 복지라는 경제정의를 위해 한 차원 높은 역할을 다시 수행해야 한다.

재벌개혁과 경제민주화는 경제정의를 위한 필요조건일 뿐이다. 경제민주화가 달성되었다고 사회후생이 극대화되는 것은 아니기 때문이다. 사회후생의 극대화, 즉 복지는 또 다른 차원의 사회적 가치이다. 이것은 시장의 역할을 초월한 과제이다. 가치판단이 수반되는 과제이기 때문이다.

재벌개혁을 통해 경제의 양극화와 시장의 양극화가 해소되고 건강한 시장경제가 확립되는 과정까지가 경제민주화의 임무이다. 이를 통해 달성된 시장복지가 과연 경제정의가 실행된 단계인지는 가치판단의 문제이다. 사회적 합의가 이루어지는 새로운 과정을 거쳐야 한다. 이 과정에서는 당연히 정부의 역할이 필요하다. 여기서 정부복지가 추진된다. 시장복지와 정부복지를 거쳐 사회적 합의가 이루어질 때만이 복지가 최대화되는 진정한 경제정의가 달성될 수 있다.

[참고문헌]

강철규(1999), 『재벌개혁의 경제학』, 다산출판사.
유승민(2000), 『재벌, 과연 위기의 주범인가』, 비봉출판사.
이근식(1999), 『자유주의 사회경제사상』, 한길사.
____(2009), 『상생적 자유주의』, 돌베개.
최정표(2011), 『공정거래정책: 허와 실』, 도서출판 해남.
Bisson, T. A.(1954), *Zaibatsu Dissolution in Japan*, University of

California Press.

Choi, Jeong-Pyo and Cowing, Thomas G.(2002), "Diversification, Concentration and Economic Performance: Korean Business Groups", *The Review Of Industrial Organization* 21, pp.271-282.

Goto, Akira(1982), "Business Groups in A Market Economy", *European Economic Review* 19, pp.53-70.

Williamson, O. E.(1975), *Markets and Hierarchies: Analysis and Antitrust Implications*, New York: Free Press.

노동과 복지: 비정합성 문제를 중심으로

김장호(숙명여대)

1. 노동, 복지, 복지국가

노동과 복지는 복지국가의 구조와 성격을 재단하는 양대 기둥이며, 그 나라 구성원인 시민의 사회적 지위에 대한 좌표를 설정하는 두 가지 핵심요인이다. 노동과 복지에 관련되는 제도 및 규제 장치는 장기간에 걸쳐 진화적으로 변화하는 경로의존적 속성을 가지므로 체제(regime)론적 접근이 유용하다. 또한 노동과 복지의 상호관계적 작용에도 주목해야 한다. 노동시장에서의 불평등, 주변화(marginalization) 등 노동체제의 구조와 성격에 따라 복지의 사회적 요구 수준과 압력은 달라지며, 복지체제의 포괄성 및 사회적 역량(capacities) 계발 정도 등에 따라 그 지속가능성이 차별화되기 때문이다.

정치경제학자 칼 폴라니(Polanyi, 1944)는 『거대한 전환』에서 자본주의 시장경제체제는 그 자체가 내재하고 있는 불평등과 빈곤 등의 재앙을 억제하는 사회적 보호장치를 스스로 구축해 왔던 역사적 사실을 강조한 바 있다. 폴라니의 이러한 이중적 운동(double movement)

개념은 시장의 확대와 사회적 제도 사이에는 서로 묶어 들어(embed-ded) 있는 동태적 관계를 갖는다는 사실을 적절하게 포착하고 있다 (Fudge, 2007). 20세기 후반의 서구 복지국가의 성립은 시장 확대에 따른 사회제도의 구축이라는 이 같은 이중적 운동의 전형적 사례이다. 21세기에 접어들면서 세계화와 신자유주의 조류의 여러 가지 사회적 위험과 불안정성이 고조되고 있음은 주지하는 바이다. 이러한 사회적 문제를 교정하기 위한 제도적 장치의 마련을 위해서는 새로운 패러다임이 요구되고 있으며, 그 가운데에서도 노동체제와 복지체제에 대한 새로운 접근은 중심적 의제이다.

20세기 후반에 등장한 현대 서구의 복지국가 모형의 이론적 토대는 E. T. 마셜(Marshall, 1950)의 사회적 시민권론에 기초하고 있다. 마셜은 시민권의 구성을 공민권, 정치적 시민권, 사회적 시민권의 세 가지로 구분하고, 이들이 18세기 이래 20세기 전반에 걸쳐 순차적으로 확대, 발전되었으며, 특히 복지국가의 중심축인 사회정책은 사회적 시민권 개념이 그 밑바탕이라는 점을 강조한다. 마셜의 시민권론의 주요 시사점은 시민권이 주어지는 구성원에 대한 포괄범위와 수준에 대한 동태적 인식과 함께, 특히 사회적 권리(entitlements)로서의 사회적 시민권은 단순한 시혜적 차원의 복지급부(provisions) 제도와 구분해야 한다는 점이다. 이러한 지평에서 사회적 시민권론은 효율과 성장을 강조하는 자본주의 시장경제와 평등을 지향하는 민주주의가 병행할 수 있는 연결고리를 마련해 준다. 또한 시민권론은 개인의 공민권과 정치참여권뿐만 아니라 경제의 성과를 분배받을 권리가 시민에게 주어짐에 따라 이 권리에서 소외되는 개인과 집단을 포섭할 수 있다는 점에서 사회통합의 논리적 토대를 제공한다. 서구의 전통적인 복지국가 모형은 정규직의 임금노동자가 절대적인 비중을 차지하는 산업사회의 노동시장을 그 배경으로 하고 있다. 그러나 21세기 초반 현재 노동의 유연화 추진과 세계화, 정보화의 진전에 따라 노동시장은 분단화, 복잡화, 다각화되고 있으며 고용형태의 비정형화가 크게 확대되고 있다. 이러한 새로운 노동환경을 적극적으로 수렴할 수 있는 사회적 장치를 구현하는 데 있어서 이러한 시민권 담론은 시사하는 바가 크다.

노동의 시민권 확장은 시장주의자들이 강조하는 노동의 상품성에 대한 부정을 기본전제로 한다. 주류경제학은 노동을 하나의 추상화된 상품으로 간주한다. 그러나 이러한 관점은 온전하다고 보기 어렵다. 노동은 인간의 전인적 활동이므로 노동문제에 대한 접근은 사회적이고 윤리적인 측면을 포괄하는 폭넓은 시각이 요구되기 때문이다. 시민권 담론은 자본주의 노동체제의 사회적 목표에는 효율성뿐만 아니라 형평성, 민주성도 함께 중요하게 고려해야 한다는 점을 시사한다. 노동체제의 이러한 세 가지 목표는 서로 상충될 가능성이 높아 중용적 균형의 추구가 사회경제의 안정과 발전을 위해 중요하다. 그러나 노동체제 자체에서 이러한 균형이 구현되기가 쉽지 않으므로 재정과 사회복지 등의 사회적 제도와 장치를 통해서 보완되어야 한다. 이러한 점은 앞에서 언급한 폴라니의 이중적 운동 개념과 맥을 같이하는 것이다. 또한 이러한 점은 노동체제와 복지제도 사이의 정합성 문제가 사회정책의 성과를 재단하는 주요한 관건이 된다는 점을 말해준다.

이 글은 한국에서 1987년 민주화 이후에 나타난 노동체제와 복지제도의 특징적 변화를 검토하고 이들 사이의 상호 정합성의 문제를 분석하고 정책적 시사점을 제시하고자 한다. 특히 이 글에서 우리는 이 두 제도 사이의 정합성 문제를 기존의 연구 성과와는 차별화하여 노동체제의 윤리적 규범을 전제로 검토하고자 한다. 이러한 접근은 마셜의 시민권 담론을 바탕으로 하는 것이기도 하다.

우리나라 노동체제의 주요 특징으로는 분절적인 시장구조와 소수 특정집단의 이해를 과잉 대변하는 노동운동의 비대칭성을 들 수 있다. 한국 노동체제의 기본 틀은 1987년 민주화와 더불어 구축된 소위 '87년 체제'이다. 이 체제는 1987년 민주화와 한국 자본주의의 황금기를 배경으로 한 노동운동의 약진을 바탕으로 분배구조의 개선, 산업민주화의 활성화, 고용의 급속한 증대 등을 구현하면서 1990년대 초반까지 노동체제의 사회적 목표를 비교적 고르게 달성하였다. 그러나 이러한 선순환의 한국 노동체제는 1997년 외환위기 이후 크게 반전되었다. 재무중심의 급진적 구조조정과 신자유주의적 유연화의 물결에 휩싸이면서 구조적 양극화가 심화되고 노동운동의 후퇴와 함께 조직이 기주의적이고 연대성이 부족한 파당적인 운동 행태가 문제점으로 대두하고 있다.

한국 복지제도의 전개도 이러한 노동체제의 변화에 연동되는 측면이 강하다. 1987년 민주화 이후 한국의 복지체제는 형식적 측면에서 시민권이나 연대원리에 의한 보편적 체계를 비교적 빠르게 구축해 왔다고 평가할 수 있다. 특히 1997년 외환위기 이후 노동시장 위험의 확대로 사회복지수요가 급등함에 따라 사회보장제도를 대폭 확충하고 국민기초생활보장제도와 같은 공공부조제도도 도입하였다. 서구의 복지 확대는 노동운동의 활성화가 주요한 배경이다. 그러나 한국의 복지제도의 전개과정에서는 경제개발과정과 유사하게 국가 주도의 생산주의 이념이 중요한 요인이었다는 사실을 주목할 필요가 있다. 또한 한국 복지체제는 근로자 중심의 사회보험 논리가 강조되고 있어 조합주의적 형태를 갖고 있지만, 전체 취업자 가운데 임금근로자의 비중이 선진국에 비해 크게 낮은 수준에 머물고 있기 때문에 형식과 내용이 괴리되는 조합주의 복지국가라고 할 수 있다.

이러한 한국의 생산주의 복지제도는 노동체제와 강한 동조성을 유지하면서 진화해 왔다. 대부분의 복지 프로그램은 노동시장 진입을 유도하도록 설계되어 있다. 따라서 복지제도가 실업률의 상승을 억제시키는 작용을 하지만, 대량의 저임금 및 비정규직 근로자를 창출하고 고용률을 떨어뜨리고 자영업 및 가족종사자의 비중을 높이는 데 기여한다. 특히 1997년 이후 노동운동이 위축되고 변질되면서 복지체제의 실질적 내용이 노동시장구조와의 연계성을 제고하는 타협적 모형을 추구하게 되었다. 그 결과 복지체제는 노동시장의 다양한 위험을 보편적으로 대체하지 못하는 파행적인 모습이 되었다. 한국의 사회복지의 주요 특성으로는 사회보험 중심의 사회안전망, 낮은 조세부담률 및 재분배율, 낮은 복지지출, 낮은 공공부조, 낮은 실업급여 등을 들 수 있다. 이러한 생산주의 복지제도는 구조화된 노동시장에서 나타나는 근로자 특성별 임금 및 근로조건의 과다한 차이를 보완하지 못하고 오히려 이를 더욱 강화, 확대시키는 작용을 하고 있어 노동체제의 형평성 제고에 역행적 기능을 수행하고 있다. 또한 분절적 노동시장구조에서 노동운동이 취약계층을 포용하지 못함에 따라 복지제도는 보편성을 강조하지만 광범한 사각지대의 온존을 초래하고 있다.

이와 같은 노동체제와 복지체제 사이의 생산주의적 동조성의 강화 및 고착화는 노동체제의 사회적 목표를 더욱 균형적으로 구현하기 위한 복지체제의 보완적 기능이 적절하게 작동하지 못하는 결과를 초래하고 있다. 최근 복지가 시대정신으로 등장하고 있다. 특히 그 가운데서도 취약계층에 대한 사회안전망 확충은 복지제도 확대의 주요 과제가 되고 있다. 그러나 현재의 노동체제의 구조의 개선이 함께 수반되지 않을 경우 복지 확대의 성과는 제한적일 수밖에 없을 것이다. 따라서 복지체제가 노동체제의 파행적 구조를 보완하는 사회적이고 인간적인 울타리로서의 바람직한 기능을 수행하기 위해서는 서구의 복지제도의 단순한 이식만으로는 한계가 있다. 복지제도의 확충과 함께 노동체제의 개편을 동시에 추진하여 노동과 복지 사이의 정합성을 제고시킬 필요가 있다는 점을 본고는 특히 강조한다.

이 글의 논의는 먼저 노동체제의 사회적 목표와 윤리적 정의에 대한 논의를 통해 복지체제와 노동체제 사이의 상보적 관계의 중요성을 강조한다. 이러한 규범적 논의의 틀을 바탕으로 한국 노동체제 및 복지제도의 특성을 살펴보고, 두 제도 사이의 동조화 문제를 제기한 후, 정책적 시사점을 결론으로 제시하고자 한다.

2. 노동체제의 사회적 목표[1)]

1) 노동체제의 세 가지 목표

사회체제론(social regime theory)의 관점에서 볼 때 자본주의체제의 하부 체제인 노동체제는 인간의 전인적 활동과 관련되는 여러 가지 제도, 정책, 관행 등이 복합적으로 얽혀서 작동하는 하나의 사회경제적 유기체라고 할 수 있다. 그러나 노동체제의 핵심적 근간은 근로자와 사용자 사이에 이루어지는 사회적 관계인 고용관계로 집약된다. 고용관계의 핵심주체들이 추구하는 목표와 이해관계는 상호 일치하는 경우보다 상충되는 것이 자본주의의 속성상 일반적이다. 그러므로 고용관계를 둘러싸고 관련 주체들 사이에 갈등 및 사회윤리적 문제가 다양하게 대두하므로 고용관계의 윤리적이고 도덕적인 기초(moral foundation)를 사회적으로 확립하는 일은 의미가 크다.

고용관계의 핵심주체는 근로자와 사용자이지만, 현대사회에서 국가도 주요 당사자로 인식되고 있다(Dunlop, 1958). 자본주의 사회의 보

---

1) 2절의 논의는 김장호(2012a; 2012b)에 의존하고 있으며, 논의의 편의를 위해 부분적으로 원문 인용 표시를 생략한 경우가 있음을 밝혀둔다.

편적 고용형태인 임금노동은 생명이 없는 실물자본 투입과는 근본적으로 다른 전인적(全人的) 활동의 한 형태이므로 노동을 상품이나 비효용으로 전제하는 주류 경제학의 관점은 제한적이라고 할 수 있다. 특히 고용관계의 기본 성격과 방식은 선험적이고 자연적인 질서로 주어진다기보다는 노사 간의 세력구도 및 이해관계, 시장환경, 사회구성원들의 보편적 이데올로기, 정부의 법적, 제도적 규제 등 여러 가지 요인에 의하여 그 질서가 재단되는 사회적 산물이라는 점을 인식할 필요가 있다. 고용관계를 통해서 일을 하는 근본적 이유는 근로자의 경우 노동력의 원활한 재생산의 도모이지만, 사용자의 기본적 추구목표는 이윤추구를 통한 자본축적이다. 이 같은 노사의 직접적인 목표와 함께 고용관계가 갖는 사회안정과 통합기능을 고려할 때 노동체제를 통해 국가가 실현하고자 하는 사회적 의미도 중요하다.

고용관계의 각 주체가 추구하는 이해를 좀 더 구체적으로 살펴보면, 근로자 및 노조의 주요 관심과 이해는 생존 및 소득, 공정성과 민주성, 자아실현 및 사회적 위상의 실현, 그리고 노사 간의 권력 배분 문제 등으로 집약될 수 있다. 사용자의 주요 관심사항은 이윤극대화, 주주와 경영자 등을 포괄하는 이해관계자들의 가치증대, 그리고 노사 간의 권력 배분 문제 등이라고 할 수 있다. 정부의 우선적 관심사는 자유 및 법치, 공정한 분배, 그리고 엘리트 집단의 지배구조 유지 등을 들 수 있을 것이다(Budd and Bhave, 2008). 이러한 고용관계에 대한 관련 주체들의 다양한 이익(interests) 및 권리(rights) 사항들을 종합하면 크게 효율성(efficiency), 공정성(equity), 민주성(voice and participation)의 세 영역으로 압축될 수 있다. 경제학이나 여러 사회과학에서는 오랫동안 고용관계의 사회적 목표를 효율성과 공정성 두 가지로 구분하고, 민주성은 묵시적으로 공정성 기준에 포함시키는 경우가 일반적이다. 그러나 오늘날과 같이 정보화 시대에 인본적 측면의 중요성이 요구되는 기업환경, 그리고 노동의 사회적 기본권 보장이 중요하게 인식되고 있는 상황에서 민주성은 공정성과 구분하여 고용관계의 주요 목표의 하나로 간주될 필요가 있다(Budd, 2004).

고용관계에서 효율성이란 생산 및 이윤의 극대화를 위해 노동력이 어느 정도 생산적으로 사용되는가를 말한다. 이윤율, 생산성, 경쟁력, 경제성장률 등이 효율성과 관련되는 주요 지표이다. 고용관계에서 공정성은 사회적이고 윤리적인 측면과 주로 관련되는 목표이다. 인격체인 근로자를 사용하는 노동과정에서는 인간존엄 및 자유존중의 차원에서의 분배적, 절차적 정의와 최소기준(minimum standard)을 포괄하는 차별 없는 고용의 기준 등이 어느 정도 준수되는가를 의미한다. 생활임금의 보장, 해고의 정당성 여부, 작업장 안전의 보장, 각종 차별의 금지, 사회보장 등이 공정성과 관련되는 고용관계의 주요 지표이다. 마지막으로 고용관계에서 민주성이란 고용관계와 관련되는 각종 의사결정과정에서 근로자 또는 근로자 대표가 어느 정도의 의미 있는 투입이 가능한가를 의미한다. 고용관계의 민주성 또는 참여의 주요 지표로는 자율성, 노동조합 등 근로자 대표에 의한 대변제도, 노사협의제도, 표현의 자유 등을 들 수 있다. 고용관계에서 공정성은 수단적 준거(instrumental standard)의 성격이 강한 반면에 고용관계의 민주성은 민주주의 사회의 구성원으로서 각 개별 인격체로서 근로자가 추구하는 근본적이고 본질적인 준거(intrinsic standard)의 성격을 내포한다고 할 수 있다.

효율적인 고용관계는 근로자들에게 충분한 임금과 복리후생을 보장하는 원천이 되므로 근로자의 소비생활을 결정하는 주요한 기반이다. 그러나 신분상 피용자인 근로자들은 인간에게 주어진 시간 가운데 절대적으로 많은 시간을 작업장에서 보내는 것이 일반적이다. 그러므로 앞에서도 이미 언급한 바와 같이 일(work) 또는 노동을 비효용이나 단순한 상품, 또는 경제적 거래로 그 개념을 제한적으로 규정하는 주류 경제학의 접근 시각은 전인적 활동이라는 일의 본질과 부합된다고 보기 어렵다. 더욱이 일은 근로자들에게 자아실현과 사회적 관계 형성의 기저적 요인으로 작용하므로, 동태적인 관점에서 볼 때 고용관계의 효율성 자체도 일과 연계되는 각종 사회적인 요인에 의해 영향을 받게 된다. 그러므로 고용관계의 사회적 목표로는 효율성과 더불어 공정성과 민주성과 같은 사회적이고 인간적인 측면의 목표도 동시에 고려되어야 한다. 다시 말해서 노동체제의 작동과정에서는 공정성과 민주성 기준의 목표를 통해 효율성 위주의 생산주의 관점을 견제하는 사회적이고 인간적인 울타리가 필요하다. 이러한 울타리는 고용관계의 도덕적 기반이라고 할 수 있다.

각국의 자본주의 발전과정에서 노동체제는 여러 가지 다양한 형태와 성격의 사회적 문제를 노정하면서 진화한다. 특히 근래 신자유주의적 세계화에 따라 각 나라는 차이는 있지만 그 이전과 성격이 다른 새로운 노동문제의 도전에 직면하고 있다. 특히 이러한 신자유주의적 노동문제는 고용관계의 도덕적 기반의 훼손과 무관하지 않다. 신고전파 시장주의 경제학은 다른 시장과 마찬가지로 노동시장의 효율성도 자율적인 시장경쟁 메커니즘에 의해 실현될 수 있다고 본다. 그러나 실제의 노동시장에서는 다양한 형태의 정보 부족, 현장 숙련 형성의 중요성, 노사 간 세력의 비대칭성 등으로 경쟁시장의 기본 가정에 부합되지 않는 여러 가지 특성이 존재한다. 그러므로 노동시장에서는 경쟁적 시장기제가 효율성을 담보한다는 신고전파 후생경제학의 기본 정리는 성립하지 못한다. 또한 고용관계의 공정성을 도모하기 위한 최저의 근로기준, 산업안전, 고용보호제도 등의 노동시장 규제제도는 노동시장의 외부불경제를 보완하는 공공재적 기능을 수행한다. 그러므로 노동시장의 효율성 제고를 위해서도 공정성과 민주성을 제고하기 위한 이러한 제도적 장치는 필수적인 경우가 많다(Stiglitz, 2002).

인간의 노동은 경제적이고 사회적인 측면뿐만 아니라 종교적이고 인권적인 차원에서도 단순한 경제적 거래를 넘어서는 중요한 의미를 갖는다. 노동시장 또는 작업장에서 최소한의 근로기준이 지켜지지 못한다거나 차별적 대우가 존재한다는 것은 자유와 평등을 강조하는 근대 민주시민사회의 기본이념에 배치될 뿐만 아니라, 인간존엄의 신성함이라는 종교적이고 도덕적 관점에서도 정당하다고 볼 수 없다. 고용관계의 민주성의 핵심인 의사결정과정에서의 자율성 및 참여 기회의 보장은 도덕적, 윤리적, 심리적 관점에서도 중요한 의미를 가질 뿐만 아니라, 이것은 정치적 관점에서도 산업민주주의 구현의 핵심적 기반이기 때문이다. [표 1]은 이상에서 논의된 고용관계의 사회적 목표와 이러한 목표 구현과 관련되는 제도를 요약적으로 제시하고 있다.

2) 노동체제에서의 사회적 정의와 윤리성

앞에서 논의한 고용관계의 세 가지 사회적 목표를 노동체제의 삼원론(trilogy)이라고 부르기로 한다. 이러한 접근 시각은 효율성만을 중점적으로 강조하는 주류 경제학이나 공정성을 더 강조하는 일부 사회이론의 인식 틀을 넘어서는 하나의 통합적인 관점(frame of reference)이라고 하겠다. 그러면 이러한 고용관계의 세 가지 사회적 목표는 서로 어떤 원리에 의해 추구되어야 하는가? 일반적으로 고용관계는 실증적 측면을 강조하는 개념으로 사용되며, 노동관계 또는 노사관계는 그 국가나 사회가 고용관계를 통해 추구하는 규범적인 지향성을 내포하는 개념이라고 할 수 있다. 그러면 노사관계의 윤리적이고 도덕적인 원리는 무엇인가? 노사관계의 윤리성 또는 도덕성과 관련되는 규범적 논의는 일 또는 노동에 대한 기본 시각을 명확히 하면서 출발해

[표 1] 노동체제의 사회적 목표와 관련 제도

목표	제도 및 논리적 근거
효율성 (efficiency) · 이윤율 · 생산성 · 경쟁력 · 경제성장	- 시장에 기반하는 거래와 계약 : 배분적 효율성 - 최소노동기준(임금, 근로시간, 안전휴가, 사전통지, 유아노동) : 외부성, 비대칭적 정보 - 소득보장(고용보험, 산재보험, 연금) : 비대칭적 정보, 분쟁조정비용, 유동성 제약 - 산업평화 : 외부성(사회적 비용) - 노동의 교섭력 증대 : 외부성(사회적 비용, 구매력), 이동비용 - 작업장 공공재 : 외부성(무임승차) - 기회균등 : 외부성(사회적 비용) - 근로자 대표/참여 : 조정실패, 비대칭 정보 - 정당 사유에 의한 해고 : 조정실패, 분쟁조정비용
공정성(equity) (및 안전성) · 기회의 공정성 · 결과의 공정성	- 최소노동기준(임금, 근로시간, 안전휴가, 사전통지, 유아노동) : 인간존엄(도덕 및 종교) - 균형소득분배 : 정치적 평등/자유 - 기회균등 : 인간존엄(도덕 및 종교) - 정당 사유에 의한 해고 : 정치적 평등/자유 - 차별금지 : 적정한 절차적 권리
민주성(voice) · 자율적 교섭 · 경영참여 · 노동삼권 보장	- 산업민주주의 : 정치적 평등/자유/민주주의 - 근로자 의사결정 및 자치 : 인간존엄(도덕 및 종교), 심리적/사회적 필요, 재산권(이해관계자 이론) - 표현의 자유 : 자유/인간존엄(도덕) - 근로자의 정치적 발언 : 정치적 평등/자유

자료 : 김장호, 「윤리적 고용체제의 모색」, 『산업관계연구』, 제22권 1호(2012. 3).

야 한다. 여기에서 특히 다음과 같은 두 가지에 주목해야 한다. 첫째, 앞에서 언급한 바와 같이 현대의 고도 자본주의 사회에서 일 또는 노동은 단순한 상품이 아니며 전인적(全人的) 인간 행위이므로, 인간의 노동은 경제적 차원과 더불어 심리적, 사회적, 정치적 요소들이 중첩되는 복합적인 측면을 가지고 있다는 사실이다. 다음으로는 고용제도 또는 노동질서는 선험적으로 주어지는 자연 질서가 아니며 다양한 이해당사자들이 진화과정을 거치며 만들어 나가는 사회적 제도라는 점이다.

효율성, 공정성, 민주성이라는 고용관계의 세 가지 목표 사이에는 내부적으로 상호 보완적인 경우도 없지 않다. 외부성, 공공재, 정보 부족, 관련 주체의 전략적 행동 등이 존재할 경우 공정성과 민주성은 효율성에 긍정적 효과를 줄 수 있다. 일반적으로 노사의 공통의 이해 사항이 큰 경우에 공정성 및 민주성은 효율성과 상호 보완성을 가질 가능성이 크다. 그러나 고용관계의 여러 가지 목표 사이에는 서로 상충(trade-off) 또는 경합적(competing)인 경우가 더 자주 발생한다. 특히 공통적 성격의 노사 쟁점에 비해 분배적 성격의 사안에 대해서는 효율성을 중시하는 사용자 측과 공정성 및 민주성을 우선시하는 근로자 측 사이에 이해 충돌의 가능성이 높다. 자유방임주의 신고전파 경제학에서는 시장에 대한 개입은 효율성을 저해한다고 본다. 대부분의 공정성 및 민주성과 관련이 큰 노동시장제도는 자유방임적 시장의 작동에 대한 제한적 내용이 일반적이기 때문에 효율성을 저해할 수 있다고 보기 때문이다. 공정성과 민주성 사이에도 서로 상충될 가능성이 없는 것은 아니다. 그러나 고용관계에서 갈등구조의 중심에는 효율성을 중시하는 하나의 축과 공정성 및 민주성을 강조하는 다른 하나의 축을 두고 초래되는 경우가 일반적이다. 이러한 효율성과 공정성 및 민주성 사이의 축을 중심으로 대두하는 고용관계의 상충 문제는 노사갈등을 유발하는 핵심원천이므로 고용관계가 해결해야 할 가장 중요한 도전적 과제이다. 이러한 노사갈등 문제는 분권적 시장경제체제에서는 각각의 개별 수준 차원에서 자율적인 방식을 포함하여 어떤 방식으로든지 해소되기는 한다. 그러나 사회적 수준에서 더 근본적으로 이런 갈등 문제에 대한 기본 규칙(ground rules), 또는 윤리적 규범을 설정할 필요가 있다. 이러한 기본 규범은 공공재적 기능을 통하여 사회 전체의 복리증진에 긍정적 기여가 가능하기 때문이다. 이러한 기본 규칙에는 여러 가지를 생각할 수 있지만, 가장 바람직한 규칙은 고용관계의 상호 경합적인 목표들 사이에 균형을 추구(strike a balance)하는 것으로, 필자는 이러한 균형 추구 원리를 '중용의 노사관계' 원리라고 부르기로 한다(김장호, 2012a). 사실 이러한 노사관계의 중용원리는 제도학파 노동경제학의 기본 전제와 상통하는 시각이다.[2]

그러면 이러한 중용의 원리는 왜 필요한가? 몇 가지 필요 근거를 약술하면 다음과 같다. 우선, 규범적인 차원에서 민주적 자본주의 사회에서 요구되는 일(work)과 노동체제에 대한 기본 가치에 부합하기 위해서 균형이 필요하다는 점을 들 수 있다. 초기의 제도학파들이 주창한 바와 같이, 모든 경제제도는 인간을 위해서 존재하는 것이며, 노동은 단순한 상품이나 수단으로 간주될 수 없으므로 인간으로서의 의사결정과정에서의 민주적 참여와 더불어 공정한 근로조건 및 생활여건의 보장은 근로자가 향수해야 할 기본적 권리이기 때문이다. 노동시장은 다원식의 적자생존의 무한경쟁이 아닌 인간적인 접근이 요구

---

2) 고용관계의 사회적 목표 사이에 균형 추구가 왜 중요한가에 대한 논의는 초기 제도학파 노동경제학에서 강조된 이후 주류 노사관계학의 기본 시각으로 간주되어 왔다. 최근 이 문제를 확대하고 발전시킨 중요한 논거로는 Budd(2004) 및 Budd et al.(2004)를 들 수 있다. 이 절의 논의도 이들 논의에 기반하고 있음을 밝혀둔다.

되며, 진정한 산업민주주의의 구현은 고용관계의 모든 이해관계자들의 이해가 통합적으로 보장될 때 가능하기 때문이다. 인간으로서 근로자에게는 생활임금 및 자율통제 등과 같은 본질적인 인간존엄이 존중되는 근로기준이 보장되어야 한다. 민주주의 사회에서 시민권적 인격체로서의 그들의 근로생활에 영향을 주는 의사결정에 참여할 권리의 보장은 노사가 서로 경합하는 고용관계의 목표들이 서로 균형점으로 수렴되지 않을 경우에는 실현되기 어렵기 때문이다. 또한 이것은 다원주의 민주사회의 기본원리에 부합하는 논리라고 할 수 있다.

인권적 차원에서도 이러한 고용관계의 경합적 목표들 사이의 균형의 추구는 필요하다. 효율성, 공정성, 민주성 사이의 상호 경합은 재산권과 노동권의 경합이라고 할 수 있다. 전통적으로 재산권은 개인의 자유보장의 기초로 간주되어 왔다. 그러나 고용관계에서의 재산권은 자유 못지않게 경제적 효율성에도 봉사하므로 재산권은 신성불가침이라고 할 수 없다. 인권사상이 점차 진화되어 제2세대의 경제적, 사회적 측면의 인권은 이제 제1세대의 시민적, 정치적 인권에 버금갈 정도로 그 중요성에 대한 인식이 강조되고 있다. 이러한 점은 우리 헌법의 기본정신과도 부합하는 것이다(권녕성, 2005). 따라서 재산권과 노동권의 충돌은 두 인권 또는 기본권 간의 충돌로 간주된다. 이러한 두 인권은 이제 모두 원천적인 기본인권으로 간주되고 있기 때문에 어느 한 가지를 추구하는 것보다 상호 균형이 더 바람직하다고 할 수 있다.

고용관계처럼 핵심적 목표가 주체들 사이에 상호 경합적이고 충돌하는 경우, 이러한 중용적 균형 원칙은 사회윤리적으로 바람직하므로 우리는 이러한 원칙을 윤리적이라고 할 수 있다. 이러한 윤리적 노사관계의 원리는 고대 그리스의 철학자 아리스토텔레스의 도덕철학에서 강조하는 중용 또는 황금률(golden rule) 개념과도 상통하는 것이며,

또한 동양의 유가 전통에서 강조되는 중용사상과도 맥을 같이하는 것이다. 이러한 균형 패러다임은 고용관계의 세 가지 사회적 목표인 효율성, 공정성, 민주성의 솥(鼎) 발이 어느 한쪽으로 기울지 않고 세 발(足)로 안정감 있게 지지하는 형국, 즉 삼균모형이라 할 수 있다.3)

이러한 윤리적 노사관계 패러다임은 단순히 규범적 논거를 넘어서서 실증적인 차원에서도 강력한 시사점을 제공한다. 이들 고용관계의 사회적 기본목표 사이에 균형이 실현되지 못하게 되면 효율성 차원에서의 최적 성과를 도출하는 데 장애가 발생할 뿐만 아니라, 동태적으로는 사회적 긴장도를 높이게 되므로 경제의 안정성에도 부정적으로 작용할 수 있기 때문이다. 오늘날 고성과 작업조직의 사례에서도 밝혀지고 있는 바와 같이 효율성을 담보하기 위해서는 근로자의 참여와 공정한 대우가 핵심 전제조건의 하나이다(Budd et al., 2004). 윤리적 노사관계 패러다임은 신고전파의 이기적(egoist) 노사관계 모형에 비해 그 현실 적합성이 크다. 신고전파의 이기적 노사관계에서는 개인의 자율적 선택에 의한 건강한 경쟁체제의 확립은 노사 간 세력균형을 구현하여 최적산출로 연결된다는 논리를 강조한다. 그러나 윤리적 노사관계 모형에서는 노조와 같은 제도적 장치 도입을 통한 노사 간 세력균형의 구현이 개인의 자율적 선택에 의한 건강한 경쟁체제 확립을 가능케 하며, 동시에 직접적으로 최적의 산출에도 긍정적 기여를 하게 된다는 인과논리에 기초하고 있다. 따라서 윤리적 노사관계 모형은 이기적 노사관계보다 현실 적합성이 더 높다고 할 수 있다.

다음에는 이러한 윤리적 노사관계의 기본원칙을 바탕으로 한국의

---

3) 이러한 균형 패러다임의 관점은 한국의 전통 사상에서도 뿌리를 찾을 수 있다. 한국 불교의 거목인 원효선사가 삼국통일을 위해서 주창했던 화쟁(和諍)사상에서 강조되는 "중간이 옳은 것이다"라는 중도의(中道義)도 같은 의미이며, 실학자 다산 정약용 선생이 주창한 시중지의(時中之義)도 이와 통한다고 하겠다.

노동체제와 복지제도의 구조적 특성과 양자간의 상호 정합성 문제를 차례로 논의하기로 한다.

3. 노동시장의 격차 확대와 분절화의 심화

우리는 노동체제(labor regime)를 노동과 관련되는 시장, 법과 제도, 정치, 노동운동 등을 포괄하는 통합적 개념으로 이해하기로 한다. 이러한 관점은 기본적으로 조절이론(regulation theory)이나 자본주의 다양성 논의 등의 논지와 맥을 같이하는 것이다. 노동체제는 경제체제의 다른 부문과의 관련성이나 상호작용 등을 거시적으로 파악하는 데 있어서 유용한 장점을 갖는 개념이다. 거시국민경제는 실물부문과 화폐부문으로 크게 구분되며, 실물부문(또는 시장)은 생산물 부문과 노동부문(또는 노동시장)으로 구성된다. 노동시장은 국민경제의 생산과 분배를 연결하는 핵심영역이다. 노동에 대한 수요는 생산물의 파생수요이므로 산업구조는 노동시장의 기본 틀을 결정하고 소득분배의 구조를 재단하는 중요한 요인으로 작용한다. 그러나 노동시장의 구조와 관련 제도는 산업구조뿐만 아니라 그 나라의 문화와 이데올로기, 노동관계, 노동정책 등 여러 가지 비시장적 요인의 영향을 받으면서 진화하고 제도화된다. 더욱이 이렇게 제도화된 노동시장의 구조는 경로의존적 속성을 갖고 있어 지속성을 갖는 경우가 일반적이다. 그러므로 노동시장의 과정과 성과는 큰 틀에서 노동시장의 수급 원리가 주요한 결정요인이지만, 비시장적 제도와 상호작용을 하면서 작동하여 결정되는 특징을 갖는다. 따라서 노동체제의 공과나 사회적 목표의 구현 정도에 대한 논의에서 노동시장에 대한 구조적 특징과 관련 주체들의 대응전략에 대한 고려가 중요한 의미를 갖는다.

이 절에서는 노동시장의 구조적 측면을 중심으로 한국 노동체제의 공과를 논의하기로 한다. 노동운동의 공과 문제는 다음 절에서 검토한다. 최근 한국 노동시장의 구조적 문제로는 고용창출능력이 약화되면서 불평등도가 커지고 분절화가 심화되고 있다는 점이다.

1) 고용창출능력의 약화와 불평등의 심화

1997년 외환위기 이후 우리나라 노동체제의 가장 중요한 성격 변화로는 우선, 고용창출기반의 약화와 함께 고용의 질적 저하가 초래되고 있다는 점이다. 고용창출기반의 저하는 성장의 고용탄력성이 하락 추세를 보이는 데서 잘 알 수 있다. 이것은 생산과 고용의 연계성이 점차 약화된다는 것을 의미한다. 고용의 질적 저하는 여러 측면에서 초래되고 있지만, 고용형태의 다양화와 함께 비정규직의 빠른 증대가 잘 보여주고 있으며, 이것은 산업구조 자체의 변화가 배경이 되고 있다. 산업구조의 변화의 핵심인 탈산업화의 진전은 상대적으로 건실한 제조업의 고용기여도를 점차 낮추고, 반면에 고용안정성이 낮은 서비스 부문의 고용확대를 초래시키고 있어 고용의 질적 저하도 이러한 고용창출기반의 변화와 무관하지 않다고 할 것이다.

[표 2]는 고용탄력성의 변화를 부문별로 보여주고 있다. 1990년대 이후의 기간을 그 이전과 비교하면 성장의 고용탄력성이 전체적으로 꾸준히 하락하고 있다. 특히 제조업의 고용탄력성은 크게 하락하여 1990년대 이후에는 부(否)의 값을 보이고 있어 고용창출기반의 구조적 변화를 시사한다. 그러나 서비스업의 고용탄력성은 뚜렷한 변화추이를 나타내지 않고 있다. 요약하면 제조업의 고용비중은 떨어지고 서비스업의 비중이 증가하면서 경제 전체의 고용창출능력은 그 이전에 비해 1990년 이후에도 급격한 하락은 나타나지 않았던 것으로 보인다. 제조업의 경우 중국의 부상 등으로 고용기여도 면에서 그 비중

[표 2] 기간별 고용탄력성 추이

	전체	제조업	SOC	서비스업	기타
1971-2008	0.32	0.28	0.63	0.60	−0.49
1971-1990	0.34	0.51	0.64	0.57	−0.30
1990-2008	0.27	−0.16	0.57	0.66	−0.76

주 : 기타 산업은 농림어업과 광업을 포함.
자료 : 통계청, 『고용동향』에서 계산.

이 더욱 하락될 것으로 전망되므로 고용창출기반은 주로 서비스업의 활성화에서 찾아야 할 것이다. 실제 체감 고용창출기반 훼손의 배경에는 탈산업화와 서비스 산업의 양극화가 주요한 요인으로 작용하고 있는 것으로 보인다. 그러나 서비스업의 생산성이 일부 업종을 제외하고 대단히 낮다는 점을 고려할 때 서비스업의 고용의 질 향상은 고용문제를 해결하는 핵심적인 관건이 아닐 수 없다.4) 고용창출기반의 변화와 생산성 저하는 청년층의 실업 증대, 비정규직 고용의 확대, 여성 및 중고령층을 포함하는 근로빈곤층의 지속적 창출 등 고용의 질적 하락 및 불균등의 확대를 초래하는 주요 원인이 되고 있다. 이러한 고용기반의 훼손과 노동의 질적 저하는 노동체제의 사회적 목표인 효율성과 공정성 측면에서 적신호가 아닐 수 없다.

이러한 고용기반의 훼손과 더불어 노동체제의 중요한 문제의 하나는 노동소득의 불평등도의 확대에 의한 공정성의 훼손이다. 노동시장에서 나타나는 임금이나 근로조건 등의 각종 격차 또는 구조의 요인

---

4) 일부의 연구자들(김대일, 2007)에 의하면 1997년 외환위기 이후 우리 경제의 고용창출기반이 크게 훼손되었으며, 이에 따라 실업의 항구적 증가를 지적하고 있지만, 이것이 장기적인 실업률의 추세인지에 대해서는 더 엄밀한 분석이 필요하다고 판단된다.

은 크게 학력, 성, 연령, 직종 등의 인적 속성 요인과 기업규모, 업종, 고용형태 등의 노동수요 측 요인으로 나눌 수 있다. 노동시장의 격차 구조와 관련하여 1997년 외환위기를 경험하면서 나타나고 있는 특징 으로는 인적 속성 요인의 중요성이 상대적으로 작아지고 있는 반면에 기업규모, 고용형태 등 제도적 요인의 상대적 중요성이 더 증대하고 있다는 사실이다(김대일, 2007). 이것은 노동체제의 제도적 개선이 필 요하다는 점을 말해 준다. 일반적으로 노동시장의 격차 요인 가운데 인적 속성 요인에 비해 제도적 요인은 시장을 왜곡시킬 가능성이 더 크기 때문이다.

[그림 1]에서 볼 수 있는 바와 같이 노동소득의 불평등도는 1990년 대 중반까지 추세적으로 개선되어 왔으나, 1990년대 중반 이후에는 꾸준히 악화되고 있다. 이러한 분배구조의 악화는 학력 간 격차의 추 세적 확대가 하나의 요인으로 지적되고 있다. 1990년대 중반까지는 고학력, 고숙련 근로자에 대한 수요보다 공급이 상대적으로 빠르게 증가함에 따라 학력 간 임금격차가 축소되었지만, 그 이후에는 신규 노동력의 지속적 고학력화에도 불구하고 출산율 저하에 의한 신규 대 졸 근로자의 증가세가 둔화되었기 때문이다(최강식·정진호, 2002). 그러나 1990년대 중반 이후의 임금분배구조의 악화의 핵심적 요인으 로는 기업규모별 임금격차의 확대를 들 수 있다. 특히 기업규모별 격 차는 비노조 부문에서 상대적으로 더 크게 확대되었다. 이러한 규모 별 격차의 확대에는 산업조직적 요인과 노동운동적 요인이 복합적으 로 작용한 것으로 분석되고 있다. 그 가운데서도 중국과의 경쟁 격화 에 따른 효과, 대기업으로의 경제력 집중 심화, 그리고 노동운동의 연 대성 부족, 대기업부문 노동 중심으로의 노동운동 영역의 제한 등이 주요 요인으로 지적되고 있다(김대일, 2007). 또한 산업조직적 요인도 중요하게 작용하고 있다는 점도 주목해야 한다. 최근에 대기업과 중

[그림 1] 지니계수 및 상대빈곤율의 변화

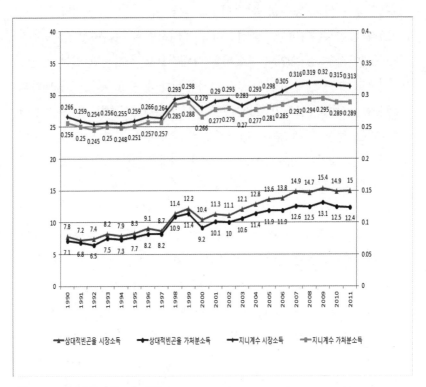

주 : 1) 2인 이상 비농가 기준.
  2) 시장소득 = 경상소득－공적 이전소득.
    가처분소득 = 시장소득＋공적 이전소득－공적 비소비지출.
  3) 가구균등화지수를 적용하였으며, 가구가중치에 가구원 수를 곱하는 방식
    의 개인가중치를 사용하여 산출.
  4) OECD 국가들의 평균 불평등도(1979-88년 전체 가구 기준)를 보면, 시장
    소득의 경우 0.380, 가처분소득의 경우 0.272이다. 따라서 소득분포 개선
    율 41.6%임.
자료 : 통계청, KOSIS.

소기업 사이의 채산성 및 생산성 격차가 확대되고 중소기업의 지불능력 저하가 양 부문 간의 임금격차를 확대시키는 결과가 초래되고 있기 때문이다. 또한 중소기업부문은 대기업부문에 수직적 하청계열화가 심화되고 있는 상황에서 대기업의 수요독점적 지대추구기반의 강화로 두 부문 간의 격차는 더욱 확대될 수밖에 없다.

이러한 노동시장의 불평등도의 확대가 빈곤계층의 비중 증대로 귀결되는 것은 불가피하다고 할 것이다. 특히 사회적 이동성의 주요 지표의 하나인 빈곤 탈출률이 점차 낮아지고 있어, 소위 빈곤 함정 (poverty trap)의 작동이 현실화되고 있다는 점도 지적되고 있다. 빈곤 탈출의 가능성은 단기적으로는 취업에 크게 의존하고, 장기적으로는 교육수준에 의존하고 있는 것으로 밝혀지고 있다. 세대별 교육비 지출 규모는 가구소득에 따라 크게 달라지고 있다는 사실은 빈곤의 세습화 가능성이 크다는 점을 시사한다(김대일, 2007). 최근 자살률 및 이혼율의 증대 등 각종 사회지표의 질적 수준이 낮아지고 있는데, 이러한 현상의 배경에도 분배구조의 악화가 요인이 되고 있다는 사실은 자명하다(조윤제 외, 2012). 이러한 노동소득의 불평등도의 심화는 노동체제의 공정성 지표가 후퇴하고 있다는 점을 말해 준다. 특히 지적되어야 할 사항은 이러한 불평등도의 확대가 노동시장의 구조적 요인에 의해 주로 초래되고 있다는 사실이며, 따라서 이러한 공정성의 훼손이 효율성에도 부정적인 영향을 줄 수 있다는 것을 암시한다. [그림 1]은 또한 재정의 재분배 기능이 1990년대 후반 이후 약간 개선되고 있지만, 여전히 OECD 국가들의 평균적인 수준에는 크게 미치고 못하고 있다는 사실을 보여준다. 다음 절에서 더 자세히 논의하겠지만, 이러한 사실은 노동체제와 복지체제 사이의 정합성 측면에서 개선이 필요하다는 것을 말해 준다.

2) 노동시장 분절화의 심화

앞에서 우리는 한국 노동체제의 거시적 측면에서의 공과라고 할 수 있는 고용창출력과 불평등도 심화 문제를 살펴보았다. 이번에는 노동체제의 규범적 논의에서 특히 중요한 구조적이며 근원적인 과제라고 할 수 있는 노동시장의 양극화 및 분절화 심화 문제를 살펴보기로 한다.

한국의 노동시장에 임금과 고용안정성은 기업규모, 노조 유무, 그리고 고용형태에 따라 크게 다르며, 근로자 속성을 통제한 순효과도 여전히 작지 않다. 기업규모가 클수록 임금수준이 높고, 그 직장에 계속 근무할 가능성이 높다. 유노조 사업장은 무노조 사업장에 비해 임금과 고용안정성이 높다. 정규직은 비정규직에 비해 높은 임금과 안정성을 누리고 있다는 것은 잘 알려진 사실이다. 우리나라의 많은 대기업은 생산물 시장에서 시장지배력을 행사하면서 원하청관계인 중소기업에 대해 수요독점적 지위를 누리고 있다. 생산물 시장의 지배력은 노동조합의 조직 가능성을 높인다(김대일, 2007). 노동조합은 집단적 발언 얼굴(collective voice face)과 함께 독점적 얼굴(monopoly face)도 동시에 갖고 있으므로, 고용형태에 따라 고용보호의 정도가 다를 경우 상대적으로 보호되는 근로자들은 진입장벽 안에서 안주할 가능성이 없지 않다. 그러나 더 중요한 사실은 기업규모, 노동조합과 고용형태가 서로 상승작용을 통해 시장경쟁으로부터 보호되어 노동시장의 분절화를 심화시키고 독점적 지대를 누리고 있다는 것이다. 한국 노동시장의 분단화의 정도 및 특성을 이인재(2009)는 간단한 횡단면적 실증자료를 통해 흥미롭게 제시하고 있다. 그의 추정 결과를 중심으로 노동시장의 분절화의 특징을 살펴보기로 한다.

[그림 2]와 [표 3]과 같이 한국의 임금근로자는 크게 세 집단으로

구분될 수 있다. 이들 각 집단 간에 임금, 고용안정성, 각종 사회보험 및 복리후생에서 분명한 차이가 존재하기 때문이다. 첫째 집단은 보호장벽이 가장 공고한 유노조, 대기업 소속의 정규직, 즉 1차 정규직 집단(1차 핵심집단)으로 [그림 2]의 D에 해당되는 부문이다. 둘째는 유노조이거나 대기업이거나 정규직인 근로자 가운데 앞에서 말한 1차 핵심집단을 제외한 집단으로 준핵심집단이라고 할 수 있다. 이 집단은 세 가지 보호기제 중 하나 이상에 의해 보호되고 있는 집단으로 [그림 2]에서 'A＋B＋C－D'에 해당되며, 1차 세 가지 기제 모두로부터 보호받는 D집단을 제외한 집단이다. 셋째는 무노조, 비정규직, 중소기업 세 요인이 중첩되는 집단이다. 노조, 정규직, 대기업이라는 보호기제 중 하나도 갖지 못한 2차 부문의 주변부 집단이라고 할 수 있으며 [그림 2]의 E에 해당되는 부분이다. 2011년 현재 우리나라 총 취업자는 24,244,000명으로 이 가운데 임금근로자는 전체 취업자의 71.8%에 해당되는 17,397,000명이며, 전체 근로자의 약 30% 정도는 자영업주 및 가족종사자로 구성되는 비임금근로자이다. 우리나라는 그리스, 터키 등과 함께 OECD 국가 가운데 비임금근로자의 비중이 특히 높다. 특히 다수를 점하는 자영업자들은 노동시장 조정과정에서 배후저수지 기능을 하고 있음은 정책적 시사점이 크다.

2008년 8월 경제활동인구조사 부가조사에 따르면, 전체 근로자 가운데 유노조기업 근로자의 비중은 25.8%이며, 정규직의 비중은 66.2%, 그리고 300인 이상 대기업 근로자의 비중은 11.5%이다. [표 3]의 마지막 행에서 제시되고 있는 바와 같이, 유노조, 대기업, 정규직이 모두 겹치는 중층적인 보호를 받고 있는 1차 핵심집단의 비중은 전체 근로자의 6.7%에 불과하다. 하나 또는 두 개의 보호장치를 향유하는 준핵심집단의 비중은 65.9%를 차지하고 있어 가장 규모가 크다. 보호규제를 하나도 가지지 못하고 있는 소위 2차 부문 집단의 규모는

[그림 2] 한국 노동시장의 구조

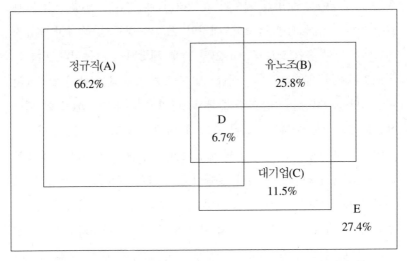

주 : 각 부문의 비율은 경제활동인구조사 부가조사(2008. 8)에서 계산함.
자료 : 이인재(2008)에서 재인용.

전체의 27.4%로 작지 않은 규모이다. [표 3]은 전체 근로자 및 이들
세 집단별로 임금수준, 고용안정성 정도, 그리고 사회보험 및 부가급
여 적용률을 제시하고 있다. 각 집단별로 이들 지표의 차이는 시장 규
율로부터의 보호기제의 차이를 말해 준다.

[표 3]에서 제시되고 있는 바와 같이 각 집단 간에 임금안정성, 사
회보험 및 부가급여 등 뚜렷한 차이를 보이고 있다는 사실을 알 수
있다. 우선 임금에서 준핵심집단과 2차 주변부 집단은 핵심집단의 각
각 60.8%, 36.9%에 불과하다. 핵심집단의 급여수준은 주변부 집단의
세 배에 육박하고 있다. 고용안정성에 있어서도 집단 간에 큰 격차가
있음을 알 수 있다. 이러한 집단 부문 간의 과다한 임금격차의 존재는
노동유동성을 억제하는 제도적 장치가 실제로 존재한다는 사실을 암

[표 3] 한국 노동시장의 구조: 부문별 차이

	유노조∩ 대기업∩ 정규직	(유노조∪ 대기업∪ 정규직) − (유노조∩ 대기업∩ 정규직)	무노조∩ 중소기업∩ 비정규직	전체평균
월평균임금	324.5 (100)	197.4 (60.8)	119.6 (36.9	184.6 (56.9)
[이동성 지표]				
근속기간	12.4	5.3	1.7	4.8
신규채용률	0.067	0.312	0.638	0.385
[사회보험 적용]				
국민연금	0.994	0.789	0.437	0.706
건강보험	0.998	0.958	0.880	0.939
고용보험	0.786	0.647	0.325	0.568
[부가급여 적용]				
퇴직금	0.989	0.708	0.294	0.614
상여금	0.978	0.666	0.223	0.566
시간외 수당	0.911	0.488	0.152	0.424
유급휴가	0.978	0.613	0.212	0.528
근로자수(%)	1,080,670 (6.7%)	10,612,912 (65.9%)	4,409,879 (27.4%)	16,103,462 (100%)

자료 : 통계청, 경제활동인구조사 부가조사(2008. 8). 이인재(2008)에서 재인용.

시한다. 핵심집단의 평균 근속기간이 12.4년인 데 비해 주변부 집단은 불과 1.7년에 불과하다. 더 엄밀한 실증 분석이 필요한 사항이지만, 이러한 집단 간 이동성의 차이는 우리나라 노동시장에서 집단 장벽이 존재하고 있음을 시사한다.

사회보험의 적용률에서도 집단 간 뚜렷한 차이가 보인다. 핵심집단 의 경우 국민연금, 건강보험, 고용보험 가입률이 거의 100%에 육박하고 있는 반면에 준핵심집단은 이보다 상당히 낮은 78.9%, 95.8%, 64.7% 수준에 각각 머물고 있다. 2차 주변부 집단은 이보다도 크게 낮아 각각 43.7%, 88.0%, 32.5%에 머물고 있다. 또한 사회보험 가운데 의료보험의 차이는 크지 않지만 국민연금과 고용보험의 적용률은 크게 차이가 있음을 보여준다. 기업복지에 해당되는 부가급여에서도 집단 간 격차는 대단히 크게 나타나고 있다. 핵심집단의 경우 퇴직금, 유급휴가, 시간의 수당 등의 적용률이 높은 90%대이지만 주변부 집단의 경우 적용률이 20%대에 불과한 설정이다.

[표 3]은 한국 노동시장의 구조적 성격을 이해하는 데 몇 가지 유용한 시사점을 제공한다. 첫째, 한국 노동시장의 경직성 문제에 대한 시사점이다. 노동시장 경직성 문제는 소규모의 핵심부문에 국한되고 있다. 나머지 절대 규모인 준핵심집단과 주변부 집단 근로자의 경우 경직성이 높다고 보기 어렵다. 특히 핵심집단과 주변부 집단 사이의 유출입은 거의 없는 것으로 짐작된다. 그러므로 단순한 평균적 노동시장 유연성 척도는 그 현실적 의미가 제한적일 수밖에 없다. 둘째, 한국 노동시장은 핵심집단과 준핵심집단 및 주변부 집단으로 분단되어 있는 이중구조를 갖고 있다는 것이다. 전체 임금근로자의 93.3%는 정도의 차이는 있지만 다양한 형태로 시장의 경쟁 압력에 노출되고 있다. 그러나 단지 6.7%에 해당하는 소수의 비경쟁적 핵심집단 근로자들은 경쟁 압력에서 벗어나 여러 측면에서 비경쟁적 지대(sent)를 누리고 있다. 이들은 생산물 시장에서의 독과점적 지배력, 조달시장에서의 수요독점적 지위, 강력한 독점노조의 뒷받침 등 중층적으로 보호되고 있어 강력한 내부자라고 할 수 있지만, 그 규모가 크다고 하기는 어렵다. 한국 노동시장에서 분단화 구조는 1970년대 중반 이후 본격적인 산업화와 더불어 진화적으로 구축되어 왔다(이효수, 1984). 그러나 앞에서 제시한 한국 노동시장의 분단화 구조의 특성은 1990년대

후반 이후 더욱 심화되고 고착화되었다고 할 수 있다(김대일, 2007). 따라서 노동정책과 복지정책은 그 적합도를 제고하기 위해서는 이러한 노동시장의 구조적 특성을 충분히 고려해야 할 것이다.

우리나라 노동시장의 구조를 파악하는 데 있어서 또 한 가지 중요한 사항은 자영업 근로자의 주변화이다. 자영업 가구는 근로자 가구에 비해 소득수준이 낮을 뿐만 아니라 가구 간 소득격차가 더 크다. 특히 자영업 가구의 하위층은 빈곤화되거나 반실업상태로 노동체제에서 주변화되고 있어 복지정책의 주요 대상집단으로 부각되고 있다.

일반적으로 산업화의 진전에 따라 전체 취업자 대비 자영업 종사자의 비중은 하락하는 추세를 보인다. 산업이 고도화될수록 농림수산업과 도시 비공식 부문의 비중이 축소되기 때문에 대부분의 선진국에서는 오래전부터 자영업자의 비중은 전체 취업자의 10% 내외에 머문다. 한국도 이러한 일반적인 하락 추이가 1990년대 초반까지 나타나고 있었지만 외환위기 이후에 자영업자 비중의 감소 추세는 정지되고 있다. 2010년에는 다시 떨어졌지만 여전히 주요 국가에 비해 대단히 높은 23.5%를 보이고 있다.

우리나라에서 자영업 근로자의 비중이 높은 이유로는 첫째, 외환위기 이후 해고된 중고령자들이 재취업 기회가 제한됨에 따라 자영업에 대량으로 진출했기 때문이다. 패자부활전의 부재, 능력개발기회의 제한 등의 노동시장의 제도와 관행 때문에 초래된 부분도 있을 것이다. 또한 이들 은퇴자에 대한 사회복지제도의 미진도 자영업 근로자를 증대시키는 요인이라고 할 수 있다. 우리나라 자영업자 가구는 2011년 현재 근로자 가구 평균소득의 78.0% 수준으로 근로자 가구에 비해 소득수준이 낮다. 특히 하위 20% 가구의 경우 자영업자 가구는 근로자 가구 소득의 절반에도 미달하며 반실업상태에 처해 있다. 이것은 자영업자 간 소득불평등이 근로자 가구에 비해 더 높다는 것을 의미

[표 4] 자영업자 비중 (천 명, %)

구분	1985	1995	2000	2005	2010
자영업자(a)	4,679	5,569	5,864	6,172	5,592
임금근로자	8,104	12,899	13,360	15,185	16,971
총 취업자(b)	14,970	20,414	21,156	22,856	23,829
a/b(%)	31.3	27.3	27.7	27.0	23.5

주 : 무급가족 종사자는 제외.
자료 : 통계청, 경제활동인구조사.

한다. 더욱이 자영업자 간 불평등 악화 정도가 임금근로자에 비해 더 큰 것으로 나타나고 있다(조윤제 외, 2012). 영세자영업 근로자는 주변화, 비공식화되고 있어 복지정책의 주요 대상으로 등장하고 있다.

4. 노동운동의 비대칭성과 낮은 연대성

앞에서 언급한 바와 같이 노동체제의 세 가지 사회적 목표는 효율성, 공정성, 민주성 등으로 압축된다. 이들 목표 가운데 노동시장의 경쟁적인 시장기제는 효율성 목표의 실현을 우선적으로 추구하는 것이 일반적이다. 노동체제의 공정성 및 민주성 목표는 주로 노동시장의 각종 규제장치나 노동운동에 의해 추구된다고 할 수 있다. 조세의 재분배제도나 각종 사회복지는 사후적인 단계에서 노동체제의 공정성을 제고하기 위한 보완적 성격의 장치라고 할 수 있다. 이와 같이 노동운동의 주요 기능을 노동체제의 사회적 목표를 균형 있게 구현하기 위한 중용적 작동이라고 할 때, 한국 노동체제의 사회적 목표 실현과 관련하여 볼 때, 노동운동은 여러 측면에서 그 성과가 제한적이라고 보아야 할 것이다. 그 이유로는 노동운동이 대기업부문의 정규직에 의해 주도되면서, 조직률이 하락하고 그 포괄성과 연대성이 제한되고 있기 때문이다. 그 결과 노동운동을 통해 집단적 발언이 상대적으로 필요한 비정규직, 소기업부문 근로자 등 취약계층이 노동운동에서 배제되어 그들의 요구가 표출되기 어려운 비대칭적이고 파행적인 구조가 고착화되고 있다. 이러한 노동운동의 문제점은 노조 조직 측면과 운동이념의 변화에서 동시에 나타나고 있다. 먼저 한국 노조운동의 조직적 특성과 문제점을 살펴보기로 한다.

한국 노동운동의 전개과정에서 1987년은 중요한 분기점이다. 1987년 정치적 민주화와 더불어 노사분쟁이 폭발하고 노조 조직 활동이 고양되면서 한국 노동운동은 권위주의적 억압 체계에서 벗어나 노사 간의 자율교섭권을 포함하여 노동기본권을 보장받게 되었다. 따라서 1987년에 한국은 노사관계 측면에서 전환점을 통과한 것이라고 할 수 있다. 그 결과 노조 조직률은 급증하여 1989년 19.8%를 기록한 이후 하락세로 반전되어 지속적으로 떨어진 결과 2010년에는 9.8%를 기록했다. 조합원 수 자체는 크게 변하지 않았지만 이 기간 중 임금근로자 수는 지속적으로 매년 증가함에 따라 조직률 감소가 나타난 것이라고 할 수 있다. 근래 노조 조직률의 하락은 그 정도의 차이는 있으나 세계 여러 나라에서 탈산업화 등에 의해 보편적으로 나타나는 현상이라고 할 수 있다 그러나 한국의 경우에는 탈산업화 및 서비스화 등의 산업구조 변화와 함께 비정규직 증대 중심의 고용형태의 변화, 대규모 사업장 고용의 비중 축소 등의 요인들이 복합적으로 작용한 결과라고 볼 수 있다.

이 같은 낮은 조직률 수준과 더불어 노조 조직의 주요 구조적 특성으로는 비대칭성을 들 수 있다. 먼저, 대기업일수록 조직률이 높은 기업규모 간의 비대칭성이다. 2006년 현재 300인 이상 규모의 조직률은

35.5%인 반면에 30인 미만은 3.2%에 머물고 있다. 또한 기업별 노조 부문에서는 1,000인 이상 기업의 조합원 수 비중이 50%를 넘고 있어 기업규모에 따라 조직이 불균등하게 편재되고 있음을 알 수 있다(이병희, 2008). 이러한 규모 간의 비대칭적 조직구조는 중소영세기업 노조의 파편화와 약화, 대기업과 공기업 노조들의 조직이기주의의 행태의 만연, 그리고 이들 노조와 사용자 간의 담합관계의 형성 등 여러 가지 바람직하지 못한 노사관계 양상의 주요한 배경으로 작동하고 있다고 할 수 있을 것이다.

한국의 단위노조의 조직형태는 기업별 노조체제가 전통적으로 근간을 이루어 왔다. 그러나 근래 노동시장의 유동성의 증대와 산업의 서비스화 등의 진전으로 단위노조의 초기업화의 필요성이 증대하고 있다. 특히 팽배하고 있는 노조의 이기주의 행태 문제를 해소하기 위해서도 산별 노조운동의 활성화가 필요하다고 하겠다. 그리하여 1990년대 중반 이후 산별 조직화의 꾸준한 추진에 의해 초기업노조의 비중이 증대하였지만, 여전히 기업노조 중심 구도는 유지되고 있다. 2006년 현재 기업노조원 수의 비중은 59.9%, 산별 노조 및 지역·업종 노조를 포괄하는 초기업노조의 노조원 수 비중은 40.1%를 점하고 있다(이병희, 2008). 기업별 중심의 노조활동은 노동체제의 공정성이나 형평성 제고에는 제한적일 수밖에 없다고 봐야 할 것이다. 한국의 또 다른 노조 조직 특성은 고용형태별로 조직률이 크게 다르다는 점이다. 노조의 구성원 대부분이 상용직으로 채워져 있는 반면 임시일용직은 거의 노조에 가입하지 못하고 있다. 2011년 8월 현재 정규직의 노조 가입률은 15.2%인 반면 비정규직은 2.6%만이 가입하고 있다(통계청). 노조 조직률을 직업별로 보면, 숙련 생산직과 전문 사무직의 경우에는 비교적 높지만, 비숙련 생산직이나 판매 서비스직의 노조 조직률은 상대적으로 크게 낮다.

이와 같이 낮은 조직률과 비대칭적인 조직구조와 함께, 한국 노동 조합 조직의 또 다른 특징은 단체협약 적용률도 동시에 낮다는 점이다. [그림 3]에서 볼 수 있는 바와 같이, 프랑스, 독일, 네덜란드, 호주 등의 경우 단체협약 적용률이 노조 조직률을 크게 상회한다. 중앙교섭, 집중교섭을 통해서 협약의 적용을 조합원으로 국한하지 않고 유사 근로자들을 모두 다 포괄할 수 있는 제도적 장치가 구비되고 있기 때문이다. 그러나 한국의 경우 조합원에 한해서 배타적인 단협의 적용이 노조법의 근간이며, 또한 기업별 노조 중심의 전통이 강해서 비조합원이 단협에 의해 포함되는 경우는 흔하지 않기 때문에 단협 적용율이 노조 조직률을 능가하기 어렵게 되어 있다.

[그림 3] 노동조합 조직률과 단체협약 적용률의 관계(2000년 기준)

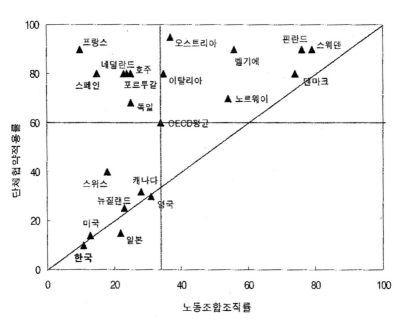

자료 : OECD.

이상에서 살펴본 한국의 노조 조직 특성을 요약하면, 영세사업장, 비정규직, 비숙련 등 취약성이 상대적으로 큰 근로자일수록 노조 조직으로부터 떨어져 있으며, 조직과 교섭의 일치주의 원칙에 의해 단협 적용률은 조직률과 일치하고 있다. 이러한 조직 특징은 노동운동이 비대칭적이고 연대성이 낮은 성과를 창출하는 구조적 요인이 되고 있으며, 또한 노동체제의 사회적 목표인 공정성과 민주성 측면에서 요구되는 바람직한 기능의 수행을 제약하는 요인이 되고 있다고 할 것이다.

이러한 노동조합의 조직 특성에 따른 노조운동의 한계와 함께 전략 면에서도 한국 노동운동은 노동체제의 사회적 목표의 중용적 구현에 제한적 역할만을 보이고 있다. 노사관계에서 노조와 사용자 등 행위 주체들의 이념과 전략은 노사관계의 구조나 환경과 완전히 분리해서 작동하는 것은 아니다. 그러나 주어진 환경에서 어떤 전략을 선택하고 추진하는가에 따라 노사관계의 성격과 성과는 달라진다(Kochan et al., 1986). 한국 노동운동의 이념과 전략은 1987년 이후 소위 87년 체제와 정립으로 기본적 노동권을 보장받는 높은 성과를 시현했다. 그러나 1998년 외환위기 이후 등장한 새로운 노동환경에 적극적으로 대응하지 못함에 따라 한계를 노정하고 있다.

1987년 정치적 민주화의 공간에서 그동안의 누적된 욕구가 분출되었고 당시의 경제적 호황 국면과 맞물리면서 소위 '87년 체제'의 정립으로 한국 노사관계는 전환점을 맞이하게 된다. 87년 체제는 시차는 있었지만 노동삼권의 실질적 구현, 작업장 민주화의 확대 등 노사관계의 민주화를 크게 진전시키는 성과를 구현하였다. 1998년부터 가동되고 있는 사회적 대화체제도 노동체제의 민주성 측면에서 중요하다. 또한 87년 체제는 높은 임금 인상의 실현과 함께 주 40시간 근로제의 정착 등 근로조건을 획기적으로 개선하였다. 그뿐만 아니라 고용보험제의 전면 실시(1995년 도입)를 비롯하여 4대 보험의 적용도 지속적으로 확대했으며, 국민기초생활보장제의 도입 등으로 복지와 빈곤 대책도 강화하는 등의 성과를 보였다. 또한 장애인, 여성, 비정규직 등의 취약 근로자에 대한 차별시정제도가 강화되었다. 87년 체제를 지배한 사상적 조류는 1997년 외환위기를 분수령으로 전반기는 자율화, 그리고 1997년 이후에는 자유화, 유연화로 요약할 수 있다. 앞에서 언급한 노사관계의 민주화 실현, 형평성 제고 등의 87년 체제의 성과는 1987년에서 1997년 외환위기 발생까지의 기간에 걸친 한국 자본주의의 황금기를 바탕으로 성취된 것이다. 노동체제의 효율성, 공정성, 민주성 등의 사회적 목표가 비교적 골고루 제고된 시기로서 노조운동의 연대(solidarity)라는 기본이념에 비교적 충실했던 기간이었다고 할 수 있다.

그러나 87년 체제는 대기업의 정규직 중심으로 노동운동이 추동되고 교섭중심, 분배중심으로 운영되었기 때문에, 1990년대에 거세게 불어왔던 노동의 유연화와 노동시장의 양극화 등의 노동환경의 변화에 대한 대응력이 부족했다고 할 수 있다. 그 결과 노동운동이 노동체제의 효율성을 저하시켰으며, 노동시장의 양극화 완화에도 무력했다고 평가된다. 특히 87년 체제의 장점과 순기능은 1997년 외환위기를 거치면서 여러 측면에서 한계를 보이기 시작했다. 다시 말해서 87년 체제는 갈등의 늪에서 허우적거리는 부정적 측면이 1997년 이후 표출되기 시작했다. 외환위기 이후 재무중심의 구조조정의 일상화와 비정규직 활용이 확대되면서 근로자들의 미래에 대한 불안이 일반화되었다. 이에 따라 근로자들과 노조는 단기적인 임금 극대화와 고용보호에 더욱 집착하게 되었다. 사회안전망의 부실과 해고에 대한 저항으로 1998년 이후 노사관계는 악화되었고, 노동 유연화의 파장과 충격은 주로 노조의 보호장벽이 없는 영세 근로자들에게 집중되면서 노동시장의 양극화와 분절화는 심화되었다. 이와 함께 경제성장의 고용창출기반이 악화되고 일자리의 질적 저하와 하향이동으로 저숙련, 저생산성, 저임금의 함정에 갇힌 영세 하도급 근로자, 비정규직, 자영업자층의 규모가 확대되었다. 그 결과 분배구조의 악화와 빈곤층의 증대가 초래되었다. 또한 대기업과 중소기업 간의 관계도 악화되었다. 대기업은 수요독점적 우월적 지위를 이용하여 아웃소싱을 확대하고 또한 하청 협력업체에 대한 단가 인하 압력 등을 강화하였다. 이러한 기업규모별 관계의 변화는 노동시장의 기업규모별로 양극화를 더욱 심화시키는 결과를 초래하게 되었다.

이상에서 언급한 여러 가지 새로운 노사환경은 노동조합의 교섭력을 약세 국면으로 전환시켰고, 그 결과 노동체제의 공정성과 민주성구현 측면에서 노동조합의 역할과 기능을 상대적으로 위축시키는 결과를 가져왔다. 노동운동의 행동 전략도 전체 노동자를 포용하는 연대성은 약화되었고, 반면에 조직원만의 임금 및 근로조건 향상에 몰두하는 파당성과 조직이기주의적 양태가 노정되고 있다는 점을 부인하기 어렵다. 한마디로 이제 87년 노동체제의 지속 가능성에 대한 문제제기가 나오고 있는 실정으로 새로운 체제의 정립이 요구되고 있다. 노동운동의 새로운 방향은 연대성 제고와 함께 노사관계의 혁신 노력이 동시에 필요하다고 하겠다. 또한 이러한 노동운동 이념의 퇴보는 재정과 복지 등 국가의 사후적인 보완적 역할의 증대가 필요하다는 점을 시사한다.

5. 생산주의 복지제도

앞에서 우리는 한국 노동체제의 특징으로 노동시장의 구조적 분절성과 노동운동의 낮은 연대성을 제시하였다. 이러한 노동체제의 구조적 특성은 노동체제의 사회적 목표를 균형적으로 구현하지 못하게 하는 요인으로 작용하고 있다는 점을 강조하였다. 노동체제의 균형적 작동이 체제 자체적으로 완전하게 구현되기는 쉽지 않으므로, 사후적인 보완적 장치가 필요하다. 이러한 보완적 제도 가운데 가장 중요한 것으로는 사회복지제도와 재정을 통한 재분배정책을 들 수 있다. 그러면 한국에서 재정의 재분배 기능과 복지제도는 어떤 특성을 갖고 있는가? 먼저, 재정의 소득재분배 기능과 사회지출 규모를 살펴보기로 한다.

국가 조세제도의 주요 기능 가운데 하나는 소득의 재분배이다. 또한 국가재정 가운데 사회지출의 비중은 복지국가 수준을 파악하는 중요한 지표이다. 오늘날 복지국가에서 이러한 재정의 사회적 기능은 노동체제의 공정성을 보완하는 중요한 장치이다. 근래 우리나라에서는 과거 개발연대에 비해 GDP 대비 재정규모가 꾸준하게 증대하고 있으며, 전체 재정지출 가운데 사회적 항목의 비중이 높아지고 있는 것은 사실이다. 이러한 재정규모 및 구성의 추이 변화는 사회복지수요가 빠르게 증대하는 시대상황의 자연스러운 반영이라고 할 수 있다. 그러나 아직도 GDP 대비 사회지출의 비중 및 소득재분배 효과는 OECD 주요 국가들에 비해 크게 낮은 실정이다. 이러한 사실은 우리나라 사회복지제도의 근간인 사회보험을 제외하면 공공부조 등 다른 사회복지의 비중이 주요 국가에 비해 크지 않다는 점을 말해 준다(조윤제 외, 2012). [그림 4]에서 알 수 있는 바와 같이 우리나라의 GDP 대비 사회지출 비중은 10.2%로 OECD 국가 가운데 멕시코에 이어 두 번째로 낮다. 그중 공공 사회지출 비중은 7.5%였으며 민간 사회지출 비중은 2.6% 수준에 불과하다. 이러한 사실은 재정의 복지기능이 OECD 국가들 가운데 가장 약하다는 사실을 말해 준다.

조세의 재분배 기능은 여러 가지로 파악이 가능하다. 그 가운데 기본적인 방법으로는 소득불평등도 지표인 지니계수를 세전과 세후로 나누어서 추정하여 재정의 불평등도 완화율을 계산하는 방식이다. [표 5]는 주요 국가의 재정의 지니계수 완화율을 보여준다. 우리나라의 세전 및 세후 지니계수 간 차이, 즉 재정의 불평등도 완화율은 0.01 수준에 머물다가 2005년에 0.02로 상승하였다(2008년 0.03%로 상승). 재정의 소득재분배 기능이 최근에 들어오면서 미미하지만 강화되고 있는 추이라는 사실은 앞에서 제시된 [그림 1]에서도 확인되고 있다. [표 5]의 재정의 재분배 기여도에 대한 국제 비교 수치는 우리나라의 재정을 통한 소득재분배 효과가 다른 나라에 비해 현저하게 낮다는 사실을 말해 주고 있다. 그 요인으로는 사회보장지출이 낮을 뿐만 아니라 GDP 대비 개인소득세의 비중이 낮기 때문이라고 할 수 있다. 또한 이러한 사실은 재정의 복지기능을 확대해야 할 필요성과 동시에 가능성을 함께 시사한다고 할 수 있다.

[표 5] 지니계수 세전 세후 차이 국제 비교

구분	한국	일본	미국	영국	독일	프랑스	스웨덴
1990	0.01	-	0.10	0.09	0.17	0.08	0.20
1995	0.01	0.08	0.12	0.12	0.19	0.20	0.23
2000	0.01	0.10	0.12	0.11	0.21	0.20	0.21
2005	0.02	0.12	0.11	0.11	0.21	0.20	0.20

주 : 시장소득 기준 지니계수와 가처분소득 기준 지니계수 차이.
자료 : OECD.

[그림 4] 공공 및 민간 사회지출이 GDP에서 차지하는 비중(2007년)

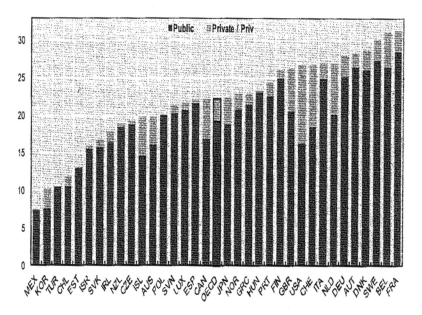

자료 : OECD.

다음에는 우리나라 사회복지제도의 특징에 대해서 살펴보기로 한다. 사회복지제도는 크게 사회보험제도, 사회부조제도, 사회서비스로 구분된다. 사회보험제도는 산업사회에서 나타나는 사회적 위험에 대비하여 노사의 연대의식을 바탕으로 공동으로 대처하는 제도이며 경제활동인구를 주요 대상으로 한다는 점에서 구빈법과 같은 노동시장 외적인 인구집단에 대한 시혜적 성격의 복지제도와는 차원이 다른 제도이다. 따라서 일반적으로 사회보험제도의 도입으로 사회복지의 보편주의적 접근이 성립되게 된다. 사회보험제도가 온전하게 정착하기 위해서는 전체 취업자 가운데 임금근로자의 비중이 절대적으로 높아지는 것이 주요 관건의 하나이다. 그러므로 사회보험 중심의 사회보장제도는 고용안정성이 높은 고도산업화의 산물이라고 할 수 있다. 따라서 최근의 정보화와 세계화와 더불어 노동시장에서 고용형태가 다양화되고 유동성이 높아지면서 사회보험 중심의 복지체제는 현실 적합성 측면에서 한계가 있다고 보아야 할 것이다. 한국의 사회복지 는 후발국가로서 선진국의 제도를 모방해 왔지만, 왜 선진국과는 다 른 특징을 갖고 있는지를 살펴보기로 한다.

한국에서 사회보험제도의 도입은 1960년에 시작되었다. 1960년 공 무원연금제도의 시행을 시발로 1963년 군인연금법, 1964년 산업재해 보상법이 시행되었다. 1977년 의료보험제도가 도입되어 1989년 국민 개보험제로 완성되었다. 1988년 국민연금제도, 1995년 고용보험제도 가 도입되어 복지국가의 기본인 4대 사회보험제도를 외형적으로 완성 하였다. 그러나 전 국민을 포괄하는 국민연금제도, 통합건강보험제도, 그리고 고용보험제도 및 산재보험제도의 전 사업장 확대는 국민의 정 부 이후에 와서 완성되었다(이장원·문진영, 2008). 일반적으로 사회 보험제도는 사회적 위험에 취약한 계층부터 우선적으로 도입하여 점 차 여유가 있는 계층으로 확대하는 것이 전통적 방식이다. 그러나 한 국의 경우에는 보험료 부담능력이 큰 집단부터 먼저 도입한 후에 점 차 하위계층으로 확대시키는 방식을 선택한 것이 주요 특징이다. 이 러한 역진적 방식은 광범한 사회보험 사각지대의 온존의 주요 원인으 로 작용하게 되었다. 1999년에 제정된 국민기초생활보장법은 시민의 사회적 권리를 인정하고 국민 최저선(national minimum)을 확보하기 위한 것으로 공공부조제도의 기본적 토대를 갖게 한 주요한 사건이다. 그러나 실제로는 최저생계비 이하 소득의 빈곤층을 절반도 포괄하지 못하고 있어 심각한 사각지대의 문제가 여전히 존재한다. 한국에서 이러한 사회보험과 사회부조제도에 비해 사회서비스는 대단히 낙후되 고 있는 실정이다. 사회서비스 자원을 받기 위해서는 인구학적인 기준과 소득기준이 동시에 충족되어야 하며, 프로그램도 사후적 서비스 제공이 중심이기 때문이다. 또한 대부분의 사회서비스 프로그램은 기업과 민간에게 의존하고 국가는 규제에 치중하고 있는 실정이다.

이상에서 살펴본 바와 같이 한국은 4대 사회보험과 국민기초생활보장제도를 시행함에 따라 형식적으로는 복지국가의 면모를 갖추고 있지만, 실제적으로는 광범한 사각지대가 온존하고 있다. 특히 최근 노동시장에서 빈곤율이 증가하고 양극화가 심화되면서 이러한 사각지대의 범위는 더 확대되고 있는 추세이다. 따라서 사회보험의 사각지대를 최소화하기 위한 사회부조와 사회서비스를 포함하는 각종 사회안전망의 확충이 요구되고 있는 실정이다. 그러면 한국 복지제도는 어떤 성격으로 규정할 수 있는가? 각 나라의 복지체제의 성격을 파악하기 위해 많이 원용되는 방식의 하나가 복지 레짐론이다. 유사한 형태의 사회적 위험에도 불구하고 각국의 사회복지적 대응양식에 있어서 차이가 지속되는 이유는 무엇인가? 이러한 질문에 답하기 위해 복지체제가 유사한 나라들의 복지제도의 내용을 유형화하는 접근방법이다. 그 가운데 가장 유명한 것으로 에스핑-안데르센(Esping-Andersen, 1990)의 「세 가지 복지 자본주의」에서 제시한 복지 레짐론을 들 수 있다.[5] 그는 서구의 복지 레짐을 크게 자유주의 모형, 보수적 조합주의 모형, 그리고 사회민주주의 모형으로 구분하였다. 복지 레짐론은 그 이후 다양하게 비판과 계승이 이루어져 발전적 분화가 일어났다.

---

[5] 여기에서 레짐이란 "한 사회에서 생산된 복지가 국가, 시장, 그리고 가구에게 할당되는 양식"이라고 규정하였다(Esping-Andersen, 1999). 특히 그의 레짐론에 의하면 복지국가는 나라에 따라 다양성을 가지고 그것은 이념적 유형에 따라 구분되며 복지의 생산과 분배의 과정이 정치적으로 결정되는 측면이 강하다. 또한 복지국가 레짐은 그 사회의 불평등, 계층화, 그리고 계급구조를 결정하는 중요한 요인이라는 것을 강조하고 있다(Brush, 2002:163; 이장원·문진영, 2008에서 재인용).

그 가운데 일본과 한국 등의 동아시아 복지 레짐에 대한 논의와 관련하여 발전주의 또는 생산주의 복지모형이 주목을 받고 있다(Holliday, 2000).

정부 주도의 산업화를 경험한 동아시아 국가의 경우 발전과정에서 복지는 하나의 전략적 수단으로 사용되었으며, 또한 시민적 권리에 기초하기보다는 성장우선주의의 가치에 복종하는 종속적 측면에 주목하여 발전주의 또는 생산주의 레짐이라고 규정한 바 있다. 한국의 복지제도가 성장우선 논리에 따르는 생산주의적 요소가 강한 근거로는 대체로 다음과 같은 요인들이 지적된다(이장원·문진영, 2008). 첫째, 경제성장을 최우선적 가치로 두는 행정부의 엘리트 관료들이 복지제도를 주도적으로 설계하였다. 국민의 정부 이후 노조나 사회시민단체의 참여가 활성화되기도 했으나, 제도의 설계는 행정관료들이 지속적으로 주도했다고 봐야 한다. 둘째, 한국과 같은 사회보험 중심의 복지제도는 노동시장의 구조와 밀접하게 연관될 수밖에 없으며, 이에 따라 핵심 근로자와 주변부 근로자 간의 차별적인 복지 전략이 추진되었다. 대부분의 핵심 근로자들은 복지에 의해 보호되고 있지만, 많은 비정규직과 영세자영업 근로자 등 취약계층 근로자들은 복지제도에서 배제시키는 분리적 추진 전략이 구사되었다. 셋째, 국가의 재정운영에 있어서도 생산주의가 작용하였다. 한국은 국가재정 배분에 있어서 사회지출의 우선순위가 높지 않고 사회지출의 비중도 주요 선진국에 비해 크게 낮은 실정이다. 복지지출을 사회통합을 위한 투자로 인식하기보다는 경제성장의 저해 요인으로 간주하는 경우도 없지 않은 것은 이러한 개발주의 사고의 반영이다. 넷째, 복지제도의 주요 부분인 사회서비스 부문에서도 정부의 역할은 규제 중심에 머물고 기업이나 민간 부문의 비중이 절대적인 구조를 갖고 있다. 마지막 다섯째, 국가가 제공하는 사회복지급여는 최소한도의 원칙이 강조되었으며 근로가 강제되거나 유인되도록 설계되는 경우가 일반적이라는 특징이다.

이러한 한국의 생산주의 복지제도는 노동시장과의 관련성에서 볼 때 노동시장 진입을 유인하는 제도는 강화되어 왔지만, 노동시장과 연계되지 않는 복지 프로그램은 최대한 억제되어 왔다. 근래 경제의 불안정성이 확대되면서 실업률은 크게 상승하지 않았지만 비정규직 등 취약 근로자가 대규모로 지속적으로 창출되고 있는 것은 이러한 생산주의 복지제도와 무관하지 않으며, 또한 낮은 고용률과 높은 자영업 비중 현상도 이러한 복지제도의 특성과 관련이 있다고 보아야 할 것이다. 노동시장의 내부자에 비해 외부자들은 사회보험 중심의 복지체계에서는 접근성이 제한될 수밖에 없기 때문이다. 간단히 말해서 우리나라의 복지제도는 외환위기 이후 겉모습은 빠르게 선진국 형태를 갖추었지만, 복지의 확장성과 질적인 수준은 여전히 선진국 수준에 미달되고 있으며 노동체제의 성과를 보완하기보다는 이에 동조하는 내용으로 작동하고 있는 것이 핵심적 특성이라고 할 수 있다(이장원·문진영, 2008). 다음 절에서 이러한 복지와 노동체제의 동조화 문제에 대해 논의하기로 한다.

6. 노동체제와 복지제도의 동조화

에스핑-안데르센(Esping-Andersen, 1990)이 강조한 바와 같이 복지는 경쟁적인 시장경제의 폐해를 민주적으로 교정하는 정책적 타협의 산물이다. 자본주의체제에서 시장과 복지 간의 타협의 기본 틀은 생산수단은 개인에게 맡기고 작동은 시장논리에 의존하되 생산된 것의 재분배와 노동체제에 대한 국가의 조정과 개입을 용인하는 방식이다. 자본주의 하에서 노동체제는 자체적으로 사회적 목표를 균형적으로 구현하지 못하는 것이 일반적이므로 여러 가지 노동체제에 대한 보완적 장치를 가동한다. 그 가운데 노동시장에 대한 각종 최소기준의 적용과 규제는 사전적인 성격의 보완장치라고 할 수 있다. 복지체제는 노동체제의 문제점을 보완하고 시정하는 국가의 중요한 사후적인 제도적 장치이다. 복지 레짐의 유형화의 기본 틀도 시장논리와 정치적 탈시장화 논리가 어떻게 조합되느냐에 따라 그 성격이 재단된다.

앞 절에서 우리는 한국 노동체제의 특성으로 시장구조적 측면에서의 분절성과 노동운동의 비대칭성을 주요 특징으로 강조하였다. 이어서 복지체제의 생산주의적 성격을 고찰하였다. 사회보험 중심의 복지제도는 노동시장의 분절화된 구조를 보완하기보다는 그대로 수용하는 속성을 갖는다. 또한 복지제도는 노동시장의 현격한 임금 및 근로조건의 차이를 보완해 주는 기능이 아니라 이를 더 강화시키는 작용을 하고 있다. 더욱이 전체 취업자 가운데 임금근로자의 비중이 대체로 60%대 중반 수준에 머물고 있는 한국 노동시장의 취업구조의 특성에서 볼 때 이러한 복지제도는 광범한 사각지대의 발생을 불가피하게 한다는 점을 강조하였다. 이와 같이 노동체제와 복지제도가 서로 보완적이기보다는 서로 동조하는 현상을 교정하여 상호 정합성을 제고하는 일은 우리나라의 사회정책이 풀어야 하는 핵심적인 도전과제가 아닐 수 없다.

복지와 노동이라는 이 두 제도 사이의 동조화 양상의 배경에는 노동시장의 구조적 양극화와 분단화라는 요인과 더불어 노동운동의 연대성 부족도 관련이 있다. 앞에서도 지적한 바와 같이 한국의 노동운동은 기업별 단위노조 조직체계를 바탕으로 소위 노동시장의 핵심 내부자에 해당되는 대기업부문의 정규직에 의해 주도되고 있다. 한국의 생산주의 복지 레짐은 사회보험 중심으로 이러한 대기업 노조의 이해관계를 반영하는 프로그램을 주종으로 하고 있으며, 사회적 시민권보다 개별 가입자의 기여도를 바탕으로 대부분이 운영되고 있다. 사회보험을 포함하여 대부분의 복지 프로그램은 고용되어 노동을 해야 혜택을 받을 수 있고 그것도 조건이 좋은 대기업에서 일을 해야 더 많은 복지혜택을 누릴 수 있다. 외환위기 이후 사회보험뿐만 아니라 공공부조제도를 포함하여 여러 가지 복지제도가 확충되었지만 여전히 사각지대 문제가 심각한 상태로 부각되는 것은 복지제도가 과도하게 시장에 포섭되어 서로 동조하고 있기 때문이다. 또한 앞에서 제시된 바와 같이 재정의 재분배 효과는 다른 선진국에 비해 크게 낮은 수준이며, 복지 재원도 여전히 보험료 중심의 근로자의 기여도에 크게 의존하고 있다. 한마디로 자유주의적 복지 레짐과 유사하다고 할 수 있다.

복지제도는 노동체제와 여러 측면에서 상호작용을 통해 함께 진화적으로 발전하는 관계라고 할 수 있다. 그러므로 우리는 두 체제 간의 이러한 공진성을 좀 더 동태적으로 파악하여 바람직한 관련성을 찾을 필요가 있다. 특히 1차 핵심 노동력에게 유리하게 설계된 우리의 사회보장 중심의 복지제도는 취약한 주변부 근로자들의 임금과 근로조건의 상승을 억제하는 산업예비군의 기능을 수행한다는 사실에 주목해야 한다. 이와 같이 복지와 노동이 서로 동조하여 상호 정합성이 부족한 경우에는 복지제도가 부실한 근로빈곤층은 계속해서 비정규직 내지는 저임금근로자로서 노동시장에 진입할 수밖에 없는 악순환 과정이 불가피하다. 이러한 상황은 주변부 노동력 풀의 지속적 창출 및 존재로 나타나고, 이것은 임금하락을 유도하고 초과근로에 의한 연장급여에 과도하게 의존하는 나선형 구조의 지속 현상을 초래시킬 수 있기 때문이다. 근래 경제학과 심리학을 결합시키는 행복경제학의 관점에서 볼 때 근로자들의 실제의 행복수준은 완전실업보다 불완전고용이 더 높다는 주장도 없지 않다(Layard, 2005). 그러나 불완전고용에서 완전고용으로 건너갈 수 있는 다리가 대단히 제한적인 불완전고용 함정이 존재하는 한국 노동시장에서는 이러한 행복경제학의 일반적 논리는 적절한 설명이 되기 어렵다. 더 강화된 복지체제를 바탕으로 노동시장의 외부자 집단을 내부자화하기 위한 조처가 필요하다.

앞에서 비교적 자세하게 언급한 바와 같이 한국의 노동운동은 연대성이 부족하여 노동시장의 분절화를 고착시키는 데 일조하고 있다고 할 수 있다. 또한 대기업 근로자의 집단적 목소리가 비대칭적으로 과다하게 발현되고 있는 실정이다. 그리하여 대기업 노조의 조직이기주의가 만연하고 있다는 평가가 나오고 있다. 이러한 왜곡된 노동운동과 생산주의적 복지체제 사이의 타협점은 복지제도가 노동체제의 중용적 균형의 실현을 제고하기 위한 보완적 작용과는 반대 방향으로 간격을 지속적으로 확대하거나 유지시킬 수밖에 없다. 그러나 두 체제 사이의 동조와 양상의 성격은 시기마다 동일하지는 않을 것으로 판단된다. 이러한 시기별 차이에 관해서는 추가적인 연구가 필요하다고 하겠다. 그러나 이러한 동조화 구조의 해소는 우리나라 사회복지 체제의 중요 당면과제라는 점은 분명한 사실이다.

7. 맺음말

한국의 산업화과정에서 노동체제는 크게 두 번의 전환점(turning point)을 통과했다. 첫째는 1970년대 초반에 경험한 무제한적 노동공급의 종료단계, 즉 루이스(Lewis)의 노동시장의 전환점이다. 두 번째 전환점은 노사관계에서의 사회적 시민권 확립의 전기가 되었던 1987년의 민주화이다. 개발연대의 낙수효과 논리를 바탕으로 하는 성장우선의 생산주의 발전 패러다임은 국가와 기업, 노동 사이의 조합주의(corporatism) 틀로서 설명될 수 있을 것이다(김윤태, 2012). 그러나 각 시기마다 이러한 조합주의에서 주도적인 역할을 한 주체는 달라진다. 1960년대 초부터 1970년대 초반까지는 우리나라 노동시장에서 루이스식의 무제한적 노동공급이 상존한 기간이다. 이 시기의 조합주의는 노동시장이 이끈 국가 및 기업(또는 재벌) 중심의 개발연대 조합주의라고 할 수 있다. 1970년대 중반 이후 1987년 민주화까지의 기간에는 권위주의 국가 중심의 억압적 조합주의가 작동하였다고 할 수 있다. 그러나 1987년 민주화 이후의 소위 87년 노동체제가 정립된 이후는 노·사·정 3자에 의한 합의적 조합주의의 가능성이 열린 시대라고 할 수 있다. 그럼에도 불구하고 특히 1997년 외환위기 이후 노동시장의 양극화 심화와 함께 노동운동의 집단이기주의의 팽배는 이러한 열려 있는 공간의 활용을 어렵게 하는 요인으로 작용했으며, 이러한 양상은 현재에도 지속되고 있다.

우리는 이 글에서 한국의 노동체제의 주요 특성으로 노동시장의 양극화와 분절화, 노동운동의 낮은 연대성을 제시하고, 그 결과 노동체제의 사회적 목표인 효율성, 공정성, 민주성 등이 고르게 균형적으로 구현되지 못하는 문제에 직면하고 있으며, 또한 생산주의적 특성이 강한 한국의 복지체제는 이러한 노동체제와 강한 동조성을 유지하면서 성장하고 발전함에 따라 노동체제의 분배적 왜곡 문제를 보완하는데 한계가 있음을 밝히고자 하였다. 논의과정에서 엄밀한 실증적 근거가 충분히 제시되었다고 할 수는 없다. 그러나 한국의 노동과 복지의 상호 연관성 문제를 노동체제의 윤리적 규범 틀을 동원하여 분석하고 설명한 것은 새로운 시도라고 생각된다. 한국의 생산주의 복지체제의 공과에 대한 엄밀한 평가는 시기별로 상당한 정도 차이가 있을 것이다. 그러나 최근 노동시장의 유동화와 양극화가 심화되면서 새로운 사회적 위험이 다양하게 대두하면서 새로운 사회복지환경이 대두하고 복지수요의 패턴이 크게 달라지고 있다. 그러므로 기존의 사회보험 중심의 생산주의 복지모형은 이제 현실 정합성이 높지 않다는 사실은 분명하다. 그리하여 빈약한 사회복지 수준에서 노동체제의 양극화와 불평등 심화는 한국의 사회적 시민권의 기반이 대단히 취약하다는 사실을 말해 준다. 이러한 점은 비정규직의 확산에 따라 그동안 경제성장을 기반으로 하여 시민권을 제고해 온 한국의 발전모형이 한계에 직면하고 있다는 점을 강조하고 있는 장경섭(Chang, 2012)의 연구 결과에서도 지적된 바 있다. 복지체제 개편의 기본 방향으로 복지수준의 전반적인 확충도 중요하지만, 특히 강조되어야 할 것은 노동체제의 외부자 집단에 해당되는 다양한 취약계층에 대한 사회안전망을 촘촘히 마련하는 것이다. 취약계층에 대한 이러한 사회복지의 강화는 노동체제의 공정성을 제고시킬 뿐만 아니라 사회통합을 제고하여 경제사회 전체의 효율성도 높일 수 있다. 이러한 복지 확대는 이제 사회적 비용이 아니라 투자라고 할 수 있다. 2013년 총선과 대선에서 복지와 경제민주화가 시대적 과제로 부각된 것은 이와 같은 노동과 복지의 환경변화의 반영이라 할 수 있다. 그러나 이러한 복지의 보편성 강화는 노동시장의 분절성 완화와 노동운동의 연대성 확장이 함께 추진될 때 그 실효성이 제고될 수 있을 것이라는 점을 다시 강조하면서 글을 맺는다.

[참고문헌]

권녕성(2005), 『헌법학원론』, 법문사.
김경동·김여진(2010), 「한국의 사회윤리연구: 기업윤리와 직업윤리를 중심으로」, 『학술원논문집』(인문사회과학편), 제49집 제1호, pp.203-297.
김대일(2009), 「외환위기 이후 노동시장의 변화와 시사점」, 『경제학연구』, 제55집 제4호.
김장호(2012a), 「윤리적 고용체제의 모색」, 『산업관계연구』, 제22권 1호.

____(2012b), 「윤리적 노사관계의 정립」, 『노사공포럼』, 2012년 제2호(통권 제25호), (사)노사공포럼.

김윤태(2012), 『한국의 재벌과 발전국가』, 한울.

윤진호 · 김유선 · 김장호 · 노대명 · 석재은(2005), 「동반성장과 양극화 해소를 위한 노동 · 복지정책 방향」, 대통령자문정책기획위원회.

이병희 편(2008), 『통계로 본 노동 20년』, 한국노동연구소.

이인제(2009), 「고용위기와 노동시장의 구조개혁」, 『한국경제포럼』, 2009년 제2권 제2호, 한국경제학회.

이장원 · 문진영(2008), 『복지체제와 노동체제의 정합성: 1987년 이후 생산주의적 복지체제의 동학』, 한국노동연구원.

이효수(1984), 『노동시장구조론』, 법문사.

조윤제 · 박창귀 · 강종구(2012), 『한국의 경제성장과 사회지표의 변화』, 한국은행.

최강식 · 정진호(2002), 「한국의 상대적 임금격차 추세 및 요인분석」, 한국노동경제학회 발표논문.

최영기(2007), 「87년 체제를 넘어 지속 가능한 고용시스템으로」, 경제사회발전노사정위원회 주최 노사관계패러다임 전환 대토론회 발제문.

최장집(2004), 「한국 민주주의의 취약한 사회경제적 기반」, 『아세아연구』, 통권 제117호, 고려대학교 아세아문제연구소.

Adams, J. Stacy(2001), "Choice or Voice? Rethinking American Labor Policy in Light of the International Human Rights Consensus", *Employee Rights and Employment Policy Journal*, vol. 5, pp.521-548.

Budd, John W.(2004), *Employment with a Human Face: Balancing Efficiency, Equity, and Voice*, Ithaca, NY: Cornell University Press.

____(2010), *Labor Relations: Striking a Balance*, Boston: McGraw-Hill/Irwin.

____(2011), *The Thought of Work*, Ithaca, NY: Cornell University Press.

Budd, John W., Gomez, Rafael and Meltz, Noah M.(2004), "Why a Balance is Best: The Pluralist Industrial Relations Paradigm of

Balancing Competing Interests", in Bruce E. Kaufman(ed.), *Theoretical Perspectives on Work and the Employment Relationship*, Champaign, IL: Industrial Relations Research Association, pp.195-227.

Budd, John W. and Scoville, James G.(2005), "Moral Philosophy, Business Ethics, and the Employment Relationship", in John W. Budd and James G. Scoville(eds.), *The Ethics of Human Resources and Industrial Relations*, Champaign, IL: Labor and Employment Relations Association, pp.1-21.

Budd, John W. and Bhave, D.(2008), "Values, Ideologies, and Frames of Reference in Industrial Relations", in Paul Blyton et al.(eds.), *The Sage Handbook of Industrial Relations*, London: Sage.

Brush, Lisa D.(2002), "Changing the Subject: Gender and Welfare Regime Studies", *Social Politics* 9(2), pp.161-186.

Chang, Kyung Sup(2012), "Economic development, democracy and citizenship politics in South Korea: the predicament of developmental citizenship", *Citizenship Studies* 16(1), pp.29-47.

Dunlop, John T.(1958), *Industrial Relations Systems*, New York: Holt.

Esping-Andersen, G.(1990), *The Three Worlds Of Welfare Capitalism*, Princeton University Press.

_____(1999), *Social Foundations of Postindustrial Economies*, Oxford: Oxford University Press.

Fudge, Judy(2007), "The New Discourse of Labor Rights from Social to Fundamental Rights?", *Comparative Labor Law & Policy Journal* 29, pp.29-66.

Holiday, I.(2000), "Productivist Welfare Capitalism: Social Policy in East Asia", *Political Studies* 48, pp.706-723.

Hirschman, Albert O.(1970), *Exit, Voice, and Loyalty: Responses to Declines in Firms, Organizations, and States*, Cambridge: Harvard University Press.

Kaufman. Bruce. E.(2005), "The Social Welfare Objectives and Ethical

Principles of Industrial Relations", in John W. Budd and James G. Scoville(eds.), *The Ethics of Human Resources and Industrial Relations*, Champaign, IL: Labor and Employment Relations Association, pp.23-59.

Kochan, Thomas A., Kats, Harry C. and Mckersie, Robert B.(1986), *The Transformation of American Industrial Relations*, ILR Press,

Layard, R.(2005), *Happiness, Lessons from New Science*, London: Penguin.

Marshall, T. H.(1950), *Citizenship and Social Class and Other Essays*, Cambridge University Press.

Polanyi, Karl(1944), *The Great Transformation: The Political and Economic Origins of Our Times*, Rinehart & Co., 홍기빈 옮김(2009), 『거대한 전환』, 길.

Stiglitz, Joseph E.(2002), "Employment, Social Justice and Societal Well-being", *International Labour Review*, vol. 141, #1-2.

3부

한국 복지의 정치경제학

새로운 성장과 사회통합전략: 사회적경제

김종걸(한양대)

1. 경제양극화와 복지관료주의화의 위험

1) 내발적(內發的) 경제성장과 창조사회

거의 모든 선진국 경제가 직면한 문제는 유사하다. 심화되는 고령화와 양극화이다. 경제성장 또한 둔화되고 있어 많은 국민들은 제대로 된 일자리를 찾지 못한다. 당연히 복지수요는 급증하나 정부예산은 턱없이 부족하다. 여기에 2008년 글로벌 금융위기, 유럽의 재정위기 같은 교란요인이 더해지면 정책담당자의 고민은 더해진다. 일단 해결방법은 전통적인 케인스 정책을 '부활'시키는 것이다. 버냉키(Bernanke), 구로다(黑田), 드라기(Draghi) 등 미국, 일본, 유럽 중앙은행의 총재들은 과감한 양적 완화정책에 보조를 맞추고 있다. 단기적으로는 효과가 확실하다. 유럽 재정위기는 그런대로 관리되고 있으며, 미국, 일본 또한 경기회복세가 완연하다. 그러나 1970년대 케인스 정책 실패의 기억은 아직 생생하다. 결국 재정적자, 물가상승, 정책의 관료주의화와 경직화로 귀결되었던 경험이다.

역사가 단순히 반복되는 것이 아니라면 앞으로 정부가 해야 할 일은 명확하다. 첫째는 작지만 똑똑한 정부를 만드는 일이다. 특히 복지행정의 폭증 속에서 작은 정부가 시민사회의 역량과 잘 결합되는 것이 필요하다. 시민사회와 함께하는 복지국가의 실현인 것이다. 둘째는 새로운 성장동력을 마련하는 것이다. 단기적인 재정금융정책이라는 마중물이 아닌 중장기적인 발전전략의 정비이다. 이때 기존의 굴뚝산업 혹은 일부 첨단산업만 가지고는 국민 대다수의 일자리 마련에 실패한다는 것도 과거의 경험이다. 관건은 사회 전체의 경제적 참여도를 어떻게 늘려갈 것인가에 있다. 성장에서 소외받았던 지역 및 사람들을 경제적으로 재조직하는 것, 즉 새로운 내발적(內發的) 성장이 강조된다.[1)]

그러한 면에서 2014년 현재 한국 정부의 성장전략은 아직까지는 '창조적'이지 않다. 박근혜 정부 성장동력의 중요한 엔진은 바로 창조경제에 있었다. 융합의 기술, 산업을 통해 신산업을 만들고 그것으로 새로운 일자리를 만든다는 것이다. 한국을 리드해 나갈 산업을 창출

---

1) 우리는 1980년대 이후 풍미해 왔던 신자유주의적 경제기조가 인간생활의 안정성을 확보하는 데 실패했다는 점을 인정하지 않을 수 없다. 1997년 아시아 금융위기, 그리고 2008-2009년의 글로벌 금융위기는 시장이 조화롭게 균형점을 향해 달려간다는 주류 경제학의 교과서에 나오는 그런 아름다운 모습은 아니며, 경우에 따라서는 혼란스럽게 폭주하며 수많은 사람을 고통에 빠트리는 것이라는 점을 일깨워준다. 그러나 이 모든 책임을 단지 신자유주의에게만 전가시키는 것은 부당하다. 신자유주의는 하늘에서 그냥 떨어진 것이 아니라 케인스주의 복지국가가 초래했던 정부기구의 비대화와 비효율이라는 문제에 대한 '해결책'으로서 도입되었다는 역사적 사실도 중요하다. 지금 우리에게 요구되는 것은 신자유주의와 단순한 케인스주의를 넘어선 새로운 '기획'이며 본고에서 전개하는 사회적경제란 그러한 문제의식의 일단을 보여주는 것이다. 자세히는 김종걸 엮음, 『글로벌 금융위기와 대안모델』(논형출판, 2012)의 「서론」 참조.

하는 것, 그것은 그것대로 의미가 있다. 그러나 단지 이것만으로 문제가 해결되지 않는다는 데 우리의 고민이 있다. 일부 첨단산업 육성만으로 5천만 인구의 안정된 일자리 창출은 불가능하다. 성장 부문은 삼성전자와 같은 재벌대기업 일부에 한정되어 있으며 그 성장의 여파도 사회 곳곳으로 파급되어 가고 있지도 않다.[2] 어떻게 하면 보통 사람들의 경제적 참여도를 늘려갈 수 있을까? 노인, 장애인, 여성, 청년 백수까지 포함한 전인(全人)경제의 새로운 모델을 어떻게 하면 만들 수 있을까? 창조경제가 '창조적'이기 위해서는 '산업'의 창조만이 아니라 '사회'의 창조라는 새로운 문제의식을 결합시켜야 하는 것이다. 박근혜 정부를 보수정권이라고 한다면 보수정권의 공통된 아젠다는 바로 '작은 정부'에 있다. 그러나 업그레이드된 보수정권은 '작은 정부'를 '큰 시장'만으로 해결하지 않는다. 시대는 보수정권의 아젠다 속에서도 단순히 '큰 시장'이 아니라 '큰 사회'를 요구하고 있는 것이다.[3]

2) '복지관료주의화'의 위험과 사회적경제

또 하나 한국에서 고민스러운 문제는 복지와 관련된 것이다. 구체적으로는 '복지관료주의화'의 문제이다.[4] 한국사회에 있어서 복지가

---

2) 소위 기업규제완화, 신산업 창출만을 중심으로 하는 발전모델에 대한 비판은 김종걸, 『MB형 신자유주의 개혁의 우울한 미래』(코리아연구원 현안진단 제132호, 2008년 12월 4일), 박근혜 정부의 창조경제에 대한 평가는 김종걸, 「창조사회의 기반 사회적경제」(『국민일보』 경제시평, 2013년 4월 3일) 참조.

3) 보수정권의 새로운 아젠다에 대해서는 김종걸, 「한국판 '큰 사회론'을 위하여」(『국민일보』 경제시평, 2013년 6월 26일) 참조.

4) 필자는 한국 관료의 '우수성'을 의심하지 않는다. 오랫동안 한국의 우수한 관료체계는 우리 경제발전의 원동력이라고 일컬어져 왔다. 세계은행의 대대적인 보고서였던 『동아시아 기적(The East Asian Miracle)』(1993)에서 한국의 산업

시대적 화두가 된 것은 분명하다. 2011년 지방선거, 2012년 총선과 대선에서 중요한 논쟁의 초점은 바로 복지에 있었다. 세세한 의견 차이는 있을지라도 복지가 시급하다는 인식은 보수, 진보 모두 인정한다. 그렇다면 복지국가는 어떻게 만들어갈 수 있는가?

첫 번째 논점은 '재원조달'과 관련된 것이다. 구매력 평가(PPP)로 계산한다면 한국은 이미 선진국이다. 세계은행에서 발표한 2011년 1인당 국민소득은 한국이 2만 9,920달러로, 영국(3만 5,950달러), 프랑스(3만 5,910달러), 일본(3만 4,670달러)과 큰 차이를 보이지 않는다. 그런데도 복지격차는 아주 크다. 그 이유는 간단하다. 정부가 복지에 돈을 쓰고 있지 않고 있으며 국민도 복지를 위해 돈을 내고 있지 않기 때문이다. 한국정부의 복지예산규모는 국민총생산(GDP) 대비 6.9%로서 OECD 평균 20.6%에 한참 못 미친다. 세금과 사회보험료가 GDP에서 차지하는 비율(국민부담률)도 26.8%로서 OECD 평균 35.9%보다 한참 작다(이상 2006년). 복지를 하고 싶어도 쓸 돈이 없는 것이다. 사실 세금과 사회보험료를 별반 징수하지 않는 곳에서 복지국가를 만들겠다는 구호는 상당히 솔직하지 못한 것이다. 복지사회를 만들기 위해서는 당연히 증세가 필요하나 경기침체기에 함부로 꺼낼 카드가 아닌 고충은 그런대로 충분히 이해한다.[5] 그러나 중장기적

정책이 성공할 수 있었던 이유로 우수한 관료체계가 강조된 바 있었다. 미국의 저명한 정치학자 찰머스 존슨(Chalmers Johnson)의 개발국가(Developmental State) 담론도 결국은 효율적인 관료체계에 대한 강조와 연관된다. 이렇듯 국제적으로 본다면 한국의 관료는 상당히 칭찬의 대상이었다. 그러나 그것은 잘 조율되었을 때의 경우이다. 여기서 말하는 '복지관료주의'라는 단어는 복지와 관련된 관료의 조직이기주의를 말하는 것이다. 이것은 각 부처의 복지에 대한 비중이 커질수록 더욱 커져가는 위험성이 있다.

5) 한국의 세금부담률이 낮으며 그것도 극히 간접세 중심으로 구성되어 있음은 유종일 · 정세은, 「소득세 최고세율 50%로 부자증세를」(지식협동조합 좋은나라 Issue Paper 제1호, 2013년 9월) 참조. 한국복지지출의 관료주의화 위험성에 대한 지적은 김종걸, 「복지, 관료체계부터 정비를」(『국민일보』 경제시평,

[표 1] 2014년 정부예산

구 분	2014 예산 (조 원)	2013 대비 증가율 (%)
◇ 총예산	355.8	4.0
1. 보건 · 복지 · 고용	106.4	9.3
2. 교육(교부금 제외)	50.7(9.8)	1.9(12.9)
3. 문화 · 체육 · 관광	5.4	7.7
4. 환경	6.5	2.5
5. R&D	17.7	5.1
6. 산업 · 중소 · 에너지(중소기업)	15.4(7.0)	△0.9(5.9)
7. SOC	23.7	△2.5
8. 농림 · 수산 · 식품	18.7	2.0
9. 국방	35.7	4.0
10. 외교 · 통일	4.2	2.3
11. 공공질서 · 안전	15.8	5.1
12. 일반 · 지방행정(교부세 제외)	57.2(21.6)	2.6(6.3)

자료 : 기획재정부.

으로 증세가 필요하다는 명확한 사실에 대해서만은 불필요한 논쟁이 없었으면 한다.

두 번째 논점은 한국 복지체계의 '관료주의화'와 관련된 것이다. 복지수요의 급증에 따라 한국의 국가예산의 최대 부분은 이미 보건, 복지, 고용 예산이 되어 버렸다(2014년 예산 대비 30%). 1980년의 10%, 2000년의 19%였던 점을 생각해 보면 정부 내에서 복지지출 증가는

2013년 5월 28일) 참조. 복지국가 건설에 있어서 사회적경제의 중요성에 대해서는 김종걸, 「사회적경제와 복지국가」(『계간 광장』, 2012년 신년호) 참조.

확연하다. 그러나 그 내용을 살펴보면 조금은 다른 형태의 성격이 드러난다. 만약 한 나라의 복지체계를 기초부조, 사회보험, 사회서비스 및 일자리사업으로 나누어본다면 한국은 과도하게 사회서비스와 일자리사업에 경도되어 있다.6) 이러한 성격이 필연적으로 복지의 '관료주의화'의 위험을 가져온다는 것이 필자의 생각이다. 부족한 재원 속에서 복지를 만들어가기 위해서는 '필요한 사람'에게 '필요한 서비스'를 '필요한 만큼' 제공한다는 형태로 거의 모든 복지를 구성시킬 수밖에 없었다. 간병·돌봄, 보육·육아, 보건·의료, 장애인, 노인, 취약계층 교육 등 필요한 서비스를 세세히 구분하고 꼭 필요한 사람에게 정확히 전달한다는 사고체계는 부족한 복지예산을 보충하기 위한 고육지책일 수도 있었다. 그러나 정책이 너무나도 복잡해지며 제대로 수행하기가 어려워진다. 취약계층 한 사람 한 사람이 구체적으로 어떠한 서비스가 필요한지를 판단해야 하며 그것을 정확히 전달하기 위한 거대한 관료체계의 유지와 행정비용을 수반하게 되는 것이다.7) 더욱 곤

---

6) 물론 기초부조와 사회보험제도가 없다는 것은 아니다. 국민기초생활보장, 노령연금, 국민연금, 실업보험, 건강보험 등 다른 나라에서 작동하는 각종 제도들은 그런대로 한국에도 존재한다. 문제는 제대로 작동하기에는 재원이 너무나도 부족하다는 점이다. 예를 들어 2013년 큰 논란이 되었던 노령연금의 증액, 4대 중증질환 전액 국가부담 등은 당연히 보편적 복지의 중요한 구성요소이나 정부재원의 부족으로 많은 논란이 있었던 것이다. 사실 전 세계에서 작동하고 있는 거의 모든 복지관련 제도들이 한국에서 실시되고 있다는 것도 상당히 곤혹스러운 일이다. 그러나 하나하나의 예산은 턱없이 작다. 일종의 복지제도의 잡탕(spaghetti bowl)인 것이다. 이에 대해서는 김종걸 외, 『MB 정부 친서민정책 성과 및 개선방안』(대통령실 연구과제, 2012년 11월) 참조.

7) 이해를 돕기 위해 사회서비스에 대해서 간단한 용어 정리를 하면 다음과 같다. "사회서비스란 '삶의 질' 향상을 위해 사회적으로는 꼭 필요하지만 민간기업들이 저(低)수익성 때문에 참여하지 않는 복지서비스를 뜻한다. 예를 들어 간병·가사·간호·보육·노인수발 서비스, 외국인 주부·저소득가정 아동·장애인 등에 대한 교육 서비스, 문화·환경 관련 서비스 등이 이에 포함된다. 민간 참여가 부진하기 때문에 정부, 지자체, 비영리단체 등이 서비스를 제공하

혹스러운 점은 복지가 강조될수록 거의 모든 부처가 엇비슷한 일들을 벌인다는 것이다. 취약계층 집수리 사업 하나만 하더라도 유사한 사업이 국토해양부, 보건복지부, 통상산업부로 나누어져 서로 다른 기준에 따라 움직인다. 일자리 창출 예산의 일환으로 만들어졌던 사회적기업 예산도 2012년 고용노동부의 예산은 1,760억 원이지만 보건복지부의 자활사업(5,333억 원), 안전행정부의 마을기업(2백억 원) 등 유사한 정책은 다른 부처에서도 실시된다. 청년 일자리 창출, 다문화정책 등 뒤져보면 부처마다 유사한 정책투성이다. 즉, 복지 전체가 '관료주의화'되어 버린 것이다.

여기서 우리가 선택해야 할 방식은 다음의 두 가지이다. 중장기적으로는 증세를 통한 복지예산의 확보가 그 첫 번째이다. 물론 대대적인 조세저항, 거시경제적 충격을 감안한다면 단기적으로 해결할 과제는 아니다. 오히려 지금 필요한 것은 향후 정책기조가 감세가 아닌 증세라는 전제조건 위에서 대대적인 복지전달체계의 효율화에 있다. 현재의 복지전달체계에 대한 개혁 없이 증세된 자금을 그대로 투입한다면 관료주의의 공고화와 이와 결합된 민간의 각종 부패만이 더욱 조장될 위험성이 있다. 노인요양시설, 아동보육시설 등 정부위탁사업 혹은 보조금 의존사업 중에서 불투명성과 부정이 크게 벌어지고 있다는 비판 또한 적지 않다. 그렇다면 사회 전체의 경제적 참여도를 늘리는 한편 복지전달체계의 효율화를 달성할 수 있는 수단은 무엇인가? 그것이 바로 사회적경제인 것이다.

게 되며, 이때 사람을 고용하면서 생기는 게 사회서비스 일자리다."(『한경용어사전』) 이에 대한 정부예산(지방비 포함)은 2013년 말 현재 10조 1,608억 원이다.

2. 새로운 발전모델의 필요성과 사회적경제

1) 사회적경제의 개념과 효과

(1) 일반론으로서의 사회적경제

필자는 한국사회에서 새로운 발전의 계기를 만들어가기 위해서는 일그러진 서민생활을 '복지'라는 이름으로 안정화시키며, 한국인 모두의 '가능성'을 최대한 확대시켜 가는 새로운 성장모델의 구축이 필요하다고 생각한다. 그리고 사회적경제 영역의 확충이 한국 복지전달체계의 말단부터 그 효율성을 제고시키며, 내발적 성장의 중요한 수단이라는 점에 주목한다.

그렇다면 사회적경제의 개념은 무엇인가? 일반적으로 국가가 관료주의화되어 국민의 다양한 요구를 충족시키지 못하며, 시장이 모든 사람들에게 질 좋은 일자리와 사회서비스를 제공하지 못하는 상황에서, 국가와 시장의 외각에 다양한 경제조직이 생겨난다. 우리는 그러한 조직을 여러 가지 이름으로 부른다. 일반적으로 비영리단체와 사회적기업의 발전이 강한 미국에서는 '비영리(non-profit) 섹터'라는 용어가, 협동조합, 공제조합 등이 발전되어 있는 유럽의 전통 속에서는 '사회적경제', '연대경제'라는 용어가 많이 사용된다.[8]

지금까지 사회적경제와 관련해서는 다양한 설명들이 사용되어 왔다. 가장 '광의'의 개념으로서, 사회적경제를 OECD에서는 "국가와 시장 사이에 존재하는 모든 조직들로서 사회적 요소와 경제적 요소를 가진 조직들"이라고 정의한다. 이 속에는 협동조합, 공제회, 사회적기

---

8) 사회적경제 개념과 관련된 논의는 後藤和子, 『市民活動論』(有斐閣, 2005); 宮沢賢治 · 川口清史, 『福祉社会と非営利 · 協同セクター: ヨーロッパの挑戦と日本の課題』(日本評論社, 1999) 참조.

업, 비영리단체, 일반 재단 및 사단법인 등 모두를 포괄하고 있다.9) 이에 비해 유럽대륙의 전통 속에서는 협동조합에 주로 초점을 맞추면서도 좀 더 엄밀한 기준을 설정하곤 했다. 가령 1990년, 벨기에의 와론 지역권 사회적경제심의회(CWES)에서는, 사회적경제는 "주로 협동조합의 형태를 가지는 회사, 공제회, 자치조직(어소시에이션)에 의해서 수행되는 경제활동"이라고 규정한다. 구체적으로는 ① 이윤이 아니라 조합 혹은 그 집단에의 서비스를 궁극의 목적으로 하는 것, ② 관리의 자율성, ③ 민주적 의사결정, ④ 이익을 자본이 아니라 인간과 노동에게 우선적으로 분배하는 것을 그 주요한 구성요소로 규정한다. 1994년의 EC위원회의 발표, 'EC에서의 협동조합, 공제조직, 어소시에이션, 재단을 위한 3개년 계획(1994-96)'에서는 "사회적경제의 조직은 경제민주주의의 원칙에 입각하여 조직되고 운영된다. 이들의 조직은 사회적 목적을 가지고 참가의 원칙(1인 1표 원칙)과 연대의 원칙(구성원 간의 연대, 조직 간의 연대, 생산자와 소비자 간의 연대)에 입각해서 운영된다"고 말한다. 구체적인 조직의 특징으로서는 ① 자본보다 인간을 우선하는 것, ② 훈련과 교육에 의한 인간발달을 중시하는 것, ③ 자유의지에 의한 결합, ④ 민주적 운영, ⑤ 자율과 시민참여를 중시하는 것 등이다.

다양한 사회적경제에 대한 개념 규정이 이루어지자 최근 EMES에서는 '경제적 목적'과 '사회적 목적'만이 아니라 내부의 거버넌스까지 포함한 새로운 개념 규정을 한 바 있다. '사회적기업의 등장'이란 뜻의 프랑스어 약자인 EMES는 원래 1996년 유럽연합(EU)의 지원에 의해 시작되었던 연구 프로젝트 이름이었다. 이후 사회적기업과 관련된 최대의 국제적 연구자 네트워크로 성장했다. EMES에서의 사회적

---

9) OECD, *Social Economy: Building Inclusive Economies*(2007).

기업(경제)의 정의는 ① 재화를 생산하고 용역을 판매하는 지속적인 활동, ② 높은 수준의 자율성, ③ 상당 정도의 경제적 리스크, ④ 최소한 이상의 임금노동, ⑤ 공동체에 혜택을 주고자 하는 명시적인 목표, ⑥ 분담금액수와 비례하지 않는 의사결정구조, ⑦ 다양한 이해관계자의 참여, ⑧ 제한적 이익분배, ⑨ 일반시민 주도성이 그것이다.[10] 이들의 논의를 한마디로 정리한다면 사회적경제조직이란 바로 '하이브리드 조직'이라는 것이다. 사업에서 시민의 주도하에(⑨) '사회적 목적'과 '경제적 목적'을 결합하며(⑤와 ①, ③, ④와의 결합), 주요한 의사결정이 이용자, 내부직원, 자원봉사자 등 다양한 이해관계자들에 의해 이루어진다(②, ⑥, ⑦). 또한 동원되는 자원도 영업수입만이 아니라 정부보조금, 개인 및 기업 등의 기부금 등 다양하며 이것이 가능하도록 조직의 수익은 사적으로 유용되면 안 된다(⑧)는 것이다.[11]

(2) 한국에서의 사회적경제

그러나 EMES의 기준처럼 사업에서 '사회적 목적'과 '경제적 목적'을 결합하며, 다양한 이해관계자들이 의사결정에 참여하며, 조직의 수익이 사적으로 유용되지 않는 조직이 한국에서 있다면 그것은 아마도 사회적기업과 사회적협동조합에 한정될 것이다. EMES의 규정(⑧의 제한적 이익배분)에 따른다면 한국에서의 일반 근로자협동조합, 사업자협동조합 등의 다양한 자조(自助)적 경제조직은 배제될 가능성이 커진다. 주식회사 혹은 임의단체 형식의 마을기업(행정안전부) 및 자

---

10) EMES는 Emergence of Social Enterprise in Europe의 프랑스어식 약자이다. Defourny and Nyssens, "The EMES Approach of Social enterprise in a Comparative Perspective", *EMES European Research Network Working Paper*, no. 12/03(2012).

11) 이러한 논의를 전면적으로 개진한 것은 藤井敦史 · 他, 『戦う社会的企業』(勁草書房, 2013) 참조.

[그림 1] 정책대상으로서의 한국의 사회적경제 영역

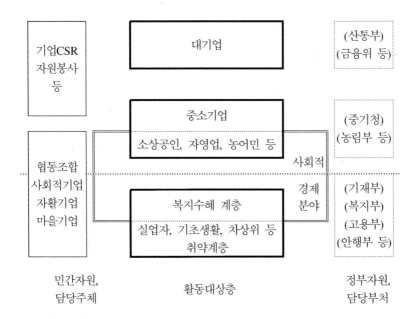

자료 : 필자 작성.

활기업(보건복지부)의 범주도 들어가기 어려워진다. 마을기업 혹은 자활기업도 현실적으로는 영세한 자조조직에 불과한 것이다.

여기서 한 가지 분명히 밝히고 싶은 것은 필자는 적어도 이 글에서는 사회적경제라는 단어를 '학술적 용어'라기보다는 '정책적 대상'으로 규정한다는 점이다. 다른 나라에서 긴 역사 속에서 잉태된 사회적경제라는 개념은 그것대로 의미가 있다. 그러나 필자가 사회적경제를 논의하는 이유는 한국의 정책과제와 해법을 제시하기 위함이다. ① 시장에서 자립하기 어려운 사람들에게 어떻게 질 좋은 일자리와 사회서비스를 제공할 것인가? ② 영세자영업자의 경영안정성을 어떻게 확보할 것인가? ③ 사회 속에 존재하는 각종의 선의(善意)의 자원(자원봉사, 기부 등)을 취약계층의 자립화와 어떻게 연계시킬 것인가에 대한 논제인 것이다.

그러한 면에서 필자는 첫째로 사회적경제의 주요 정책대상을 시장에서 스스로 자립하기 어려운 사람들이라고 생각한다. 구체적으로는 영세자영업자, 농어민, 실업자, 기초수급자, 차상위계층을 염두에 둔다.12) 그리고 정책목표를 실현시키는 수단을 시장경제의 하위부문(마을기업, 자활공동체, 일반협동조합)과 비영리의 경제부문(사회적기업, 사회적협동조합, 사회복지법인)의 조직화로 이해한다. 따라서 이들 조직들이 바로 한국의 사회적경제조직으로 규정된다. 취약계층의 자립지원이라는 차원에서 본다면 이들 영역은 당연히 정부의 지원대상이 되며 정부사업의 통합관리는 성공의 중요한 전제조건이 된다. 가령 사회적기업정책은 "우리 사회에 충분히 공급되지 못하는 사회서비스를 확충하고 새로운 일자리를 창출"하기 위해 실시되며(사회적기업육성법 제1조), 협동조합정책은 "조합원의 복리증진과 상부상조를 목적"(협동조합기본법 제5조)으로 설립된 협동조합에 대해서 그들의 자율성을 침해하지 않는 범위 내에서 정부는 '적극협조'(제6조)하고 향후 발전을 위한 '기본계획'(제11조)을 세우는 것과 같은 지원을 약속하고 있다. 자활사업은 '국민기초생활보장법' 상에 있어서 근로능력이 있는 수급자에게 "자활에 필요한 사업에 참가할 것을 조건으로 하여 생계급여를 실시"(제9조)하는 것이며, 자활을 돕기 위한 자활급여 및

---

12) 물론 현실에 존재하는 각종 공정무역 및 공정여행 관련 사회적기업, 새로운 기술을 이용한 혁신적 사회적기업, 협동조합의 대기업화 가능성 등을 배제하는 것은 아니다. 그러나 필자가 알고 있는 한 전 세계에서 작동하는 거의 모든 사회적기업, 그리고 한국에서 현재 논의되는 협동조합의 중요한 목적은 취약계층을 경제적으로 재조직화하며 이들에게 좋은 일자리와 사회서비스를 공급하기 위한 노력임을 인식해야 한다.

자활센터(제15조), 자활기업에 대한 지원(제18조) 등도 규정한다. 마을기업도 안전행정부의 정책사업명으로서 2010년 '자립형 지역공동체사업'을 시작으로 2011년 '마을기업 지원사업'으로 계속되고 있다. 모두 다 취약계층의 자립지원과 사회서비스 확충이 주요한 정책목표로 되는 것이다. 보건복지부의 자활사업 신규 참여자가 자활 프로그램(자활훈련, 직업훈련 등)을 통해서 자활기업(자활참여자의 공동창업)으로 발전하고, 그것의 일부가 안전행정부의 마을기업, 고용노동부의 사회적기업으로 발전하는 것은 자연스러운 발전경로이다. 또한 안정된 경영체를 만들기 위해 협동조합 법인격을 획득하고 담당부처인 기획재정부의 간접지원을 받는 것도 필요하다. 이렇게 따져보면 그 성장경로를 설계하고 성장단계에 따른 맞춤지원체계를 구비해 나갈 정책의 통합관리, 조율기능은 무엇보다도 요구되는 것이다.

한편, 사회적경제조직은 그 비영리적 속성(사회적기업, 사회적협동조합, 사회복지법인) 때문에 사회의 각종 우호자원을 조직화하기가 수월하다는 점도 중요한 초점이다. 전국경제인연합회의 600개 기업(응답수 222개)에 대한 실태조사에 의하면 2011년 한 해 동안 총 3조 1,241억 원의 사회공헌(CSR)자금이 지출된 것으로 조사된다.[13] 기업, 노조, 종교단체, 봉사단체, 학교 등의 각종의 자원봉사인력과 사회공헌자금을 사회적경제 영역으로 효과적으로 연계시켜 가는 것 또한 중요한 정책과제로 된다.

(3) 사회적경제의 효과

그렇다면 이러한 사회적경제 영역이 어떻게 내발적 성장과 사회서비스 전달체계의 효율화를 가져오는 것인가? 적어도 필자는 사회적경

---

13) 전국경제인연합회, 『2012 기업 · 기업재단 사회공헌백서』(2012).

제의 한 축인 협동조합의 최대 장점은 민주적인 내부통제와 협동조합 간 협동의 실현에 있다고 본다. 또 다른 축인 사회적기업은 '비영리'라는 장점 때문에 사회 속에 존재하는 각종 선의의 자원을 결합할 수 있다는 데 주목한다.

협동조합에서 1원 = 1표 원칙이 아닌, 1인 = 1표 원칙의 고수는 자본의 수익증대를 위해 노동을 희생하는 것과 같은 자본주의적 경영을 지양한다. 협동조합의 제6원칙(협동조합 간 협동)과 제7원칙(지역사회에 대한 공헌)은 승자독식과 지역사회의 공동화를 막아가기도 한다. 스페인의 빌바오(Bilbao), 이탈리아의 트렌티노(Trentino), 캐나다의 퀘벡(Québec) 등 협동조합이 발전한 곳이 모두 높은 소득수준과 생활 안정을 향유하고 있다는 현실은 협동조합의 새로운 가능성을 우리에게 일깨워주기도 한다.14) 이러한 협동조합의 사회통합기능에 착목해

---

14) 2012년 3월 15-16일 베니스에서 개최된 국제협동조합연맹 국제 심포지엄에서 협동조합의 경제사회적 효과에 대해 대회조직위원회는 전체회의를 거쳐 다음과 같은 최종결론을 내린 바 있었다. ① 협동조합과 일반기업과의 제도 간 경쟁을 통한 시장실패의 보정. ② 경제적 안정성의 제고. 특히 금융, 농업과 같이 미래 예측 가능성이 적고 불안정한 시장에서 그 효과가 크게 나타난다. ③ 사회적으로는 필요하지만 수익이 낮아 공급되지 못하는 서비스의 제공. 즉 의료, 교육, 간병 등 각종 서비스에 있어서 협동조합 간 협동, 협동조합원들의 기부 또는 자원봉사활동에 의해서 낮은 수익률에도 불구하고 실행되는 경우가 많다. ④ 장기적 시야에 따른 경영. 협동조합은 이익의 일정 부분을 내부에 유보시키며 이것이 지역사회와 미래세대를 위한 생산적 자산으로서 활용된다. ⑤ 공정한 분배를 통한 경제안정화. 협동조합은 원리상 임금과 고용의 증대에 복무하는 경향이 강하다. ⑥ 사회자본의 확충. 활동이 지역사회를 기반으로 하며 이해관계자들의 참여를 보장하는 것은 지역 사회적자본의 형성에 기여한다. ⑦ 고용과 소득창출에 친화적이기 때문에 결과적으로 정부의 부담을 경감시킨다. 한편, 영국에서는 2011년 수상 직속으로 협동경제 TF(The Mutual Taskforce)를 만들고 협동경제의 장점에 대해 연구를 진행했다. 결론은 ① 다른 형태의 기업들보다 결근율과 이직률이 낮고, ② 높은 생산성과 평균임금, 고객만족도를 보이며, ③ 불황기에 더욱 강하며 혁신적이라는 특징을 추출한다. Carlo Borzaga and Giulia Galera, *Conference Report: Promoting the Understanding of Cooperatives for a Better World*(2012년 3월 15-16일);

서 UN에서는 2012년을 세계협동조합의 해로 선포했던 것이다.15)

사회적기업의 경우에 있어서도 애초부터 이윤극대화를 단일원리로 움직이는 자본주의적 기업활동과는 차원을 달리한다. 특히 비영리원 칙(배당제한)에 입각하며 사회적 목적을 실현한다는 기업활동은 영업 수익 이외에 사회의 자발적인 선의의 자원들과 결합하기 쉽게 한다. 복지에 있어서 기업, 종교, 학교, 일반시민의 기부와 자원봉사, 윤리적 소비와 투자는 중요한 역할을 하며, 사회적기업은 사회의 각종 선의 의 자원을 동원하는 중요한 통로인 것이다. 전 세계적으로 사회적기 업 붐이라고 일컬어질 정도로 사회적기업이 생겨나고 있는 현실, 세 계 유수의 경영대학원(하버드, 옥스퍼드, 스탠퍼드 등)에서 사회적기 업가 양성을 위한 별도의 교육 프로그램이 운영되고 있는 현실, 그리 고 기업의 사회공헌자금이 점점 더 사회적기업을 통해 고유의 목적을 실현시키고 있는 현실은 사회적기업이 점차 한 사회 속에서 중요한 역할을 차지하고 있다는 것을 나타낸다.

2) 한국 사회적경제의 구성요소: 제도와 현실

각국마다 사회적기업, 협동조합, 비영리단체가 가지는 의미와 역할 에 있어서 약간의 차이가 난다. 여기서는 사회적기업, 협동조합, 비영 리단체에 한정해서 각각의 의미, 한국사회에서의 역할에 대해서 정리 해 본다.

Mutual Taskforce, *Our Mutual Friends; Making the Case for Public Service Mutuals*(Cabinet Office, UK, 2012).

15) 유엔의 2009년 136호 결의문(Resolution 64/136, *Cooperatives in social development*).

(1) 사회적기업

사회적기업이라는 단어를 정부의 공식문서에서 가장 많이 쓰고 있는 영국의 사례에서 본다면 사회적기업 중 정부의 직접 지원대상이 되는 것은 CIC(community interest company)라는 개념에 한정되며, 사회적기업에 대한 '단일'한 법적 정의는 존재하지 않는다. 대체로 "사회적기업이란 사회적 목적을 실현하는 기업으로서 기업의 이익이 주주 및 소유주들에게 귀속되기보다는 사업의 고유목적 혹은 지역공동체에 재투자되는 기업"으로 설명한다.[16] 구체적으로는 상당히 넓은 범위의 조직들을 포괄한다. 가령 영국의 개발신탁협회(development trusts association)에서는 사회적기업이라는 개념을, 마을기업(community business), 지역금융기관(community development financial institution), 협동조합(cooperative), 소액대출기관(micro finance), NPO(non-profit organization) 등을 포괄하여 열거하고 있다.[17]

그러나 한국에서의 사회적기업이란 일반명사가 아니라 엄격한 '법적 용어'임을 인식할 필요가 있다. 현재 '사회적기업육성법'(2007)에서 규정된 사회적기업의 정의는 "취약계층에게 사회서비스 또는 일자리를 제공하거나 지역사회에 공헌함으로써 지역주민의 삶의 질을 높이는 등의 사회적 목적을 추구하면서 재화 및 서비스의 생산·판매 등 영업활동을 하는"(2조 1항) 조직으로서, 다양한 이해관계자가 참여하는 의사결정구조를 갖추고, 수익 발생 시 사회적 목적 실현을 위해 재투자하는 것 등과 같은 '인증기준과 절차'(제8조)를 통과한 기업이다. 그러나 기존의 사회적기업의 인증조건을 완화시킨 것(총 일곱 가지 중 네 가지만을 충족시킨 '예비 사회적기업' 범주의 신설, 사회적

---

16) U. K. DTI(Department of Trade and Industry), *Social Enterprise: A Strategy for Success*(2002).

17) Development Trust Association(http://www.dta.org.uk).

목적 속에 지역사회 공헌형 신설 등)에 의해 한국사회에 다양하게 벌어지고 있는 "사회적 목적 실현을 위한 기업"을 포괄하기 시작한 것도 사실이다. 그러나 압도적인 다수는 취약계층에 대한 일자리 제공 혹은 사회서비스 제공이 목적인 기업일 것이다.[18] 애초부터 사회적기업정책이 정부의 취약계층 일자리 창출사업의 일환으로 이루어졌다는 점, 그리고 고용노동부 지도하에 지원예산이 들어가 있다는 점은 사회적기업에 대한 명확한 법적 기준을 만드는 계기가 되었다.[19] 그러나 이러한 이유 때문에 영국의 사례에서 본 것과 같은 다양한 유형의 사회적기업은 한국에서 사회적기업으로 인정받지 못한다. 고용노동부 이외의 다른 부처에서의 각종 정책, 즉 보건복지부의 자활사업, 안전행정부의 마을기업사업, 농림수산부의 농어촌공동체회사 사업 등도

---

18) 가령 공정여행, 공정무역, 공연예술 등의 사회적기업은 취약계층만을 대상으로 하는 것은 아니다. 이러한 경우는 '사회적기업육성법'에서는 '기타형'에 들어간다. '기타형'은 2013년 6월 현재 전체 사회적기업 2,414개(예비 사회적기업 포함) 중 248개(9.7%)에 불과하다. 사회적기업의 사회적 목적과 관련해서는 ① 일자리 제공형, ② 사회서비스 제공형, ③ 혼합형, ④ 지역사회 공헌형, ⑤ 기타형으로 나누어지는데 각각에 대해서는 '사회적기업육성법 시행령' 제9조에 자세히 규정되어 있다. 한편 고용부의 '인증'을 받지 않았더라도 실질적으로 사회적기업으로서의 역할을 수행하는 곳은 이미 많다. 가령 청소년에게 바른 경제교육을 실시하는 오이씨(www.oecenter.org) 같은 회사는 기업과 교육현장을 연결시키는 훌륭한 '일반명사'로서의 사회적기업인 것이다. 이들까지 포함하여 전체 사회적기업의 '성장생태계'를 어떻게 구축할 것인가는 향후 중요한 정책과제로 된다.

19) 사회적기업의 인증기준으로서는 ① 임의단체가 아닌 민법, 상법, 특별법 등에 의한 '법인 조직'이어야 하며, ② 유급근로자(1인 이상)를 고용하며, ③ 사회적 목적을 실현해야 하며, ④ 이해관계자가 참여하는 의사결정구조를 가지며, ⑤ 영업활동은 최소한 6개월 이상 지나고 그 수입이 총 노무비 대비 30% 이상이어야 하며, ⑥ 정관 등을 갖추며, ⑦ 이윤의 2/3 이상은 사회적 목적을 위해 사용해야 하는 기업을 말한다(사회적기업육성법 제8조). 이 중 ①, ②, ③, ⑦의 조건만을 충족한 기업은 '예비 사회적기업'으로서 지자체 혹은 중앙부처에 의해서 지정된다.

[표 2] 한국의 사회적기업(단위: 개)

구 분		사회적기업	예비 사회적기업	합 계
연도별	2007	43	-	43
	2008	138	-	138
	2009	74	-	74
	2010	198	265	463
	2011	148	613	761
	2012	142	795	937
	2013	269	353	622
총 계		1,012	2,016	3,038
유형별 (2013년)	일자리 제공형	659	925	1,584
	사회서비스 제공형	60	104	164
	지역사회 공헌형	11	52	63
	혼합형	149	206	355
	기 타	133	115	248

주 : 사회적기업은 2013년 말 기준, 예비 사회적기업은 2013년 6월 기준.
자료 : 한국사회적기업진흥원.

영국식 어법에서는 사회적기업인 것이다.

정부가 사회적기업을 '인증'하고 이에 대한 강력한 지원체계를 구축한 것은 전 세계적으로 유례가 없는 것이다. 사회적기업육성법 제정(2007년 7월), 동법 개정(2010년 6월), 사회적기업활성화 종합대책(2011년 6월 국민경제대책회의), 제2차 사회적기업육성 기본계획(2012년 12월) 등 일련의 과정들은 전 세계 그 어느 나라보다 사회적기업육성에 한국이 적극적임을 나타낸다. 그러한 지원의 결과 사회적기업의 숫자도 급속히 늘어난 것도 사실이다.[20] 일부 시장 및 경영지원(정부조달 및 경영 컨설팅 등)이 실시되는 영국의 경우 2005년 사회적기업이 5만 5천 개나 있는 것과 비교하면, 한국의 3,038개(예비 사회적기업 포함, 2013년 말 기준, 같은 해 지원예산은 1,659억 원)의 수치는 정책적 지원이 사회적기업의 발전과 그대로 연결되는 것은 아니라는 점을 나타낸다. 사회적기업과 관련된 제도와 정책은 가장 선진적이라고 생각되나 실제 사회적기업의 실력은 아직 미약하다. 어떻게 하면 제도와 현실과의 괴리를 줄일 수 있을까? 그것이 논의되어야 할 시점인 것이다.

(2) 협동조합

사회적기업에 비해서 협동조합의 정의는 국제협동조합연맹(ICA)을 중심으로 지속적으로 다듬어 오고 있어 개념의 혼란은 거의 없는 편이다. 협동조합의 가치와 행동체계를 정비하려는 ICA의 노력은 치열한 논쟁을 거쳐 지금까지 크게 세 차례에 걸쳐서 정식화되어 왔다. ICA는 1937년의 제15차 대회(파리), 1963년의 제23차 대회(비엔나)를 거쳐 1995년 9월 창립 100주년 기념대회(맨체스터)에서 '협동조합의 정체성에 대한 성명'을 채택하고 협동조합에 대한 새로운 정의와 가치, 원칙을 다음과 같이 정리한 바 있었다.[21]

먼저 협동조합은 "사람들 간의 자치적인 조직이며, 자발적으로 결합된 사람들이 공동으로 소유하고 민주적으로 관리하는 사업체를 통

---

20) 사회적기업의 지속 가능성에도 많은 의문이 제기되고 있다. 가령 2009년 조사에서 전체 사회적기업 가운데 노무비를 영업수입으로 확보하는 것이 가능한 사회적기업은 69.5%에 그치고 있는 실정이다. 곽선화, 『사회적기업 3주년 성과분석』(고용노동부, 2010).

21) 국제협동조합연맹 홈페이지(http://ica.coop) 참조. ICA 원칙의 변천과정과 관련된 논의는 国際協同組合年全国実行委員会, 『協同組合憲章(草案)がめざすもの』(光の家協会, 2012) 참조.

해서 공동의 경제적, 사회적, 문화적 필요를 충족시켜 가는 것을 목적"으로 한다고 정의한다. 사람들 간의 조직이기 때문에 자본과 자본 간의 결합인 주식회사와는 당연히 구별된다. 조합원의 필요를 충족시키기 때문에 "불특정 다수에게 서비스를 제공"하는 것과 같은 비영리 단체와도 구별된다. 또한 협동조합이 구현하고자 하는 가치를 "자조, 자기책임, 민주주의, 평등, 공정, 연대"를 기반으로 한다고 명시해, 개인주의의 가치를 중심으로 하면서도 공동체성에 대한 강조로 가치의 원칙을 확대하고 있다. 하나 흥미로운 것은 협동조합의 가치를 설명하면서 "협동조합의 창설자들(founders)의 전통을 이어받아"라는 표현을 쓰고 있는데 이는 구매생협의 창시자인 로치데일 선구자들(Rochdale Pioneers)만이 아니라 신협의 창시자인 라이파이젠(Friedrich Wilhelm Raiffeisen) 등의 모든 선구자들의 전통을 이어받음을 의미한다. 이러한 개념과 가치 위에서 국제협동조합연맹은 구체적으로 7개 행동원칙을 협동조합에게 부과하고 있다. 이 중 제1원칙(자발적이고 개방적인 조합원제도), 제2원칙(조합원에 의한 민주적 관리), 제3원칙(조합원의 경제적 참여)는 협동조합으로서 언제나 지켜야 하는 조합원의 권리와 책임을 명시하는 '기본 원칙'이며, 제4원칙(자율과 독립)과 제7원칙 (지역사회에 대한 공헌)은 협동조합을 지키고 확대하며, 사회기여를 명시한 '관계 원칙'이며, 제5원칙(교육, 훈련 및 정보 제공)과 제6원칙 (협동조합 간의 협동)은 협동조합의 역량과 영향력을 강화하기 위한 '확장 원칙'으로 이해할 수 있다.

그러나 애초부터 한국의 경우 협동조합의 자율성을 유도하기보다는 개별산업에 대한 정책수단으로 정부가 협동조합을 활용하려는 경향이 강했다. 농업협동조합, 수산업협동조합, 산림조합(이상, 농림수산부), 엽연초생산협동조합(기획재정부), 신용협동조합(금융위원회), 새마을금고(안전행정부), 소비자생활협동조합(공정거래위원회), 중소기업협동조합(중소기업청) 등 개별 설립법에 의거해 담당부처가 정해져 있는 상황은 협동조합 간 협동을 저해했으며, 협동조합의 자율적 성장을 왜곡시켜 간 것 또한 부정할 수 없다. 물론 단순 숫자상으로 본다면 한국에서 협동조합의 규모는 상당하다. 2011년 말 기준 조합 수 3,097개, 조합원 수 2,855만 명, 직원 수 8만 8,604명, 출자금액 18조 1,945억 원, 경제사업 매출액 42조 4,988억 원으로 그 규모가 작지는 않다.22) 그러나 생각해 보면 기존의 농수축산협 등의 협동조합이 자신의 조합원을 대상으로 하는 고유의 신용사업과 경제사업 이외에 지역의 복지, 일자리 창출 등에 협동조합적 방식의 새로운 시도를 해왔다고 평가되지는 않는다. 다른 법에 의해서 설립된 신협 및 생협 진영과 협력에 적극적이라 보이지도 않는다. 더구나 서구에서는 일반화되어 있는 근로자협동조합, 다양한 생산자협동조합, 다중이해관계자협동조합 등은 법적 규정이 존재하지 않아 설립 자체가 불법이었다. 다행히 2011년 12월 29일 협동조합기본법이 국회에서 통과됨으로써 이러한 문제는 해결되었다. 협동조합을 업종 불문 자유롭게 만들 수 있게 했으며, 이것을 영리(일반협동조합), 비영리(사회적협동조합)로 나누고, 이에 대한 설립, 운영, 감독 규정을 달리 설정한 것도 국제적인 조류와 궤를 같이한다.

2012년 12월 1일 협동조합기본법이 발표된 이후 1년간 협동조합기본법의 담당부처인 기획재정부를 중심으로 협동조합 진흥을 위한 다

---

22) 금융서비스를 하는 협동조합들(농협, 신협, 새마을금고 등)의 상호 금융자산 총액은 2009년 통계로 보면 355조 원을 넘고 있다. 같은 해 국민은행의 자산 규모가 257조 원, 신한은행이 202조 원인 것을 보면 한국 협동조합들이 보유한 상호 금융자산도 그 규모가 상당한 수준에 이르고 있음을 확인할 수 있다. 특히 비교적 늦게 2000년에 제도화된 소비자생활협동조합도 2009년 통계를 보면 1,291%나 성장하여 한국사회도 협동조합의 잠재력과 대중적인 욕구가 대단히 높다는 것을 알 수 있다.

[표 3] 협동조합의 법적 위치

구분	영리법인 (주식·유한·합자회사 등)	협동조합			사회적 기업	비영리 법인
		기존 협동조합	일반	사회적		
근거	상법	8개 개별법	협동조합기본법		사회적기업 육성법	민법 등
사업 목적	이윤극대화	조합원 실익 증진	조합원 실익 증진		사회적 목적 실현	공익
	< 영리 >				< 비영리 >	

자료 : 필자 작성.

양한 사업들이 구상되고 있으며, 지방자치단체에서도 일자리 창출의 수단으로 적극 활용함으로써 현재는 오히려 협동조합의 설립 붐으로 이어지고 있다. 법 시행 1년이 지난 2013년 11월 말 현재 일반협동조합은 3,001개(사업자협동조합 1,960개, 직원협동조합 230개, 다중이해관계자협동조합 616개, 소비자협동조합 195개), 사회적협동조합 132개, 협동조합연합회 13개 등 총 3,133개의 협동조합이 새로 창립되었다. 업종별로는 도소매(30.0%), 교육(12.5%), 농림수산(9.8%), 제조업(9.2%), 예술·여가·스포츠(7.2%)로서 다양한 업종에 걸쳐 있다. 짧은 시간에 이렇게 급속히 협동조합이 설립되고 있다는 사실은 그동안 한국사회에 협동조합 설립의 다양한 욕구가 '이미' 있었다는 점, 그리고 협동조합기본법의 성립에 의해 그 다양한 욕구가 '현실화'되었다는 점을 알려준다. 그러나 아직 열악하다. 신생 협동조합 대부분이 시장진입, 물적자원, 인적자원의 형성에서 상당히 열악하다는 점도 사실이다.23) 앞으로는 이들이 협동조합으로서의 정체성을 유지하며 안정

23) 2013년 6월 1일부터 9월 30일까지에 걸친 기획재정부의 신생 협동조합에 대

되게 성장하기 위한 정책과 운동 양면에서의 노력이 요구된다.

(3) 비영리섹터

비영리섹터를 지칭하는 용어 또한 다양하다. 영국의 경우 민간단체의 활동목적이 빈곤구제, 종교진흥, 교육진흥과 같은 공익성이 인정되어 공식적인 자격을 얻은 자선기관(charity)과 기타 비영리 민간조직들을 총칭해서 자발적 영역(voluntary sector)이라고 부르며, 미국에서는 '비배당의 원칙', 즉 활동에서 발생한 이익을 설립자나 출연자 등에 분배하지 않고 목적한 활동에 재투자하는 원칙에 따르는 조직을 일컫는다.24) 비영리섹터 연구의 가장 대표적 학자인 살로몬(Salomon) 교수는 '비영리단체'의 국제비교를 위해 어느 정도의 조작적 정의(operational definition)를 정할 필요가 있었으며, 이를 위해 다음의 일곱 가지 구성요소를 가지고 정의한 바 있었다. 즉, ① 조직이 공식적(formal)이어야 하며, ② 비정부 사적 조직일 것, ③ 수익사업을 할 수는 있으나 비영리적(non-profit-distributing)이어야 하며, ④ 조직의 관리 및 정책결정에 있어서 자치적(self-governing)일 것, ⑤ 자발적(voluntary)인 자원에 주로 의존해야 하며, ⑥ 종교목적 혹은 ⑦ 정치목적의 단체가 아닌 것을 비영리단체로 개념 규정했다.25) 앞에서 논

한 조사 결과. 자세히는 관계부처 합동, 『제1차 협동조합 기본계획(2014-2016 년)』(2013년 12월) 참조.

24) 한국사회에서는 NGO라는 용어가 빈번히 사용되고 있다. 그러나 국제적으로 통용되는 어법은 한국과 다르다. NGO라는 용어는 원래 국제연합의 경제사회이사회가 정한 민간의 자문기구를 지칭하는 것이었다. 따라서 용어의 혼란을 피하기 위해 NGO는 국제협력분야에서 활동하는 민간조직으로서 NPO의 한 형태로서 이해하는 것이 타당하다.

25) 이상과 같은 '정의'는 미국에서의 '세법'에서 정한 기준을 국제기준으로 삼고 있다는 비판은 충분히 가능하다. 미국에서는 내국세 분류코드에 있어서 이윤배당을 하지 않는 조직을 비영리로서 면세대상으로 하고 있다. 비영리단체에

의한 협동조합과 비교해 본다고 하더라도, 살로몬이 말한 비영리단체의 일곱 가지 조항이 협동조합의 일곱 가지 원칙과 차이가 크게 나는 점은 제3원칙인 '비영리(non-profit distributing)'라는 것에 한정된다. 그러나 협동조합은 영리(profit distributing)지만, 영리목적(for profit distributing)은 아니라는 것 때문에 미국과는 다른 '사회적경제'라는 독특한 설명범주가 형성되어 온 것이다.

한국의 비영리섹터의 열악성에 대해서는 그동안 많은 지적들이 있어 왔다. 한국의 비영리섹터의 규모와 관련해서 노대명(2010)은 다음과 같이 쟁점에 대한 정리를 하고 있다.26)

하나는 과연 비영리섹터가 성장하고 있는가에 대한 쟁점이다. 적어도 국민경제에서 차지하는 비중의 측면에서 보면, 크게 증가했다고 보기는 어렵다. 국민계정 통계에 있어서 비영리부문의 최종 소비지출이 국내총지출에서 차지하는 비율은 1980년대 중반 이후 지속적으로 감소해 왔으며, 2003년 이후 증가하고 있으나, 전체적으로는 최고점 시기(1980년대 이후에는 1984년)에 도달하지 못하고 있다.

둘은 비영리섹터의 고용규모를 둘러싼 쟁점이다. 비영리섹터에서 일하는 취업자의 총규모에 대해 신뢰할 만한 데이터나 분석 결과를 찾아보기 힘들다. 이러한 한계에도 불구하고 이 분야의 취업자 규모는 지속적으로 증가한 것으로 판단된다. 살로몬의 비교연구에서 한국의 비영리섹터 고용비중은 2.4%였으나, 김혜원(2008)은 '사업체기초통계조사' 및 '경제활동인구조사'의 원 자료를 사용해서 2006년 현재 전체 취업자의 6.2-9.3%가 비영리부문의 취업자이며, 그 비중도 2002년 이후 지속적으로 증가하고 있는 것으로 보고 있다. 그렇다면 비영리섹터의 경제규모가 크게 늘어나지 않은 상태에서 고용규모가 늘어

관한 각종 논의는 後藤和子, 『市民活動論』(有斐閣, 2005) 참조.

26) 노대명 등, 『한국 제3섹터 육성방안에 대한 연구』(보건사회연구원, 2010).

나는 것은 무엇을 의미하는가? 이것은 결국 일자리의 '질'과 관련된 것이며, 이 분야에서 근무하는 직원들이 일반 노동시장의 정규직, 비정규직 노동자들과 비교해 낮은 임금수준에 있을 가능성을 제기하고 있다.

셋은 정부지원과 관련한 비영리섹터의 독립성과 관련된 것이다. 노대명(2008)에 의하면 비영리섹터의 수입에서 정부지원(경상보조금 + 이용료에 대한 정부보조금)은 38.2%로 가장 크게 나타나며, 서비스 이용료는 약 19%, 민간의 기부금은 약 12.9%를 차지하는 것으로 나타난다. 이것을 보건복지 부문과 기타 부문으로 나누어서 비교해 보면 보건복지 부문의 경우 정부지원금이 50.1%로서 기타 부문과는 큰 격차를 보인다. 사회복지법인은 복지지출이 증가하는 과정에서 점차 정부사업을 위탁 운영하여 왔으며, 그 결과 정부의 보조금 비율이 높다는 것은 비단 한국만의 사항은 아니다. 그러나 이러한 높은 정부의 존비율로 인해 비영리단체들이 단순히 정부사업의 위탁수행기관으로 왜소화됨으로써 비영리단체 본연의 목적과 조화할 수 있는지에 대한 문제제기가 대두되는 것도 현실이다.27)

비영리섹터의 규모 및 독립성에 대한 한국의 열악성은 사실이나, 특별히 외국보다 지원규모가 작다고 보이지는 않는다. 현재 한국의 비영리단체의 법적 규정은 민법 32조에 따른 사단법인 · 재단법인(인가제), 비영리단체지원법(2000년)에 따른 비영리단체(등록제)가 근간이 된다. 기본적으로는 면세이며 각종의 보조금 등이 지급된다.28) 옆

---

27) 살로몬(Salomon)의 *Global Civil Society: An Overview*(2003)에 따르면, 분석 대상인 35개국의 제3섹터 고용규모(무급 포함)는 4.4%로 추정되며, 가장 규모가 큰 국가는 네덜란드로 14.4%이며 한국은 2.4%로 추정된다. 김혜원의 연구는 『제3섹터 부문의 고용창출 실증연구』(한국노동연구원, 2008) 참조. 노대명의 연구는 『보건복지부문 제3섹터에 관한 연구』(한국보건사회연구원, 2008) 참조.

의 나라 일본에서 비영리단체에 대한 면세조항이 일부 신설된 것이 2012년이었던 것을 보면 '적어도 일본보다는' 폭넓게 보호받고 있는 것이다.29) 그렇다면 무엇이 문제인가?

첫째는 정부의 비영리단체에 대한 지원 전체에 대한 정확한 실태 파악이나 법적 기준, 공정한 표준절차 또는 절차적 일관성이 잘 드러나지 않는다는 점이다. 현재 각 부처별로 시행되는 지원사업을 종합적으로 파악할 수 있는 조사나 자료는 거의 존재하지 않는다. 이것은 지방자치단체로 내려가면 더욱 극명히 드러난다. 2003년 시민사회단체연대회의가 정보공개 청구를 통해 파악한 바로는, 비영리단체에 직접 지원을 실시하는 정부부처(당시 부처명)는 농림부, 문화관광부, 보건복지부, 법무부, 여성부, 재정경제부, 통일부, 행정자치부, 환경부, 과학기술부 등 10개 부처였으며, 외교통상부는 산하기관인 한국국제협력단을 통해서 지원하는 것이었다.30)

---

28) 한국의 비영리단체에 대한 지원금은 ① 행정안전부의 비영리단체지원법에 의한 지원, ② 특별법에 의한 예외적 지원(한국예총, 대한노인회, 한국소비자연맹, 체육회, 상이군경회, 전몰군경유족회, 전몰군경미망인회, 대한무공수훈자회, 지방문화원, 광복회, 새마을단체, 바르게살기운동단체, 한국자유총연맹), ③ 각 부처의 보조금 예산 및 관리에 관한 법률, ④ 지방자치단체의 민간단체에 대한 보조금, ⑤ 비영리단체에 대한 조세감면제도, ⑥ 우편료 감면제도 등이 있다.

29) 일본에서 특정비영리활동촉진법(1993년)에서 규정된 NPO를 '일반 NPO'와 '인정 NPO'로 나누는 것, 그리고 민법 제34조에 의한 사단·재단법인을 '일반법인'과 '공익법인'으로 구분하고, 사업에 대한 비과세와 기부에 대한 소득공제를 '인정 NPO'와 '공익법인'에 한해 인정하게 된 것은 2012년이다. 자세히는 김종걸, 「일본의 사회적경제: 현황·제도·과제」(일본정경사회학회 발표논문, 2013년 8월 28일).

30) 2002년 현재 부처별 지원단체수와 지원액은 농림부(26개, 536억 원), 문화관광부(16개, 42억 원), 법무부(4개, 7억 원), 여성부(48개, 17억 원), 재정경제부(4개, 33억 원), 통일부(4개, 7억 원), 행정자치부(175개, 75억 원), 환경부(8개, 18억 원), 과학기술부(3개, 55억 원), 외교통상부(22개, 52억 원) 등 총 330개, 905억 원이다. 시민사회단체연대회의, 『NGO법제위원회 회의자료』(2003, 미

둘째는 비영리단체에 대한 재무자료 및 성과지표를 파악할 수 있는 자료가 거의 공개되고 있지 않다는 것이다. 사회적경제를 논의할 때 비영리단체를 거론하는 이유는 이들이 사회적경제의 중요한 수입수단인 사회적 선의(기부, 자원봉사 등)를 조직하는 통로이기 때문이다. 투명하지 않은 비영리조직의 존재는 사회적 선의를 조직할 방법을 차단시켜 버리며 결과적으로 사회적경제의 자율적인 발전을 저해한다. 영국의 경우 사회적경제 영역으로 흘러오는 자금의 상당 부분은 각종 자선기금으로부터 나온다. 17만 개가 넘는 자선단체가 자선위원회(Charity Commission)에 등록되며, 자선단체에 대한 철저한 검증이 각종의 기부금 등이 자선단체에 몰릴 수 있는 기반이 되는 것이다.[31] 이러한 자금들이 300여 개 있는 전국 단위의 사회적경제 중간지원조직, 수천 개에 달하는 광역별, 기초지자체별, 마을 단위의 사회적경제 중간지원조직을 통해서 사회적경제 현장에 투입되는 것이다.[32]

발간) 참조.

[31] 2012년 8월의 영국 자선위원회에 대한 필자의 방문조사에 의하면 여기에 등록된 자선단체들은 모든 회계가 홈페이지에 공개되며 수시 점검에 의해서 부정이 발각될 시에는 등록 자선기관으로서의 지위를 박탈당하게 된다.

[32] 영국의 사회적기업 전문컨설팅그룹인 OPM과 Compass Partnership에서는 중간지원조직을 "일선의 자발적, 공동체적 조직(voluntary and community sector)들이 그들의 과업을 더욱 효과적으로 수행하도록 지원(support), 개발(develop), 연계(co-ordination), 대표(represent), 촉진(promote)하도록 물적자원과 인적자원, 그리고 지식을 제공하는 조직"이라고 규정한다. 이러한 규정에 의거 OPM/Compass Partnership에서는 ① 국가 차원, ② 광역 차원, ③ 준광역 차원, ④ 기초 차원, ⑤ 마을 차원의 5개 층위에서 수천 개의 중간지원조직을 추출하고 있다. OPM & Compass Partnership, *Working Towards an Infrastructure Strategy for the Voluntary and Community Sector*(Feb. 2004). 한국과 영국, 일본의 사회적경제 중간지원조직의 비교분석은 김종걸, 「한국 사회적경제 중간지원조직의 발전방향」(전국중간지원기관 정책토론회 기조발제논문, 2013년 7월 3일) 참조. 간단한 요약은 김종걸, 「사회적경제를 위한 중간지원조직」(『국민일보』 경제시평, 2013년 7월 23일).

3) 성공모델의 검토

그렇다면 사회적경제 영역을 확대시키기 위해서 앞으로 어떻게 해야 할 것인가? 앞으로의 과제를 도출해 나가는 데 있어 외국과 한국의 선진지역에 대한 벤치마킹은 중요하다. 여기서는 사회적경제의 선진지역으로서 이탈리아의 트렌티노와 영국의 스코틀랜드, 한국의 원주 지역을 살펴본다. 트렌티노는 세계 유수의 협동조합 지역이며, 스코틀랜드는 협동조합, 사회적기업 등 사회적경제 영역이 서로 잘 어울려서 발전하고 있는 곳이다.[33] 원주 지역은 한국에서 사회적경제조직 간의 협력이 잘 이루어지고 있는 대표적인 곳이다.

(1) 트렌티노와 스코틀랜드

이탈리아는 협동조합이 잘 발달되어 있는 것으로 정평이 있다. 소비자협동조합, 근로자협동조합 등과 같은 일반협동조합이 총 9만 5천 개, 주택협동조합이 약 1만 1천 개, 사회적협동조합이 1만 8천 개, 신용협동조합이 422개 정도 되며 총 GDP의 10%가 협동조합에 의해 생산된다(2012년). 이 중에서도 특히 이탈리아 북부 지역의 트렌티노는 지역 전체가 협동조합의 마을로서 국제적으로 유명하다. 알프스 산맥의 바로 밑 그 옛날 빙하가 만들어놓은 긴 골짜기를 따라 험준한 산

---

33) 트렌티노와 스코틀랜드의 사례는 김종걸, 「트렌티노와 스코틀랜드로부터의 상상」(『월간 자치행정』, 2012년 5월호). 한편 벤치마킹의 대상으로서 유용한 것은 또한 일본이다. 일본의 협동조합 발전도 상당하다. 일본 생협의 조합원 수는 2,665만 명으로 유럽 18개국 조합원의 97%에 달한다. 2012년 매출액은 3조 3,452억 엔으로 우리 4대 생협의 60배가 넘는다. 근로자협동조합의 조합원 수도 6만 8천 명으로 프랑스의 두 배 가까이 된다. 더 자세한 내용은 「일본의 사회적경제: 현황·제도·과제」(일본정경사회학회 발표논문, 2013년 8월 28일) 또는 김종걸, 「일본협동조합으로부터 배워야 할 점」(『국민일보』 경제시평, 2013년 8월 21일) 참조.

[표 4] 트렌티노 지역의 경제통계(2010년)

	트렌티노 지역	이탈리아 전체	EU 15개국 평균
1인당 GDP	30,700	26,000	27,800
고용률	66%	56.9%	65.4%
실업률	4.3%	8.4%	9.6%
청년실업률(15-24세)	15.1%	27.8%	20.1%

주 : 1인당 GDP는 구매력평가(PPP) 유로 기준.
자료 : Trentino Autonomous Government(2012).

악지대로 이루어진 지역이다.

먼저 트렌티노 지역의 경제통계를 보면 이 지역이 이탈리아 혹은 EU의 가맹국 전체 평균과 비교해서 아주 좋은 성과를 내고 있다는 점을 확인할 수 있다. 1인당 GDP는 구매력 평가기준으로 2008년 3만 700유로로 이탈리아 평균 2만 6천 유로, EU 15개국 평균 2만 7,800 유로보다 20% 정도 높다. 실업률에서도 각각 4.3%, 8,4%, 9.6%로서 트렌티노의 실업률은 상당히 낮다.[34] 이것만이 아니다. 유럽 내 각종 사회조사에서도 생활만족도가 가장 높은 곳 중 하나로 간주되며, 이탈리아 내 기업하기 가장 좋은 지역 2위로 거론될 만큼 지역경쟁력이 강하다. 제2차 세계대전 이후 가장 가난한 마을 중 하나였던 이 지역은 유럽에서도 가장 살기 좋은 곳으로 변모한 것이다.

산업의 중심은 4만 9천 개에 달하는 중소 경영체로서 농업 및 농가공만이 아닌 기술집약적인 전자산업, 기계산업 비중도 상당히 높다. 그리고 그 중심에는 협동조합이 있다. 인구 53만의 트렌티노 지역에

---

34) Trentino Autonomous Government, *Trentino: To be small means great things* (2012). www.provincia.tn.it.

서 협동조합 조합원은 22만 7천 명이다. 농업협동조합은 전체 농산물 생산 및 유통의 90%를, 신용협동조합은 전체 여수신액의 약 60%를, 그리고 소비자협동조합은 전체 유통망의 약 37%를 점유한다. 300여 개에 달하는 근로자협동조합, 사회적협동조합, 주택협동조합 등은 지역 내의 다양한 사업기회를 확장시키며 사회적 문제를 해결하는 데 도움을 준다. 중요한 것은 협동조합의 시장점유율이 높다는 것만이 아니다. 트렌티노는 6,206km2에 달하는 넓은 지역이다. 가파른 산악 지역에 217개의 마을이 있으며, 이 마을 방방곡곡에 협동조합은 거미줄처럼 연결되어 있다. 가령 트렌티노 지역 193개 마을에는 소비자협동조합 매장 이외에 다른 매장은 존재하지 않는다. 신용협동조합 또한 381개의 지점이 사방에 퍼져 있다. 트렌티노 지역의 마을 중 60%는 다른 은행의 지점이 전혀 없는 오로지 신용협동조합만 들어가 있는 곳이다. 일반 사기업이 진입하지 못하는 곳에, 만약 협동조합의 방식이 아니라면, 협동조합 내에서 서로 상부상조하는 기반이 존재하지 않는다면, 산촌마을의 일상생활은 상당히 불편할 수밖에 없다.

트렌티노가 협동조합의 마을이라면 스코틀랜드는 협동조합과 사회적기업, 자선단체 등이 같이 어울려 발전하고 있는 곳이다. 척박한 자연환경, 쇠퇴하고 있는 지역산업 등의 조건하에서 질 좋은 사회서비스를 제공하기 위해서는 상호 우호적인 유사조직 간에 자원을 결합시키는 것이 필요했으며, 이러한 조직들을 활용하려는 정부의 의지 또한 상당히 강하다.35) 2005년 5월, 스코틀랜드 제1장관(First Minister)

---

35) 영국 정부의 권한이양(1999년) 이후 스코틀랜드는 의회, 행정부, 예산 등에서 거의 독립적인 지위를 가지고 있다. 영국에 비해 스코틀랜드 정부는 좀 더 제 3섹터 분야에 정부자원을 집중시키려는 경향이 강하다. 영국 내 각 지역의 제 3섹터 지원체계는 Pete Alcock, *Devolution or Divergence?: Third Sector Policy across the UK since 2000*, Third Sector Research Center, Working Paper, No. 2(2009), 스코틀랜드 정부정책은 Scottish Executive, *Better*

은 스코틀랜드에서 "차별화된 사회적기업의 발전전략이 필요하며, 사회적기업이 더 넓은 자발적 분야(voluntary sector)와 협동조합과의 연계가 필요"하다는 차원에서 종합대책을 발표하게 된다. 이것은 2005년 갑자기 발표된 것이 아니라, 1990년대 말부터 제3섹터의 발전이 중요하다는 계속된 인식의 결과였다.36) 2007년 현재 스코틀랜드에는 약 3천 개의 사회적기업이 존재한다. 그러나 한 가지 염두에 둘 것은 이들에게 대한 정부지원이 생각보다는 크지 않다는 점이다. 적극적이라고 일컬어지는 스코틀랜드조차도 제3섹터 분야에 대한 경영지원, 시장확대, 금융지원 등에 2007년 전체 예산은 150만 파운드(약 27억 원)에 불과하다. 2007년 사회적기업육성법이 시행된 후 한국 정부가 사용하는 사회적기업 관련예산이 매년 1,500억 원에서 1,700억 원을 넘나들었던 것을 생각하면 아주 작은 액수이다. 그럼에도 불구하고 스코틀랜드에서는 다양한 사회적기업이 사회적경제 내의 각 분야의 협력 속에서 잘 발전해 가고 있는 것이다.

(2) 원주협동사회경제네트워크 등

그렇다면 한국에서 가장 사회적경제 영역이 발전하고 있다고 평가되는 원주의 사례는 어떠한가? 인구 33만 명 정도의 원주가 직면한 문제는 다른 중소 지방도시와 크게 다르지 않다. 1인당 소득(GRDP)은 서울의 65%에 불과하다. 고용률도 3%포인트 낮다. 젊은이들도 바

Business: *A Strategy for Social Enterprise*(2007); Scottish Government, *Enterprising Third Sector Action Plan 2008-2011*(2008) 참조.

36) 정부의 발표된 공식적인 보고서만 하더라도 다음과 같은 일련의 과정을 겪는다. *The Social Economy Review*(2003), *Future Builders Scotland: Inverting in the Social Economy*(2004), *A Smart Successful Scotland*(2004), *A Smart Successful Highland and Islands*(2005), *A Vision for the voluntary sector* (2005), *A Employability Framework for Scotland*(2006), *More Choice and More Chance*(2006), *People and Place*(2006).

깥으로 떠나고 있다. 2013년 3월 조사(원주청년센터)에서 대학 졸업 후 현지 취업의 의사가 있는 학생은 불과 8.4%뿐이었다. 기대를 모았던 기업도시 선정도 입주계약업체가 5개 사(분양률 7.6%)에 불과할 정도로 사업추진이 더디다. 이런 상황에서 원주의 사회적경제조직들은 무엇을 계획하고 있을까?37)

먼저 특기할 사항은 사회적경제 연합지원조직인 원주협동사회경제네트워크(2003년 설립, 회원단체 조합원 수 3만 4,797명, 총자산 1,324억 원)가 2013년 임의단체에서 사회적협동조합으로 전환되었다는 점이다. 협동조합기본법의 혜택이기도 하나 법인격의 획득은 사회적경제 지원기능을 공식화시키며, 소속단체(조합원)의 결속력을 강화하는 중요한 계기가 된다. 더구나 기획재정부의 협동조합지원센터, 문화관광부의 산업관광(협동조합)사업을 수주함으로써 조직으로서의 안정성 확보가 가능해진 점도 큰 장점이다.

다음으로, 그들은 공동의 경제사업을 확대하려 한다. 그동안도 네트워크 소속사들은 협동조합 간 협동의 방식으로 많은 지역문제 해결에 노력해 왔다. 가령 2009년 설립된 장애인고용 떡공장 '시루봉'의 총 출자금 3,400만 원은 원주한살림 등 네트워크의 회원단체에 의해 출자된다. 생산된 떡은 가톨릭농민회, 원주한살림, 상지대생협, 원주생협 등에서 판매된다. 필요한 원재료 또한 이들 조직을 통해서 조달된다. 지역에 뿌리박지 않은 대기업 제품이 아닌, 지역의 다양한 풀뿌리 조직들이 서로 소비와 투자를 연계시켜 가는 과정은 새로운 사업기회를 발굴하며 실현시키는 기반이 된다. 이에 따라 시루봉이라고 하는 새

---

37) 이하는 수차에 걸친 원주 활동가들과의 면담 기록에 의거한 것이다. 최신의 내용은 원주협동사회경제네트워크, 『협동조합, 원주의 길을 묻다』('원주에 사는 즐거움' 심포지엄 자료집, 2012년 5월 1일) 참조. 김종걸, 「원주에 활짝 핀 협동사회경제」(『국민일보』 경제시평, 2013년 9월 18일) 참조.

로운 사업체 속에 장애인 2명, 고령자 1명, 자활사업참여자 출신 1명, 경력단절여성 2명 등 총 9명의 새로운 일자리가 창출되어 간 것이다. 보건의료(의료생협), 노인문제(노인생협), 환경미화(다자원) 등도 기본적으로는 동일하다. 더구나 2013년 네트워크 조합원인 원주푸드협동조합(친환경급식)은 원주시의 로컬푸드활성화사업을 타 농민단체와 함께 공동으로 위탁받게 되었다. 과거 친환경급식조례, 원주푸드조례 제정운동에 앞장서 왔던 네트워크는 지역의 정책적 과제를 실천적 경제사업으로 구체화시켜 가고 있는 것이다.

셋째, 공동의 협동기금을 조성하고 있다. 2009년 협동기금위원회가 네트워크에 설치된 후 지금까지 약 3천만 원의 기금이 축적되었다. 신규 협동조합의 설립 및 경영지원을 위해서는 턱없이 부족하다. 그러나 사회적경제조직의 영세성을 감안한다면 결코 작은 출발은 아니다.

원주를 살펴보며 생각할 수 있는 것은 지역 속에 산재해 있는 과거의 유산이 바로 운동의 기저에 흐른다는 점이다. 지학순 주교와 장일순 선생의 노력으로 시작된 원주신협운동, 원주소비자협동조합(현 한살림)운동의 전통은 많은 사람들의 기억 속에 전승되고 있다. 원주신협(1966년)을 통한 고금리 사채문제의 해결, 남한강 대홍수(1972년) 이후 협동조합을 통한 지역의 재건 경험과 기억들이 사회적경제운동을 뒷받침한다. 또 하나 눈여겨봐야 할 것은 이 모든 것이 기본적으로 민(民)의 주도에 의해 추진되었다는 점이다. 여러 가지 어려움에도 불구하고 네트워크 소속단체가 2003년 8개에서 2013년 말 현재 24개까지 늘어났다는 사실은 민 주도의 협동조합 간 협동이 가지는 강인한 생명력을 말해 준다.

그럼에도 여전히 상황은 만만치 않다. 앞서 이야기한 떡공장 시루봉의 경우 2011년 7월부터 12월까지의 매출액은 월평균 2,150만 원

[표 5] 원주협동사회경제네트워크 약사(略史)

연 도	주요활동
1966년	원주신협 창립(이사장 장일순)
1972년	남한강 대홍수에 대응한 지역개발사업 시작 원주밝음신협 창립
1985년	원주소비자협동조합(현 한살림 전신)의 창립
2002년	원주의료생협 창립
2003년	원주협동조합운동협의회 창립 협동조합 공동신문인『원주에 사는 즐거움』창간
2007년	사회적기업육성법 발효 원주의료생협 고용부 사회적기업 인증(강원도 1호)
2009년	원주협동사회경제네트워크 창립(사회적기업 포함) 협동기금조성 시작(산림농산 1천만 원 기탁)
2012년	협동조합기본법 발효(12월)
2013년	협동사회경제네트워크 사회적협동조합 인가(5월) 총 회원단체 24개, 조합원 수 3만 4,797명, 총자산 1,324억 원, 협동기금 3천만 원(9월 현재)

자료 : 필자 작성.

수준으로서 자립을 위한 월매출액(15명 기준, 150만 원 급여기준) 6
천만 원에 턱없이 부족하다. 아직은 고용노동부의 사회적기업 인건비
지원에 의존하는 바가 크다. 예비 사회적기업(2년), 인증 사회적기업(3
년)의 인건비 지원을 모두 받는다고 해도, 자립해야 할 남은 시간은
불과 3년여에 불과하다. 한국사회에서 가장 사회적경제 영역의 발전
이 잘 이루어지고 있는 곳, 진정성을 가진 지역의 활동가들이 애정을
가지고 운영하고 있는 곳에서조차 9명 고용의 새로운 사업장이 직면
한 현실인 것이다.

사실 원주 이외에도 새로운 사회적경제의 실험이 벌어지고 있는 곳은 많다. 그리고 각각의 사회적경제단위들이 동일업종의 일반 영리기업보다 고용, 복지, 서비스 질 차원에서 우수하다는 사례는 많이 발견된다. 예를 들어 서울 광진구에 위치한 사회적기업 늘푸른돌봄센터(현 사회적협동조합 도우누리)는 재가요양보호, 산후도우미, 노인돌봄, 장애인활동보조 등 다양한 돌봄서비스를 통합적으로 제공하며, 현재는 서울시립 중랑노인전문요양원도 위탁관리(2013년 9월)하고 있다(2014년 1월 현재 직원 수는 돌봄서비스 138명, 요양원 102명). 돌봄서비스의 경우 일자리의 질도 동일업종 전국 최고 수준이다. 우선 정규직이 아니더라도 무기계약 형태로 장기근속을 유도하고 있고 근속 인센티브제를 도입하고 있으며, 파트타임 근로자에게도 고용보험이나 산재보험을 가입해 주고 있다. 당연히 근로기준법을 지키는 것은 기본이다. 이러한 노력을 통해, 늘푸른돌봄센터는 돌봄서비스 영역의 고질적인 문제인 높은 이직률(연간 30-40% 대)을 7-8% 대의 낮은 수준으로 유지했다.[38] 2012년 12월 협동조합기본법이 발효된 이후에는 사회적협동조합 도우누리(2013년 4월 1일, 보건복지부 인가 1호)로 전환하게 된다.

사회적협동조합 도우누리의 성장과정은 한국의 사회적경제 영역의 성장과정의 귀감을 보여준다. 2001년 서울 광진구를 중심으로 광진주민연대라는 시민단체가 설립되고, 2008년에는 지역의 고용문제를 해결하는 자활공동체(늘푸른돌봄센터)가 설립된다. 2010년에는 고용노동부의 사회적기업으로 인증받고 협동조합기본법 이후에는 사회적협동조합(2013년)으로서의 조직의 안정성을 확보했다. 시민조직이 자활사업, 사회적기업, 사회적협동조합으로 변환되며 지역의 고용문제 해

---

38) 2012년 1월의 필자 인터뷰 중.

[표 6] 사회적협동조합 도우누리 핵심성과목표

활동목적	핵심성과목표	활동내용
1. 좋은 일자리 창출과 고용유지	1. 일자리 창출과 고용유지	2개 세부내용
	2. 직원보상체계 확대	3개 세부내용
	3. 직원의사결정 참여보장	3개 세부내용
	4. 직원건강증진	3개 세부내용
	5. 교육훈련체계화	3개 세부내용
	6. 균등한 업무능력 향상	2개 세부내용
	7. 직원리더십 향상	4개 세부내용
	8. 신규사업, 새로운 도전	2개 세부내용
2. 바른 돌봄서비스 공급	9. 돌봄사회서비스 품질관리	2개 세부내용
	10. 친절/전문적인 서비스 제공	2개 세부내용
	11. 직원 및 고객관리 전산화	2개 세부내용
	12. 고객관리 체계화	3개 세부내용
	13. 직원교육 실시	5개 세부내용
3. 돌봄서비스 공익성 확대	14. 지속적인 사회공헌	3개 세부내용
	15. 중장기 지역사회전략 관리	3개 세부내용
	16. 홈페이지 활성화	2개 세부내용
	17. 사회서비스 네트워크 활성화	2개 세부내용
	18. 공익활동을 통한 이용자 확대	2개 세부내용
4. 지역사회 복지활동 강화	19. 지역복지사업 수행	4개 세부내용
	20. 지역 내 소모임 활성화	2개 세부내용
	21. 민간 및 공공자원 발굴	2개 세부내용
4개 활동목적	21개 핵심성과목표	57개 세부내용

자료 : 늘푸른돌봄센터, 『2012년 제5기 활동평가와 결산보고서』.

[표 7] 협동조합 및 사회적기업의 성공사례

유 형	성 격	기업명
협동조합	경영안정형	서울의류봉제협동조합, 이풀약초협동조합, 서구맛빵협동조합, 완주한우협동조합, 울산서점협동조합
	고용안정형	한국IT개발자협동조합, 행복나눔마트협동조합
	사회서비스 제공	안성의료복지사회적협동조합(보건복지), 영림중사회적협동조합(친환경매점), 농산어촌섬마을협동조합(도농교류)
사회적 기업	일자리 창출	에이스푸드(고령자, 장애인 고용), 다솜이재단(경력단절여성 고용)
	사회서비스 제공	추억을 파는 극장(소외계층 대상 저가영화 상영), 한국아이티복지진흥원(취약계층 IT교육)
	지역사회 활성화	이장(귀농귀촌 지원), 새벽(친환경농업)
	문화, 환경	동춘서커스(문화), 컴윈(컴퓨터 리사이클링)
청년 소셜벤처	Big Walk(친환경기부 프로젝트), 터치포굿(폐현수막 재활용), 콘삭스(친환경양말 제작과 국제원조), 시지온(악플 제거)	

자료 : 『새누리당 사회적경제특별위원회 발대식 자료집(기재부, 고용부 발표자료)』(2014년 1월 22일)의 일부를 가공.

결의 담당자로 커 나갔던 것이다. 한 가지 특기할 만한 사항은 이들이 매년 점검하고 있는 자신들의 성과지표이다. 좋은 일자리 창출과 고용유지(8개 성과목표와 21개 세부점검목록), 바른 돌봄서비스 공급(5개 성과목표와 14개 세부점검목록), 돌봄서비스 공익성 확대(5개 성과목표와 12개 세부점검목록), 지역사회 복지활동 강화(3개 성과목표와 8개 세부점검목록)로 활동의 목적을 정하고 평가과정과 결과를 공개함으로써 복지의 담당주체로서의 자기 책무에 충실하고 있다.

주변을 살펴보면 이러한 사례는 많다. ① 영세상인의 경영안정성 확보를 위한 사업자협동조합(서울의류봉제협동조합, 울산서점협동조합), ② 고용안정을 위한 근로자협동조합(한국IT개발자협동조합, 행복나눔마트협동조합), ③ 사회서비스 제공형 협동조합(안성의료복지사회적협동조합, 영림중사회적협동조합), ④ 일자리 창출형 사회적기업(에이스푸드, 다솜이재단), ⑤ 사회서비스 제공형 사회적기업(추억을 파는 극장, 한국아이티복지진흥원), ⑥ 지역사회 활성화 사회적기업(이장, 새벽), ⑦ 문화, 환경 사회적기업(동춘서커스, 컴윈), ⑧ 창의적 아이디어와 사회문제 해결을 결합한 소셜벤처(Big Walk, 터치포굿, 콘삭스, 시지온) 등 다양한 분야에서 생겨나고 있는 협동조합과 사회적기업의 움직임은 한국의 경제사회문제 해결의 새로운 가능성을 보여주기도 한다.

3. 향후 과제[39]

그렇다면 사회적경제를 발전시키기 위해서는 무엇을 해야 할 것인가? 관건은 사회적경제와 관련된 정부의 정책체계를 정비하는 것이며, 민간의 우호자원을 조직화하는 것이다. 그리고 이 모든 것을 추진해 나갈 사람을 키우는 것에 있다.

1) 비전 설정과 정책담당체계의 재정비

정책에서 가장 중요한 것은 확실한 비전을 제시하는 것이다. 협동조합기본법 제정, 사회적기업 육성, 미소금융 등 개별적으로는 좋은

---

39) 이하는 필자의 글(김종걸, 「한국의 대안모델, 사회혁신과 사회적경제」, 김종걸 엮음, 『글로벌 금융위기와 대안모델』, 논형출판, 2012)을 대폭 개정한 것이다.

정책체계가 구비되어 있음에도 이 모든 것이 국정의 '브랜드'로서 기능하지 않는 현실은 곤란하다. 개별정책을 사회적경제정책이라는 형태로 패키지화하고 정책의 메시지를 명확히 국민들에게 제시해야 한다. 국가 차원에서 이러한 정책을 대대적으로 실시하는 곳은 아마도 영국 데이비드 캐머런(David Cameron)의 보수당 정부일 것이다. 2010년 5월 총선거에서 승리한 후 그는 다음과 같이 말한다. "우리는 정부, 그리고 민간의 시민사회조직들이 같은 목표를 가지고 있다고 믿는다. 바로 더 건강한 사회를 만드는 것이다. 큰 사회(Big Society) 정책은 이들이 더 큰 역할을 담당할 수 있게 하는 것이며, 정부의 엘리트들로부터 길거리의 일반인들에게 가장 크고 획기적인 권력의 이양을 목표로 하는 것이다."40) 즉 전통적인 보수당 정책이었던 '시장'의 확대가 아니라 '사회(시민사회)'의 확대에 의한 정부 기능의 축소로 그 정책적 주안점이 변화했던 것이다.41) 이것은 비단 영국만의 사례에 한정된 것만은 아니다. 앞서 이야기한 스코틀랜드 정부 또한 척박한 산촌과 어촌으로 이루어진 이 지역에서 정부의 사회서비스를 협동조합, 사회적기업의 방식으로 해결해야 한다는 분명한 정책적 비전을 내세우고 있으며, 트렌티노 정부도 협동조합의 발전이 이 지역 발

---

40) 캐머런 총리의 2010년 5월 18일 연설문. Cabinet Office, *Supporting a Stronger Civil Society*(London, 2010). 정책 내용에 대한 간단한 설명은 김종걸, 「한국판 '큰 사회론'을 위하여」(『국민일보』 경제시평, 2013년 6월 26일) 참조.

41) 1980년대의 대처리즘(제2의 길)과 기존의 사민주의의 평등지향성(제1의 길)을 극복하려는 토니 블레어의 제3의 길 정책은 정부와 시장의 역할을 융합시키려 했던 좌파의 우파적 전향이라고 한다면, 데이비드 캐머런의 '큰 사회(Big Society)'론은 이전의 보수당 정부의 정책이었던 규제완화, 감세를 중심으로 한 '큰 시장(Big Market)'론에 대한, 우파의 좌파적 전향이라고 볼 수도 있다. 약관 39세에 보수당 당수가 되고 45세에 자유민주당과의 연립정부의 수반이 된 데이비드 캐머런은 단순한 '작은 정부론'을 거부하고, 큰 사회로 권력과 책임과 정책결정을 넘겨야 한다고 주장한다.

전에 필수불가결함을 누차 강조한다.

둘째로 비전을 제시하는 것이 정부의 직접지원과 그대로 연결되는 것은 아니라는 점을 분명히 인식해야 한다. 협동조합이든 사회적기업이든 간에 가장 중요한 것은 사람들의 스스로 살고자 하는 의욕(self-help)을 잘 조직하는 일이며, 경우에 따라서는 과도한 정부의 지원 및 개입은 사람들의 자조능력을 상실시킨다. 국제협동조합연맹의 협동조합 7원칙 중 '자치와 자립'이 강조되는 것도 사실은 오래된 논쟁의 결과였다. 한때 협동조합에 대한 직접지원의 방식으로 후진국을 개발하려던 UN의 노력은 거의 실패한 것으로 평가되며, 지금은 협동조합에 대한 직접지원보다는 다른 기업에 비해서 역차별을 없애는 것, 그리고 교육 및 경영지원과 같은 간접지원체계를 구축하는 것에 초점을 맞추고 있음을 인식해야 한다.42)

셋째로 '간접지원'의 형태를 유지한다고 하더라도, 사회적경제 영역(협동조합, 사회적기업, 비영리단체)에 대한 '건전성'을 확보하는 것은 중요하다. 영국 정부에서 큰 사회를 주창하는 것은 다른 의미로는 지원을 확대하는 것이 아니라, 투명성을 제고함으로써 시민사회의 구조조정을 촉진한다는 점을 인식할 필요가 있다.43) 한국의 경우 재정적자의 압박이 심한 영국과는 사정이 다를 것이나, 적어도 사회적경제 영역을 강화시켜 나가는 데 있어서 향후 투명성을 제고(모든 회계자

---

42) 이에 대해서는 Hans Münkner, *Co-operation as a Remedy in Times of Crisis* (Institute for Cooperative Research at the Philipps-University of Marburg, 2012), 제5장에 자세히 기술되어 있다.

43) 하나 염두에 두어야 할 것은 재정적자 축소를 위한 노력으로 그동안 제3섹터에 대한 보조금조차도 삭감되고 있다는 점이다. 그러한 면에서 제3섹터에 대한 강조는, 오히려 제3섹터를 단순히 육성하겠다는 의미가 아니라, 제3섹터의 경영을 합리화하며, 이들의 경쟁력을 강화시키겠다는 차원으로 이해할 수 있다. ACEVO, *Cuts to the Third Sector: What can we learn from Transition Fund applications?*(London, 2001) 참조.

[표 8] 영국 내각부의 OCS의 조직

---

1. 책임자

2. 부책임자

3. 공공정책팀(이하 팀장 밑의 조직)
   - 지역정책 담당   - 공공서비스 전달체계 담당
   - 중앙정부계약 담당   - 공공서비스 개혁 담당
   - 다중장애자문제 담당

4. 큰 사회정책팀
   - 전략적 분석 담당   - 전략적 정책 담당
   - 정책조율 담당   - 책임자 비서팀

5. 사회투자와 사회적기업팀
   - 빅소사이어티뱅크 담당   - 사회투자 담당
   - 프로젝트 매니저   - 사회적기업/사회적 가치 담당

6. 채리티(charity) 및 사회적지원팀
   - 법/규제 담당   - 능력개발 담당
   - 규제완화 기업지원 담당   - 전략적 파트너십 담당

7. 사회적행동팀
   - 자원봉사 담당   - 시민서비스 담당
   - 청년자원봉사 담당   - 지역행동(Community Action) 담당

자료 : 영국 내각부 자료.

료의 공시 등)시켜 가는 방안에 대해서는 검토할 필요가 있다.

넷째로 비전의 제시와 함께 중요한 것은 정책의 담당부서를 어딘가에 통합시켜 가는 노력이다. 영국의 경우 총리 직속의 OCS(Office for Civil Society)에서 관련된 정책을 조율한다. 그러나 한국의 경우 사회

적경제와 관련된 부처는 사방에 산재되어 있다. 사회적기업과 관련된 정책만 하더라도 사회적기업(고용노동부), 마을기업(행정안전부), 농어촌공동체회사(농림수산부) 등 비슷한 사업이 부처별로 쪼개져 있으며, 자활(보건복지부), 협동조합(기재부, 행안부, 금융위, 농림수산부 등) 모두 각개로 진행되고 있다. 가장 큰 문제는 정부의 관련정책이 통합된 원칙과 전달체계를 정비하지 못해 사회적경제 영역의 네트워크 자원을 분단시키고 있다는 점이다. 즉 복지정책의 전달체계가 각 부처로 쪼개어져, 최악의 경우, 각 부처 간 사업이 중앙부처의 담당 국·실·과, 지방정부의 담당 국·실·과로 나누어지며, 경우에 따라서는 중간지원조직까지 별도로 운영됨으로써 나타나게 되는 비효율성이다. 정부지원을 전제로 이러한 사업들이 추진될 경우, 지역사회의 기존의 네트워크 구조는 정부지원을 받기 위한 조직으로 분단되어 버리고, 결국 사회적경제 영역의 발전 가능성의 싹을 없애버리는 것이 된다는 점을 명심할 필요가 있다.

각 부처 간 정책조율의 중요성에 대해서 고용노동부나 기획재정부에서도 인식하고 있는 듯하다. 2012년 12월에 발표된 고용노동부의 '제2차 사회적기업육성 기본계획(2013-2017년)'에 의하면 사회적기업 3천 개 육성을 목적으로 책정된 61개 세부과제 중 19개는 타 부처 혹은 지자체와의 업무협의를 필요로 하는 것이었다. 기획재정부의 '제1차 협동조합 기본계획(2014-2016년)'(2013년 12월)에서 발표한 총 64개 세부과제 중 23개도 마찬가지의 상황이었다. 따라서 협동조합, 사회적기업, 자활사업, 비영리단체 관련사업이 부처로 통합되든, 아니면 청와대의 조율과정 속에서 통합되든 간에 전체적인 사업을 조율할 수 있는 담당체는 필수적이다.

[표 9] 사회적기업, 협동조합의 부처 간 협력사항

사업 담당부처	주요과제	협의대상 부처
사회적기업 고용노동부	자생력 강화(판로개척 지원, 자금 및 투자 지원, 공공구매, 지원금제도 개선의 총 15개 세부과제)	기재부, 금융위, 중기청, 조달청, 지자체, 각 부처
	맞춤형 지원체계(컨설팅 효율화, 지원기관역량 강화, 사회적기업가 양성, 사후관리 지원의 총 20개 세부과제)	안행부, 외교부, 지자체
	사회적기업 역할 확대 및 성과 확산(역할 확대, 성공모델 확산, 책임성 강화, 공감대 확산의 총 13개 세부과제)	교육부, 지자체
	민간과 지역 파트너십 강화(민간기업의 사회적기업지원 확산, 인적자원연계 강화, 교류활성화의 총 13개 세부과제)	안행부, 복지부, 국토부, 지자체, 각 부처
협동조합 기획재정부	시장진입(공정한 경쟁여건, 사회서비스 전달체계 효율화의 총 14개 세부과제)	중기청, 조달청, 공정위, 안행부, 고용부, 복지부, 법무부, 지자체, 공공기관
	자금조달(정책자금 활용, 금융자원 활용의 총 13개 세부과제)	고용부, 금융위, 중기청, 농림부, 안행부, 각 부처
	인적자본(교육확대 및 대국민 교육홍보의 총 17개 세부과제)	안행부, 농식품부, 중기청, 교육부, 지자체
	연대협력(정보인프라, 중간지원기관, 국내외 네트워크의 20개 세부과제)	법무부, 각 부처, 지자체

자료 : 관계부처 합동, 『제2차 사회적기업 육성 기본계획(2013-2017년)』(2012),
관계부처 합동, 『제1차 협동조합 기본계획(2014-2016년)』(2013).

2) 정부복지 및 일자리사업 담당주체로서 활용

다음으로는 사회적경제조직을 한국의 사회서비스 전달 및 재정일자리사업의 담당주체로서 적극 활용해 나가는 자세가 필요하다. 영국 정부의 공공서비스 개혁(public service reform), 스코틀랜드 정부의 정부조달과정에서의 사회적경제의 활용 등은 좋은 모범이 된다. 한국에서도 정부 사회서비스 및 일자리사업 속에 사회적경제조직을 적극 활용할 여지는 많다. 가령 2011년 2월 발간된 '정부재정지원 일자리사업 현황자료'에는 총 22개의 중앙부처 및 부처 소속 청에서 시행중인 169개의 사업이 수록되어 있다. 정부재정지원 일자리사업은 정부에서 직접 고용하거나 민간에 위탁하여 고용하는 직접 일자리사업, 직업능력개발훈련사업, 고용서비스, 고용장려금, 창업지원, 실업소득유지 및 지원을 모두 포괄한다.

여기서 먼저 확인해야 할 것은 정부의 재정일자리사업의 모두가 사회적경제 방식으로 운영되어야 한다는 것은 아니라는 점이다. 기존의 정부의 직접고용형태 혹은 정책전달체계가 더욱 효과적일 경우에는 기존의 시스템을 그대로 유지시키면서 더욱 효과적으로 서비스가 전달될 수 있는 방안의 강구가 필요하다. 정부업무의 비밀성을 유지해야 할 필요성, 혹은 행정부처의 업무적 통합성이 더욱 필요할 경우가 이에 해당된다고 할 수 있다(공공기관의 장애인 행정도우미 배치, 국민연금상담요원, 의료급여경상보조 등). 그러나 이상의 상황들이 아니라면 적극적으로 사회적경제조직을 활용하는 것을 고려해야 한다. 이미 사회적경제조직이 활동하고 있거나 앞으로 활동 가능한 영역에는 사회적경제 영역으로의 적극적인 문호 개방, 성공모델의 전파 등의 정책적 노력이 필요하다. 필자가 2011년 재정일자리사업 총 2조 7,069억 원(71개 사업)을 대상으로 조사한 바에 의하면 39개 사업에

[표 10] 재정일자리사업 사회적기업 연계 가능성

부처명	사업수	2011년 예산 (억 원)	사회적기업 연계 가능 사업수
보건복지부	18개 사업	11,295	12개 사업
교육과학기술부	6개 사업	5,403	4개 사업
농림수산식품부	12개 사업	758	3개 사업
환경부	4개 사업	316	4개 사업
산림청	4개 사업	3,614	4개 사업
문화체육관광부	6개 사업	1,148	2개 사업
문화재청	5개 사업	216	3개 사업
여성가족부	9개 사업	1,314	4개 사업
행정안전부	7개 사업	3,005	3개 사업
총계	71개 사업	27,069	39개 사업

자료 : 김종걸 등, 『중앙부처 재정일자리 및 공공서비스 사업의 사회적기업 연계
방안』(고용노동부 프로젝트 보고서, 2011년 9월).

대해서는 충분히 사회적기업, 사회적협동조합의 방식으로 운영될 수
있다고 본다. 따라서 각 부처에서는 자신의 분야에서 활동하고 있는
사회적경제 영역을 먼저 파악하고 대표적인 기업들에 대해서는 담당
부처와의 협의과정을 통해서 성공모델을 전파해 나가는 과정이 필요
하다.

3) 민간 우호자원의 조직화

하나 고심해야 할 사항은 정부의 지원이 기업으로서의 자생력 획득
에 저해가 될 수도 있다는 점을 항상 염두에 두어야 한다는 것이다.

정부의 지원에만 의존하는 사회적경제의 각 영역은 스스로 살고자 하는 자생력을 잃어버린 채 정부기구의 기생조직으로 변화되어 버린다. 협동조합이든 사회적기업이든, 기본적으로는 영리활동을 하고 있는 기업체이며, 케인스의 용어를 빌린다면 야수적 본능(animal spirits)을 가진 기업가가 필요하다. 기업가가 전투력을 잃어버리는 상황은 복지 전달체계의 효율성 측면에서도 그리고 내발적 성장의 계기로도 기능하지 않는다. 중요한 것은 정부의 지원이 아니라, 정부의 지원과 민간의 각종 우호적인 자원들이 사회적경제라는 활동공간에서 서로 결합하는 것이다. 이러한 조밀한 네트워크가 형성되어야만 사회적경제의 각 영역은 서로 도와주며 자생적으로 발전해 나갈 수 있는 것이다.44)

　사회적경제 선진지역의 특징은 지역 내에서 동원 가능한 다양한 자원이 서로 조밀히 결합하고 있다는 점이다. 트렌티노 협동조합연합체는 536개의 산하조직(협동조합 515개, 다른 조직 21개)을 가진 거대 조직으로서 25만 5천 명의 조합원, 그리고 181명의 상근자를 가지고 있다. 협동조합 간 협동(제6원칙)과 협동조합의 지역사회에 대한 공헌(제7원칙)은 협동조합연합회를 통해서 구현된다. 개별 협동조합의 이익잉여금 중 30%는 연합체로 납부되며, 이 자금은 협동조합 전체의 발전을 위해 사용된다. 신용협동조합의 경우도 전체 예금액의 97%가 지역사회에 다시 재투자(대출)된다. 지역의 인원과 자금과 지식이 지역 내에서 서로 연계되며 상호 발전해 나가는 것이다. 이것은 스코틀랜드도 마찬가지다. 가령 2012년 3월 28일 스코틀랜드의 최대도시 글래스고에서 개최된 사회적기업과 관련된 행사장은 200파운드 가까운

---

44) 경제학에서 말하는 마셜의 외부효과(Marshall's external economies), '조직화된 시장의 경제합리성' 등과 같은 논리는, 결국 우호조직 간의 네트워크가 잘 형성되었을 때 개별기업의 경쟁력도 잘 발휘할 수 있다는 것을 나타낸 것이다.

참가비에도 불구하고 전체 참가인원은 1,200명이었으며, 회의장 바깥에 마련된 부스에는 사회적기업만이 아니라 협동조합, 자선단체, 지역대학 등이 서로 어우러진 거대한 토론장이었다.45) 스코틀랜드 협동조합연합회가 설립한 은행(unity trust bank)은 협동조합만이 아니라 사회적기업에게도 동등하게 지원을 한다. 상호 우호적인 자원들이 끊임없이 서로 결합하며 새로운 사업기회를 만들고 있는 것이다.

마찬가지로 한국에서도 사회적경제의 중추세력인 협동조합, 사회적기업, 비영리단체의 내부 혹은 상호간의 협력강화가 필요하다. 그러나 가장 발전되고 있다는 원주의 사례에서 보듯이 현실적 실력은 너무나도 열악하다. 사회적경제의 중추영역의 실력이 아직 너무 약하다면 사회적경제 영역 외곽에 있는 우호세력을 재조직화하는 것도 하나의 방식이다. 영국의 경우 2005년 기준 16만 6천 개에 달하는 각종의 자선단체, 그리고 BITC(business in the community)와 같은 대기업 연합조직 등이 사회적기업 발전의 든든한 버팀목이 되고 있다는 점은 우리에게 많은 시사점을 준다. 한국에서도 사회적경제 영역의 우군들이 존재해야 한다. 가령 교회 또는 사찰에서 사용하는 책상, 의자, 떡 등을 윤리적 소비의 형태로 사회적기업으로부터 구매한다면 그 파급력은 무척 커진다. 학교, 공공기관에도 모두 해당되는 이야기이다. 결국 한국사회의 각 섹터가 사회적경제 영역이 한국사회에 필요하다는 인식을 공유하며, 윤리적 소비와 투자의 보호막을 형성시켜 갈 때 사회적경제 영역은 한국사회 속에 굳건히 자리 잡게 되는 것이다.46)

---

45) Social Enterprise Exchange in Glasgow(2012년 3월 28일).

46) 이를 위해서는 2011년 12월에 결성된 '사회적기업육성 민관 네트워크'와 같은 조직을 사회적경제라는 틀에서 다시 확대 개편하여 윤리적 소비와 투자의 동심원을 완성시켜 가는 것이 필요하다.

4) 사회적경제운동가(기업가)의 양성

또 하나 강조하고 싶은 것은 사람의 문제이다. 사회적경제 영역의 확대가 가지는 최고의 효과는 바로 과도하게 편향된 한국사회의 시장만능주의, 배금주의적 사고방식을 대체하는 새로운 가치관을 우리에게 줄 수 있다는 점이다. 시장주의의 원조, 애덤 스미스(A. Smith)의 세계에서는 개개인이 자신 스스로를 사랑하는 것(self-love)이 바로 사회적 공동선을 실현시켜 가는 것이었다. 또한 그러한 이기심이 극단적인 사회적 불평등으로 귀결되지 않는 이유는 바로 개개인의 속에 자리 잡고 있는 양심(스미스의 용어에서는 impartial spectator)이 존재하기 때문이었다. 그러나 한국사회는 양심보다는 사익만이 비대해져 버린 사회로 변화되어 왔다. 사회적기업과 협동조합은 일반기업과는 발전의 원리를 다르게 한다. 필자는 사회적기업을 '선한 + 우수한 + 기업'이라고 정의한다. 사적 이윤동기를 배제하여 사회적 목적 실현을 위해서 기업활동을 한다는 측면에서 선하며, 시장 속에서 재화를 구매, 판매한다는 의미에서 기업이며, 그리고 기존의 영리기업보다 종업원 복리후생, 제품 서비스의 질 양쪽 차원에서 더욱 좋다는 측면에서 우수한 것이다. 그리고 그 선한 목적 때문에 일반기업은 동원할 수 없는 윤리적 소비와 투자의 자원들을 동원할 수 있다. 협동조합의 발전원리 또한 일반기업과는 전혀 다르다. 구성원들의 자발적인 연대의 힘이 바로 조직발전의 원동력이 되는 것이다. 돈을 벌기 위해서 고용하는 것이 아니라 고용하기 위해 돈을 버는 것, 한 줌의 주주를 위한 것이 아니라 구성원 모두의 행복을 위해서 기업활동을 하는 것, 이상과 같이 사회적기업과 협동조합은 기존의 자본주의적 기업활동과는 전혀 다른 구성원리에 의해 운영되며, 한 사회 속에 나눔과 연대의 새로운 가치관을 확산시킬 수 있다는 데 그 의의가 크다.

그러나 이러한 목표는 그 사업이 성공했을 때의 이야기이다. 사람들 속에 있는 선한 의지를 조직하고 그것을 사업이라는 형태로 이끌어갈 수 있는 능력은 운동가의 능력만이 아니라 기업가로서의 자질도 필요로 한다. 사회적 목적과 경제적 목적을 동시에 달성하는 것은 쉬운 일이 아니기 때문이다. 앞서 사례로 이야기한 트렌티노는 제2차 세계대전 이후 문맹률이 이탈리아에서 거의 최고 수준의 후진 지역이었다. 스코틀랜드도 에밀리 브론테의 『폭풍의 언덕』무대가 될 만큼 황량한 지역이었다. 그러나 지금은 소득 면에서도 그리고 생활의 질 면에서도 상당히 좋은 지역으로 뽑힌다. 결국 사람인 것이다. 어려움을 딛고 일어서는 사람들의 노력을 조직할 수 있는 선구적인 운동가들의 집단, 그리고 그 집단을 세대간에 계승시켜 가는 교육이 중요한 이유이다. 비즈니스를 통해 사회적 문제를 해결하려는 명확한 문제의식을 가지고, 민주적 리더십 하에서 조직 내부, 외부의 자원들을 효과적으로 조직하고 동원할 수 있는 유능한 사회적기업가, 협동조합운동가들이 필요한 이유이다.47)

5) 수출모델로서의 사회적경제

마지막으로 한국의 사회적경제는 이제 충분히 수출 가능한 모델임을 강조하고 싶다. 지속가능한 원조모델로서 사회적경제방식의 유용성이 강조되는 지금, 앞으로 기존의 개발경험공유사업(KSP 사업), 개발원조사업(ODA, EDCF 사업), 청년해외취업사업(KMOVE) 등도 사회적경제와의 연계성을 강화해야만 한다.

---

47) 외국의 사회적경제기업가의 양성과정(버클리(U. C. Berkeley), 스탠퍼드, 옥스퍼드 대학 등)에 대해서는 김종걸 등, 『협동조합을 통한 지역활성화 선진사례 연구』(기획재정부 연구프로젝트 보고서, 2012)에 자세히 조사되고 있다.

지난 정부 이후 우리나라 대외원조(ODA) 예산은 양적인 측면에서 크게 늘었다. 2009년에는 경제협력개발기구(OECD)의 개발원조위원회(DAC)에 가입하고 2015년까지 ODA 규모를 국민총소득 대비 0.25%까지 확대하기로 했다. 정책조율기능을 강화한 국제개발기본법도 제정했다. 그러나 문제는 많다. 국회예산정책처의 보고서(2011년)에 따르면 우리나라 대외원조는 총 1,073개 사업(10억 5,405만 달러)이 32개 정부기관에서 실시된다. 그런데도 부처 간 중복지원, 일회성 사업의 남발, 유무상 지원체계의 분절, 국제개발협력위원회의 형식화 등 문제점은 많이 지적된다. 현지의 여건을 반영하지 못해 지역주민의 능력향상에도 이어지지 못했다는 평가도 많다. 그러면 어떻게 해야 할 것인가? 필자는 사회적경제 영역을 대외원조 수행의 중요한 돌파구로 삼아야 한다고 생각한다. 한국의 사회적경제조직을 현지의 사회적경제조직과 연계시킴으로써 대외원조의 효과성을 증대시키는 것이다.48) 가령 다양한 민간, 시민단체, 학자, 학생들이 참여하는 '공공외교 사회적협동조합'을 설립하고 지원대상국에도 '지역개발 협동조합'을 설립, 지원하여, 양자간 협력에 의한 ODA 사업의 수행도 생각

---

48) 개발원조에 있어서 ① 예산 및 사업의 통합관리, ② 현지주민의 참여라는 두 가지 조건은 국제적으로도 강조되는 것이다. 현재 국제연합(UN) 안에서 각기 따로 실시되던 대외원조는 유엔개발계획(UNDP) 중심으로 통합, 조율되는 움직임이 강화되고 있다. 세계은행이 빈곤삭감전략문서(PRSP)와 이를 위한 중기재정계획(MTEF) 작성을 원조대상국에게 의무화한다거나, 경제협력개발기구(OECD)의 개발원조위원회(DAC)에서 교육, 위생 등 각 사업별로 원조사업을 통합시켜 가는 것(SWAp) 또한 원조의 효과성을 높이기 위함이었다. 한편 현지주민의 참여를 중시한다는 점, 즉 원조의 대상으로서가 아니라 문제를 같이 풀어가는 주체로서 현지주민을 조직화하는 것도 많이 강조된다. 세계은행이 매년 발간하는 개발보고서(World Development Report)에서 2000년 처음으로 현지주민의 참여(ownership)와 능력증진(empowerment)이 주요 정책과제로 부각된 것도 같은 맥락이다. 자세히는 斎藤文彦, 『国際開発論』(日本評論社, 2012) 참조.

해 볼 수 있다. 이 과정 속에 우리의 젊은이들이 참여하며, 그러한 훈련과정을 통해 공정무역, 공정여행 등의 새로운 사회적기업을 창업해 나갈 수 있는 '경로'를 만들어주는 것도 중요하다.

개도국을 다니다 보면 우리의 개발경험에 대한 지대한 관심을 받게 된다. 2013년 10월 캄보디아 왕립프놈펜대학의 심포지엄에서 필자는 한국의 사회적경제정책과 관련해 아주 많은 질문을 받아야 했다. 필리핀에서 온 한 참석자는 아키노 상원의원(현 대통령 사촌동생)이 우리의 사회적기업육성법, 협동조합기본법을 벤치마킹한 새로운 법률을 제출했다고 귀띔해 주었다. 적어도 필자가 알고 있는 한 사회적기업, 사회적협동조합과 관련한 법과 제도는 한국이 가장 선진적이다. 이제, 스페인 몬드라곤, 이탈리아 트렌티노, 캐나다 퀘벡 모델의 단순 수입이 아니라, 우리의 그간의 정책과 운동경험을 수출해야 될 때가 온 것이다. 그리고 그 수출과정을 통해 우리 사회적경제운동의 경험과 지평을 확대시켜 가는 자세가 필요하다.

4. 결론: 사회적경제기본법으로 정책통합을

지금 한국의 중요한 과제는 안정된 일자리를 어떻게 만들 것인가에 있다. 기존의 굴뚝산업, 일부 첨단산업만을 가지고는 이 목표에 도달할 수 없다는 것이 과거의 경험이다. 관건은 사회 전체의 경제적 참여도를 늘리는 것이며 성장에서 소외되었던 지역 및 사람들을 재조직화하는 것이다. 즉 기존의 양극화 성장이 아니라 새로운 내발적(內發的) 성장의 기틀을 만드는 것이 중요하다.

또 하나의 과제는 복지와 관련된 것이다. 단기적으로 복지예산의 확충이 쉽지 않다면 복지의 관료주의화를 막아갈 수 있도록 복지전달 체계 속에 시민사회의 힘을 적극적으로 결합시키는 것이 필요하다.

그리고 이 두 가지 정책목표를 실현하는 데 있어 사회적경제는 상당히 강력한 수단이 된다는 것이 필자의 생각이다. 그렇다면 사회적경제는 어떻게 키워야 할까?

필자는 성공하는 정책에는 공통점이 있다고 생각한다. 먼저는 정책의 목표, 대상, 수단을 명확히 규정하고 이에 맞게 부처별 사업의 교통정리를 하는 것이다. 또한 민간과의 파트너십을 구축하며 이 모든 것을 알기 쉬운 메시지로 국민에게 전달하는 것이다. 새마을운동의 예를 들어보자. 정책목표는 빈곤극복이었으며 수단은 농지, 도로, 주택 정비였다. 정부의 힘을 결집했으며 주민의 자발적인 참여도 조직화했다. 그리고 이 모든 것을 패키지화하여 새마을운동이라는 명확한 언어로 표현했다.

이에 비해 사회적경제정책은 한참 못 미친다. 명확한 국민적 아젠다로 만드는 작업도 부족했으며 정책의 통합과 조율에도 미흡했다. 사회적기업, 협동조합, 마을기업, 자활사업 등 많은 사업의 목적은 일자리 창출과 사회서비스 확충에 있다. 그러나 각기 움직인다. 거의 붙어 있는 '협동조합의 날'(7월 첫째 토요일)과 '사회적기업의 날'(7월 1일)은 따로 기념된다. 각 사업별로 시장지원, 금융지원, 네트워크, 교육계획도 따로 세운다. 자활기업(보건복지부)이 마을기업(안전행정부)으로, 그리고 사회적기업(고용노동부)으로 성장하는 과정에서 단계별로 필요한 것을 해결해 주어야 하나 조율할 수 있는 단위는 존재하지 않는다. 자활기업 출신이 마을기업 지원을 받은 후 협동조합 형태의 사회적기업이 되어 있다면 매년 사업보고서 및 경영공시를 각기 다른 형태로 보건복지부, 안전행정부, 기획재정부, 고용노동부에 제출해야 한다. 과도한 사무비용이 소요되는 것이다. 더욱 심각한 문제는 정부의 칸막이가 사회적경제계의 칸막이로 전이되며 결국 자발적인 운동의 분열을 조장시킨다는 점이다. 특히 이쪽 영역이 정부자원의 의존도가 높은 현실을 생각한다면 이러한 경향은 더욱 강화된다.

둘째로 본래의 정책목표에도 충실한 것 같지 않다. 정책의 기획의 도의 원점으로 돌아가는 것이 필요하다. 원래 사회적경제정책이 실시된 이유는 10조 원의 사회서비스 예산, 11조 원의 재정일자리사업 예산의 효율성을 제고하기 위함이었다. 그렇다면 사회서비스와 재정일자리사업 예산의 일정 부분이 사회적경제 영역의 발전에 연결되어야 했다. 그러나 그렇지 못했다. 고용노동부의 1,500억 원 예산 범위 내로 스스로를 축소시켜 버렸던 것이다. 사회적기업이 이럴진대 이제 막 태동한 사회적협동조합이 복지영역에서 역할을 하기에는 긴 시간이 필요할지도 모른다. 강고한 칸막이가 부처 간 정책조율을 방해하고 있는 것이다.

셋째로 우호세력의 확대에도 그리 좋은 점수를 줄 수 없다. 사회적경제란 무엇인가? 필자는 적어도 이 글에서는, 사회적경제를 '학술적'이 아니라 '정책적'으로 규정한다고 밝힌 바 있었다. 구체적으로는 한국사회에서 시장경제의 하위부문(마을기업, 자활기업, 일반협동조합)과 비영리의 경제부문(사회적기업, 사회적협동조합)으로 이해한다. 정부자원을 별도로 친다면 자발적인 선의의 자원을 동원하는 것이 중요하다. 기업, 종교, 학교, 일반시민의 기부와 자원봉사, 윤리적 소비와 투자가 중요한 역할을 한다. 그러나 현실은 많이 열악하다. 사회적자본은 OECD 최하위 수준이라고 일컬어진다. 자신의 자금과 노동력을 무상으로 제공할 수 있을 정도의 사회적 신뢰가 없는 것이다.

그러면 어떻게 해야 할 것인가? 해법은 '사회적경제기본법'에 있다. 다음의 다섯 가지 구성요소를 넣음으로써 문제해결이 가능해진다.

먼저, 사회적경제를 정의하고 관련된 정책을 기획, 정비하는 조직이다. 정책의 거버넌스의 문제인 것이다. 한국에서는 이미 충분히 많은 사회적경제 관련정책이 실시되고 있다. 단지 조율되지 않고 있을 뿐이다. 영국의 사례로 든다면 총리 직속의 OCS(시민사회청)와 같은 역할을 하는 조직이 필요하다. 혹은 프랑스 올랑드 정부와 같이 새로운 부처(ministry of coalition and social economy)를 만드는 것도 하나의 방식이다. 한국의 경우 독립된 위원회로 갈지, 청와대 혹은 총리실 조직으로 갈지, 아니면 기존 혹은 신설 부처의 사업으로 갈지, 정리된 바는 없다. 단지 논의를 시작해야 할 단계에 온 것은 분명하다.

둘째는 사회적금융의 정비이다. 새롭게 자금을 투입할 필요는 없다. 중소기업지원자금, 각종 정책펀드, 휴면예금, 미소금융, 복권기금, 자활기금, 사회복지공동모금회, 신용보증기금, 기업의 사회공헌(CSR) 등 재원은 충분하다. 문제는 사회적경제계에 그 자금이 제대로 전달되지 않는다는 점이다. 각각의 자금들이 사회적경제계로 연결되는 통로를 정비하기 위해서 가장 필요한 것은 사회적경제의 단위들의 성과지표를 평가하는 수단이다. 사회적기업, 사회적협동조합의 경우 일반기업과는 다른 설립목적을 가지고 있다. 따라서 성과지표 또한 다르게 설정되어야 한다. 일반기업의 재무제표, 손익계산서 방식과는 다른 사회적경제계에 적합한 사회적회계방식의 재정비(사회적 가치 창출을 반영한 대출 및 투자 매뉴얼, 기업회계방식의 변경)와 이에 입각한 금융중계기능의 회복이 시급하다.

셋째는 사회적조달의 확대이다. 104조 원(2012년)에 달하는 공공구매, 공공위탁 시장에 사회적경제 영역을 안착시키는 것이다. 최저가 입찰 방식이 아닌 사회적 가치를 반영한 공공조달체계의 재정비가 필요하다.

넷째는 투명성의 제고이다. 특히 제3섹터의 투명성은 획기적으로 증대되어야만 한다. 사회적경제는 영리와 비영리의 중간이며 정부자원과 민간자원이 잘 결합해서 성공하는 곳이다. 정부지원의 책임성과 민간기부의 활성화를 위해서도 투명성 제고는 무엇보다도 강조되어야 할 것이다.

　다섯째는 사회적경제인의 양성이다. 결국 사람이다. 어려움을 딛고 일어서는 사람들의 노력을 조직할 수 있는 선구적인 활동가들의 집단, 그리고 그 집단을 세대 간에 계승시켜 가는 교육이 중요한 이유이다.

　적어도 필자가 알고 있는 한 사회적기업, 협동조합 등과 관련된 법과 제도는 한국이 아주 선진적이며 지원예산도 상당하다. 그런데도 아직 실체가 따라가지 못하는 이유는 제도 간 충돌을 방치한 채 부처 간 칸막이를 깨지 못했기 때문이다. 또한 사회적 선의를 조직화해 나갈 투명성 조항을 제대로 정비하지 못했기 때문이다. 국가 차원에서는 사회적경제 영역의 거버넌스와 금융, 조달, 투명성, 인력양성체계를 규정하고 그것을 알기 쉽게 국민에게 설명하기 위한 비전(vision)을 제시해야 한다고 본다. 당연히 지방정부 차원에서도 이것을 해야 한다. 중앙부처의 사업을 지역 레벨에서 통합하고, 관련된 금융기능을 사회적회계 방식에 따라서 배분해야 하며, 사회적조달을 사회적경제 발전의 중요한 수단으로 활용하며, 지원에 대한 투명성을 획기적으로 증대시켜야만 한다. 그리고 현장과 정책단위에서 이 모든 것을 추진해 나갈 사람을 양성하는 것이 중요하다. 그러한 면에서 2014년 지방선거는 '사회적경제기본법'이라는 화두 하에서 사회적경제의 정책조율, 사회적금융, 사회적조달, 투명성, 사회적경제인 양성의 정책이 정비되어 가는 과정이었으면 한다.

　향후 사회적경제에 대한 지원의 원칙과 관련한 필자의 생각을 간단히 덧붙이기로 한다. 첫째는 '과도'한 지원은 금물이라는 점이다. 가장 중요한 것은 사람들의 스스로 살고자 하는 의욕(self-help)을 잘 조직하는 일이다. 과도한 정부지원 및 개입은 사람들의 자조능력을 상실시킨다. 초점은 직접지원보다는 다른 영리기업에 비해서 역차별을 없애는 것, 그리고 교육 및 경영지원과 같은 간접지원체계를 구축하는 것이다. 둘째는 모든 취약계층을 사회적경제 방식으로 재편하는 것 또한 위험하다는 점이다. 장애인보호 작업장 등과 같이 국가에서 책임져야 할 곳은 그대로 두어야 한다. 정부의 일자리사업을 ① 공공서비스형(의료급여관리), ② 경과형(숲가꾸기 사업), ③ 보호형(장애인보호 작업장), ④ 시장형(바우처 사업)으로 구분하고 각 범주를 어떻게 사회적경제와 연계할지, 그리고 그것에 따른 지원의 범위와 정도에 대한 재설계가 필요한 시점이다.

마지막으로 한 가지만 더 덧붙인다. 사회적경제는 아주 중요하다. 그러나 그 영역은 아무리 많이 잡아봐야 국민총생산(GDP)의 10% 미만일 것이다. 그것도 20-30년 열심히 노력해서 달성할 수 있는 결과이다. 우리에게는 비정규직, 부동산, 교육, 의료문제 등 시급한 문제가 아주 많다. 그리고 그것은 사회적경제로 해결할 수 있는 것이 아니다. 사회적경제의 가능성과 한계를 명확히 인식하고 정책을 구상하는 자세가 필요하다.

필자는 거칠게 말한다면 사회적경제를 한국민 하위 20%의 재조직화로 이해한다. 만약에 10대 재벌에 대한 정책을 '경제민주화'의 대상이라고 본다면, "10대 재벌 이하와 하위 20% 이상"을 재조직하는 새로운 발전모델의 구상이 필요하다. 사회적경제를 사회 속에 존재하는 '선의'를 조직하는 것이라고 한다면 이 영역은 '사익'을 새롭게 조직하는 것이다. 만약에 이 영역을 현 정부의 '창조경제'와는 다른 새로운 창조경제라고 명명한다면, 새로운 창조경제와 사회적(창조)경제는 앞으로 한국경제의 발전모델의 양대 축으로 삼아갈 수 있다. 일개 학자의 어설픈 상상일지도 모르나 사고의 사정거리를 그 지점까지 확대시키지 않으면 새로운 발전모델의 구축은 불가능하다.

[참고문헌]

곽선화(2010), 『사회적기업 3주년 성과분석』, 고용노동부.

관계부처 합동(2012), 『제2차 사회적기업 육성 기본계획(2013-2017년)』.

관계부처 합동(2013), 『제1차 협동조합 기본계획(2014-2016년)』.

국회예산정책처(2011), 『ODA 사업의 분절성 극복을 위한 추진체계의 재정립 방안』.

김종걸(2008), 『MB형 신자유주의 개혁의 우울한 미래』, 코리아연구원 현안진단 제132호, 2008년 12월 4일.

____(2012), 「사회적경제와 복지국가」, 『계간 광장』, 2012년 신년호.

____(2012), 「트렌티노와 스코틀랜드로부터의 상상」, 『월간 자치행정』, 2012년 5월호.

____(2013), 「창조사회의 기반 사회적경제」, 『국민일보』 경제시평, 2013년 4월 3일.

____(2013), 「복지, 관료체계부터 정비를」, 『국민일보』 경제시평, 2013년 5월 28일.

____(2013), 「한국판 '큰 사회론'을 위하여」, 『국민일보』 경제시평, 2013년 6월 26일.

____(2013), 「한국 사회적경제 중간지원조직의 발전방향」, 전국중간지원기관 정책토론회 기조발제 논문, 2013년 7월 3일.

____(2013), 「사회적경제를 위한 중간지원조직」, 『국민일보』 경제시평, 2013년 7월 23일.

____(2013), 「일본협동조합으로부터 배워야 할 점」, 『국민일보』 경제시평, 2013년 8월 21일.

____(2013), 「일본의 사회적경제: 현황·제도·과제」, 일본정경사회학회 발표논문, 2013년 8월 28일.

____(2013), 「원주에 활짝 핀 협동사회경제」, 『국민일보』 경제시평, 2013년 9월 18일.

____(2013), 「사회적경제의 성공조건」, 『국민일보』 경제시평, 2013년 12월 11일.

_____(2013), 「사회적경제기본법으로의 통합을」, 『국민일보』 경제시평, 2014년 1월 8일.

김종걸 등(2011), 『재정일자리사업의 사회적기업 연계방안 연구』, 고용노동부 연구프로젝트 보고서.

김종걸 등(2012), 『협동조합을 통한 지역활성화 선진사례 연구』, 기획재정부 연구프로젝트 보고서.

김종걸 등(2012), 『MB 정부 친서민정책 성과 및 개선방안』, 대통령실 연구프로젝트 보고서.

김종걸 엮음(2012), 『글로벌 금융위기와 대안모델』, 논형출판.

김혜원(2008), 『제3섹터 부문의 고용창출 실증연구』, 한국노동연구원.

노대명(2008), 『보건복지부문 제3섹터에 관한 연구』, 한국보건사회연구원.

노대명 등(2010), 『한국 제3섹터 육성방안에 대한 연구』, 한국보건사회연구원.

늘푸른돌봄센터(2013), 『2012년 제5기 활동평가와 결산보고서』.

전국경제인연합회, 『2012 기업·기업재단 사회공헌백서』.

시민사회단체연대회의(2003), 『NGO법제위원회 회의자료』(미발간).

원주협동사회경제네트워크(2012), 『협동조합, 원주의 길을 묻다』, '원주에 사는 즐거움' 심포지엄 자료집, 2012년 5월 1일.

유종일·정세은(2013), 「소득세 최고세율 50%로 부자증세를」, 지식협동조합 좋은나라 Issue Paper 제1호, 2013년 9월.

ACEVO(2012), *Cuts to the Third Sector: What can we learn from Transition Fund applications?*, London.

Alcock, Pete(2009), *Devolution or Divergence?: Third Sector Policy across the UK since 2000*, Third Sector Research Center, Working Paper, no. 2.

Borzaga, Carlo and Galera, Giulia(2012), *Conference Report, Promoting the Understanding of Cooperatives for a Better World*, 2012. 3. 15-16.

Defourny and Nyssens(2012), "The EMES Approach of Social Enterprise in a Comparative Perspective", *EMES European Research Network Working Paper*, no. 2012/03.

OPM/Compass Partnership, *Working Towards an Infrastructure Strategy for the Voluntary and Community Sector*, Feb. 2004.

Münkner, Hans(2012), *Co-operation as a Remedy in Times of Crisis*, Institute for Cooperative Research, Philipps-University of Marburg.

Mutual Taskforce(2012), *Our Mutual Friends; Making the Case for Public Service Mutuals*, Cabinet Office, UK.

OECD(2007), *Social Economy: Building Inclusive Economies.*

Scottish Executive(2007), *Better Business: A Strategy for Social Enterprise.*

Scottish Government(2008), *Enterprising Third Sector Action Plan 2008-2011.*

Trentino Autonomous Government, *Trentino: To be small means great things*, www.provincia.tn.it.

U.N. Resolution 64/136, Cooperatives in social development.

U.K. Cabinet Office(2010), *Supporting a Stronger Civil Society*, London.

U.K. DTI(Department of Trade and Industry)(2002), *Social Enterprise: A Strategy for Success.*

World Bank(1993), *The East Asian Miracle.*

国際協同組合年全国実行委員会(2012), 『協同組合憲章草案がめざすもの』, 光の家協会.

後藤和子(2005), 『市民活動論』, 有斐閣.

斎藤文彦(2012), 『国際開発論』, 日本評論社.

藤井敦史・他(2013), 『戦う社会的企業』, 勁草書房.

宮沢賢治・川口清史(1999), 『福祉社会と非営利・協同セクター: ヨーロッパの挑戦と日本の課題』, 日本評論社.

복지정책과 포퓰리즘

서병훈(숭실대학교)

1. 머리말

복지가 시대의 화두로 등장했다. 정치적 민주화의 전개와 맞물려, 복지정책이 열띤 논쟁과 논란의 중심에 서 있다. 사회적으로 뒤진 사람들을 위해 복지를 강화해야 한다는 당위론에 시비를 걸 사람은 없다. 그러나 아무리 좋은 의도에서 시작된 정책이라 하더라도 현실적 기제가 뒷받침되지 않으면 국가 전체의 멍에가 되고 만다.

이 당위와 현실의 엇갈림 때문에 최근 한국 정치에서는 '복지 포퓰리즘'이라는 신조어가 횡행하고 있다. 선의의 복지정책과 왜곡된 '복지 포퓰리즘' 사이의 경계를 획정해 보고자 하는 것이 이 글의 목표이다.

특정 정책이 타당성을 지닌 것인지, 아니면 선심성 '인기영합'정책인지 어떻게 구별할 것인가? 이 글에서는 '당위성'과 '현실성'이라는 기준으로 복지정책과 '복지 포퓰리즘'을 가름하고자 한다. 어떤 정책이든 당위성을 지녀야 추진 대상이 될 수 있다. 아무리 선의에서 입안

된 정책이라 하더라도 다른 가치, 이를테면 사회적 효율성이나 복지 대상자의 자립과 상충되면 당위성을 지니기 어렵다. 더 중요한 문제는 그 정책을 구현하기 위한 현실적 여건이 성숙되어 있는가 하는 점이다. 재정적 뒷받침이 되지 않은 정책은 지속적, 체계적으로 추진되기 어렵기 때문이다. 최근 한국사회에서는 이 현실성이라는 잣대가 더욱 문제가 되고 있다.[1)

'복지 포퓰리즘'이라는 신조어도 문제가 된다. 한국사회에서 '포퓰리스트'라는 말은 상대방에 대한 비난, 나아가 욕설의 뉘앙스를 담고 있다.[2) 그러나 포퓰리즘에 대한 개념 정의가 쉽지 않다. 나아가, 포퓰리즘과 민주주의의 관계를 둘러싼 논란도 갈수록 증폭되고 있다. 그러다 보니, "포퓰리즘이라고 비난하는 것 그 자체가 포퓰리즘"이라는 말도 나온다(Dahrendorf, 2003). 흔히 우스갯소리로 "내가 하면 로맨스, 남이 하면 불륜"이라고들 하지만, 포퓰리즘의 경우도 다르지 않다. "내가 하면 민주주의, 남이 하면 포퓰리즘"이 될 수도 있기 때문이다.

이 글에서는 포퓰리즘과 민주주의의 관계를 염두에 두면서, 한국 정치가 보여주는 복지정책과 포퓰리스트 정치 사이의 착종(錯綜)에 대해 검토해 보기로 한다. 포퓰리스트, 민주주의자, 가릴 것 없이 모두 '국민을 위한다'고 한다. 그래서 포퓰리즘과 민주주의의 관계를 선명하게 구별하기 힘들다. 마찬가지로, 복지를 운운하는 정치인치고 '국리민복(國利民福)의 당위성'을 역설하지 않는 사람이 없다. 그래서

---

1) '진정성'과 '지속성'을 복지정책의 타당성을 판가름하는 기준으로 삼으려는 시각에 대해서는, 『한겨레 21』, 2009년 8월 21일 참조.

2) 포퓰리스트 자신들도 포퓰리즘이라는 호칭에 거부감을 느낀다. 그들은 포퓰리스트라는 말을 '부패한 엘리트들'이 찍는 일종의 낙인이라며 반발한다. 그러나 그 반대 사례도 있다. 프랑스의 마린 르펜은 포퓰리즘이 인민, 특히 '잊혀진 사람들'을 돕고 보호한다는 것을 의미한다면, "맞아, 우리가 바로 포퓰리스트야'라고 선언하기를 주저하지 않는다(Guardian, 2012. 5. 4.).

복지 정치와 포퓰리스트 정치 사이에 뚜렷하게 선을 긋기가 어렵다.

복지와 포퓰리즘 사이의 겹쳐짐과 엇갈림을 규명하기 위해 이 글은 2012년 한국 대통령 선거를 전후한 시점에서 여야 정치집단의 복지정책 논란을 집중 분석한다. 특히 집권 여당의 복지정책에 대한 시각이 어떻게 변천해 왔는지 추적함으로써, 한국 정치가 포퓰리즘 논란에 매우 취약할 수밖에 없음을 논증하고자 한다.

2. 포퓰리즘과 민주주의[3]

동서양을 막론하고 포퓰리즘의 기세가 만만치 않다. 포퓰리즘이 곧 시대정신(populist Zeitgeist)이라는 말이 나올 정도이다(Mudde, 2004: 541-542). 이처럼 광범위하게 유포되고 있고, 너나없이 어느 정도는 익숙한 것처럼 여기는 포퓰리즘이지만, 이것의 실체가 무엇이고 그 특성이 어떤 것인지, 전문가들 사이에서도 이견(異見)이 팽팽하다. 무엇보다 포퓰리즘에 대해 정확하게 정의(定義)를 내리는 것이 어렵다. 그러면서도 포퓰리즘은 '나쁜 것'이라는 인식이 보편적으로 자리 잡고 있다. 여기에는 여러 이유가 복합적으로 얽혀 있다.[4]

이 글은 포퓰리즘을 명쾌하게 규정하기 어려운 이유, 그리고 그 실체가 불분명함에도 불구하고 포퓰리즘을 둘러싼 사람들의 평가가 부정적으로 기우는 이유를 민주주의와의 관계 속에서 찾아보고자 한다. 포퓰리즘과 민주주의가 일정 부분 겹쳐 보이기 때문에 이런 현상이 일어난다고 생각하기 때문이다.

---

3) 이 부분은 서병훈(2012)에 바탕을 둔 것이다.

4) 이를테면 각기 이질적인 현상인데 모두 포퓰리즘이라는 이름을 붙이고 있는 것도 그 이유 중의 하나이다. 이에 관해서는, 전 세계의 일곱 가지 이질적인 정치운동이 모두 포퓰리즘이라고 불리고 있음을 밝힌 Canovan(1982:550-552) 참조.

그동안 포퓰리즘을 현대사회의 구조적 문제점으로 인해 생긴 병리적(病理的) 현상(pathology)으로 간주하는 시각이 우세했다.5) 민주주의적 이상이 왜곡, 변질된 형태가 곧 포퓰리즘이라는 것이다. 그러나 최근 들어 흐름이 바뀌고 있다. 포퓰리즘을 민주주의의 내재적 한계에 대한 본질적 반응, 나아가 하나의 도전으로 바라보는 관점이 강력하게 대두하고 있기 때문이다.

그 출발점은 캐노번(Margaret Canovan)이었다. 포퓰리즘 연구의 대표주자인 캐노번은 1999년 논문에서 포퓰리즘을 민주주의 사회의 병리적 현상으로 간주하는 통설에 반기를 들었다(Canovan, 1999). 포퓰리즘을 민주주의의 불완전함을 드러내주는 일종의 '그림자(shadow)'로 보아야 한다는 것이다.

민주주의의 실패 또는 결핍 때문에, 다시 말해 참된 민주주의를 회복해야 할 당위성 때문에 포퓰리즘이 힘을 받게 된다는 캐노번의 이른바 '포퓰리즘 도전론'은 뜨거운 논쟁을 불러일으켰다. 여러 학자들이 '포퓰리즘과 민주주의'라는 비슷비슷한 제목의 글 아래 '병리론'과 '도전론'의 논지를 각각 발전시켰다.6)

민주주의의 한계, 현실 민주정치의 내재적 문제점이 포퓰리즘을 분출시키는 원동력이 되고 있는 것은 사실이다. '병리론'은 민주주의와 포퓰리즘을 감돌고 있는 이런 미묘한 관계를 포착하지 못한다. 그러나 민주주의의 한계에 대한 고민은 어제오늘의 일이 아니다. 그동안 다양한 이론적, 실천적 노력이 경주되어 나왔다. 포퓰리즘은 그중 하나의 반응에 지나지 않는다. 엄밀히 말하면 '바람직하지 못한 대안'에

---

5) 정당정치의 퇴락, 미디어의 영향력 증대에 따른 '청중 민주주의(audience democracy)'의 출현 등 현대 민주주의의 구조적 위기가 포퓰리즘을 부추기고 있다는 주장에 대해서는 Mudde(2004:552-558); 서병훈(2011:7장) 참조.

6) Akkerman(2003); Mansfield(1995); Mudde(2004); Urbinati(1998) 등 참조.

불과하다. '그림자론'은 자칫 포퓰리즘이 민주주의의 한계를 극복하는 정당한 대안인 것 같은 인상을 줄 수 있다.

이런 이유에서 이 글은 아르디티(Benjamin Arditi)의 주장에 더 귀를 기울이게 된다. 아르디티는 2003년 이후 일련의 논문을 통해 '그림자론'이 불러일으킬 수 있는 오해를 지적하며 민주주의와 포퓰리즘이 맺고 있는 연계와 간극을 분석했다.[7]

그에 따르면 포퓰리즘은 분명 민주주의의 한 부분이다. '정상적' 민주정치와 '비정상적' 포퓰리스트 정치를 엄밀하게 구분할 수 없는 이유가 여기에 있다. 동시에 아르디티는 포퓰리즘을 '나쁜 민주주의'로 규정했다. 민주주의에 속하기는 하지만, 어디까지나 민주주의의 '변방(edge)' 또는 '주변부(periphery)'라는 것이다.

아르디티는 포퓰리즘이 민주주의의 변방이 될 수밖에 없는 이유를 주로 포퓰리스트들이 표방하는 정치노선에서 찾는다. 포퓰리즘이 대의민주주의를 거부하고 직접 참여를 내세우기 때문에 반자유주의적이고 비민주적인 속성을 띤다는 것이 그의 '주변부론'의 요지이다.

이 글은 아르디티의 관점이 '복지 포퓰리즘'을 논구하는 데 의미 있는 시사점을 제공한다고 생각한다. 이 점을 좀 더 살펴보자.

포퓰리즘을 완벽하게 규정하는 것이 여의치 않기는 하지만, 그 첫걸음은 역시 '인민이 주인 되는 세상'을 만들겠다는 포퓰리스트들의 약속을 주시하는 것이 될 수밖에 없다. 민주주의를 회복하겠다고 하는 포퓰리스트들의 장담은 여러 측면에서 현대 민주주의의 아픈 곳을 건드리고 있다. 이런 이유에서 '포퓰리즘 도전론'이 힘을 얻는다. 그리고 포퓰리즘과 민주주의를 정밀하게 구분하는 것이 어려워진다.

포퓰리즘을 현대사회의 병리적 현상으로 간주하는 전통적 시각은

---

7) Arditi(2003; 2004; 2005) 참조.

포퓰리즘과 민주주의를 별개의 것으로 여겼다. [그림 1]이 그것을 보여준다. 이 관점을 따르면, 포퓰리즘과 민주주의 사이에 겹치는 부분이 있기는 하나, 이질성을 노정하는 부분이 훨씬 크다. 따라서 '병리론자'들은 마음 놓고 포퓰리즘을 폄하할 수 있었다. 그러나 '도전론' 특히 캐노번의 '그림자론'은 이런 통설을 거부했다.

캐노번은 포퓰리즘을 민주주의의 내적 갈등에서 비롯되는 일종의 적신호로 여겼다. [그림 2]가 보여주듯, 민주주의의 한 부분이 바로 포퓰리즘이라는 주장을 폈다. 민주주의 속에 포퓰리즘 요소가 이미 들어 있다는 뜻이다. 따라서 둘을 정확하게 나눌 수가 없다. "내가 하면 민주주의, 남이 하면 포퓰리즘"이라는 특이현상이 생기게 되는 것이다.

그러나 '그림자론'은 민주주의와 포퓰리즘의 연계성에 너무 치우쳐 있다. 둘 사이의 간극 또는 긴장관계를 등한시하고 있는 것이다. '주변부론'은 이 점에서 강점을 지닌다. [그림 2]처럼 포퓰리즘이 민주주의의 한 부분임을 인정하면서도 그것이 '한데'에 있는 주변부적 존재라는 사실을 확인시켜 주기 때문이다.

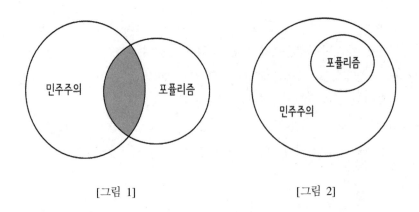

[그림 1]   [그림 2]

그러나 아르디티는 포퓰리즘이 민주주의의 주변부라는 점을 입증하기 위해 포퓰리스트들이 대외적으로 내거는 이데올로기에 집중했다. 참 민주주의를 회복한다면서 반자유주의적 함정에 빠지는 자가당착을 지적하는 것 자체를 잘못이라고 할 수는 없다. 그러나 포퓰리즘의 특징은 포퓰리스트들이 겉으로 표방하는 주장이나 정책보다 그들의 실제 정치적 행태에서 더욱 선명하게 부각된다. 단순화법에 기반을 둔 포퓰리스트 선동정치는 우민화(愚民化)를 조장하는 불평등 정치라고 하지 않을 수 없다. 엘리트 민주주의를 공격하지만, 포퓰리즘 역시 또 다른 형태의 엘리트 정치에 지나지 않는 것이다. 따라서 포퓰리스트의 이런 반민주적 정치행태를 분석대상에 포함시켜야 아르디티의 '주변부론'은 더욱 설득력을 얻을 수 있다.8)

이상과 같은 논의 위에서 '복지 포퓰리즘' 논란을 바라보자. 민주주의와 포퓰리즘 사이에 경계선을 엄정하게 긋기가 힘들 듯이, 올바른 의미의 복지정책과 그것이 왜곡된 형태로 나타난 '복지 포퓰리즘'을 확연하게 구별하기가 매우 어렵다. '국민을 위한다'고 포장하고 나서는 한, 그 의도와 행태의 진실을 밝혀내기가 사실상 불가능하기 때문이다. 이 글은 그런 어려움을 직시하며 나름의 해법을 제시해 보고자 한다.

3. '선택적 복지' 고수

1) 포퓰리즘과 이데올로기

일반적으로, 포퓰리즘을 특정 이데올로기와 연결하기가 쉽지 않다.

---

8) 좀 더 자세한 내용은 서병훈(2011) 참조.

'가난하고 뒤진 자'에 대한 일체감을 표방하는 포퓰리즘의 특성상, 포퓰리즘과 좌파 이데올로기 사이에 상관성이 높아 보이지만 꼭 그런 것만은 아니다.

아르헨티나의 페론 정권은 친노동자 정책을 많이 폈지만, 공산당에 대해서는 비우호적 태도를 취했다. 대체로 포퓰리스트 정치인들이 반미, 반제국주의 노선을 요란하게 내걸지만, 그와 상반되는 방향의 정책을 추구하기도 한다. 이데올로기적 정체성이 모호하고, 임기응변적 정책을 나열하는 것이 포퓰리스트들의 특색이기 때문이다. 따라서 포퓰리스트가 좌파 이데올로기와 친화성이 높다고 단정 짓는 것은 무리이다.

그러나 한국사회에서는 상황이 조금 다르다. 한국사회에서 포퓰리즘이 문제가 되기 시작한 것은 김대중 정권 시절이었고, 노무현 정권 때는 그 정도가 더 심했다. 두 정권이 넓은 의미의 좌파성 정책을 펴자, 이에 대해 상대 진영에서 포퓰리즘 정책이라고 비판하고 나섰던 것이다.9) 따라서 이 무렵까지는 보수적 정치집단이 상대적으로 좌파 성향을 띤 정치세력에게 포퓰리즘이라는 비판의 잣대를 갖다 대는 것이 일반적이었다. 주로 분배정책이나 복지확충대책을 비판하면서 포퓰리즘이라는 용어를 동원했다.

그러나 이명박 정권 시기에는 그 상황이 역전되었다. 이명박 정권이 야심 차게 밀고 나간 '중도실용, 친서민' 정책에 대해 야당 세력들이 포퓰리즘 색채가 짙다면서 공격한 것이다.10) 이명박 정부의 친서민 정책 중 특히 대학생 학자금 대여정책과 '미소금융' 정책11)이 포

---

9) 노무현 정권이 일정 부분 포퓰리스트 성향을 보여주었다는 분석에 대해서는, 서병훈(2011:251-255) 참조.

10) 이에 대해서는 「포퓰리스트의 귀환」, 『한겨레 21』, 2009년 8월 21일 및 「MB는 포퓰리스트인가」, 『주간조선』, 2009년 11월 2일 참조.

11) 대기업의 기부금과 금융권의 휴면예금 등을 재원으로 하여 신용도가 낮은 저

퓰리즘 논란을 불러일으켰다.12) 야당이 이명박 정권의 친서민 정책이 포퓰리즘 성격을 띤다고 공격했던 주된 이유는 그런 일련의 정책이 재정건전성 문제를 도외시한다고 판단했기 때문이다.

그러나 해가 바뀌면서 '재정건전성'이라는 칼날은 야당을 향하게 되었고, 이와 더불어 포퓰리즘 논란도 한층 가열된다. 특히 복지정책이 당면 현안으로 급부상하면서, '복지 = 포퓰리즘'이라고 주장하는 목소리가 커졌다. 무상급식 문제가 불거지자 '복지 포퓰리즘 추방 국민운동본부'라는 보수단체가 만들어지기도 했다.

2) 입장의 차이

복지문제를 둘러싸고 한국사회의 이념적 스펙트럼은 확연하게 갈린다. 좌파 또는 진보 진영은 사회적 불평등을 시정하기 위해 복지 확대를 주장한다. 이에 반해 우파 또는 보수 진영은 복지 확대에 소극적이다. 경제적 효율성과 재정건전성의 악화에 대한 우려 때문이다.

좌파 이데올로기를 대변한다고 볼 수 있는 야권, 특히 민주당은 한국의 복지재정 비중이 국내총생산의 9%로, 경제협력개발기구(OECD) 국가의 평균 19%에 비해 무려 10%포인트나 낮다는 사실을 우선 지적한다(『한겨레』, 2012년 4월 6일).

아울러 복지가 언제나 효율성을 해친다는 주장은 근거가 미약하다고 반박한다. 양극화가 깊어질수록 사회적 갈등과 불안정을 심화시켜 투자를 저해하게 된다는 점을 환기시킨다. 심각한 불평등이 안정적

소득 가구에 저금리로 돈을 빌려주는 마이크로크레디트 사업을 말한다.

12) 당시 야당은 이에 대해 "'우파 포퓰리즘', 나라 곳간은 아랑곳하지 않고 부자는 부자대로, 서민은 서민대로 위하는 인기영합적 '쌍방향 포퓰리즘 정책'"이라고 비판했다(『주간조선』, 2009년 11월 2일).

성장의 기반마저 해치고, 장기적으로 경제성장에 악영향을 미친다는 것이다. 민주당은 이런 이유에서 복지 확충의 당위성을 역설한다(『한겨레』, 2011년 9월 24일).

따라서 유럽발 재정위기가 '복지 포퓰리즘' 때문이라는 시각도 단호하게 배격한다. 오히려 복지국가는 위기의 원인이 아니라 피해자라고 강조한다(『한겨레』, 2012년 7월 12일).

그러나 새누리당 등 보수 세력은 재정능력에 맞춰 점진적으로 복지를 강화해야 한다고 믿는다. 야당이 재정능력을 고려하지 않고 성급하고 무책임하게 무상복지를 주장하는 것은 표만 의식한 행태라고 비판한다. 재정능력과 경제능력에 맞지 않는 복지제도를 도입하면 재정위기와 도덕적 해이로 인해 경제가 망가지게 된다는 것이다. 그래서 국민소득 증가에 맞춰 사회복지지출을 점진적으로 증가시키고, 필요한 재원 마련을 위해 조세부담률과 사회보장부담률을 점진적으로 증가시켜야 한다는 입장이다. 한마디로 경제성장 없는 복지는 불가능하다는 것이다(『한겨레』, 2011년 8월 3일).

따라서 유럽의 재정위기에 대한 진단도 야당과 상반된다. 새누리당은 유럽의 재정위기를 '복지 포퓰리즘'의 결과라고 치부한다. 재정적자에 눈감고 복지를 확대함으로써 결국 국가적 위기를 초래했다는 것이다(『조선일보』, 2012년 5월 9일).

3) '무상급식' 논란

2010년 서울시의회의 무상급식 움직임에 당시 한나라당 소속 오세훈 서울시장이 시장직을 걸고 강력하게 반발하면서 '복지 포퓰리즘' 논란이 갑자기 불붙었다. 무상급식론이 대두한 것은 2010년 7월, 민주당이 3분의 2 이상을 장악한 서울시의회가 "모든 아이가 눈치 보지 않고 밥을 먹을 수 있도록 하는 보편적 복지"라며 2010년 서울시 전체 초등학교, 2012년 중학교에 무료로 급식하는 무상급식조례를 강하게 추진하면서였다. 이에 대해 서울시는 2014년까지 소득 하위 30%까지 점진적 무상급식 확대를 주장하면서 맞섰다. 결국 시의회가 무상급식조례를 강압적으로 몰아붙이자 오세훈 시장은 "무상급식은 망국적 포퓰리즘"이라면서 반대 투쟁의 선봉에 섰다(『조선일보』, 2011년 1월 8일).

오세훈 시장은 "아직 서울시의 많은 학교는 무상급식을 할 만한 물적, 인적 조직이 전혀 갖춰져 있지 않다"며 "무상급식보다 낙후된 학교시설 개선이 더 급하다"고 주장했다. 오시장은 "전면 무상급식은 부자에게도 똑같이 돈을 나눠주자는 과잉복지"이기 때문에 결국 "세금급식이요, 부자급식이며, 무차별적 복지"라고 비판했다. 그는 "서울시가 무상급식에 제동을 걸지 못한다면 내후년의 총선, 그 이후 대선에서는 더 과격한 포퓰리즘 공약이 등장할 것"이라는 이유로 무상급식을 반대했다.

무상급식은 '현금 나눠 주기식 복지'이기 때문에 망국적 포퓰리즘의 전형이라고 주장했던(『조선일보』, 2010년 12월 28일) 오시장은 그 이듬해 주민투표에서 패퇴, 시장에서 물러났다.13)

---

13) 오시장의 이런 견해에 대해 실무적, 정책적 차원에서 비판이 제기되었다. 그런 가운데, "무상급식을 '망국적 복지 포퓰리즘'이라고 한 것은 대선을 의식해 자신을 부각시키려는 정치적 의도가 깔린 것"이라는 지적이 세간의 관심을 끌었다(『한겨레』, 2010년 12월 6일).

4. '보편적 복지'로의 선회

1) 70% 복지

그러나 무상급식 등 야권의 복지공세에 대해 '망국적 포퓰리즘'이라고 규정하면서 전면 대결을 불사했던 한나라당은 그 와중에 이미 변신을 도모하고 있었다. 이른바 '70% 복지' 정책을 가다듬고 있었던 것이다.

한나라당은 2010년 9월 '서민'의 범주를 소득 7분위(70%)까지로 넓혀서 저소득층과 중산층을 포괄하겠다고 공언했다. 그러면서 "차상위계층 아동뿐 아니라 소득 하위 70% 가구의 0-2세 영아에게 육아수당을 지급하도록 추진하겠다"고 밝혔다. "지금까지 차상위계층의 0-1세 영아에게 월 10만 원씩 선별 지원하던 것의 대상과 금액을 대폭 확대하겠다"는 것이다.

한나라당이 '70% 복지'의 기치를 내세우자 이에 대한 비판이 점증했다. 당장 2011년 친(親)서민 복지예산안에서 보육, 전문계 고등학생, 다문화 가족 등 3대 핵심 분야에 들어가는 금액은 3조 7,200억 원으로 2010년보다 33.4% 늘어났다. 증액 액수는 2011년 전체 예산의 0.3%에 불과하지만 증가율로만 보면 정부 지출 예상 증가율(5-6%)의 5-6배에 달했다.

한나라당의 '70% 복지' 정책이 '과잉복지' 경쟁을 촉발한다는 지적도 제기되었다. "중상위 소득계층에게도 불필요하게 복지예산이 투입되는 것을 막고, 정말 도움이 필요한 계층에게 복지혜택이 가도록 정책의 기본 틀"을 갖춰야 하고 이를 위해선 "정치권의 포퓰리즘적 과잉복지 경쟁이 자제돼야 한다"는 것이다.14)

점증하는 비판에도 불구하고 한나라당은 2011년 들어 복지기조를 한층 강화한다. 1년 전 지방선거를 휩쓴 무상급식 바람이 사회 전반적인 복지담론으로 확대되었고, 2011년 4·27 재보궐 선거에서 패배한 뒤 반값 등록금 실현, 감세 철회 등의 요구가 더욱 거세졌기 때문이다.

한나라당의 이런 움직임은 노무현 정부 때의 '2 대 8'의 프레임을 깨고 야당의 무상급식 공세에 밀려 잃은 중산층 탈환을 위해 적극적인 공세로 전환했다는 것으로 풀이된다. 노무현 전 대통령은 대선 후보 시절부터 세금을 통해 "상위 20%의 것을 하위 80%에 준다"는 재분배 대책을 공약한 바 있다.

특히 무상급식 공약처럼 소득수준과 관련 없이 모두에게 복지혜택을 주자는 '보편적 복지'로 야당이 2010년 6·2 지방선거에서 돌풍을 일으키자, 이에 대한 대응논리로 한나라당이 '70%를 위한 복지'를 내세웠다고도 볼 수 있다.

한나라당 지도부도 이런 계산을 숨기지 않았다. "소득 7분위는 가구주의 평균연령도 45세 안팎으로 안정을 바라는 성향이 강하다"며

---

14) 전문가들은 한나라당이 촉발한 '과잉복지'의 사례로 대학 등록금에 대한 '취업 후 상환대출제도'와 '무상보육'을 꼽았다. '취업 후 상환대출제'는 전 가구를 소득수준으로 나열했을 때 상위 30% 이하에 속하는 가구의 성적 B학점(80점) 이상 대학생을 대상으로 한다. 정부는 대출자가 취업하기 전까지 이자를 대납하는데, 2010년 133억 원, 2011년 1,117억 원의 이자를 재정으로 부담했다. 정부가 대납할 이자는 늘어나고, 대출금을 못 갚는 사람이 속출하면 재정 부담이 눈덩이처럼 불어날 가능성이 있다. 게다가 우리나라의 대학 진학률이 82%로 세계 최고 수준인데다, 고학력 실업 문제가 심각한 상황에서 여야가 등록금 복지 경쟁을 벌이는 것은 과잉이라는 얘기다. '70% 무상보육'은 2010년 6·2 지방선거의 한나라당 공약으로 시작됐다. 이제까지 5세까지 보육료는 소득 하위 50%까지만 전액 지원했는데 2011년부터는 소득 상위 30% 이하에 속하는 가구에 전액 지원하기로 한 것이다. 지원 대상자는 76만 명에서 92만 명으로 늘어났고, 2011년 무상보육 지원 예산은 지방비까지 포함해서 2010년보다 5천억 원 늘어난 3조 9,162억 원이 반영됐다(『조선일보』, 2011년 1월 17일).

"이들 중간지대를 한나라당으로 끌어들이지 않고는 향후 정권 재창출은 쉽지 않다"고 판단했던 것이다(『조선일보』, 2010년 9월 16일).

2) 민주당의 복지공세

한나라당의 이런 변신에는 야권의 움직임이 큰 변수로 작용했다. 민주당은 2011년 들어 무상급식에 이어 무상의료를 당론으로 채택했다. 입원진료비의 건강보험 부담률을 90%(현행 61.7%)까지 높이고, 진료비의 본인 부담 상한액을 100만 원(현행 400만 원)까지 낮추겠다는 것이다. 민주당은 집권하면 이를 단계적으로 추진해 5년차에 목표치를 달성하겠다고 밝혔다.

민주당은 2011년 6·2 지방선거에서 무상급식으로 국민의 '복지욕구'를 자극해 압승을 거뒀다고 판단, '무상(無償) 시리즈'를 추가해 나가면서 19대 총선, 나아가 대선 승리도 엿보겠다는 계산이었다. 한나라당에서 '한국형 복지'와 '70% 복지'를 들고 나와 중도와 서민층 공략을 시작한 만큼 확실한 주도권을 잡아야 한다는 것이다.

민주당은 "누가 진정한 복지냐를 가리는 싸움에서는 민주당이 유리하다"는 입장이었다. "결국 누가 더 많이 나눠 주느냐 경쟁으로 갈 수밖에 없는데, '시장과 성장'을 중시하는 보수층을 안아야 하는 한나라당으로선 태생적 불리함을 갖는 싸움"이라는 것이다. 나아가 유력 대통령 후보인 "박근혜 전 대표가 좌클릭하더라도 선별적 복지의 틀을 벗어나지 못할 것"이라고 판단했다.

결국 민주당은 '보편적 대(對) 선별적' 복지의 프레임으로 선거를 치르겠다는 계산이었다. 이에 대해 한나라당은 "퍼주기식 복지 포퓰리즘"이라며 비판의 수위를 높여 나갔다(『조선일보』, 2011년 1월 8일).

3) 한나라당의 위기의식

지금까지 한나라당 등 보수진영은 "아랫목을 데우면 자연스레 윗목도 따뜻해진다"는 인식 아래 '선 성장, 후 분배' 주장을 고수해 왔다. 그러나 여러 여건이 맞물리면서 분배, 특히 복지 확대를 요구하는 목소리가 커졌다(『한겨레 21』, 2011년 7월 18일).

2011년 8월 치러진 서울시 무상급식 주민투표에서 패배한 이후 한나라당 안에서 복지를 확대하는 방향으로 당의 복지정책 방향을 바꿔야 한다는 주장이 공개적으로 제기되기 시작했다. 이를테면, 정두언 여의도연구소장은 "보편적 복지와 선택적 복지를 혼합해야 한다"며 "소득의 누진성을 강화하는 조세개혁과 불요불급 예산을 줄이고 복지예산을 늘리는 예산개혁을 강력 추진해야 한다"고 주장했다. 주택이나 의료처럼 예측이 불가능하거나 도덕적 해이가 우려되는 분야는 선택적 복지로, 저출산·고령화 대책에 해당하는 보육, 교육, 노인 대책 등은 보편적 복지로 가자는 얘기다. 정의원은 특히 서울시 주민투표의 결과가 말해 주듯이 "복지 확대를 받아들일 수밖에 없다"고 토로했다(『한겨레』, 2011년 8월 26일).

한나라당이 이처럼 방향전환을 시도하게 된 배경에 2012년 총선에 대한 위기의식이 깔려 있음은 물론이다. 야권이 2010년 6·2 지방선거에서 무상급식을 내세워 공동전선을 펼친 이후 여권은 2011년 4·27 재보선과 8·24 주민투표까지 내리 3연패했다.

한나라당이 친서민·복지정책을 꺼내들면서도 굳이 '좋은, 우파' 포퓰리즘으로 분식(粉飾)하고자 했던 속내도 이런 각도에서 주목할 필요가 있다. 총선과 대통령 선거 등 임박한 정치일정을 염두에 두고 좌파의 전통적 의제(議題)인 서민과 복지를 자신의 스펙트럼 안으로 흡수해야 할 필요성을 절감했던 것이다.15)

4) 2012년 총선 공약

2012년 4·11 총선은 '복지 전쟁'으로 치러졌다고 해도 과언이 아닐 정도였다. '복지 포퓰리즘'이라는 비판에도 불구하고 여야를 막론하고 공약의 절반은 복지서비스와 관련된 내용으로 채워졌다. 여와 야, 보수와 진보, 정치적 색깔은 달라도 이들 정당은 모두 "양극화 확대를 막기 위해서는 복지를 늘려야 한다"고 한목소리를 냈다.

물론 방법론에서는 큰 차이를 보였다. 한나라당의 후신인 새누리당은 저소득층을 타깃으로 한 '맞춤형 복지'를 내세웠다. 반면 민주당은 이른바 '3무상(무상보육, 무상교육, 무상의료) + 1반값(등록금) 복지'를 내걸었다. 여당보다 복지 수혜 계층을 넓히겠다는 것이다.

새누리당의 방안은 국가의 재정투입을 최소화하는 데 무게중심을 뒀다. 새누리당은 총선 공약으로 제시한 복지정책을 추진하는 데 연간 10조 원 이내의 재원이 소요될 것으로 계산했다. 반면 민주당은 국가의 복지재정 지출이 늘어나는 것은 불가피하다는 입장이다. 민주당이 추정하는 추가 재정 소요는 30조 원 이상이다.

양 당이 경쟁하다시피 보편적 복지서비스를 확대하는 방향으로 질

---

15) 한편, 그동안 포퓰리즘을 경원시하던 집권 여당 안에서 '우파 포퓰리즘' 정책을 추진하겠다는 발언이 나와 다시 한 번 논란을 불러일으켰다. '우파'라는 단어를 붙였지만, 스스로 한나라당 정책에 포퓰리즘이라는 이름을 지어준 것이다. 2011년 7월, 당시 한나라당 홍준표 대표는 "국가재정을 파탄시키지 않는 친서민적인 인기영합정책은 필요하며, 그것이 바로 정치다. 한나라당이 추진하는 반값 등록금, 서민복지 확대, 전월세 상한제, 비정규직 대책 등은 모두 헌법적 근거를 두고 있는, 좋은 우파 포퓰리즘이다. 민주당의 '무상 시리즈'처럼 국가재정을 파탄시키는, 나쁜 좌파 포퓰리즘과는 다르다"는 주장을 폈다. 그러나 '좋은 우파' 포퓰리즘에 관한 홍대표의 소신은 한나라당에 의해 공식 부인되었다. "한나라당의 정강정책은 '포퓰리즘에 맞서 헌법을 수호'하는 것이며, '친서민 정책'을 포퓰리즘으로 규정하는 것은 옳지 않다"는 것이다(『한겨레 21』, 2011년 7월 18일).

주했던 것이다(『조선일보』, 2012년 3월 26일).

5) 2012년 대선 공약

2012년 대통령 선거를 앞두고 여야는 한목소리로 복지 강화를 외쳤다. 민주당은 무상급식, 무상보육에다 무상의료까지 공약으로 내걸었다. 이에 맞서 새누리당도 복지정책을 확대해 나갔다. 복지정책에 관한 한 두 당 사이에 큰 차이가 없어진 셈이다.

그동안 정부는 필요한 계층에 필요한 만큼의 복지혜택을 주는 '선택적 복지'를 고수해 왔다. 그래야 재정 낭비를 줄이고 지속 가능한 복지를 할 수 있다는 입장이었다. 그리스 등 남유럽 국가들이 빠진 복지 포퓰리즘을 피하기 위해서는 선별 복지가 필수적이라는 것이었다.

정부가 재정 여건을 감안해 찾아낸 것이 70%라는 기준이었다. 상위 30% 고소득층은 복지혜택을 주지 않아도 자립능력이 있다고 본 것이다. 다시 말해 70% 복지는 전 계층으로 복지 확대를 주장하는 정치권에 맞서 예산상 한계를 이유로 정부가 찾은 타협점이라고 할 수 있다.[16]

그러나 이런 정부의 입장은 대통령 선거를 앞둔 정치권의 요구에 밀려 100% 복지정책을 수용하는 쪽으로 끌려가게 되었다. 그 단적인 예가 0-2세 전면 무상보육 실시 방침이다. 원래 정부는 2012년 9월 소득 상위 30% 가구는 0-2세 보육료 전액 지원 대상에서 빼는 것을 골자로 한 보육지원체계 개편 방향을 발표했다. 하지만 정치권에서

---

[16] 복지정책에서 소득 하위 70%라는 개념이 처음 등장한 것은 2007년 노인들에게 기초노령연금을 지급할 때였다. 그 후 점차 소득 하위 70% 기준이 늘어나 2012년 현재 정부는 3-4세 보육료를 소득 하위 70%까지 지원했고, 소득 7분위 이하 대학생 위주로 등록금을 경감해 주었다(『조선일보』, 2012년 10월 3일).

여야 모두 전면 무상보육을 요구했고, 결국 정부가 입장을 바꾸고 말았다. 정치권이 요구하는 0-2세 전면 무상보육을 실시하자면 2013년에 1조 원의 예산이 추가로 필요할 것으로 분석되었다.

그동안 '소득 하위 70%' 계층에 맞추어 온 정부 복지정책의 틀이 흔들리게 된 것이다. 정부가 전면 무상보육과 같은 100% 복지제도를 하나씩 수용할 경우 복지예산은 급속도로 늘어날 수밖에 없다(『조선일보』, 2012년 10월 3일).

2012년 4월 총선 당시 여야는 복지공약을 이행하는 데 연간 15조 원(새누리당)에서 33조 원(민주통합당)이 추가로 소요된다고 밝혔다. 그러나 새누리당과 민주당의 복지공약을 이행하는 데 추가로 필요한 비용이 해마다 50조 원에서 100조 원에 이른다는 분석도 있다(『한겨레』, 2012년 10월 20일).

문제는 이런 막대한 재원을 어떻게 마련하느냐이다. 새누리당은 지출을 효율화하고 세원 확대와 비과세 및 감면 축소로 재원을 조달하겠다고 했다. 그러나 비과세, 감면이라는 것이 농민, 영세업자, 중소기업 등 이익집단이 줄줄이 걸려 있어 줄이는 게 말처럼 쉽지 않다. 종합소득세 개편과 부가가치세율 인상을 통해 늘어나는 세수(稅收) 30조 원을 복지 재원으로 쓰면 된다고 했다가 논란이 불거지자 하루 만에 철회하기도 했다.

민주당은 부자(富者)와 대기업에 대한 증세 방안을 내놓았다. 소득세 최고 세율 38% 적용 대상을 과세표준 3억 원 초과에서 1억 5천만 원 초과로 확대하고, 법인세 최고 세율을 22%에서 25%로 높이겠다는 구상이었다. 그러나 민주당 안대로 소득세 과표 조정과 법인세율 인상을 통해 부자증세를 해도 연간 세수확대 효과는 5조 원에도 못 미친다. 부자증세를 내세우지만 신중하게 접근해야 한다는 당내 의견도 상당했다.

결국 양 정당은 복지혜택을 늘리기 위해 연간 수십조 원을 더 쓰겠다면서 그 돈을 마련할 조달방안을 내놓지 않았다. 복지국가를 위해서는 증세가 불가피하다. 복지공약을 이행하기 위해서는 소득세와 소비세를 올려 모든 국민이 더 많은 세금을 내도록 하는 수밖에 없다. 부자와 대기업으로부터 세금을 더 걷으면 복지 재원을 감당할 수 있다는 감언이설(甘言利說)에 지나지 않는다. 그럼에도 대선 후보들이 증세에 대해 명확한 입장을 취하지 않았다. 득표에 불리하다는 계산 때문이다(『한겨레』, 2012년 10월 20일; 『조선일보』, 2012년 10월 18일).

5. 한국 정치와 포퓰리즘

  새누리당은 한동안 야권의 '복지 포퓰리즘'을 통박했다. 그러나 당의 이름을 한나라당에서 새누리당으로 바꾼 뒤, '행복한 복지국가' 건설을 정강정책 1순위로 내세웠다. 이 과정에서 '70% 복지'를 표방했지만, 얼마 가지 않아 야당의 노선을 복제하게 된다. 슬그머니 '100% 무상복지'를 따라간 것이다(『한겨레』, 2012년 7월 9일).
  새누리당의 변신은 이른바 '정책 동조화' 현상의 전형을 보여준다. 한국 정당의 정책노선이 가변적이고 정당 간 차이가 불분명하다는 것은 새로운 현상이 아니다. 한국 정당은 득표에 도움이 되는 데로 움직이기 때문에 글자 그대로 '선거 정당'의 성격을 띠고 있다. 선거에서 표를 얻는 데 도움이 된다고 판단되면 정강정책을 바꿔 인기 있는 쪽으로 움직이는 것이 비일비재한 것이다.
  새누리당은 그동안 고수해 왔던 감세(減稅)와 점진적 복지라는 틀을 벗어던지고 경제민주화와 복지 확대, 증세로 방향을 틀었다. 특히 야당의 '무상복지' 정책을 '복지 포퓰리즘'이라는 이유로 맹렬히 비난하다가 중요한 선거가 임박해지면서 '정책 동조'를 해버렸다. 득표의 절박성 앞에서 정당 간, 보수·진보 간 정책적 차별성이 상당 부분 사라져버린 것이다(『조선일보』, 2012년 10월 18일).

그 결과는 무엇이던가? 과잉복지정책을 뒷감당하지 못하는 사례가 빈발했다. 무상급식을 주도했던 서울시에서는 학교시설 개선 예산이 대폭 줄어드는 후유증을 겪어야 했다(『조선일보』, 2012년 11월 5일). 무상보육은 재정난에 중단위기를 맞게 되었다. 2013년부터 2세 이하 영아 보육료를 소득수준에 상관없이 전액 지원하기로 했지만 재정이 취약한 지방자치단체에서는 이 사업을 중단할 수밖에 없었다(『조선일보』, 2012년 4월 21일).

감당 못할 '무차별 복지공약'이 빚어낸 후유증의 백미는 역시 기초연금 공약 파기를 둘러싼 논란이다. 박근혜 대통령 후보는 2012년 대통령 선거를 앞두고 "65세 이상 모든 노인에게 매월 20만 원씩을 지급"하겠다고 공약했다. 박대통령은 당선자 시절인 2013년 1월 "공약을 발표할 때마다 재원이 어떻게 소요되며, 실현 가능한지 따지고 또 따졌다"고 말했다. 그러나 그 공약은 지켜지지 않았다. 재정난을 견디지 못한 정부가 65세 이상 노인 가운데 소득 상위 30%를 제외하고 나머지 70%에게 10만-20만 원을 차등지급하는 쪽으로 방향을 바꾼 것이다. 공약을 파기한 것이다(『한겨레』, 2013년 10월 15일; 『중앙일보』, 2013년 10월 15일).

독일의 사회학자 다렌도르프(Ralf Dahrendorf)는 단순/복잡이라는 잣대로 포퓰리즘과 민주주의를 분별하는 것이 가능하다고 주장한다. 포퓰리스트들은 단순 명쾌한 논리로 눈앞의 이익을 이야기한다. 먼 미래 일을 말하지 않는다. 반면 진정한 민주주의자들은 현실이 복잡하다는 점을 주지시키려 든다. 어려운 상황을 빠른 시일 안에 개선할 수 없음을 솔직히 시인한다. 일이 쉽사리 성사되지 않을 수 있다는 사실을 차근차근 설명한다. 장기적인 접근의 불가피함을 역설한다. 한마디로 달콤한 말을 하지 않는 것이 민주주의자의 특장점이라는 것이다. 그는 이 기준으로 포퓰리스트와 민주주의자를 구분한다(Dahrendorf, 2003 참조).

복지를 확대해 나가자면 그에 상응하는 재원을 마련해야 한다. 재정 효율성을 극대화한다 해도 폭발적으로 증대하는 복지수요를 감당하자면 증세(增稅)가 불가피하다. 그러나 한국의 정치인들은 증세문제에 대해 한결같이 소극적 자세를 취한다. 복지를 늘리겠다면서 재원 확보, 증세 얘기를 하지 않는다. 증세는 국민들에게 환영받지 못한다는 사실을 너무나 잘 알기 때문이다. 다렌도르프가 적절히 언급했듯이, 어렵고 힘든 이야기를 할 수 있어야 진정한 민주주의자이다. 선거 때문에 달콤한 이야기만 한다면 그것이 바로 '복지 포퓰리즘'인 것이다(『한겨레』, 2011년 8월 3일).

한국의 집권 여당은 상대적으로 복지정책의 현실성을 강조해 왔다. 그러나 선거를 거듭할수록 현실성보다는 당위성에 매몰되었다. 복지정책을 확대해 나가면서 현실적 어려움은 애써 회피했다. 야당의 '복지 포퓰리즘'을 거세게 비판하더니 새누리당 자신도 그 길로 '동조'해 버렸다. 그 결과 '공약 파기' 사태를 초래했다. 그 피해는 고스란히 국민의 몫이다.

[참고문헌]

서병훈(2011), 『포퓰리즘: 현대 민주주의의 위기와 선택』, 책세상.
_____(2012), 「포퓰리즘과 민주주의」, 『이베로아메리카연구』, 23(2).
Akkerman, Tjitske(2003), "Populism and Democracy: Challenge or

Pathology?", *Acta Politica* 38, pp.147-159.

Arditi, Benjamin(2003), "Populism, or, Politics at the Edge of Democracy", *Contemporary Politics*, vol. 9, no. 1, pp.17-31.

____(2004), "Populism as a Spectre of Democracy: A Response to Canovan", *Political Studies*, vol. 52, pp.135-143.

____(2005), "Populism as an Internal Periphery of Democratic Politics", Francisco Panizza(ed.), *Populism and the Mirror of Democracy*, London: Verso.

Bobbio, Norberto(1987), *The Future of Democracy*, Oxford: Polity.

Canovan, Margaret(1982), "Two Strategies for the Study of Populism", *Political Studies*, vol. 30, no. 4.

____(1999), "Trust the People: Populism and the Two Faces of Democracy", *Political Studies*, XLVII, pp.2-16.

Cuperus, René(2004), "The Fate of European Populism", *Dissent*, vol. 51, no. 2.

Dahrendorf, Ralf(2003), "Acht Anmerkungen zum Populismus", *Transit. Europäische Revue*, 25.

Laclau, Ernesto(1977), *Politics and Ideology in Marxist Theory*, London: Verso.

Lukacs, John(2005), *Democracy and Populism: Fear and Hatred*, New Haven: Yale University Press.

Mansfield, Harvey(1995), "Democracy and Populism", *Society*, July/August, pp.30-32.

Mény, Yves and Yves Surel(eds.)(2002), *Democracies and the Populist Challenge*, New York: Palgrave.

Merquior, J. G.(1991), *Liberalism: Old and New*, Boston: Twayne Publishers.

Mudde, Cas(2004), "The Populist Zeitgeist", *Government and Opposition*, vol. 39, no. 4, pp.541-563.

Roberts-Miller, Patricia(2005), "Democracy, Demagoguery, and Critical

Rhetoric", *Rhetoric and Public Affairs*, vol. 8, no. 3.

Pasquino, Gianfranco(2008), "Populism and Democracy", D. Albertazzi (ed.), *Twenty-First Century Populism: The Spectre of Western European Democracy*, New York: Palgrave Macmillan.

Taggart, Paul(2000), *Populism*, Philadelphia: Open University Press.

____(2002), "Populism and the Pathology of Representative Politics", Mény and Surel(eds.), *Democracies and the Populist Challenge*, New York: Palgrave.

Todorov, Tzvetan(2003), "The New Wave of Populism", *Salmagundi*, Summer.

Urbinati, Nadia(1998), "Democracy and Populism", *Constellations*, vol. 5, no. 1, pp.110-124.

[필자 약력]

(게재순)

이근식

서울대학교 상과대학 경제학과를 졸업하고 미국 메릴랜드대학교에서 경제학 박사학위를 받았다. 서울시립대학교 경제학부에서 2013년 여름 정년퇴직한 후 현재 이 학부의 명예교수로 있다. '경제정의실천시민연합'의 초대정책위원장, 상임집행위원장 및 공동대표를 역임하였다. 주요 저서로는 『상생적 자유주의: 자유, 평등, 상생과 사회발전』(2009), 『신자유주의: 하이에크, 프리드먼, 뷰캐넌』(2009), 『서독의 질서자유주의: 오위켄과 뢰프케』(2007), 『존 스튜어트 밀의 진보적 자유주의』(2006), 『애덤 스미스의 고전적 자유주의』(2006), 『자유와 상생』(2005), 『자유주의 사회경제사상』(1999) 등이 있다. 『자유주의 사회경제사상』으로 '정진기언론문화상' 경제경영 저작부문 대상(1999)과 '자유경제출판문화상' 대상(2000)을 수상하였으며, 이 책은 『출판저널』에서 1990년대 경제경영부문 10대 도서로 선정되었다.

김균

고려대학교 경제학과를 졸업하고 미국 듀크대학교에서 경제학 박사학위를 받았다. 현재 고려대 경제학과에 재직 중이며, 경제학사, 서양경제사 등을 가르치고 있다. 주요 저서로는 『자유주의비판』(공저), 『위기 그리고 대전환』(공저) 등이 있고 하이에크, 케인스, 폴라니 등에 관한 여러 논문이 있다.

정원섭

서울대학교 철학과를 졸업하고, 서울대 대학원에서 석사 및 박사 학위를 받았다. 미국 퍼듀대학교 철학과에서 박사후 과정을 거쳐 현재 건국대학교 교양학부에 재직 중이다. 주요 저서로 『존 롤즈의 공적 이성과 입헌 민주주의』, 『롤즈의 정의론과 그 이후』, 역서로 『정의와 다원적 평등』, 『자유주의를 넘어서』, 『전환기의 새로운 직업윤리』, 『아시아의 인권교육』, 『기업 윤리』 등이 있다. 논문으로는 「인권과 아시아적 가치」, 「인권의 현대적 역설」, 「공적 이성과 정치적 정의관」, 「디지털 환경에서 자아 정체성」, 「영미 윤리학계의 최근 연구 동향과 도덕 교육」 등이 있다.

박우룡

한국외국어대학교 영어과를 졸업하고, 서강대학교 대학원에서 문학 박사 학위를 받았다. 현재 서강대 연구교수로 재직 중이다. 주요 저서로 『영국: 문화·사회·지역의 이해』(소나무, 2002), 『전환시대의 자유주의: 영국의 신자유주의와 지식인의 사회개혁』(신서원, 2003), 『영국인의 문화와 정체성: 대처주의와 자유시장이 부른 전통의 위기』(소나무, 2008), 역서로 『사회과학과 혁명』(공역, 탐구당, 1990) 등이 있으며, 논문으로는 「1980년대 영국 경제 쇠퇴의 '교육책임론'에 관한 재검토」(2008), 「서양의 감성 인식의 지적 전통」(2009), 「1980년대 영국 뉴 라이트의 실패」(2012), 「영국의 문화유산 산업과 역사인식」(2013) 등이 있다.

김인춘

연세대학교 사회학과를 졸업하고 미국 미시간대학교에서 사회학 석사 및 박사 학위를 받았다. 현대경제연구원 연구위원을 역임하였으며, 현재 연세대 동서문제연구원 연구교수로 재직 중이다. 주요 저서로 『생산적 복지와 경제성장』(공저, 2013), 『스웨덴 모델: 독점자본과 복지국의 공존』(2007), 논문으로 「생태근대화 모델과 생태복지국가의 구성: 스웨덴과 네덜란드 사례」(공저, 2013), "Migrants, Immigrants and Multicultural Society in S. Korea: Multiculturalism and National Identity"(2013) 등이 있다.

김진희

한림대학교 사학과를 졸업하고 미국 뉴욕주립대학교 빙햄턴에서 미국사 박사학위를 받았다. 현재 경희사이버대학교 미국학과 교수로 재직 중이다. 주요 저서로 *Labor Law and Labor Policy in New York*(2006), 『프랭클린 루스벨트』(2011), 역서로 존 듀이의 『자유주의와 사회적 실천』(2010) 등이 있다. 논문으로는 「프랭클린 루스벨트의 '경제적 자유' 재개념화와 '경제적 권리선언'」(2011), 「미국 노동과 냉전」(2010), 「뉴딜 자유주의와 미국노동」(2009) 등이 있다.

전영수

한양대학교 국제학대학원에서 국제(경제)학 박사학위를 받은 후 일본 게이오대학교 경제학부 방문교수를 역임했다. 현재 한양대 특임교수로 재직 중이다. 주요 저서로는 『세대전쟁』(2013), 『은퇴위기의 중년보고서』(2013), 『장수대국의 청년보고서』(2012), 『그때는 왜 지금보다 행복했을까: 기업복지론』(2012), 『은퇴대국의 빈곤보고서』(2011) 등이 있다.

이홍균

연세대학교 사회학과를 졸업하고 연세대 대학원에서 사회학 석사학위를, 독일 마르부르크대학교에서 사회학 박사학위를 받았다. 이화여자대학교 연구교수를 지냈으며, 현재 연세대 사회발전연구소 연구위원으로 재직 중이다. 주요 저서로는 『소외의 사회학』(2004), 『한국인의 삶을 읽다』 (2010) 등이 있다.

최정표

성균관대학교 경제학과를 졸업하고 미국 뉴욕주립대학교에서 경제학 박 사학위를 받았으며 현재 건국대학교 경제학과에 재직 중이다. 주요 저서 로는 『재벌시대의 종언』(1999), 『실패한 재벌정책』(2007) 등이 있다.

김장호

고려대학교 경제학과를 졸업하고 미국 노스웨스턴대학교에서 경제학 박 사학위를 받았다. 한국직업능력개발원 원장, 대통령자문 정책기획위원회 위원, 중앙노동위원회 위원, 한국노동경제학회 회장 등을 역임하였으며, 현재 숙명여자대학교 경제학부 교수로 재직 중이다. 주요 저서로는 『한 국노동경제론 1, 2』(한길사, 1999), 『한국의 인적자원』(법문사, 2005), *Employment and Industrial Relations in Korea*(2003) 등이 있다.

김종걸

연세대학교 경제학과를 졸업하고 일본 게이오(慶應)대학교에서 경제학 박사학위를 받았다. 현재 한양대학교 국제학대학원 교수로 재직 중이다. 주요 저서로 『글로벌 금융위기와 대안모델』(편저, 논형출판, 2012), 『협 상은 문화다: 한중일 3국의 협상문화분석』(편저, 고려원, 2011), 『경제위 기 하 각국의 재정조세정책』(편저, 조세연구원, 2010), 『대외경제협력의 전략적 모색』(울력출판, 2004) 등이 있다.

서병훈

연세대학교를 졸업하고 미국 라이스대학교에서 정치학 박사학위를 받았다. 현재 숭실대학교 정치외교학과에서 정치사상을 가르치고 있다. 주요 저서로는 『포퓰리즘』, 『자유의 미학』 등이 있고, 역서로 존 스튜어트 밀의 『자유론』, 『대의정부론』 등이 있다.

한국형 복지국가

1판 1쇄 인쇄　2014년 2월 20일
1판 1쇄 발행　2014년 2월 25일

지은이　이근식 외
발행인　전춘호
발행처　철학과현실사

등록번호　제1-583호
등록일자　1987년 12월 15일

서울특별시 종로구 동숭동 1-45
전화번호 579-5908
팩시밀리 572-2830

ISBN 978-89-7775-776-9　93330
값 20,000원